교육사상가의
삶과 사상

───── 서양 편 2 ─────

*이 도서는 한국출판문화산업진흥원의 '2023년 우수출판콘텐츠 제작 지원' 사업 선정작입니다.

교육사상가의 삶과 사상

초판 1쇄 인쇄 2023년 11월 23일
초판 1쇄 발행 2023년 11월 30일

지은이 김누리, 박홍규, 신병현, 심성보, 이기범
       이성우, 이소영, 이은경, 이은선, 하태욱
책임편집 유성상

펴낸이 김승희
펴낸곳 도서출판 살림터

기획 정광일
편집 조현주, 송승호
북디자인 꼬리별

인쇄·제본 (주)신화프린팅
종이 (주)명동지류

주소 서울시 양천구 목동동로 293, 2215-1호
전화 02-3141-6553
팩스 02-3141-6555
출판등록 2008년 3월 18일 제313-1990-12호
이메일 gwang80@hanmail.net
블로그 http://blog.naver.com/dkffk1020
한국교육연구네트워크 www.kednetwork.or.kr

ISBN 979-11-5930-268-8 93370

교육사상가의 삶과 사상

─ 서양 편 2 ─

김누리 박홍규 신병현 심성보 유성상 이기범 이성우 이소영 이은경 이은선 하태욱

살림터

기술지상주의 시대 교육사상의 의미

1980년대를 넘어서며 신자유주의가 전 지구적인 이데올로기로 자리 잡아 왔다. 많은 비판과 대안적인 삶의 방식이 제안되었음에도 신자유주의적 변화는 우리 생활의 큰 틀을 규정하고 단단하게 옭아매는 사회장치로 자리 잡았다. 단지 국경을 넘는 경제무역의 자유, 금융시장의 자유를 초월해 신자유주의는 다양한 사회 정치 영역의 '자유화'를 실현했고, 상품 선택의 소비활동을 인간 행동의 자유로운 선택으로 인식하게 만들었다. 이제는 기술 발전을 앞세운 첨단 기기의 등장과 기술 기업의 빅데이터가 받쳐 주는 인공지능에 의해 경계 없는 자유라는 이데올로기가 점점 더 구체적으로 우리 삶을 지휘하게 되었다. 그만큼 우리가 사는 세상의 민주주의는 퇴보하고 있다.Olssen et al., 2004

기술을 앞세운 교육개혁은 신자유주의의 또 다른 얼굴로 교육의 한계를 시험하고 있다.UNESCO, 2022 한국 교육은 인공지능 바람이 불고 있다. 코딩 교육과 ChatGPT 활용이 교육 분야의 최첨단 기술을 익히는 과정인 듯 교육연구에서 인공지능은 빠져서는 안 되는 요소가 되어 버렸다. 더불어 대학 입시에서 정보통신과 컴퓨터공학은 인공지능학과라는 이름으로 공학계열의 최고 자리를 차지하고 있다. 기술의 발전과 기술 변화에 따른 사회 변화가 교육의 내용과 방법, 그리고 교육의 목적 및 교육 효과의 좋고 나쁨을 결정하는 시대적 상황을 다시 한번 확인하게 된다. 교육은 곧 사회 속에 종속된, 좀 더 정확하게 이야기하면 교육 바깥의 변화에 식민화된 수단적 존재임을 재삼 확인하게 된다.

그런데 사실 한국 교육이 목적 그 자체로 실천된 경우가 있었을까? 명확한 답을 내놓기는 어렵지만, 지난 100년의 근현대 한국 역사를 돌아보고 그 속에서 교육이 어떤 역할을 감당해 왔는가를 생각해 보면 그다지 긍정적인 답변을 내놓기 어렵다. 해방 후 교육은 민족 정체성을 찾아 길러 내야 하는 장으로 기능했고, 한국전쟁을 전후해 교육은 이념을 주입하고 다른 이념에 적대적인 사고체계를 틀 짓게 하는 도구였다. 군사 쿠데타 이후 이념 대결이란 우산 밑에서 교육은 경제성장을 위한 인력을 길러 내는 공장 역할을 담당했고, 공장의 부속품 이상이기를 원한 교육의 주체들은 하나같이 사회적 지탄의 대상이 되었다. 민주화 시기 교육은 민주시민을 양성하는 장으로 전환의 계기를 갖게 되지만, 신자유주의 광풍 속에서 학습자는 온순한 소비자로, 이런 학습 소비자들은 자유와 경쟁이라는 이념 속에서 더불어 살아가야 할 공동체를 등한시하게 되었다.Seth, 2020 좋은 말들로 치장된 교육개혁과 혁신의 화법은 상품 시장이 둔갑해 압박하는 선택하는 소비자라는 경제 시스템 속에서 빛 좋은 개살구 꼴을 벗어나지 못하고 있다.

왜 한국 교육은 바뀌지 않을까? 사실 바뀌지 않았다는 표현은 그다지 적확하지 않다. 누가 보더라도 한국 교육의 외양은 크게 바뀌었다. 더 이상 콩나물시루와 같은 교실 풍경도 없고, 2부제 이상의 수업도 하지 않는다. 오히려 학생 수가 너무 줄어들어 걱정할 정도다. 학교 건물은 현대화되었고 교실을 채우는 기자재들은 수준 높은 기기들이다. 교과서의 질은 높아졌고, 내용 또한 이전보다 덜 이념적이며 풍부하고 다양한 내용으로 채워져 있다. 교사의 교육 수준 또한 높아졌고, 교수법 향상 또한 눈에 띌 만큼 높아졌다. 학교는 물리적으로 안전한 공간이자 정서적으로도 안정성을 줄 수 있는 다양한 프로그램들이 많다. 친환경 급식, 흥미로운 방과후 프로그램, 교수학습을 지원하는 온라인 학습 시스템, 시험 없는 학기/학년제, 더 적어진 평가교과 등. 셀 수 없이 많은 변화가 지난 세기를 거치며 생겼다.

하지만 한국 교육이 그다지 바뀌지 않았다고 여길 만큼 학교에서 무엇을 배우고, 왜 배우며, 정말 의미 있는 시간으로 학교에서 배움이 진행되는지에 대해 논란이 끊이지 않는다. 학습자 중심을 내세우고 성적 지상이 아닌 인간 중심 교육을 한다고 하지만, 정작 아이들은 성적을 토대로 한 줄로 늘어선 양상이 바뀌지 않는다. 아니, 이제 학교라는 껍데기 없이 높은 성적을 받을 방법이 있다며, 학교를 벗어나 학원으로 향하는 아이들이 늘어나고 있다. 이전에 비해 전문성이 높아졌음에도 불구하고 교사의 권위는 더 떨어졌으며, 학교 건물은 놀라울 만큼 현대적으로 바뀌었지만, 더 좁고 불편한 학원에서의 공부에 더 열의를 보이는 상황이 되어 버렸다. 흥미롭게 배울 것이 그토록 많고 이 과정을 즐겁게 할 자료들이 널렸지만, 정작 아이들은 시험에 나올 만한 문제를 풀겠다고 고개를 처박고는 배움에 관심을 두지 않는다. 하고 싶은 일을 위한 배움의 길이 아닌, 좋아 보이고 인정받는 직업을 향한 공부만이 좋다는 생각에 변함 없고, 이를 위한 대학 순위, 학과 순위, 직업 선호도가 나열된다. 세상을 함께 살아가는 사람을 굳이 돌아보지 않아도 선호되는 대학 학위를 통해 잘 먹고 잘 살 수 있는 자본주의자로 변신하는 게 최고라는 신념이 꺾이지 않은 채 말이다. 고등학교를 마치고 대학교에 진학하는 비중이 5%일 때도, 그 비중이 늘어 10%가 되었을 때도, 다시 이것이 50%를 넘어 70~80%가 되어서도 이런 배움을 수단시하고 결국 혼자 잘 먹고 잘 살겠다는 마음은 교육의 이름으로 별 변화 없이 자리 잡고 있다.

생각해 보면 우리가 교육에 관심을 기울인다고 하지만 정작 교육이 뭔지, 왜 교육이 중요한지, 그런 교육을 통해 무엇을 이루려고 하는지에 대해 깊이 사유해 본 적이 얼마나 되는지 모르겠다. 교육이 뭔지 이야기하자고 하면, '교육 모르는 사람이 누구냐'고 반문하는 사람들을 보게 되고, '교육을 안다'고 하는 사람들은 자신의 상식적인 경험과 그 경험이 묻어나는 화법을 통해 교육답지 않은 교육을 질책하곤 한다. 결국 교육이 뭔지에 대한 최소한의 의견 교환도 없이 우리는 수많은 '교육들' 속에서 교육과는 별로 상관없는 힘겨루기를 마주하게 된다. 따라서 교육 속에 진짜 교육은 없을 수 있겠다는 생각을 자주 하게 된다.

교육의 목적과 그 쓰임새가 어떻게 일관되게 엮여 있는지, 저마다 이야기하는 교육의 모습이 얼마나 같고 다른지, 왜 같고 다른지를 따져 보는 것은 교육이 더욱 교육답게 논의될 수 있는 토대로 어쩌면 가장 중요한 일이 아닌가 싶다. 그러니 교육을 어떻게 실천해야 하는지, 주어진 교육 목표를 어떻게 교수학습 기술을 통해 전달하고 획득할 것인지를 논하는 것은 목적으로서의 교육 자체가 지닌 의미에 부합하는가, 그렇지 않은가에 전적으로 의존하는 것 아닌가? 경험에 기댄 상식적 수준의 교육 화법에 딴지를 걸고 새삼스레 교육이 무엇인지 굳이 따져 물어야 하는 이유가 여기에 있다.

사실 오늘을 사는 우리에게 이런 질문 자체가 드물다. 교육이 무엇인지를 따져 묻기보다 주어진 지식 패키지를 어떻게 배우고 익힐지, 얼마나 더 많이, 더 빠르게 익힐지, 남보다 좀 더 많이 지식을 안다고 드러낼 수 있을지에 더 관심을 기울인다. 지식을 매개로 개인과 개인이 어떻게 소통하고 협력하며, 서로가 공유하는 문제를 해결할 수 있을지 머리를 맞대기보다는 지식의 폭과 깊이를 통해 남을 이기는 것이 핵심적인 교육의 실천 양상이 되고 있다. 교육은 곧 경쟁의 장이자, 경쟁의 도구가 되는 시험으로 평가되어야 할 것 정도가 되었다. 그렇다 보니 교육의 의미를 엄밀하게 논의하고 공동으로 숙의하는 과정은 사상되어 버리고, 교육의 이름으로 다양한 교수학습 기법과 이를 뒷받침하는 기기의 등장으로 교육은 난장이 되어 가고 있다. 기술의 발달로 교육이 좀 더 깊고 넓은, 그리고 좀 더 협력적인 연대의 시공간이 되기보다는 경쟁에서 남을 이겨 내기 위한 전략의 고도화가 일어날 뿐이다. 교육은 이제, 경쟁의 장을 벗어나 누군가와 싸워 이겨 그를 배제하는 투쟁으로서의 성격이 더 짙어지고 있다. 기술 발전을 앞세운 기술지상주의 시대에 교육에 대한 논의가 더 필요한 이유가 여기에 있다. Holmes, 2021

그렇다면 교육이란 무엇인가? 교육의 목적은 무엇이어야 하는가? 이 자리에서 교육이 무엇인지를 논하는 것은 안타깝게도 이 책 시작을 채우는 글의 목적이 아니다. 단지 교육의 목적이 얼마나 중요한지를 새삼 되새겨 볼 수 있도록 사유의 공간을 만드는 것이 이 글이 감당할 수 있는 역할이다. 교육이 무엇인지, 왜 중요한지, 그래서 어떤 목표를 세워야 하는지, 이 목표를 향해 어떤 방식으로 교육해야 하는지, 그리고 그 교육을 통해 도달하려는 변혁된 사회의 모습은 어떠할 것인지에 대해서는 이어지는 열 개의 장에서 소개되는 인물의 삶과 교육사상을 통해 살펴볼 수 있을 것이다.

(사)한국교육연구네트워크는 한국교육개혁전략포럼, (사)마을교육공동체포럼, (사)마을교육공동체함께배움과 더불어 시민을 위한 교육사상 강좌를 운영하고 있다. 시민들의 상식적인 교육 화법을 지식과 논거에 근거한 양식으로서의 화법으로 변혁하고 이를 기반으로 한국 사회의 대전환을 이끌어 내기 위함이다. 무엇보다 민주주의 사회를 견인해 내는 핵심 고리가 교육임을 재삼 강조하면서, 더불어 교육다운 교육을 위한 사상의 향연이 곧 교육 자체의 교육다운 변화를 만들어 낼 것이라 믿기 때문이다. 시민들의 상식을 양식으로 전환하기 위한 과정이 흔한 수사법으로만 여겨지지 않도록 이론과 실천의 변증법적 진화가 일어나야 한다. 이론적 실천, 그리고 실천적 이론화가 갈구하는 한국 사회의 교육적 변화는 바로 교육사상을 접하고 논하고 또 이런 교육사상이 한국 사회를 성찰할 수

있는 마음의 틀을 다잡는 것에서 시작한다고 믿기 때문이다.

2021년 시작한 시민을 위한 교육사상 강좌는 이 책이 출간되는 2023년 3기가 진행되고 있다. 2021년에 진행된 1기 교육사상 강좌에서는 울리히 벡, 푸코, 오웬, 그룬트비, 존 듀이, 케르셴슈타이너, 프레네, 넬 나딩스, 악셀 호네트, 마이클 애플, 프레이리 등 11명의 역사적 사상가를 통해 그들의 삶과 사상 속에서 교육의 의미를 논의했다. 이 결과가 이 책과 마찬가지로 『교육사상가의 삶과 사상-서양 편 1』한국교육연구네트워크 총서, 살림터, 2023로 발간되었다.

2022년의 2기 강좌에서도 이 책에 소개되는 서양 사상가 10명(루소, 페스탈로치, 코르착, 닐, 그람시, 일리치, 비고츠키, 레비나스, 랑시에르, 아도르노)의 삶과 교육사상을 소개하고 논의하는 자리를 가졌다. 이 책은 그 결과물로 교육사상의 현대적 해석과 한국 교육 대전환을 위한 함의를 중심으로 재정리되었다. 2023년 시민을 위한 교육사상 강좌 3기는 한국의 교육사에 족적을 남긴 인물들의 삶과 교육사상을 다루고 있으며, 아마도 내년에 이 책과 마찬가지로 시민교육을 위한 저서로 출간되리라 기대한다.

이렇듯 이 책은 시민들에게 교육을 통한 사회 대전환의 의미를 되새기고 개인 수준에서, 그리고 사회적 수준에서 우리를 돌아보고 미래를 함께 만들어 가기 위한 성찰의 도구가 될 수 있는 논의의 장으로 준비되었다. 이어지는 각 장은 교육사상가의 삶을 시작으로 이들의 주요 개념과 교육적 의미를 검토한다. 이후 이들의 삶과 사상이 한국 교육에 어떤 의미로 읽힐 수 있는지, 이들의 사상이 오늘을 사는 한국인의 사회적 전환과 교육 대전환에 제시할 수 있는 통찰은 무엇인지 꼼꼼히 살펴보고 있다. 서로 다른 사상사적 배경과 삶의 궤적을 가졌다는 한계에도 불구하고, 우리가 이들의 교육 개념과 사상의 구조를 통해 한국 교육을 볼 수 있는 새로운 눈을 지닐 수 있기를 기대한다.

본문에서 다루는 교육사상가의 삶과 사상을 아래에서 짧게 정리해 제시하고자 한다.

우선, 첫 장에서 이기범 교수는 근대 사회에서 자유와 평등을 시민의 기본적인 권리로 주장한 루소를 통해 시민교육의 비전을 보여 주고자 한다. 특히 루소의 급진적인 관점, "타고난 신분 질서 대신에 개인의 능력을 지위와 재화를 분배하는 기준으로 삼아야 자유와 평등을 확대할 수 있"어야 한다는 주장을 근대적 능력주의와 연계하고 이를 인정과 분배의 원리로 작동하게 되었음을 확인해 주고 있다. 한국을 포함한 전 지구적 불평등과 차별, 혐오의 저변에 능력주의와 인정투쟁의 폐해가 작동하고 있음을 지적하면서 루소의 사회비판과 시민교육 구상이 한국 시민교육의 방향 설정에 중요한 지침이 될 수 있음을 제시한다. 특히 루소의 저서인 『에밀』에서 시민교육의 원리로 제시한 다섯 가지 방향에서 능력주의와 인정투쟁이 상호존중 및 사회정의를 실현하는 전환점이 되어야 함을 강조한다.

2장에서 이은선 교수는 18세기 교육사상가로 페스탈로치의 삶과 사상을 설명한다. 페스탈로치는 교육을 정치나 경제, 종교, 도덕과 떨어뜨려 생각할 수 없는, 이들과 긴밀하고 통합적인 관점으로 접근해야 하는 영역으로 보았다. 프랑스혁명을 경험한 유럽 지식으로서 페스탈로치는 인간교육에·관심을 기울이며, 인간발전 단계로서 인간은 자연, 사회 단계를 거쳐 도덕적이고 윤리적인 단계에 이르러야 한다고 보았다. 특히 빈민 아동에 대한 그의 관심과 교육적 접근을 통해 기초교육으로서의 통합력을 제시하고 있다. 필자는 페스탈로치가 '지적인 능력이 도덕력과 조화될 때, 또한 신체와 실용적인 기술의 힘이 도덕력과 함께 키워졌을 때 가능해지는 참된 인간성'을 통합력으로 해석하며 오늘을 살아가는 우리에게 필요한 교육의 처음과 끝이 이에 맞닿아야 함을 강조하고 있다. 무엇보다 페스탈로치가 우리 시대를 향해 '오늘 우리 시대의 빈민 아동은 누구'인지를 묻고 있음을 제시하고, 학교 공부와 교육이라는 명목으로 상대적 박탈감과 빈곤감 속에서 살아가는 한국 사회 아동·청소년에게 교육적 대안으로 기초를 중시하는 교육이 이뤄져야 한다고 강조한다.

3장에서는 「유엔아동권리협약」에 강한 영향을 미친 코르착의 삶과 교육사상에 대한 이은경 교수의 설명을 볼 수 있다. 코르착은 '누구보다 어린이를 사랑했고, 끊임없는 관찰과 성찰로 아이들에 대한 탁월한 이해와 통찰을 지녔던 사람'이다. 다양한 전문성을 바탕으로 지식인으로 활동했던 코르착이 마지막으로 200명의 고아를 돌보는 일에 종사했다는 것은 아이러니하다. 특히 코르착은 2차 세계대전 당시 유대인 말살 정책의 희생 대상이었던 아이들과 함께 죽음의 행렬에 동참했다. 사후에 그가 폴란드의 페스탈로치라고 불린 것이 그의 삶과 사상을 잘 보여 준다고 생각한다. 코르착 탄생 100주년을 기념해 유엔은 1979년을 세계 아동의 해로 제정하고 1989년 폴란드가 발의한 '아동권리협약'이 유엔에서 채택되었다. 코르착이 교육사상가에게 가장 중요한 점은 '어떻게 교육할 것인가'라는 기술적이고 방법적인 측면의 교육을 교육 대상으로서의 아동으로 초점을 옮겨 가게 한 것이라 볼 수 있다. 특히 코르착은 '헌법에 의거한 존중의 교육학'을 계획하고 구체화했고, 교육자들이 교육적 사랑을 실천함으로써 어린이가 존중받고 자율적인 개인으로 보호받아야 한다고 했다. 이런 코르착의 '어린이 권리' 논의를 바탕으로 필자는 똑똑이 이데올로기 및 성장지상주의에 사로잡혀 있는 사회에서 학습노동에 시달리는 우리 어린이들에게 코르착의 삶이 죽음으로 주장하려던 어린이중심 교육이 실현되기를 요청하고 있다.

4장에서 하태욱 교장은 닐이 실험적으로 시작하고 실현한 서머힐학교의 자유와 민주주의 기반 교육을 보여 준다. 서머힐학교는 교육이 어떠해야 하는지를 두고 논쟁적인 방식을 채택했다. 이런 논쟁적인 방식은 곧 서머힐학교의 교육을 급진적인 것으로, 서머힐학교를 설립하고 운영한 닐을 '지나치게 자유롭고 무책임한' 교육자라고 비판하는 계기가 되었다. 이 책에서는 이런 닐의 삶이 어떠했는지, 그의 삶 속에서 서머힐로 이어지는 교육적 경험과 대안교육 실험의 과정을 천착해 보여 준다. 서머힐학교에서의 활동 경험이 있는 필자의 설명은 서머힐학교의 교육에 대한 저간의 설명과 이미지가 아닌 생생한 삶으로서의 교육을 보여 주기에 충분하다. 특히 서머힐학교가 아동의 자유를 온전히 실현하고 민주주의를 구현하는 장소로 기능하고 있음을 학생, 교직원의 일상적인 삶을 통해서 들려준다. 사실 학교가 민주시민을 양성하기 위한 인위적 공동체가 되어야 함을 주장한다고 해서 학교가 곧 민주적 공동체로 경험될 수 있는 시공간이 되기는 쉽지 않다. 이런 상황에서 서머힐에서의 학생자치기구를 통한 교육민주주의, 학교의 시공간이 민주학교로 기능하게 하는 기술은 한국 사회의 민주교육을 향한 수사법이 구체적인 실천으로 나아가게 하는 시사점을 제시해 준다. 즉, 민주학교는 평화롭지도 완벽하지도 질서정연하지도 않은 수많은 긴장과 갈등을 해결하는 과정이 조금씩 만들어 가는 과정임을 서머힐에서 볼 수 있다. 본문에 이어 두 개의 부록을 통해 서머힐학교만의 색다른 모습을 만나볼 수도 있다.

5장에서 심성보 교수는 변혁적 교육학의 사상을 제시한 그람시를 통해 한국 사회의 진정한 교육 대전환을 위한 함의를 끌어낸다. 그람시는 헤게모니 이론을 통해 한 사회가 변화되지 않는 이유, 다른 방식으로 이야기하면 한 사회가 어떻게 하면 변화해 갈 수 있는지 그 요인과 동인에 대해 탁월한 설명을 제시했다. 사회활동가이자 정치인으로 이탈리아 노동자를 위한 사회주의를 꿈꾼 정치사상가였지만, 그의 헤게모니론은 어떻게 사회 변혁의 주인공인 유기적 지식인, 노동자의 연대와 연합이 가능할 수 있는지를 위한 변혁적 교육론을 제시했다는 점에서 교육사상가로 그려진다. 네 살 때 허리를 다쳐 평생 척추 장애인으로 살았던 그람시가 전체주의 정권하에 사상범으로 감옥에 갇히고 활동을 통제받는 천재적 이론가로 바뀌게 된 것은 흥미로운 이야기가 아닐 수 없다. 그람시의 삶과 그의 사상을 교육과 연계해 설명하는 필자의 글은 상당히 길어 한 인간의 삶과 사상이 어떻게 교육적으로 이해될 수 있는지를 꼼꼼히 되짚어 볼 수 있도록 한다. 심 교수는 그람시의 주요 이론적 개념을 설명하고, 상식을 극복할 수 있는 양식으로서의 교육, 이를 가능하게 할 수 있는 민중의 철학, 그리고 이를 담지한 유기적 지식인을 제안하면서 사회주의 전환을 위한 과정에 착목한다. 그러면서 그람시의 실천철학과 변혁적 교육학은 단지 학교라는 제도에 국한된 것이 아니며, 성인교육과 다양한 시민사회의 교육적 전환이 핵심이라는 점을 강조한다. 결과적으로 그람시의 사상은 21세기를 살아가는 우리 사회에서 진보적 가치(자유, 평등, 사회정의, 평화, 연대)의 유산을 공유하고 정치적 행동을 위한 가능성을 교육적으로 창출해 내야 할 책임이 얼마나 막중한지를 역설하고 있다.

6장에서 박홍규 교수는 탈학교론으로 잘 알려진 이반 일리치의 삶과 사상을 소개하고 오늘을 사는 우리에게 일리치의 교육사상이 갖는 의미를 재해석해 준다. 필자는 일리치의 삶과 본인의 삶을 비교해 가며 "일리치를 존경한 나는 그의 가르침을 나 자신의 삶과 일치시키지 못한 실패자"라고 썼다. 박사학위를 세 개나 가진 사제로서 여러 국가를 다니며 사회 구조가 만들어 내는 다양한 문제를 고발하고 자신이 주창하는 생태적 삶을 살아내고자 애쓴 일리치의 삶에 비견될 수 있는 사람이 몇이나 될까? 이 장에서 필자는 일리치의 사상에서 핵심적인 사상의 내용을 생태사회와 학습사회로 삼고 있다. 생태사회에서는 전 지구적 불평등, 대량생산 및 과도한 에너지 소비, 자연환경의 파괴 등이 거론되면서 절제와 공생을 논의한다. 학습사회는 스스로 배우는 고유한 능력을 키워 주는 상호 교류의 전달 과정이 꽃피는 곳이어야 하는데, 학교라는 제도가 이런 과정을 형식화하고 목적과 수단을 전도시키고 있음을 신랄하게 비판한다. 즉, 가치가 제도화되는 순간 가치가 실현될 가능성은 사라진다는 것이며, 따라서 일리치는 학교 없는 사회를 요구한 것이다. 물론 탈학교론에 대한 저간의 비판이 없는 것은 아니지만, 일리치가 배움의 가치가 인간의 성장과 목적으로서 인간이 대우받아야 한다는 점을 강조한 것은 높이 평가한다. 최근 다양한 개혁과 혁신이란 이름으로 제도의 변화를 꾀하고 있다지만, 일리치의 학습사회를 기준으로 본다면 여전히 제도 안의 이름 바꾸기가 아닌지, 가치가 지닌 온전한 배움의 과정을 회복할 수 있는 길은 여전히 요원함을 비판적으로 보게 된다. 맺음말에서 박 교수는 이를 해결하기 위한 두 가지 과제를 제안한다. 이론과 실천이 통합된 생태사회이자 학습사회로서의 전망을 실현할 방법이기를 기대하면서 말이다.

7장에서 이성우 교사는 러시아의 교육심리학자로 알려진 비고츠키의 삶과 교육사상을 설명해 준다. 초등학교에서 아이들을 가르치며 비고츠키의 교육을 연구하고 실천하고 있는 이 교사에게 비고츠키의 사상은 단지 이론이 아닌 아이들과 소통하고 아이들의 성장을 끌어내는 중요한 정신도구이다. 36년째의 교직 생애가 비고츠키를 알기 전과 알게 된 이후로 극명하게 달라졌다고 하는 필자의 전언을 통해 비고츠키의 삶과 그의 사상이 얼마나 밀접하게 연계되어 있는지 확인할 수 있다. 비고츠키는 의학, 법학을 섭렵한 천재로 마르크스 문학과 심리학에 천착했다. 특별히 그는 자신을 "신생 사회주의사회 건설을 위해 이론과 실천 양면에서 기여하고자 하는 철저한 마르크스주의 사상가로 규정"했지만, 정작 스탈린 독재 정권하에서 타락한 부르주아 학자라는 이유로 숙청 대상이 되었고, 재판 과정 중에 사망했다. 비고츠키에게 37세에 요절한 불운한 천재라는 호칭이 따라붙는 이유다. 필자는 비고츠키의 교육이론을 문화역사적 심리학이라 부르면서, 아동의 발달을 구현하는 정신도구를 제시했다고 본다. 즉, 아동의 문화적 발달은 보편적 발생 법칙을 따르는데, 이런 아동의 보편적 발생 법칙으로서의 문화 발달 과정을 견인해 내는 지원자가 되어야 한다고 강조한다. 이 장에서 필자는 자신의 수업 경험을 공유하면서 비고츠키의 교육이론에 영감받은 교수학습 방법을 타인조절과 자기조절이란 개념으로 제시한다.

8장에서 이소영 교수는 '무한으로서의 책임과 응답하는 말하기'라는 제목으로 레비나스의 삶과 교육사상을 소개한다. 근대성을 비판하는 많은 철학자와 마찬가지로 레비나스는 두 차례의 세계대전과 홀로코스트를 겪으며 근대적 주체, 근대적 사유를 되짚어 보게 되었다. 근대적 주체가 합리적 사유라는 틀 속에서 논의된 것을 넘어서야 한다는 문제의식에 따라 레비나스는 윤리적 주체, 즉 주체는 오직 타자와의 관계를 통해서만 주체가 될 수 있다는 주장을 제시했다. 타자와 연결된 주체라는 관점을 통해 주체에 대한 사유는 곧 타자에 대한 책임을 지칭하고 주체로서의 호칭 자체에 타자에 대한 빚짐이 내재되어 있음을, 타자 없이 온전히 자유로운 주체는 없음을 주장했다. 필자는 레비나스의 사상 속에서 교육과 관련된 부분을 타자의 얼굴, 응답하는 말하기, 불가능성과 비대칭성 개념으로 설명하고, 특히 이런 레비나스의 사상을 통해 교사들이 감당해야 할 구조적 책임을 강조한다. "레비나스에 따르면 가르친다는 것은 타자의 표현을 환영하는 일이며 이는 타자로부터 나의 능력을 넘어서는 것을 받아들이는 일이다. 따라서 가르친다는 것은 곧 배우는 일이기도 하다. … 타자와 끊임없이 만나는 가운데 생성되는 '나'를 지켜보고 거기서 의미를 만들어 가는 일 자체가 배움의 목적이자 과정이며, 이는 타자와 함께하는 미래를 상상하는 일이기도 하다. 이 과정에서 교사의 책임은 실로 더 무거운데 자신의 책임을 인식하는 것에서 그치지 않고 학생이 타인과의 관계를 인식할 수 있도록 그 가능성을 열어 주어야 하기 때문이다." 레비나스에게 교사는 윤리적 주체로서의 자신의 주체가 깨어지는 위험을 감수해야 할 존재로 제시된다. 그리고 학생이란 타자의 언어를 만나 자신의 언어를 만들어 나가야 하는 존재로 투영된다.

9장에서 신병현 교수는 랑시에르를 통해 지적 해방과 평등주의 교육을 강조해 보여 준다. 랑시에르는 잘 알려진 그의 책 『무지한 스승』에서 "무지한 자가 다른 무지한 자에게 자신이 알지 못하는 것을 가르칠 수 있고, 모든 이는 지적인 능력에서 평등하며 … 교육제도를 통한 지도가 아닌 … '가르치는 자'와 '배우는 자' 모두의 지적 해방이 필요하다"라는 매우 이질적인 교육론을 소개하고 있다. 무지한 자도 다른 무지한 자를 가르칠 수 있는 스승이 된다고? 필자는 이 책의 내용이 담고 있는 흥미롭지만 이질적인 논의가 '무겁고 논쟁적이며 과거의 실천을 성찰하게 하는 매우 특이하'다고 평가한다. 신 교수에게, '설명에 의존하는 교육은 바보 만들기 교육에 불과하다'는 랑시에르의 비판적 접근은 상당히 중요하다. 요즘 한국 교육체제의 핵심적 문제 중 하나가 '제대로 설명하지 않'고 암기에 의존하라는 교육으로 요약된다고 보면, 랑시에르의 설명에 의존하는 교육에 대한 일갈은 우리 교육의 역설적인 현장을 더욱 비판적으로 보게 만든다. 『무지한 스승』은 무지한 스승 조셉 자코토의 보편적 가르침 실험이 오늘날 한국 교육에서 지니는 함의를 제시하는 것으로 마무리한다. 즉, 필자는 랑시에르의 목소리를 빌려 보편적 가르침으로서의 교육은 평등이 결과가 아닌 시작점으로 전제되며, 이를 자유롭게 펼쳐내는 해방적 교육이어야 함을 강조하고 있다.

마지막 장에서 김누리 교수는 프랑크푸르트학파의 주요 사상가인 아도르노를 통해 반권위주의 교육, 저항 교육, 비판 교육을 논의한다. 필자는 "아도르노가 『성숙을 위한 교육』에서 주장한 교육적 지향들, 즉 민주주의 교육, 이데올로기 비판 교육, 반권위주의 교육, 저항권 교육, 공감 교육, 과거청산 교육 등이 1970년대 교육개혁을 통해 독일의 새로운 교육원리 Bildungskanon으로 정착되었고, 이런 비판 교육, 공감 교육을 받고 자란 신독일인이 사회의 중심 세력이 되었다"라고 단언한다. 이런 교육을 거친 세대가 지금의 독일, 즉 백만 명의 난민을 받아들이고 다양성을 존중하며 사회 통합을 위해 적극적 시민성을 발휘하는 토대가 되었다고 본다. 계몽의 역사를 비판적이자 비관적으로 접근한 아도르노는 '계몽이 곧 신화이자 야만'이라고 역설했다. 특히 그는 호르크하이머와 함께 2차 세계대전의 과거 청산을 중요한 화두로 내세웠고 학문적, 정치적 전환을 위한 구체적인 행동에 나섰다. 아도르노가 개혁을 이야기하긴 했지만, 계몽을 위한 수단이었던 교육에 관해 자기 입장을 구체화하고 어떻게 사회정치적 전환을 위한 교육의 과제를 관철할 것인가에 신경을 썼다는 것은 역설적이면서도 지극히 자연스러운 과정이었다고 진단한다. 따라서 김 교수는 아도르노의 사회 전환을 위한 교육학적 전환으로서의 질적 변화를 아도르노의 교육 담론으로 다루고 있다. 아도르노에게 교육이란 '올바른 의식을 형성하는 것'이고 정치적으로 요구되는 이념이며 민주주의는 성숙한 인간을 필요로 하는 것이었다. 따라서 민주주의를 바라보는 아도르노에게 교육을 올바르게 세우는 것은 무엇보다 중요했고, 개혁되어야 할 교육의 지향과 방법은 곧 민주주의 교육론이었다고 김 교수는 정리한다. 이런 아도르노의 민주주의 교육론에서는 무엇보다 정치교육으로 저항하는 인간을 길러 내는 것임이 중시된다. 더불어 탈야만을 위한 교육으로서 공감하는 인간이 필요한데, 곧 새로운 인간의 탄생에는 곧 성숙을 위한 교육이 따라 나와야 한다는 것이다. 필자는 이런 비판적 논의를 이어 간 아도르노의 교육론을 통해 야만의 극치를 보여 주는 교육이 판치는 한국 사회에서 민주주의 교육론이 확장되고 안착되어야 한다고 주장한다.

이 책은 열 명의 서양 교육가가 보여 준 삶과 교육사상, 이론적 실천을 통해서 오늘을 사는 우리가 교육의 의미와 목적을 재삼 되새겨 보기 위해 기획되었다. 이들의 교육사상을 하나로 꿸 만한 이론적 개념을 한두 가지로 정리하는 것은 불가능하다. 하지만 이들의 삶과 사상이 교육이란 이론적 실천, 실천적 이론 속에서 어떻게 투영되고 있는지, 이들이 교육을 통해서 어떤 세상을 꿈꾸었는지는 정리해 낼 수 있지 싶다. 이들의 교육사상은 우리가 살아가는 사회의 민주적 변혁을 위한 주요한 토대이자 기둥이 되는 것이었다. 더불어 교육은 인간의 인간다운 삶을 보장하고 형성해 낼 수 있는 핵심 동인이자 곧 동력으로 작동하는 것이었다.

교육은 사회 변화를 목도하는 동인이면서 사회 기능의 유지, 존속을 위한 가장 효율적인 동력이라는 점에서 모순이다. 더불어 교육은 주어진 사회질서를 재생산하는 제도적 관행을 반복하지만, 꽤 오랜 시간이 지나고 보면 적잖은 교육의 모양과 특질이 변화했음을 볼 수 있다. 곧, 교육은 역설 그 자체이다. 어쩌면 교육은 누군가의 강한 신념과 의도가 끝까지 관철되도록 하는 효과적이고 효율적인 시공간이지만, 동시에 이를 가장 효과적이고 효율적인 방식으로 깨부수고 변화시킬 수 있는 시공간이기도 하다. 그래서 교육은 절망이면서 동시에 희망적이라 불리나 보다.유성상, 2021 이 책에 소개되는 사상가들은 교육이 사회 속에서 모순이며 또 역설적인 성격을 지니고 있음을 누구보다도 잘 알고 있었다. 교육의 심오함과 엄밀함을 지난 역사 속에서 멋지게 실천해 간 사상가들의 삶과 논의를 통해 오늘 우리의 교육적 삶과 실천을 좀 더 깊고, 엄밀하게 들여다보고 대전환을 위한 걸음을 앞서 내디딜 수 있기를 기대한다.

'교육사상가의 삶과 사상'이란 강좌를 기획하고 운영하며 이 책의 등장을 마련한 심성보 교수께 감사 인사를 드린다. 민주시민성은 교육사상에 대한 공부와 더불어 개인의 삶을 상식에서 양식으로 전환할 수 있는 성찰의 힘에 토대한다는 신념이 이 책의 출간으로 이어졌다고 믿는다. 더불어 이 책의 원고와 함께 사상강좌의 강연을 맡아 주신 이기범 교수(숙명여대), 이은선 교수(세종대), 이은경 교수(감신대), 하태욱 교장(신나는학교), 박홍규 교수(영남대), 이성우 교사(구미사곡초), 이소영 교수(부산대), 신병현 교수(홍익대), 김누리 교수(중앙대)에게 고개 숙여 감사드린다. 더불어 〈시민을 위한 교육사상가의 삶과 사상 2기〉의 운영에 기술 지원과 실무적으로 함께한 (사)한국교육연구네트워크, (사)마을교육공동체포럼. 한국교육개혁전략포럼, (사)마을교육공동체함께배움에 깊은 사의를 표한다. 매달 마지막 주 토요일에 온라인으로 준비하는 사상강좌는 시민교육을 향한 깊은 관심과 열정, 연대의식의 발로였고, 이런 협력과 연대의 정신은 한국 사회의 시민성이 좀 더 민주화되고 교육적인 대전환의 길로 돌아서는 데 한몫한다고 생각한다. 그리고 교육에 대한 고민의 깊이가 얕아져 가는 시대, 민주시민성과 사회 대전환을 위한 교육의 진보적 나아갈 길을 고민하고 활자화된 메시지의 중요성을 실천하고 있는 출판사 살림터에 감사 인사를 드린다. 이 책의 활자화된 글을 통해 더욱더 많은 시민의 교육적 내공이 깊어지고, 더불어 사회의 민주화가 한걸음 진전되기를 손 모아 기원한다.

교육사상 강좌 책임편집
유성상 씀

참고문헌

유성상(2021). 「한국 교육, 왜 바뀌지 않는가?」. 한국교육개혁전략포럼 발표문(미출간), 1-24.

Miao, F., Holmes, W., Huang, R., & Zhang, H.(2021). *AI and Education: A Guidance for Policymakers*. UNESCO Publishing.

Olssen, M., Codd, J. A., & Anne-Marie, O.(2004). *Education Policy: Globalization, Citizenship and Democracy*. Sage.

Seth, M.(2020). 『한국 교육은 왜 바뀌지 않는가?』[*Education Fever: Society, Politics, and the Pursuit of Schooling in South Korea*]. Seoul: Hakjisa.

UNESCO(2022). *Reimagining Our Futures Together: A New Social Contract for Education*. UN.

차례

1장

장 자크 루소:
인정투쟁, 사회정의와 시민교육'

이기범

1. 서론: 인정 정의와 분배 정의

"야 너네 자랑하고 싶은 거 있으면 얼마든지 해/ 난 괜찮어/ 왜냐면 나는 부럽지가 않어/ 한 개도 부럽지가 않어."

가수 장기하의 노래 가사다. 자랑하고 부러워하는 일은 인정을 둘러싸고 일어난다. 자랑할 게 없고 다른 사람을 부러워하기만 한다면 인정받지 못하는 사람일 것이다. 자신의 존재를 합당하게 인정받지 못하고, 자기 몫을 합당하게 분배받지 못하면 무시당한다고 느끼고 모욕을 느낀다. 불인정, 무시와 모욕은 개인 차원에서 그치지 않고 사회제도로 연결된다. 그래서 인정받지 못하고 분배받지 못하면, 사회정의가 구현되지 못하고 '모욕의 정치'가 기승을 떨치게 된다.

정의는 사람의 존재 가치를 합당하게 인정하고, 삶에 필요한 재화와 기회를 합당하게 분배하는 일이다. 이렇게 인정recognition과 분배distribution에 관련된 정의를 각각 인정 정의와 분배 정의라고 부른다. 인정 정의와 분배 정의를 결합해야 정의를 실현할 수 있다. 민주주의가 더 성숙하면 두 종류의 정의가 모두 증대하리라고 기대한다. 그러나 지금 한국 사회와 교육은 이런 기대에 역행하고 있다는 의견이 뚜렷하다. 약육강식과 각

---

1. 이 글을 쓰면서 저자의 책(2021, 2022)의 일부 내용을 참고하였다.

자도생을 부추기면서 정의에서 멀어진다는 비판이 커지고 있다. 부정의injustice가 깊어지고 있다면, 학생들도 나이에 상응하는 권리를 가진 '학생-시민'이라는 주권자로서 정의를 증진하는 데 관심을 가져야 한다. 자신들의 '인생 설계'에 지대한 영향을 미치는 정의를 실현하도록 교육제도와 사회제도를 검토하고 변혁 방안을 숙의해야 한다. 학생들이 시민교육을 펼쳐야 하고 그 중심 주제로 정의를 다루어야 한다.

장 자크 루소Jean Jacques Rousseau, 1712~1778는 시민교육의 중요성을 최초로 제시하고, 모든 사람이 정의를 증진하는 데 참여하는 시민으로 성장하는 교육을 구상했다. 근대 사회는 모든 사람에게 자유와 평등을 기본권으로 보장한다. 루소는 타고난 신분 질서 대신에 개인의 능력을 지위와 재화를 분배하는 기준으로 삼아야 자유와 평등을 확대할 수 있다고 강조한다. 요즘 말하는 '능력주의meritocracy'를 자유와 평등의 원리로 제안하는 동시에 인정과 분배의 원리로 제안하는 것이다. 능력을 개발하고 발휘하는 기회를 자유롭고 평등하게 보장해야 능력주의가 정당한 원리가 되고, 능력에 따른 인정과 분배를 정당화할 수 있다. 정당성이 확보되어야 능력주의는 자유, 평등과 정의의 원리로 작동할 수 있다. 그래서 루소1985는 국가가 모든 사람에게 능력을 개발할 기회를 제공해야 능력에 따른 인정과 분배를 정당화할 수 있다고 주장한다.

루소는 정의의 원리로 능력주의를 제안할 뿐 아니라 능력주의의 부작용을 날카롭게 지적한다. 능력주의는 필시 '인정투쟁the struggle for recognition'을 촉발하고, 인정투쟁이 과열되면 인간은 질곡에 빠진다는 것이다. 루소에 의하면, 인정투쟁은 자신의 능력을 최대로 개발하여 남보다 더 성취하고 더 인정받으려는 투쟁이다. 능력의 인정에 따라서 지위와 특권을 분배하기 때문에 인정투쟁이 발생한다. 루소는 정의 추구를 위해서 합당한 인정이 필수적이라는 것을 최초로 밝히고, 누가, 무엇을, 얼마만큼 인정받는 것이 합당한 인정인가를 둘러싼 인정투쟁이 근대 사회에 등장한 새로운 갈등임을 조명한다. 루소는 삶의 필요성을 충족하기에 적합한 능력은 당연히 개발해서 인정받아야 하지만 탐욕에 사로잡힌 인정투쟁은 공멸을 초래한다고 경고한다. 개인과 사회의 파멸을 피하려면 동료 시민들과 서로 협력하고 존중하면서 모두의 이익이 공평하게 고려될 수 있는 '사회계약'을 만들어야 한다. 루소는 시민으로 갖추어야 할 능력을 개발하여 시민의 자격을 인정받고 사회계약을 만드는 데 참여하는 기회를 분배받는 것이 최상의 인정이라고 강조한다. 시민들이 사익을 넘어서 공익을 추구하는 일에 동등한 자격으로 참여하면, 인정투쟁의 적대적 관계가 상호존중의 관계로 전환되고 평등, 자유와 정의가 실현될 수 있다.

능력주의와 인정투쟁의 폐해는 지금 이루 말할 수 없는 고통을 안기고 있다. 한국 사회에서 인정투쟁은 목숨을 걸 정도로 치열해지고 분배 투쟁과 더 밀접하게 결합해서 불평등과 부정의를 악화한다. '학생-시민'들이 시민교육을 통해서 교육과 사회의 변혁 방안을 숙의하는 일이 시급하다. 학생들은 루소가 말하는 대로 정치, 경제, 문화, 교육, 복지 등의 사회 영역에 자유롭고 평등하게 참여하는 일을 정의로 이해해야 한다. 분배 정의와 인정 정의를 이해하고 정의를 확대하는 일에 적용할 수 있어야 한다. 시민교육은 사회참여의 능력과 자격을 형성하고 인정받음으로써 합당한 몫을 분배받는 일을 안내한다. 개인은 시민으로서 온전하게full 인정받고, 온전하게 사회에 참여해야 인간 존엄성을 인정받으면서 인간다운 삶을 살 수 있게 된다. 교육의 중요 역할 중 하나가 학생들이 자유롭고 평등하게 인생을 설계하는 일을 돕는 것이라면 시민교육이 교육의 중심이 되어야 한다.

이 글에서 루소의 사회비판과 시민교육 구상을 검토해서 한국 시민교육의 방향을 설정하는 데 참고하기를 기대한다. 이를 위해서 2절은 한국의 시민교육은 학생들이 분배 정의와 인정 정의를 결합하도록 숙의하고 실천하는 장을 제공해야 한다는 것을 밝힌다. 3절은 루소의 사회개혁과 시민교육 구상을 이해하는 배경과 맥락으로 루소의 삶과 업적을 소개한다. 4절은 루소의 인정투쟁 이론과 대안을 소개하고, 5절은 루소의 『에밀』을 중심으로 그가 제안하는 시민교육의 구성과 방향을 설명한다. 마지막으로 6절은 시민교육을 한국 사회에서 기획하고 실행하는 과정에서 고려해야 할 몇 가지 사항을 제시한다.

2. 시민교육과 정의의 추구

시민교육은 정의 실현을 위한 공동 탐구와 숙의와 영역을 창조하는 일이다. 정의는 사회제도의 근간이며, 자유와 평등을 보장하는 최고선이기 때문이다. 가장 널리 논의되는 롤스의 연구^{Rawls, 1971: 3-4}는 정의를 이렇게 조명한다.

> 진리가 사유체계의 최고선인 것처럼 정의는 사회제도의 최고선이다. 이론이 아무리 우아하고 명료해도 진리가 아니라면 기각하고 수정해야 하는 것처럼 법과 제도 역시 아무리 효율적이고 정연해도 정의롭지 못하면 변혁하거나 폐기해야 한다.

정의는 인간 존엄성을 합당하게 인정받고, 인간답게 사는 데 합당한 몫을 합당하게 분배받는 일이다. 정의는 합당한 인정과 합당한 분배를 결합해야 실현된다. 그러므로 학생들은 시민교육에서 인정 정의와 분배 정의를 결합하고, 자유롭고 평등한 사회참여를 제도화하는 방향을 탐구해야 한다. 사회참여는 경제, 정치, 문화에 참여하는 일과 더불어 교육, 의료와 복지의 혜택을 받는 일을 포괄한다. '학생-시민'들은 자유롭고 평등한 사회참여가 차단되어서 분배 정의와 인정 정의가 모두 손상되는 것을 비판할 수 있어야 한다. 분배와 인정의 부정의는 각각 손상injury과 모욕insult이라는 해악을 초래한다.Fraser, 2008 첫째, 자본주의의 경제 부정의는 착취, 저임금 부과, 실업과 비정규직화, 소득 박탈 등의 손상을 초래한다. 분배의 부정의는 계급, 젠더, 인종 등의 권력과 연관된 모순으로서 자원, 기회, 재화의 정의로운 분배를 통해 회복할 수 있다. 둘째, 문화적 부정의는 특정인들이 지지하는 가치와 삶의 방식을 불인정하고 무시함으로써 모욕을 초래한다. 인정의 부정의에서는 손상보다 모욕이 근본적 문제로 다루어진다. 불인정nonrecognition과 무시disrespect로 인해 개인과 집단이 자유, 평등, 권리를 요구할 수 있는 자격이 상실된다고 보기 때문이다. 무시와 모욕을 해소한 후에야 공정한 분배를 요구하고, 사회경제 부정의로 인한 손상을 회복할 수 있다.

'동등한 참여'를 정의의 규범으로 삼아야 분배 정의와 인정 정의를 결합할 수 있다.Fraser, 2003 다시 말하자면 동등한 참여는 모든 구성원이 시민의 자격을 인정받고 자유롭고 평등하게 정치, 경제, 문화와 교육에 참여하는 일이다. 분배 정의는 물질적 자원을 정의롭게 분배함으로써 시민들의 동등한 참여를 위한 객관적 조건을 마련한다. 롤스Rawls, 1999: 18는 분배 정의를 인간답게 사는 데 꼭 필요한 사회자원 혹은 '사회적 기본재social primary goods'를 공정하게 분배하는 일이라고 설명한다. 따라서 물질적 불평등과 경제적 취약성을 외면하는 사회제도를 개선해야 한다. 물질적 조건과 아울러 다른 시민들과 동등하게 상호작용할 수 있는 역량을 확보하기 위해 인정 정의가 요구된다. 모든 시민이 자신의 문화와 삶의 가치를 합당하게 인정받으면서 소통할 수 있도록 상호주관적 조건을 제공해야 한다. 특정한 시민의 성향을 열등하다고 비하하고 차별하는 관행과 제도를 개선해야 한다. 예컨대 '차별금지법'이 속히 제정되어야 한다. 정의는 자유롭고 평등한 사회참여를 제도화하는 것을 뜻하고, 인정 정의와 분배 정의를 함께 증진해야 정의를 증진할 수 있다. 학교를 통해 학력과 권력이 재생산되는 과정에서도 분배 부정의와 인정 부정의가 작동한다. 그래서 애플Apple, 2012: 44 같은 교육학자는 위에서 소개한 정치경제 측면의 분배 정의와 문화 측면의 인정 정의를 증진하는 방안을 시민교육에서 적극적으로 모색해야 한다고 주장한다. 시민교육은 학생들이 분배 정의와 인정 정의에 관련된 제도와 규범을 검토하면서 동등한 참여를 요구하도록 격려해야 한다.

이 글에서 논의하는 시민교육은 분배 정의보다 인정 정의에 초점을 둔다. 인정 정의가 분배 정의보다 더 중요하기 때문에 그런 것은 아니다. 정의롭게 분배받으려면 분배받을 자격entitlement, 즉 사회 구성원임을 인정받아야 하는데 현재 한국 사회와 교육에서 그 자격에 관한 갈등이 매우 심하므로 인정 정의에 초점을 두고자 한다. 더욱이 한국 현실과 달리 분배 정의에 관한 연구에 비해 인정 정의에 관한 연구는 적은 편이기 때문에 인정 정의를 탐구해야 하는 요구가 큰 것으로 보인다.

인정 정의를 이해하려면 먼저 성원권을 알아야 한다. 구성원의 자격을 인정받으면 '성원권membership rights'을 갖게 된다. 법적으로 말하면 시민권을 획득하면 성원권을 획득하게 된다. 그러나 시민권과 성원권이 일치하지 않을 때도 많다. 학교폭력 같은 사건에서 '강자'가 '약자'에게 저지르는 비하, 무시, 모욕은 약자의 성원권을 인정하지 않기 때문에 일어난다. 성원권을 인정받으면 사회에서 적합한 '자리와 장소'를 가진 사람으로 대우받고 인정받는다.김현경, 2015: 26 자리와 장소는 흔히 자격과 지위로 나타난다. 예컨대 '국제올림픽위원회'는 모든 사람이 운동 경기에 참여하는 기회를 인정하는 뜻으로 성전환자 여성이 올림픽 여자 경기에 출전할 수 있는 자격을 인정한다. 영화 〈기생충〉은 '지하'에 머물러야 할 사람이 '지상'의 지위를 넘볼 때 겪는 갈등을 재현한다. 어떤 인류학자의 관찰처럼 많은 사회에서 자기 위치와 지위를 벗어나는 것은 불결한 것으로 규정되므로, 혐오하고 제거하는 것이 정당화된다.Douglas, 1984: 36 성원권을 인정받지 못하는데도 자격과 지위를 주장하면 혐오를 촉발하고 갈등을 초래하는 것이다. 성원권을 인정하는 데에서 차별이 없어야 한다.

자유롭고 평등하게 사회에 참여하는 일이 정의라면 정의는 합당한reasonable 분배뿐 아니라 합당한due 인정, 특히 성원권의 인정에 따라 실현된다. 흔히 재화와 자원의 분배를 가장 중요한 일로 여기지만 구성원의 자격과 성원권을 인정받지 못하면 분배받을 자격도 없어진다는 것을 인식해야 한다. 사람으로 인정받으려면 성원권을 인정받아야 한다. 합당한 인정은 합당한 분배를 위한 필요조건이다. 그러면 한국 사회의 인정 정의는 어떠한가? 한국 사회에서 갈등과 혐오가 증대되는 현상을 인정 정의와 연관하여 탐색할 필요가 있다. 미국 퓨리서치센터Pew Research Center는 2021년에 17개국 국민의 갈등 인식을 조사한 결과를 발표했는데, 조사 대상국 중에서 한국 국민의 정치 갈등과 종교 갈등 인식이 가장 높은 것으로 나타났다. '정치적 갈등이 강한가'라는 질문과 '종교적 갈등이 강한가'라는 질문에 '그렇다'로 대답한 한국 응답자는 각각 90%, 61%로 나타났다. 한국에 이민자가 늘면서 '인종 또는 민족 갈등이 심각하다'는 응답 비율도 미국이나 유럽 국가들 못지않게 높다. '인종 또는 민족 갈등이 심각하다'는 응답은 한국이 57%인데 미국의 경우 71%, 프랑스 64%, 독일 55%로 나타났다. 여성, 장애인, 해외 이주 동포, 외국인 노동자와 난민 같은 사람의 성원권을 인정하지 않고 혐오까지 하는 경향도 퍼지고 있다.

재력, 권력, 학력이 우월한 사람의 성원권만 인정하는 한국판 '인종주의'가 등장했다는 비판도 있다. 구성원으로 인정하지 않는 사람들에게 사회자원을 분배하는 일을 반대하고 나아가서 그 사람들의 존재 자체를 혐오하는 일이 늘어나고 있다. 덜 인정받고 덜 분배받는 사람들의 저항도 나타난다. 인정투쟁은 분배투쟁으로 이어지고 사회적 갈등과 혐오가 증대된다. 사회에서 갈등과 투쟁은 불가피하므로 해소할 수는 없다. 그래서 시민들이 갈등과 투쟁을 공동 성찰과 대화의 계기로 전환하는 '갈등 변혁conflict transformation'이 요구되는데, 현재 한국 사회에서는 그런 변혁을 기대하기 어려워진 것이다. 시민교육은 시급하고 중요한 사회 과제이다. 우리는 루소의 교육 기획과 인정이론을 통해서 시민교육의 방향을 모색할 것이다. 루소가 그런 기획을 하게 된 배경과 맥락을 그의 삶과 업적을 통해 알아보자.

3. 루소의 삶과 업적

1) 루소의 삶

루소는 평생 도전을 거듭하고 고난을 겪으면서 인간 성장과 사회 변혁의 길을 열었다. 루소는 1712년 6월 28일에 스위스 제네바에서 태어났다. 그의 생가는 지금도 잘 보존되어 있다. 그는 제네바를 고향뿐 아니라 자유와 평등을 보장하는 국가의 본보기로 삼으면서 자신을 '제네바의 자유시민'이라고 불렀다. 그는 『에밀』의 표지에 이 별칭을 자신의 본명과 함께 싣고, 다른 책에서도 자주 사용한다. 루소의 조국 사랑은 시민사회에 참여하게 이끄는 동력은 감정이며, 애국심이 그 감정의 밑거름이 된다는 생각으로 이어진다. 그리고 시민교육은 그런 애국심을 기르는 교육이고, 시민은 애국심을 종교처럼 강렬한 '시민종교'로 체화해야 한다고 주장한다. 바로 이런 주장 때문에 기독교 교단은 신성모독을 저지른 죄로 루소를 재판하고 파리에서 추방하며 『에밀』을 불태웠다.

루소는 제도교육을 받은 경험이 거의 없고, 아버지와 함께 독서에 열중하면서 세상을 배운다. 어린 시절에 두 해 동안 삼촌 가족과 함께 시골 마을에 살면서 자연이 베푸는 평안과 학습의 기회를 깨닫게 된다. 루소는 소년 시절에 수습공으로 일하면서 방탕한 나날을 보냈다고 고백한다. 16살이 된 어느 날 가출하고 방랑하다가 사부아 지방의 사제 집에 머물면서 뜻깊은 대화를 나누게 된다. 이 대화는『에밀』의 4권에서 종교와 양심의 의미에 관한 사유로 이어진다. 1733년에 그 사제의 소개로 바랑 부인을 후원자로 삼게 되고 가톨릭 학교에 다니면서 문학, 예술, 특히 아리스토텔레스의 철학을 공부한다. 재학 기간은 길지 않았으나 이 무렵에 10년 가까운 기간 동안 독서에 집중하고 사색하면서 글을 쓰기 시작한다.

루소는 1740년에 리옹에서 가정교사로 일하게 되는데 최초이자 마지막인 교사 경험은 신통치 못했다고 전해진다. 하지만 그 집안의 형제인 철학자 콘딜락 마블리와 교류하면서 감각이 인식의 기초라는 감각론에 착안하게 된다. 이런 통찰은『에밀』에서 이성이 아니라 감성이 인지 발달과 성장을 이끈다는 주장으로 나타난다. 또 다른 형제인 가브리엘과 친분을 갖는데, 1772년에 그의 추천으로『폴란드 정부에 대한 고찰』을 출판한다. 이 저서는 근대국가 건설과 공교육 개혁 방안에 관한 제안서이다. 루소는 1742년에 파리로 가서 음악 작곡가로 활동한다. 오페라를 작곡하면서 평판을 얻는데 나중에 루이 15세에게 호평을 받기도 한다. 루소가 작곡한 오페라 일부는 찬송가 〈예수님은 누구신가〉의 곡조와 동요로 우리에게 익숙하다. 루소는 그 시기에 베네치아공화국 주재 프랑스대사의 비서로 잠깐 일하고, 여러 직업을 전전한다. 루소만큼 많은 직업을 섭렵한 학자는 드물 것이다. 이때 하숙집 하녀인 르바쇠르와 동거를 시작한다. 다섯 아이를 얻지만 모두 고아원으로 보낸다. 그 시절이나 지금이나 루소의 이런 처사는 비난받으며 그의 교육사상을 불신하게 만드는 빌미가 된다. 루소는『참회록』에서 자신의 행태를 후회하고 반성한다.

루소는 1749년 무렵부터 달랑베르, 디드로 같은 계몽주의 학자들과 어울린다. 학술원의 현상 논문 공모에 제출한「학문예술론」이 최우수작으로 당선되면서 학문 세계로 입문한다. 1754년에『인간 불평등 기원론』을 발표한다. 이 년 후에 루소는 시골로 이주하여 『에밀』과 『사회계약론』을 쓰는 데 전념하고, 1762년에 두 책을 연이어 발간한다. 『인간 불평등 기원론』은 인간이 자연의 질서에서 '타락'함으로써 부자유와 불평등을 겪는 과정을 제시한다. 반면에 『사회계약론』은 타락을 지양하는 '구원'의 방향으로 자유와 평등을 추구할 수 있는 기획을 제시한다. 『에밀』은 이런 타락과 구원의 '변증법'을 실현하는 방안을 제시하는 책이다. 그 방안은 정의를 구현하는 사회계약을 만드는 데 참여하는 시민을 교육하는 일이다. 루소의 말을 따르면 『에밀』은 자신의 사회개혁을 가능하게 하는 교육을 제안한 책으로 "20년의 사색과 3년의 집필"을 거친 가장 중요한 저작이다.

파리법원은 루소가 『에밀』을 출판하고 얼마 되지 않아서 루소가 기독교 신앙을 이성과 진리와 같은 것으로 취급하는 이신론을 지지한다면서 유죄 판결을 내리고 체포를 명령한다. 루소는 스위스와 프로이센의 곳곳으로 도망 다니게 된다. 1766년 1월에 영국의 철학자인 흄의 도움으로 런던으로 건너간다. 그러나 루소는 흄이 자신을 무시한다고 오해하고 프랑스로 돌아간다. 루소는 1770년 파리에서 『참회록』을 세상에 내놓으면서 잘못을 고백하고 반성한다. 이어서 자신의 삶을 돌아보는 책 두 권을 발표한다. 그는 말년에 파리 근교의 자연 속에서 쉴 수 있게 되었다. 루소는 1778년 7월 2일 아침 산책을 마치고 귀가하여 오전 11시에 갑자기 숨을 거둔다. 화가 모로가 그린 루소의 임종 직전 모습에서 "자연을 더 보고 싶다. 창문을 열어 다오"라는 그의 유언이 전해진다. 그의 데스마스크는 제네바대학교 루소기념관에 전시되어 있다. 1783년에 미완성 원고가 정리되어서 『에밀』의 이부작이라고 할 수 있는 『에밀과 소피, 혹은 새로운 교육체계』가 출판된다. 루소는 엘리트 교육과 주류 집단에서 벗어난 '경계인'으로 살았기 때문에 관습과 고정관념을 깨고 새로운 길을 만들 수 있었다. 그러나 자신의 업적이 얼마나 위대한지를 스스로 믿지 못했던 것 같다. 자신의 능력을 합당하게 인정받지 못한다는 피해의식에 시달린다. 그래서 인정투쟁과 능력주의에 착안했는지 모르겠다.

2) 루소의 업적

루소가 이룩한 업적을 이해하려면 그의 주요 저작인 『인간 불평등 기원론』, 『사회계약론』과 『에밀』을 관통하는 그의 문제의식을 파악해야 한다. 루소는 근대에 들어서면서 개인, 사회, 국가가 새로운 관계를 맺어야 한다는 필요성에 주목한다. 근대의 새로운 관계는 국가가 개인의 자유와 평등을 보장하는 대신 개인은 국가의 주권에 복종한다는 계약에 따라 성립된다. 시민사회는 개인과 국가를 연결하는 영역으로서 시민참여를 통해 이런 연결의 조건, 즉 사회계약을 창조하는 역할을 해야 한다. 루소는 개인, 사회, 국가의 관계가 약속과 다르게 왜곡되고 있음을 포착하고 변혁의 대안을 제안한다.

루소는 『인간 불평등 기원론』에서 근대 사회가 약속과 달리 불평등을 조장하는 타락한 사회라는 것을 비판한다.[1979b] 루소는 근대 사회가 약속한 평등의 원리는 개인의 자유를 확장하는 가능성을 제공하였으나, 인간들이 그 가능성을 소유욕에 대한 집착으로 왜곡시켰다고 비판한다. 루소는 법과 제도가 재산과 권력을 가진 자의 이익을 증진하는 도구로 전락하였기 때문에 불평등이 확대된다고 지적한다. 제도가 문제라고 지적하지만, 더 근본 원인은 재산과 권력에 대한 집착과 탐욕이라고 비판한다. 루소에 의하면, 근대 사회에서는 신분 위계에서 해방된 모든 사람이 욕망을 갖게 되면서, 빈부 계층을 막론하고 모든 사람이 권력욕과 물욕에 사로잡힌다. 모두 존재의 자유를 상실하는 결과가 초래된다. 그러므로 근대 정치의 불평등은 제도적 불평등일 뿐 아니라 윤리적 불평등이다.

루소는 『사회계약론』에서 불평등을 증대하는 개인적 탐욕과 '개별의지'를 공익과 공공선을 추구하는 '일반의지'로 대체하여 법과 제도를 개혁해야 한다고 주장한다. 루소는 탐욕과 불평등의 구속으로부터 해방되려면 시민들이 직접 주권을 행사해야 한다고 설명한다. 대의정치나 입헌군주정치를 거부하고 시민의 직접 참여를 강력하게 요구한다. 그런 주권 행사는 개별 이익의 충족이 아니라 공동의 이익에 적합해야 한다. 시민들이 주권을 행사하되 모두의 이익을 공정하게 고려하는 법과 제도를 만들려는 의지가 '일반의지general will'이다. 일반의지는 모든 사람의 자유와 평등하고 정의롭게 증진하는 행위와 정책을 이끈다. 일반의지는 개별의지를 기계적으로 합한 것이 아니다. 모든 시민이 소유하는 재산과 권력의 규모와 관계없이 평등하게 주권을 갖는 동시에 자신의 주권을 국가에 양도하는 '사회계약'을 맺음으로써 형성된다. 『에밀』은 '사회계약'을 통해 자유와 평등을 확대하는 개혁에 참여하는 시민을 교육하기 위한 구상이다.[2]

루소의 비판과 제안은 근대의 정치, 철학과 교육의 이론과 실천에 초석을 제공한다. 정치 분야의 중요 개념 중 하나인 사회계약의 의미와 실행은 그의 『사회계약론』에서 시작되고 확대된다. 사회 변혁을 향한 그의 구상이 프랑스혁명에 큰 영향을 미치고, 혁명이 막바지에 이른 1794년에 국립묘지에 해당하는 판테온에 그의 묘지가 마련된다. 철학자 칸트는 1763년에 『에밀』을 읽고 크게 감명받았다고 한다. 매일 정시에 산책하는 칸트가 『에밀』을 읽는 일에 빠져서 오직 한 번 시간을 어겼다거나, 칸트의 검소한 방에 걸린 유일한 그림이 루소의 초상화라는 이야기가 전해진다. 칸트는 교육에 대한 헌신은 고귀하며, 『에밀』이 미래의 학교를 제시하고 있다고 평가한다. 칸트의 철학에 인식은 대상이 아니라 인식 주체에 의해서 형성된다는 관점이 등장하고, 도덕의 보편적 측면과 실천적 측면이 부

---

2. 『에밀』의 번역본은 여러 종류가 있는데, 여기서는 정병희의 번역본(2007년 2판 1쇄, 동서문화사)을 쓴다. 번역본을 인용할 때는 괄호 안에 연도를 표기하지 않고 쪽수만 표기한다. 필요한 경우 A. Bloom의 영문 번역본(Emile or On Education, 1979a, New York: Basic Books)의 해당 부분을 번역하고, 저자의 번역임을 표시한다. 두 책 모두 번역한 원본을 명시하지 않아서 어떤 판본을 번역하였는지 알 수 없다.

상한 것은 『에밀』에서 통찰을 얻은 덕분이라는 해석이 유력하다. 헤겔도 『사회계약론』과 『에밀』을 읽었다고 한다. 헤겔은 루소의 인정투쟁 개념을 다듬어서 사회관계를 구성하는 '주인과 노예'의 투쟁 구도를 제시한다. 사회의 구성 요소로서 루소가 제시한 의지의 개념은 받아들이는 한편 일반의지는 인민의 심리 성향에서 비롯되는 것이 아니라 국가의 보편성과 절대정신에 근거한다고 루소의 주장을 수정한다. 문학과 예술 분야의 근대 낭만주의는 루소에게서 창의적 영감을 찾는다.

루소의 교육사상은 근대 교육을 정립하거나 비판하는 데 두루 활용된다. 그래서 제도교육은 물론 대안교육을 이해하고 기획하는 데 적용된다. 유아교육, 윤리교육, 시민교육, 노동교육 등 적용되는 범위도 흥미롭다. 『에밀』은 교육의 이론과 실천, 특히 홀리스틱 교육, 자유주의 교육, 공동체주의 교육, 참여민주주의 교육 등의 이론과 실천을 발전시키는 발판 역할을 하고 있다. 예를 들면 페스탈로치와 프뢰벨은 루소의 교육철학을 실천하면서 이론을 모색하려고 노력했다. 듀이[Dewey, 1916]는 루소의 교육철학을 『민주주의와 교육』에서 검토하고 학교교육의 주요 목적이 시민 육성과 민주사회의 실현에 있다는 것을 주장한다. 지금도 다양한 분야에서 루소의 사상 연구와 실천이 활발하게 이어지고 있다. 루소의 사상은 여전히 살아 있고 새로 만들어지고 있다.

4. 루소의 인정투쟁 이론과 대안

1) 루소의 인정투쟁 이론

루소는 봉건체제에서 존재하지 않던 개인, 사회, 국가의 개념과 실제가 근대 사회에서 형성되고 있다고 이해한다. 그래서 개인, 사회, 국가를 구분하는 동시에 그것들 사이의 관계를 새로 설정해야 한다고 주장한다. 그

관계는 근대 사회가 약속하는 자유, 평등과 정의가 실현되도록 구성되어야 한다. 그러나 루소는 이미 근대 사회의 초입에서 자유, 평등과 정의와 같은 근대의 가치가 손상된다고 비판하고 대안을 제시한다. 루소의 비판은 근대의 가치를 증진하는 주요 동인의 하나로 인정을 조명한다. 여기서 인정은 사람들이 서로의 존엄성과 능력을 이해하고 수용하는 태도를 말한다. 인정은 정치와 윤리 관계를 규정하는 규범으로서 정의, 자유, 평등, 권리를 신장하는 반면 오인misrecognition과 불인정nonrecognition(혹은 무시)은 갈등과 투쟁을 촉발한다. 루소의 주장을 발전시킨 현대의 인정이론에서 대체로 합의된 내용을 다음의 가설로 정리할 수 있다. 관계에 개입되는 주체(Subject: 'S')는 사람이다.

① S1의 정체성을 형성하는 데 S2의 인정이 결정적인 역할을 한다.
② 인정은 S1의 삶의 규범이 가치가 있다는 것과 S1이 의지와 선택 능력이 있는 행위자라는 것을 이해하고 수용하는 것을 뜻한다.
③ S2가 S1을 오인하거나 불인정(혹은 무시)하면 S1의 존재가 손상될 뿐 아니라 수치와 분노를 일으켜 S들 사이에 인정투쟁이 촉발될 수 있다.
④ 인정, 오인, 무시는 모두 상호성mutuality을 전제한다.

루소는 위 가설이 밝히는 것처럼 사람들끼리 더 인정받고 그에 따른 특권을 더 획득하려는 과다하고 소모적인 인정투쟁이 확산하여서 자유, 평등과 정의가 타락했다고 지적한다. 대안 모색은 역시 인정 관계를 재구성하는 것에 초점을 두어야 한다. 루소의 시민교육은 시민들이 지향해야 할 적합한 인정 관계를 학습하는 일이다. 교육받은 시민들은 사회계약을 구성하는 데 필요한 역할을 담당할 수 있다. 사회계약은 상호인정을 구성 원리로 삼아서 운영되어야 자유, 평등과 정의를 증진할 수 있으므로 루소의 시민교육은 그런 사회계약에 참여할 수 있는 시민을 육성하도록 기획된다. 먼저 루소의 인정투쟁 이론과 근대 사회 비판을 알아보자.

봉건체제에서는 신분의 위계에 의하여 특권층만이 존엄성을 인정받는일이 당연한 일이지만 근대 사회에서는 상호평등의 원리에 의하여 모든사람이 권리를 갖고 존엄성을 인정받게 된다. 루소는 이렇게 모든 사람의 가치와 존엄성을 인정하게 된 변화로 인해 근대가 탄생했다고 관찰한다. 사람들은 이런 변화를 환영하면서 권리에 의해 자신의 가치를 형식적으로 인정받는 것에 만족하지 못하고 자신이 실질적으로 인정받기를 원하게 된다. 나아가서 다른 사람보다 더 인정받기를 욕망한다. 누구나 가치를 인정받을 수 있으므로 더 인정받기를 욕망하면서, 자신의 가치를 더인정받기 위한 경쟁이 시작된다. 다른 사람보다 더 인정받으면 학력, 권력과 재력을 더 보유할 수 있으므로 경쟁이 치열하다. 이런 경쟁이 인정투쟁이다. 루소는 근대 사회에서 처음으로 등장한 인정투쟁이 사회관계와권력을 구성하는 중요 요인이라는 것을 포착한다.

루소는 오직 능력만이 권력, 지위, 직업을 획득하는 기준이 되어야 하고, 그 기준은 모든 시민에게 평등하게 적용해야 정당하다고 주장한다.[3]인정투쟁은 개인의 능력을 인정받으려는 투쟁이다. 타고난 신분이 아니라 성취한 능력에 따라 보상과 특권이 제공되기 때문에 그렇다. 타고난신분에 따라서 지위를 부여하는 근대 전의 인정 방식은 귀속주의라고 부른다. 반면 근대에서는 자유롭고 평등한 조건에서 개인이 성취한 능력에 따라 지위를 획득하므로 그런 인정 방식을 업적주의 혹은 '능력주의meritocracy'라고 부른다.[4] 근대의 능력주의 사회에서 모든 개인이 잠재력

---

3. 루소의 이런 관점이 프랑스혁명 당시(1782년)에 제정된 'The Declaration of the Rights of Man and of the Citizen'의 6항에 반영되었다고 전해진다.
4. 능력주의라는 용어를 루소가 사용한 것은 아니다. 그런 인정의 방식을 루소가 조명하고 논의했고, 그런 방식을 나중에 능력주의라고 이름 붙인 것이다.

을 가지고 있는 것으로 간주하고, 잠재력을 능력으로 발휘하는 만큼 학력, 재력, 권력 등의 특권을 분배한다. 특권과 지위에 따라서 타자로부터 존재감과 존엄성을 인정받고 자부심을 키운다. 신분 사회에서는 명예가 자부심의 기준이지만 근대 시민사회에서는 성취와 성취에 대한 인정이 그 기준을 대신하게 되는 것이다. 근대 사회에서 특히 소유의 능력과 권력을 획득하는 능력을 통해 성취를 인정받으려는 욕망이 팽배한다고 루소는 지적한다.

루소는 근대에 들어서면서 이성의 발달이 과학기술과 생산을 획기적으로 발전시켰다고 평가한다. 그러면서 과연 인간의 삶이 더 자유롭고 평등해졌는가에 의문을 제기한다. 루소는 이성이 '양날의 칼'이라고 설명한다. 이성 덕분에 생산이 증대하고 물질적으로 풍요해졌으나 동시에 이성으로 인하여 삶이 피폐해졌다는 것이다. 사회관계에서 이성은 세 가지 용도의 도구 역할을 한다. 첫째, 능력을 증대하고 특권을 획득하여 이기적 욕망을 충족하는 '도구적 이성'으로 쓰인다. 둘째, 타인과 자신을 비교하고 타인에 대한 우월감을 확보하는 '도구적 이성'으로 사용된다. 이런 두 가지 역할에 관해 루소는 아래와 같이 말한다.

> 인간의 본질을 선하게 만드는 것은 적절한 욕망을 갖는 일이며, 자기를 너무 타인과 비교하지 않는 일이다. 인간의 본질을 악하게 만드는 것은 지나친 욕망을 갖는 일이며 함부로 자신과 타인을 비교하는 일이다.[286]

셋째, 이성은 자신의 능력을 자아의 고유성authenticity(혹은 진정성)을 형성하는 데에 활용하기보다 타인에게 과시하고 인정받아야 만족하는 간교한 경향으로 흐르고, 자신의 존재감을 타인에게 의존하는 경향으로 정착된다. 이성의 왜곡은 근대의 몰락과 인간의 타락으로 이어진다고 루소는 증언한다.

　루소는 개인의 불행과 사회의 분쟁이 인정투쟁에서 비롯된다는 것을 밝힌다. 그리고 어떤 대가를 치르더라도 인정투쟁에서 승리하려는 욕망은 결코 충족될 수 없다고 단언한다. 왜냐하면 지나친 인정투쟁에 휩싸인 모든 사람은 자신이 타인을 인정해 주는 '주인'이라고 착각하지만, 사실은 남들의 인정에 의존하는 '노예'이기 때문이다. 모든 사람이 타인에게 자신의 존재감을 맡기는 노예로 전락하기 때문이다. 헤겔은 루소의 주인과 노예 개념을 이어받아서 인정투쟁 이론을 더 다듬는다. 헤겔이 제시하는 인정투쟁 관계는 루소와 마찬가지로 타인을 인정하는 힘이 있는 사람은 주인으로 설정되며 인정받아야 하는 사람은 노예로 설정된다. 이 투쟁에서 주인은 승자이고 노예는 패자이다. 헤겔은 승자 또한 결국 손상을 입는다고 말한다. 주인도 주인이라고 인정을 받아야 하는데 그 인정은 자신보다 열등한 노예로부터 얻은 인정이므로 가치가 없기 때문이다. 인정투쟁은 한때 승자로 인정받더라도 결국에는 모두 패자가 되는 경쟁이다. 헤겔은 인정투쟁에 집착하는 모든 사람은 승패와 무관하게 늘 불안과 두려움에 떨고 소진되어 자기 소외에 빠지게 된다고 주장한다. 이런 헤겔의 관점은 루소의 주장을 더 정교하게 만든 것이다.

　루소는 인정투쟁에서 승리해도 더 불안하고 공허해지는 경향을 등산에 비유하여 설명한다.

　　몇 사람은 행복한 것으로 보일 것이다. 그러나 보이는 것 너머를 보는 사람은 그 사람들이 성공했어도 사실은 비참한 것을 꿰뚫어 볼 것이다. 그 사람들이 행운의 혜택을 입어서 승리할수록 불안과 근심이 더 널리 퍼지고 커지는 것을 볼 것이다. 숨을 헐떡이며 전진하나 결국 목표에 도달하지 못함을 알게 될 것이다. … 알프스에 도달했다고 믿고 정상에 섰을 때 더 높은 산을 발

견하고 실망하게 되는 것과 같다.331, 저자의 번역

더 성취한 사람일수록 더 큰 성취와 인정을 욕망하지만, 무한 성취와 무한 인정은 불가능하다. 인정투쟁에 집착하는 사람들은 모두 존재의 자유를 상실하게 된다. 근대는 모든 사람에게 자유를 제공했으나, 인정투쟁에 매달리는 모든 사람은 자유를 잃게 된다. 루소는 자유의 상실을 자연의 질서로부터 소외된 결과이고 자유롭게 태어난 인간이 사슬에 매이게 되는 것이라고 표현한다. '주인-노예'의 비유는 플라톤 이후 서양철학에서 자주 등장하는 구도이지만 사회관계를 분석하는 개념 틀로는 루소와 헤겔에 의해 도입되었다고 볼 수 있다. 이 개념 틀은 유산계급과 무산계급의 갈등 관계(마르크스) 그리고 윤리에서의 주인-노예 관계(니체) 등 다양한 방식으로 변형되어 활용된다.

2) 인정투쟁을 지양하는 대안

루소는 위에서 지적한 인정투쟁의 폐해에 대처할 수 있는 방향을 네 가지로 제시한다. 첫째, 각 개인은 자신의 존재감을 타인의 인정에 의존하는 경향에서 벗어나 '자생력'을 개발해야 한다. 이 세상에서 유일무이한 존재인 자기 삶의 목적과 기준을 자신의 힘으로 모색하고 추구할 수 있는 자생력을 학습해야 한다. 둘째, 타인과 자신을 비교함으로써 자신의 존재 가치를 평가하는 습성에서 해방되고 '상생력相生力'을 육성해야 한다. 루소는 비교가 늘 해로운 것은 아니라고 설명한다. 그리고 타인의 입장과 처지를 자신과 비교하는 기회를 확대함으로써 공감과 상호이해의 능력을 개발할 수 있다고 말한다. 공감과 상호이해의 능력을 활용하여 더불어 살아갈 수 있는 상생력을 증진할 수 있다. 셋째, 능력을 사용해서 오직 이기심을 충족하려는 욕망에서 탈피하여 '공생력公生力'을 발달시켜야 한다. 루소는 누구나 행복을 추구할 권리가 있다고 말한다. 그러나 행복을 보장할 수 있는 사회조건이 마련되어야 하므로 모든 사람은 그런 사회조건을 만드는 일에 참여해야 한다. 그런 조건이 사회계약인데 계약이 특정인의 개별의지에 편중되는 것이 아니라 모든 시민의 이익과 공익을 고려하도록 '일반의지'에 의해 만들어질 수 있게 공생력을 학습해야 한다. 넷째, 모든 시민이 참여하여 만든 사회계약은 자유, 평등과 정의가 보장될 수 있도록 법, 절차, 조직 등의 사회제도로 정착되어야 한다. 사회계약은 시민들의 자발적 참여를 통해 만들어지는 약속이지만 제도로 운영되어야 구속력을 발휘한다고 루소는 강조한다. 각 개인이 적정한 수준의 자생력, 상생력, 공생력을 갖추어서 사회계약에 참여하고 제도화하도록 안내하는 교육이 루소가 제안하는 시민교육이다.

루소는 자생력, 상생력, 공생력을 갖춘 사람의 존재 형태를 각각 자연인, 사회인, 시민이라고 부른다. 한 인간은 자연인에서 시작하여 사회인을 거쳐야 시민으로 성장한다. 먼저 자연인과 사회인으로 성장해야 시민의 자질과 역량을 개발할 수 있다. 성장의 순서는 건너뛸 수 없다. 한 인간의 정체성은 이런 세 가지 측면에 의해 구성된다. 이렇게 정체성을 형성할 때 고유성 혹은 진정성을 추구하는 인간이라고 말할 수 있다. 루소는 그런 인간을 기르는 시민교육을 『에밀』에서 제안한다. 그런 사람이 바람직한 시민으로서 사회계약에 참여하면 자유롭고 평등한 사회의 건설을 기대할 수 있다. 우리가 사는 현대 사회에서 인정투쟁이 더 치열해짐에 따라 자유와 행복이 더 위축되어 간다는 것에 동의한다면, 루소의 시민교육 제안은 지금도 유효하다. 이런 관점으로 『에밀』을 읽으면 『에밀』은 현재진행형의 텍스트로서 오늘의 사회와 인간 그리고 교육을 돌아보고 전망하는 계기를 제공한다.

5. 시민교육의 구성과 방향

1) 시민교육의 구성

　루소는 『에밀』에서 시민교육의 구성 원리와 방향을 제시한다. 루소는 아동이 교육을 통해 이상적인 시민으로 성장하여 사회계약에 참여하는 일을 안내하기 위하여 『에밀』을 썼다. 루소는 사회계약에 '구속'되어야 자유와 평등이 증진된다는 역설을 세운다. 이 역설이 진리를 담으려면, 시민이 강제로 사회계약에 참여하는 것이 아니라 자유의지에 의하여 사회계약을 만들고 그것에 '복종'할 것을 선택해야 한다. 그런 선택을 할 수 있는 양식과 자질을 갖춘 시민이 실제로 존재해야 한다. 시민들이 양식과 자질을 갖추도록 교육하기 위하여 강력한 시민교육이 필요하다. 루소는 그런 시민교육의 비전을 제시하기 위하여 『에밀』을 쓴 것이다. 에밀은 사회개혁을 이끄는 교육에 관한 구상이다. 그러므로 『에밀』의 부제가 '교육에 관하여On Education'지만, 아동교육 등의 한정된 분야나 교수학습법 등의 교육 방법에 초점을 두면 이해가 편협해진다. 사회개혁에 참여하는 시민을 육성하여 정의를 실현하는 것을 목적으로 삼는 교육 비전으로 『에밀』을 읽어야 한다.

　『에밀』은 다섯 권의 내용을 하나로 묶은 두껍고 방대한 책이다. 번역본은 대체로 700쪽이 넘고, 영문본은 500쪽에 달한다. 책은 세 부분으로 나뉜다. 1권, 2권, 3권이 첫째 부분으로 에밀이 자연인으로 성장하는 과정을 제시한다. 4권이 둘째 부분으로 에밀이 사회인으로 성장하는 과정을 제시한다. 5권이 마지막 부분으로 에밀이 시민으로 성장하는 과정을 제시하고 에밀의 동반자인 소피를 위한 여성교육을 제시한다. 루소의 여성교육에 관한 설명은 많은 문제를 드러내는데 여기에서는 살펴보지 못한다. 인정투쟁의 폐해를 극복하고 시민사회에 참여하는 시민을 양성하기 위한 교육의 과정은 '자연인-사회인-시민'으로 성장하는 과정이다. 자연인을 기르는 교육은 인정투쟁의 폐해로부터 격리되어 전인적 발달의 기초가 되는 자애심과 자생력을 기르는 데 주력한다. 사회인을 기르는 교육은 타인과 상생하고 협력하는 능력을 기르는 과정으로 자존심과 도덕성을 발달시키는 데 집중한다. 시민을 기르는 교육은 상호존중과 상호이해를 통해 사회계약에 참여함으로써 다른 시민들과 공생할 수 있는 능력을 기르는 과정이다. 시민교육은 자연인 교육과 사회인 교육의 토대가 있어야 진행된다. 시민교육은 자생력에 도덕성과 상생력을 결합하여 사회계약을 만드는 데 참여하는 공생력을 세우는 교육이다.

아래의 표는 '자연인-사회인-시민'의 성장 과정을 이해하는 데 도움

『에밀』에 제시된 시민교육의 단계별 주요 내용[5]

권	시기	교육의 목표	교육의 내용	성향과 가치	모든 시기에 개발해야 할 능력의 순서
1	유아기 0~5살	자생력 증진 자연인 교육	- 신체와 감각 발달	- 자애심 - 자연적 자유와 행복	자생력 ↓
2	아동기 5~12살		- 놀이, 체험, 관찰을 통한 기초적 이성 발달		
3	소년기 12~15살		- 자기주도적 학습을 통한 관념적 이성 발달 - 노동교육		
4	청소년기 15~20살	상생력 증진 사회인 교육	- 도덕성 발달 - 추론, 판단, 일반화를 통한 지적 이성 발달	- 자존심(공감과 동정) - 양심과 정의	상생력 ↓
5	청년기 20~25살	공생력(公生力) 증진 시민교육 여성교육	- 시민성 발달 - 성 역할 발달	- 상호존중으로서의 자존심 - 자유롭고 평등한 사회계약 참여로 정의 증진 - 시민적 자유와 공동선의 균형	공생력

---

5. 이기범(2021), 91쪽의 [표]를 보완하였다.

이 된다. 여기에서 가장 오른쪽 칸에 나오는 '모든 시기에 개발해야 할 능력의 순서'에 유의하기 바란다. 우선 각 발달 단계 안에서 특정 발달이 끝나고, 다음 단계에서 다른 발달이 시작된다는 식으로 단계별 시간성temporality을 제한하는 것은 적절하지 않다는 것을 말하고 싶다. 아동기에 감성이 발달하고 종료되며, 청소년기에는 도덕성이 새롭게 발달하고 종료된다고 이해하는 방식은 타당하지 못하다. 이렇게 단계별 시간성을 편협하게 이해하면 각 단계의 발달 특성을 부각하는 데는 효과적이지만 각 단계의 발달을 단절적인 것으로 오해하기 쉽다. 자생력, 상생력과 공생력은 두 번째 칸에 나온 대로 발달에 적합한 시기가 있지만 각 시기에서 정도의 차이는 있더라도 계속 발달하는 능력으로 이해해야 한다. 예컨대 5~12살의 시기에 자생력이 싹트는 일에 주력하지만 다른 사람을 배려하는 상생력과 공적 결정에 참여하는 공생력의 발달을 격려해야 한다. 20~25살의 청년기에는 공생력의 발달에 집중하는 한편으로 직업 생활을 하도록 자생력을 개발하고 다른 직원과 협력하도록 상생력을 육성해야 한다. 또 감성 발달은 아동기에 활발하지만 전 생애에 걸쳐서 필요하다. 그러므로 청소년기에 이성이 발달하면 아동기에 발달한 감성은 그로 인해 어떻게 변화되는지 어떤 역할을 새롭게 수행하는지를 파악해야 한다. 발달의 연속성에 초점을 두어야 감성과 이성이 어떤 단계에서 어떤 상호작용을 통해 어떤 능력으로 발달하는가를 연속적으로 파악할 수 있다.

2) 시민교육의 방향

루소가 제안하는 시민교육의 흐름을 톺아보고 뜻을 살펴보는 데 유용한 주요 방향을 알아보자.

한 사람을 바꾸는 교육이 세상을 바꾸는 교육이다

루소의 시민교육은 에밀이라는 한 아이가 사회에서 격리되어 자연 속에서 성장하는 내용에 불과하므로 비현실적인 제안이라는 지적을 자주 받는다. 대학원 시절에 나도 그렇게 생각했다. 그러나 공부를 더 하면서 루소가 왜 이런 설계를 했는가를 헤아려 보았다. 물론 도시에서 생활하는 것보다 자연에서 생활하면 시간과 공간의 압박이 적은 상태로 더 안전하게 환경을 체험할 수 있는 혜택이 크다. 특히 어린 나이일수록 그러하다. 루소의 제안을 말 그대로 받아들여서 아동이 자연에서 놀고 경험하는 시간을 최대로 허용하는 노력이 필요하다. 그러나 더 중요한 의미는 아동이 다양하게 경험하고 여유 있게 생각하는 데 최고로 적합한 환경을 조성하라는 요청에 있다. 때로는 과학기술이 집약된 장비를 활용하고, 사이버 게임에 흥미를 느끼고, 삶의 무질서를 경험하는 일이 필요하다. 자연에서 산다고 좋은 교육이 저절로 이루어지지 않는다, 자연에 살면 더 좋겠지만 도시에서 살아야 한다면 최적의 교육환경을 모색하고 제공하려는 노력이 중요하다.

오직 에밀이라는 한 아이가 성장하는 이야기를 루소가 들려주는 이유는 교육은 사람 하나하나에 집중해야 한다는 진리를 북돋우려는 의도인 것 같다. 교육을 통해 세상을 바꾼다고 말하지만, 교육이 직접 세상을 바꿀 수는 없다. 교육을 통해 성장한 사람이 변화를 시도할 수 있다. 그러니 교육은 한 사람, 한 사람에 주목해야 한다. 교육정책이 다수의 학생을 겨냥하더라도 정책의 목표를 실현하려면 학생 하나하나의 변화를 이끌어야 한다. 모두의 변화를 기대한다면 한 사람의 변화에 충실해야 한다. 출석은 한 학생씩 이름을 부르는 일이지 모든 학생의 이름을 동시에 부를 수 없는 것과 같은 이치일 것이다. 루소는 "한 사람을 바꾸는 교육이 세상을 바꾸는 교육"이라는 믿음을 강조하는 듯하다. 즉 에밀이라는 한 아이의 성장을 본보기로 보이면서 사회개혁의 '큰' 구상을 실현할 수 있는 '작은' 사람을 만드는 교육을 설계한다. 『에밀』은 그저 한 아이를 자연에서 고상하고 아름답게 기르는 낭만적인 이야기가 아니다. 최상의 환경에서 성장한 한 사람이 결국에는 모든 사람이 되어서 사회정의를 실현하는 데 참여한다는 본을 보이는 이야기이다.

이성이 아니라 감성이 발달을 주도해야 한다

『에밀』은 인정투쟁의 부작용을 극복하고 시민사회에 참여하도록 안내하는 교육의 본보기를 제시한다. 그 교육 방안이 인정투쟁을 과열시키는 이성을 바로잡아서 이성이 인간의 성장을 이끌도록 하는 것이 아니라는 것에 주목해야 한다. 대신 감정이 발달을 주도하도록 교육의 과정을 설계한다. 예컨대 인간이 자연 상태에서 갖고 있던 건전한 감정을 교육을 통해 북돋아서 자생력과 진정성을 확장함으로써 타인에게 지나치게 의존하거나 타인을 이용하는 잘못을 줄이도록 격려한다. 생존 욕구를 발달시켜서 의식주를 해결할 수 있는 능력을 개발하고, 독립심을 발달시켜서 문제 상황을 스스로 해결할 수 있는 능력을 개발한다. 이런 자생력이 발달해야 타인에게 의존하거나 타인을 이용하려는 이성의 간교함을 통제할 수 있다. 자생력이 증대되면 자신이 무엇을 할 수 있는가의 가능성을 알게 되는 동시에 자신이 무엇을 할 수 없는가의 한계를 깨닫게 된다. 그런 유한성에 대한 감정이 협력하고 공존하는 계기를 조성한다. 자생력이 있는 진정한 인간이 되어야 비로소 동등한 개인들과 공존의 조건인 사회계약을 모색할 수 있다. 루소는 교육을 통해 구체적 타인에 대한 공감과 동정심이 발달하면, 이성은 동정심에 상응하여 발달한다고 믿는다. 즉 공감 능력이 발달해야 사회 구성원들과 공존할 수 있는 조건을 마련하는 데 필요한 판단, 추론, 성찰의 기능이 발달하는 것이다. 공감 능력이 도덕 발달과 판단의 중심이 되고, 공존 노력을 촉발한다는 의견은 하이트[Haidt, 2012] 등의 많은 학자가 지지한다. 루소의 교육사상을 '자연주의 교육'이라고 부르는 이유 중 하나는 인정투쟁의 해악에 오염되지 않은 자연 상태의 감정이 발달의 중심이 되고, 이성은 인지적 기능으로 그 발달을 보조해야 한다고 주장하기 때문이다.

자신의 취약함과 유한성을 인식해야 발달이 촉진된다

사람은 자신이 가진 취약성vulnerability을 인정하고 관리하며 성장하기 때문에 그런 취약성을 '구성적constitutive 취약성'이라고 부른다. 루소는 취약성이 성장에 중요한 역할을 한다는 것을 간파했다. 사람이 취약하고 무능력하게 태어나는 게 자연의 질서이며, 아동이 그런 자연의 질서를 인식하게 하는 것이 교육의 출발점이다. 교육은 무능력을 능력으로 전환하는 과정인데, 그 과정은 꼭 필요한 도움만 받으면서 스스로 전환하는 길을 배우는 과정이 되어야 한다. 루소는 자녀 대신 무엇이든지 해 주려는 부모가 이 과정을 치명적으로 손상한다고 비판한다. 그런 부모 때문에 아이는 아무 일도 안 해도 된다고 착각하고, 자기 부모와 친구를 자신의 '노예'로 삼고 싶어 하며 자신의 능력을 개발하기를 게을리하거나 포기한다. 루소는 아이가 자신의 취약함을 인식하고 자생력을 기르려고 노력하는 대신 이런 나르시시즘과 지배 성향에 휩싸이면 인정투쟁의 폐해를 생산한다고 지적한다.

아동은 자신의 취약성과 유한성을 자연의 질서로 인식할 수 있어야 한다. 유한성과 취약성은 서로 연관된다. 삶에 기쁨과 쾌락과 더불어 슬픔과 고통이 있다는 것, 할 수 있는 일이 있고 할 수 없는 일도 있다는 것, 실현 가능한 욕망과 더불어 실현 불가능한 욕망도 있다는 것 그리고 누구나 아프고 죽게 되는 것. 이런 모든 것이 자연의 질서이며 인간의 유한성이다. 루소는 이렇게 설명한다.

> 인간은 … 모두 알몸의 가난한 인간으로 태어난다. 모두 인생의 비참함, 슬픔, 불행, 결핍, 여러 종류의 괴로움을 타고난다. 더욱이 인간은 죽을 운명을 갖고 태어난다. 이것이 진실로 인간에

게 주어진 일이다. 어떤 인간이나 피할 수 없는 일이다.[299]

　루소는 아동이 자신의 유한성을 인식하면 자신과 마찬가지로 유한한 사람들의 처지에 공감하여 서로의 유한성을 보완하고 협력하는 방안을 찾을 수 있다고 주장한다. 아동은 공감 능력을 타고난다고 루소는 관찰하는데, 이러한 관찰은 듀이도 적극 지지한다. 현대 과학에서 여러 가지 실험들이 이런 주장을 지지한다. 예를 들면 1살 미만의 영아들이 피해를 주는 사람보다 도움을 주는 사람을 식별할 수 있고 더 호감을 보인다는 연구가 있다.[6]

　아동이 자연의 질서인 유한성에 공감할 수 있는 성향을 개발함으로써 타인을 지배하는 것이 아니라 타인과 서로 보완하고 협력할 수 있는 존재로 성장할 수 있다. 아동이 자신이 취약하고 유한하다는 것을 인지해서 자생력을 키우려고 노력하는 동시에 다른 사람과 협력을 도모할 수 있어야 한다. 루소는 아동이 자신의 부족함과 유한성을 부끄럽게 여기거나 이성의 힘으로 세상과 타인을 통제할 수 있다고 착각하게 만들지 말라고 경고한다. 자신의 이성이 완벽하거나 탁월하다고 착각하면 다른 사람들을 이용하고 지배할 자격이 있다고 오해한다. 루소의 지적처럼 유한성이라는 자연의 질서를 인식하지 못해서 무한 능력이 있다는 망상에 빠지면, 욕망을 무한대로 추구하면서 악을 저지르기 쉽다. 이런 오해와 착각은 위선, 기만, 시기, 질투, 탐욕을 조장한다고 루소는 강조한다. 루소에 의하면 인정투쟁의 폐해를 감소하는 길은 자신의 유한성과 취약성을 인식하고 관리하면서 자기와 같은 존재인 타인들과 공감하며 협력하는 길을 배우는 것이다.

---

6. The Infant Cognition Center at Yale. (https://campuspress.yale.edu/infantlab/inthemedia/)

자생력이 모든 발달의 기초가 된다

타인의 힘을 빌려서 취약함과 유한성을 상쇄하는 것이 아니라 스스로 살아가는 힘을 개발해야 한다. 루소[55]는 "모든 악은 약한 데서 탄생한다"라고 강조한다. 취약함을 자각한 채로 그대로 내버려 두면 위선이나 거짓말과 같은 악을 저지르게 된다. 그래서 삶에서 일어나는 좋은 일과 나쁜 일을 모두 잘 견디는 자생력을 길러야 한다. 루소는 자생력의 중요성을 거듭 말한다.

사람들은 아이를 보호할 생각만 한다. 그것만으로 충분하지 못하다. 어른이 되어서 자신을 지키고, 운명의 시련을 이겨 내고, 부귀나 빈곤도 개의치 않으며 … 아이슬란드의 빙하 가운데에서도, 몰타섬의 타는 듯이 뜨거운 바위 위에서도 살아갈 수 있는 능력을 개발해야 한다.[20]

자생력은 역경에 도전하는 경험이 축적되면서 개발된다. 자생력은 간접 경험이 아니라 모든 마음과 몸을 동원하여 시행착오를 거듭하고 해결책을 찾는 가운데 향상되므로 아동이 부단하게 활동하도록 격려해야 한다. 아동이 위험을 무릅쓰고 여러 가지를 시도하도록 응원해야 한다. 루소의 말을 아래에 옮긴다.

죽음을 막아 주는 일보다 살게 하는 일이 더 필요하다. 산다는 것은 그저 호흡한다는 것이 아니다. 산다는 것은 활동한다는 것이다. 기관, 감관(각), 능력으로 우리에게 존재감을 느끼게 하는 신체의 모든 부분을 사용하는 일이다.[20]

루소는 인지 능력을 포함한 자생력의 개발에서 감각을 동원하는 활동을 발판으로 삼아야 한다고 분명하게 말한다. 아동 발달에서 인지 발달에 중점을 두는 경향을 거부한다. 자연주의 교육은 감각 자체를 자연으로 활용한다. 특히 아동들은 추론과 판단의 인지 능력이 아직 발달하지 않았으므로 신체와 감각을 활발하게 움직여서 세상의 다양한 측면을 다양한 방식으로 직접 체험해야 한다. 왜냐면 루소[20]의 설명처럼 "가장 오래 산 사람이란 가장 긴 세월을 산 사람이란 뜻이 아니고 삶을 가장 잘 체험한 사람"이기 때문이다. 어린이일수록 인지 능력의 주입을 피하고 감각 활용과 경험이 풍부해지도록 안내해야 한다.

어린이들에게는 놀이가 감각 활용과 경험 확대에 가장 적합한 활동이다. 즐겁게 온종일 뛰어노는 것이 자연주의 교육이며 이런 교육이 어린 시절을 충실하고 행복하게 만든다. 놀이는 세상 모든 일과 모든 사물에 관심을 기울이고 관찰하거나 조작하는 일에 즐거움을 느끼게 하고, 인지 발달을 유도하므로 어린 시절에 가장 결정적으로 중요한 활동이다. 자신의 신체와 감각을 통해 세상과 상호작용하면서 학습이 진전된다는 루소의 관점을 최근 들어 주목받는 '체화된 학습embodied learning'과 '상황적 학습situated learning'이 지지한다. 놀이와 신체활동에서 촉진되는 경험을 통해 사건과 사물의 다양한 측면을 인지할 수 있으며 이를 기초로 인지 발달이 이루어지게 된다. 예컨대 어린이에게 온도라는 추상 개념을 말로만 설명하기는 어렵더라도 어린이가 물의 증발과 냉각을 보고 어떤 변화를 느낀다면 개념 이해가 가능하다. 공간 개념도 신체활동을 통해 이해가 가능할 것이다. 오징어놀이나 자전거 타기를 통해 공간 개념을 감지할 수 있다. 이런 특징을 고려하면 놀이와 신체활동이 어린이에 필수적인 선이고 권리라는 것이 분명해진다.

자생력이 발달하는 만큼 타인에게 의존하거나 타인을 지배하려는 충동이 줄어든다. 청소년기가 되었을 때 에밀은 자기가 먹을 것을 마련하고 자기에게 필요한 물건을 만드는 능력을 갖추게 된다. 삶에 필요한 욕구를 충족하는 자생력을 갖추기 위한 감각과 신체 단련은 어린아이 시절부터 매우 중요하다. 감각과 신체를 동원하여 자생력을 개발하는 힘이 인간에게 주어진 자연적 선이다. 자생력은 타인 의존과 타인 지배를 초래하는 인정투쟁의 폐해를 극복하는 힘이다. 자생력이 생기면서 인정투쟁의 왜곡에서 벗어나는 첫걸음을 내딛게 된다.

상생력의 발달이 공생력의 발달을 이끈다

자생력이 있는 인간은 자신을 사랑하는 마음(자애심)과 존중하는 마음(자부심)을 갖게 되고, 타인도 존중할 수 있게 된다.[7] 왜냐하면 자기에게 자애심과 자존심이 있으면 타인도 자신과 동등하게 자애심과 자존심이 있다고 간주하므로 타인을 낮추어 볼 여지가 줄어들기 때문이다. 자신이 자신을 업신여기지 않으면 다른 사람도 업신여기지 않게 된다는 이치와 같다. 그러므로 자생력과 자애심은 공감과 동정 그리고 긍정적 자존심과 도덕성의 기초가 된다. 인간은 성장하는 과정에서 욕구를 충족하도록 자생력을 키우면서 자생력의 범위 안에서 욕망을 조절해야 한다는 것을 학습한다. 그러면서 능력과 욕구는 균형을 이루어야 한다는 것을 학습한다. 이런 균형을 추구하려면 감각에 의존하는 신체학습을 넘어서 이성에 의한 판단이 결합해야 한다. 루소는 그런 균형이 '잘 규제된 자유'의 요건

---

7. 루소에 의하면, 감성의 근본은 자애심(amour de soi)이다. 또 다른 감성의 개념인 자존심(amour-propre)도 여기에서 파생된다. 자애심은 생존의 필수 요소를 확보하려는 데 발휘되는 절대적 감성으로서 생존과 성장의 기초이다. 자애심은 자기 보존에 전념하는 감정이므로 타인의 욕구를 침해하거나 위협할 수 있는 위험성을 동반한다. 자존심은 자애심의 일종이지만, 자애심이 '절대적 자아'의 감정이라면 자존심은 타인을 의식하는 '상대적 자아'의 감정이다(284, 286). 자존심은 타인의 인정을 통해 자신의 자부심을 높이기를 원하는 감성이다. 자존심은 타인을 의식하는 감정이므로 자기중심적 욕망을 자제해서 자애심의 공격적 속성을 제어할 수 있다. 루소는 근대 사회에서 자부심을 쟁취하기 위해 타인을 경쟁 대상으로만 규정하였기 때문에 극한 인정투쟁으로 치닫게 되었다고 주장한다. 에밀의 교육은 자존심이 타인에 대한 동정과 결합해서 타인의 처지에 공감하고 상호존중을 지향하도록 계획한다.

이라고 강조한다. 자생력을 적절하게 갖춘 사람은 자신이 유한한 존재이
므로 혼자 살 수 없고 자신의 이익만을 추구할 수 없음을 자각하고 협력
을 모색한다. 자신이 겪었던 고통을 자각하면서 타인의 고통에 대해 공감
empathy과 동정심sympathy을 발휘한다. 공감과 동정심을 확대하면서 긍정
적 자존심과 도덕성을 형성한다. 자애심과 동정심을 갖고 자신의 능력과
욕구의 조화를 추구하면 자연적 선을 추구할 수 있다. 그러나 능력과 욕
구가 불균형하고 부정적 자존심이 생성되면 삐뚤어진 인정투쟁에 휩싸여
서 개인의 불행과 사회악을 초래한다.

　루소는 건전한 자애심, 긍정적 자존심과 도덕성을 기반으로 다른 인간
과 존중하며 협력하면서 자신의 욕구와 자유를 충족하는 상생력을 개발
하라고 권고한다. 그러면 과도한 인정투쟁으로 인해서 모두가 서로의 노
예로 전락하고 공멸하는 비극에서 해방될 수 있다. 루소에 의하면 상생력
을 개발하는 도덕교육은 건전한 자애심을 갖는 동시에 모든 인간이 공유
하는 유한성에 공감함으로써 긍정적 자존심을 갖고 상호이해와 상호존중,
협력을 실천하는 사회인이 되는 과정이다. 이 과정은 시민이 되는 발판을
제공한다.

　상생력을 개발하는 도덕교육의 과정은 다음과 같이 세 단계의 발달을
거친다. ① 자신과 관련이 있는 구체적 타자를 동정하는 형태의 자존심
개발, ② 도덕적 추론의 발달, 그리고 ③ 인류 보편의 도덕인 양심과 정
의의 형성이라는 순서로 진행된다. 첫 번째 단계는 자기가 알고 있는 타
자의 고통과 불행을 동정하고 공감할 수 있는 성향을 활성화한다. 공감
은 자신의 도움을 자신의 우월성과 은혜의 과시로 보는 착각에서 벗어나
게 한다. 구체적 타인의 고통에 공감한다는 것은 타인을 자신과 공존하
는 존재로 여긴다는 것을 의미한다. 두 번째 단계에서는 도덕적 추론을
통해서 구체적 타인에 대한 공감을 인간 공통의 유한성에 대한 공감으로
확장한다. 공감은 타인의 불행이 자신에게도 닥칠 수 있다고 느낄 때 발

휘된다. 사람들의 불행이 자신의 불행이 될 수 있다는 추론은 인간은 모두 완전하지 못하다는 인식과 결합해서 인간 공통의 유한성을 성찰하는 계기를 제공한다. 루소[300]는 공감은 "우리 자신의 존재를 벗어나서 고통받는 사람에게 다가가서 그 사람과 자신을 동일시하고 그 존재를 떠맡는 것"이라고 설명한다. 이러한 추론과 성찰 덕분에 도덕적 판단력이 발달하기 시작한다. 세 번째 단계는 추론을 일반화하는 능력을 배양하고 호혜성 reciprocity을 인식해서 인류 보편의 양심과 정의를 북돋는 학습이다. 공감에 의해서 타인을 돌보면 타인이 행복해지는 것을 보고 자신도 행복해지는 것을 알게 된다. 타인의 행복을 자신의 행복과 동일시하면 공감과 도움의 대상을 구체적 타자에 한정하지 않고 추상적 타자인 인류로 확대하는 가능성이 열린다. 다른 말로 하면 상생력을 공생력으로 확장할 수 있게 된다.

공감과 동일시와 결합한 상생력이 구체적 타자를 넘어서서 인류라는 '추상적 타자들'에게로 향한다. 동일시의 확대 과정을 통해 각 개인은 자신을 인류의 일원으로 인식하게 된다. 그리고 자신이 타인을 돕는 것처럼 타인도 자신을 도울 것이라고 기대하면, 인간관계의 호혜성을 인식하게 된다. 역지사지와 호혜성을 일반화하면 상생력이 도덕적 원리로 일반화되고 공생력으로 발달할 수 있게 된다.[346-347] 공감과 동정을 모든 사람에게 일반화할 수 있으면 상생력과 도덕성은 '정의'에 도달하기 때문이다. 정의는 추상적인 개념이지만 자신의 지속적 경험과 실천을 통한 상생력의 개발 그리고 상생에 대한 성찰과 일반화의 결실로 체득하게 된다. 동정과 동일시에 기초하여 상생력의 가치와 원리를 이성적으로 추론하고 성찰하면서 인류를 향한 보편적 정의를 깨닫게 되면 공생력을 개발하는 여건이 마련된다.

시민참여를 통해 인정투쟁을 상호존중으로 전환하고 정의를 실현한다

자존심이 공감으로 발휘되고 이성과 결합해서 상생력이 발달하면, 상생력은 일반화에 의해서 보편적 정의를 실현하는 공생력으로 발전하게 된다. 정의는 모든 시민의 자유와 평등을 증진하는 원리이고 모든 시민이 동등하게 참여하는 공공 생활의 원리이다. 루소는 개인의 선과 공동의 선이 '공진co-evolution'하도록 사회계약을 만드는 데 모든 시민이 동등하게 참여하는 일이 정의를 실현하는 길이며 시민교육의 핵심이라고 강조한다. 시민은 상호이해와 상호존중의 능력을 활용해서 공동선을 추구하는 사회계약과 일반의지에 참여할 수 있는 공생력을 갖추어야 한다.

일반의지는 시민들이 자신의 자유와 주권을 공동체에 넘기는 사회계약을 통해서 형성된다. 일반의지는 모든 시민의 의지 전체를 말하는 것인데, 그렇다고 해도 루소가 제시하는 일반의지의 의미가 무엇인가가 불분명하다는 불평이 제기된다. 시민들의 동의에 기초해서 정당성을 획득하고 공동의 이익을 추구하도록 만든 공동 주권이라는 해석에는 대체로 의견이 일치한다.Cole, 1979 사회계약은 일반의지에 자신의 주권을 양도하고 일반의지에 복종한다는 약속이다. 시민들은 숙의, 대화, 투표 등을 통해 일반의지가 담긴 사회계약을 정의로운 법과 제도로 창설한다. 사회계약은 시민 주권을 동원하여 만들지만 일단 만들어지면 시민들은 그것을 공동 주권으로 인정하고 복종해야 한다.

개인은 주권자에게 복종해야 하며 (공동)주권이 바로 일반의지이다. 그러므로 각 개인은 일반의지에 복종함으로써 자기 자신에게 복종하는 것이 되며, 이런 사회계약에 의해서 각 개인은 자연 상태에 있을 때보다 더 자유로워진다.680

일반의지는 모든 시민의 자유와 권리가 평등하게 보장되는 법과 정책으로서 공익과 공공선을 추구한다. 루소[679]는 "우리는 모두 공동으로 자기의 재산, 인격, 생명 그리고 자기 힘의 일체를 일반의지의 최고 지위에 맡긴다. 그리고 모두 함께 전체의 나눌 수 없는 구성원으로 각자의 부분을 맡는다"라고 설명한다. 시민들은 일반의지에 복종함으로써 더 자유로워진다고 루소는 설명한다. 이러한 복종은 '굴종'이 아니며 동의와 존중을 뜻한다. 역설적으로 보이는 '자유로운 복종'이 가능한 것은 사회계약을 통해서 자신이 선택한 일반의지에 복종하는 것이며 일반의지는 자신의 자유와 이익을 증진하기 때문이다. 재산권을 예로 들면 사익을 최대화하도록 탐욕을 부리지 말고, 사익과 공익이 조화될 수 있도록 일반의지가 반영된 입법에 참여하여 재산권을 행사해야 한다. 일반의지와 사회계약은 시민들이 유기체적 관계를 맺어 공생하고 상생하게 하는 사회제도라고 루소는 설명한다.[16] 시민들은 자유의지로 선택한 일반의지를 따르므로 자유로운 주권자이며 행위자가 된다.

자생력, 상생력과 공생력을 갖춘 시민들은 일반의지와 사회계약의 창조에 동등하게 참여한다. 시민들은 상호이해와 상호존중의 능력을 동원하므로 자신의 능력을 이기적 용도에 쓰는 대신 공동의 이익 실현에 활용할 것으로 기대된다. 인정투쟁은 타인과 비교하는 일에 집착하고 타인의 평판에 의존하는 행위이지만, 일반의지에 자발적으로 참여하면 상호존중이 비교를 대체하고 시민공동체가 타인을 대체하게 되어 평등과 자유가 확대된다. 일반의지에 참여를 통해 인정투쟁의 적대적 관계가 상호존중의 관계로 전환되고 평등과 자유도 실현될 수 있다. 시민들이 자유의지를 따라 일반의지를 형성하였으므로 시민들의 자유와 평등이 확대되고 공익이 증진된다. 시민참여에 의한 일반의지의 추구를 통해 정의가 실현될 수 있다고 루소는 기대한다.

6. 결론:
더 타당한 인정 정의와 분배 정의의 실행을 위하여

루소의 인정이론과 시민교육 구상을 설명하면서 정의를 실현하도록 한국의 시민교육을 기획하고 실행하는 데 참고할 만한 요소들을 논의했다. 한국 사회에서 시민교육을 기획하고 실행하는 일은 이 시대를 살아가는 우리의 몫이다. 루소는 마치 오늘의 우리에게 말하는 것처럼 『에밀』의 서문에서 교육개혁과 사회개혁을 어떻게 추진할 수 있는가라는 물음에 답을 한다. 그 답은 이렇다. 실행이 가능한가 아닌가는 여러 가지 상황에 달려 있으므로 진정 실행을 원한다면 원하는 사람이 사회적 상황을 지혜롭게 고려하여 방안을 찾아라. 그런 권고를 따라서 우리가 시민교육을 기획하고 실행하기 위해 더 필요한 사항들을 몇 가지 제안한다.

첫째, 시민교육에서 인정 정의와 분배 정의가 함께 실현되는 방안을 학습해야 한다는 것을 거듭 강조한다. 인정 정의만을 추구할 경우 분배 정의에 소홀한 실천으로 전락할 위험이 크다.

둘째, 인정 개념을 더 명료화해야 한다. 리쾨르Ricoeur는 인정 개념에는 23가지의 각기 다른 용례가 있다고 주장한다.Iser, 2019 인정과 유사한 개념, 예컨대 존중respect, 긍정acknowledgement, 존경esteem과 수렴되고 분산되는 지점을 식별해야 한다.

셋째, 루소의 시민교육에서 상호이해와 상호존중의 관계가 중요한 역할을 하는데 그런 관계를 형성하는 과정에 관한 논의가 보완되어야 한다. 루소는 시민의 능력과 자격을 인정받는 데 적합한 능력과 태도를 개발하는 일에 주력한다. 그러나 내가 그런 태도를 보이는 것으로는 충분하지 못하다. 이미 말한 대로 상호이해와 상호존중은 관계 때문에 형성된다. 자신을 인정받으려는 능력의 개발과 타인을 인정하는 태도를 아우를 수 있는 관계가 어떤 것인지, 어떻게 조성할 수 있는지에 관한 연구와 실천이 요구된다. 예컨대 테일러Taylor, 1994의 연구, 그리고 이를 한국 상황에 적용한 이기범2019의 연구 등을 참고할 수 있다. 이런 연구들은 상호존중의 관계는 ① 구체적 타자의 상황에 적합한 인정의 지향, ② 타자에 관한 가치 판단의 유보, ③ 타자의 행위 능력과 권리 증진에 협력, ④ 자기 판단기준의 성찰과 수정이 구성한다고 밝힌다.

넷째, 일반의지를 반영하는 사회계약의 창조를 타당하게 재해석해서 적용할 수 있는 소통의 방안을 탐구해야 한다. 많은 연구가 지적하는 대로 다문화사회에서 이념과 소득의 양극화가 극심해지면서 루소가 말하는 일반의지의 형성은 거의 불가능해 보인다. 또 루소는 시민의 동의를 강조하지만, 동의에 도달할 수 있는 소통에 관해서 침묵한다. 그러므로 루소가 말하는 참여민주주의를 구체화하는 방안으로 숙의민주주의에 관한 논의가 필요할 것이다. 그리고 숙의민주주의에 적합한 소통을 학생들이 학습하고 실행해야 한다. 이미 잘 알고 있듯이 숙의민주주의는 자신에게 영향을 미치는 사안을 결정하는 소통의 과정에 모든 당사자가 자유롭고 평등하게 참여할 것을 격려한다. 그리고 합리적 추론 능력을 활용하는 숙의 과정, 즉 관련 정보를 이해하고 토론하면서 각자의 의견을 수정함으로써 더 타당한 결정에 도달하는 과정을 경험하도록 안내한다. 학생들은 각자의 의견을 자신의 경험에서 끌어오지만 상호비판과 숙의를 통해 이성적 합의로 재구성해야 한다. 숙의는 루소가 말하는 일반의지에 도달하지 못해도 참여자들의 자유와 평등을 자율성과 보장하고 결정에 대한 동의를 증대하는 시민교육의 기회를 제공한다.

마지막으로 루소가 제안한 대로 사회참여를 제도화하는 방안을 시민교육에서 탐구해야 한다. 루소가 제안한 초기 형태의 사회계약을 넘어서서 현 실정에 적합하도록 사회계약의 원리와 실행을 정교화하는 노력예: Rawls, 1971; 1999은 계속 진행되고 있다. 또 사회계약의 한계를 비판하고 사회연대를 강조하는 입장도 부상한다. 이런 노력의 성과를 활용해서 한국의 사회제도를 비판하고 변혁하는 방안을 시민교육에서 탐구해야 한다. 특히 루소가 말하는 능력주의가 한국 사회에서 어떻게 변질하고 악용하고 있는가를 공동으로 인식해야 더 타당한 인정 정의와 분배 정의의 실행 방안을 창조할 수 있을 것이다.

김현경(2015). 『사람, 장소, 환대』. 문학과지성사.

이기범(2019). 「합당한 인정을 지향하는 공동탐구로서의 평화교육」. 『교육철학연구』, 41(2), 125-148.

_____(2021). 『루소의 '에밀' 읽기』(1판 2쇄). 세창출판사.

_____(2022). 『교육철학의 이해-자기성장과 사회 변혁을 향한 대화』. 세창출판사.

Apple, M. W.(2012). *Can Education Change Society?*. 강희룡·김선우·박원순·이형빈 옮김(2014). 『교육은 사회를 바꿀 수 있을까?: 또 다른 교육 더 나은 세상』. 살림터.

Cole, G. D. H.(1979). Introduction. His(trans.). *The Social Contract and Discourses*. New York: Everyman's Library.

Dewey, J.(1916). *Democracy and Education: An Introduction to the Philosophy of Education*. 이홍우 옮김(2007). 『민주주의와 교육: 교육철학 개론』. 교육과학사.

Douglas, M.(1984). *Purity and Danger: An Analysis of Concepts of Pollution and Taboo*. London: Routledge.

Fraser, N.(2003). Recognition without ethics? C. McKinnon & D. Castiglione (eds.). *The Culture of Toleration in Diverse Societies: Reasonable Tolerance*. 86-110. Manchester: Manchester University Press.

_____(2008). From Redistribution to Recognition? Dilemmas of Justice in a 'Postsocialist' age. K. Olson(ed.). *Adding Insult to Injury: Nancy Fraser Debates Her Critics*. 문현아·박건·이현재 옮김(2016). 『불평등과 모욕을 넘어: 낸시 프레이저의 비판적 정의론과 논쟁들』, 24-68, 그린비.

Haidt, J.(2012). *The Righteous Mind: Why Good People are Divided by Politics and Religion*. 왕수민 옮김(2014). 『바른 마음-나의 옳음과 그들의 옳음은 왜 다른가』. 웅진지식하우스.

Ikäheimo, H.(2002). On the Genus and Species of Recognition. *Inquiry* (45), 447-462.

Iser, M.(2019). Recognition. *The Stanford Encyclopedia of Philosophy*(Summer 2019 Edition), E. N. Zalta(ed.). https://plato.stanford.edu/archives/sum2019/entries/recognition/(2020. 10. 18. 접속)

Pew Research Center(2021). Diversity and Division in Advanced Economies.

https://www.pewresearch.org/global/2021/10/13/diversity-and-division-in-advanced-economies/(2022. 3. 5. 접속)

Rawls. J.(1971). *A Theory of Justice.* Cambridge: Harvard University Press.

_____(1999). *A Theory of Justice.* Rev. ed. Cambridge: Harvard University Press. 황경식 옮김(2003). 『정의론』. 이학사.

Rousseau, J.-J.(1979a). *Emile or On Education.* A. Bloom(trans.). New York: Basic Books.

_____(1979b). A Discourse on the Origin of inequality. G. D. H. Cole (trans.). *The Social Contract and Discourses.* 27-114. New York: Everyman's Library.

_____(1979c). The social contract. G. D. H. Cole(trans.). *The Social Contract and Discourses.* 164-279. New York: Everyman's Library.

_____(1985). *The Government of Poland.* W. Kendall(trans.). Indianapolis: Hackett Publishing Company.

Rousseau, J.-J. 정병희 옮김(2007). 『에밀』(2판 1쇄). 동서문화사.

Taylor, C.(1994). Multiculturalism and the Politics of Recognition. A. Gutmann(ed.). *Multiculturalism and the Politics of Recognition.* 25-73. Princeton: Princeton University Press.

2장

요한 페스탈로치:
정치철학, 인간교육 그리고 빈민교육

이은선

1. 서론: 인류에 관한 큰 이상을 품은 대사상가

본인이 1980년대 초 스위스 바젤대학교에서 요한 페스탈로치Johann Heinrich Pestalozzi, 1746~1827를 만난 지도 40여 년이 넘어간다. 당시 한국의 상황은 박정희 정권의 오랜 독재를 끝내고 잠시 서울의 봄이 오는가 했더니 그 혼란의 와중에 무자비하게 5·18 광주학살을 저지르고 전두환 군사정권이 들어선 때였다. 그때 유학 가서 지도교수로부터 페스탈로치를 소개받고 그가 200여 년 전 프랑스 대혁명 격동의 시기에 탄생한 유럽 계몽주의와 인문주의의 대사상가임을 알았다. 또한 그가 10대 후반의 청년기로부터 83세에 생을 마무리하기까지 유럽의 아주 작은 나라, 독일과 프랑스, 이탈리아 등의 강대국 사이에 끼인 가난한 약소국이었던 조국 스위스의 자유와 자립, 주체와 자주를 위해서 어떻게 고투했는지, 유럽 전체, 전 인류에 관해 큰 이상을 품고서 마침내는 교육에서의 '코페르니쿠스적인 전회'를 이루어 낸 사람이 되었는지를 배웠다.

이후 그의 삶과 사상을 16~17세기 동아시아 중국 명나라 유학자 왕양명王陽明, 1472~1529과 비교 연구하여 학위논문을 쓰고 귀국한 후, 나의 모든 사유와 활동에서 페스탈로치는 드러나게 또는 드러나지 않게 근간이 되었다. 그중에서도 특히 몇 시기는 그가 더욱 생각났다. 제일 먼저는 노무현 대통령 탄핵 소추안이 통과되던 2004년, 정말 한국 민주주의 역사에서 귀중한 기회가 된 노무현 정부가 물거품이 될 수 있다는 공포와 우려에 직면해서였다. 그 시기, 시대를 과거로 되돌리려는 보수의 집요한 책동과 비난, 같은 진보 그룹도 좀 더 인내를 가지고 기다려 주지 못하고 과격하게 비판하며 서로 싸우는 것을 보면서 페스탈로치가 프랑스 대혁명 이후에 그 혼란은 하나의 과도기적 현상일 뿐 결코 그것이 혁명의 목표가 아니었다고 역설하면서 그 시기를 잘 넘길 것을 호소하며 취한 행보가 생각났다. 이후 정권은 이명박과 박근혜 보수 정권으로 넘어갔다. 하지만 새롭게 촛불 혁명을 맞이한 2016년, 거대한 민중이 주체가 된 촛불 혁명을 거친 후 탄생한 문재인 정부가 정말 잘해 주기를 바라면서 새롭게 페스탈로치로부터 배우고자 했다. 당시 그에 대한 연재 글을 시작했지만 안타깝게도 여러 분주한 일들로 오래 지속하지 못했다.

2022년 봄, 이런 일들을 겪고서 민주당의 집권이 너무도 아쉽게 끝나고, 여러 가지 면에서 우려되는 검찰총장 출신인 윤석열 정부로 넘어가니 진정 다시 페스탈로치가 생각났다. 마침 심성보 교수님을 통해서 '시민을 위한 교육사상 강좌'에 참여하게 되어 오늘 현 상황에서 페스탈로치를 다시 생각해 보는 기회를 얻었다. 이에 지금까지 나의 페스탈로치 연구와 성찰을 모아서, 2023년 국내적으로 한국 정치와 교육의 위기는 말할 것도 없고, 페스탈로치가 인류 산업문명의 도래 앞에서 씨름했던 것처럼 이제 제4차 산업혁명과 디지털 문명혁명을 이야기하는 21세기 상황에, 그리고 코로나 팬데믹을 겪은 오늘의 우리에게 그의 삶과 사유가 어떤 의미를 주는지를 살펴보고자 한다.

국내에서 대표적인 페스탈로치 연구가는 단연 몇 년 전 소천하신 김정환 교수님이시다. 선생은 은퇴하시면서 『페스탈로치의 교육철학』고려대학교 출판부, 1995이라는 제목의 연구서를 다시 내셨다. 거기서 지적했듯이 한국에서의 페스탈로치 상은 매우 희화적으로 한정되어 있다. 예전 초등학교 교과서에 실렸던 대로, 운동장에서 깨어진 유리 조각을 주우며 인자하고 자애롭기만 한 늙은 교장 선생님의 모습으로 각인되어 있다. 시간이 지났음에도 여전히 바뀌지 않은 것은 본인을 비롯한 페스탈로치 연구자들의 책임이 크지만, 한편으로는 우리나라 학문의 과도한 분파주의와 특히 교육학에서의 편협한 교육 이해와 관계가 깊다고 본다. 즉 '교육'의 일이 삶의 다양한 다른 일들과 함께 이루어지는 일이라는 것(통합학문)을 이해하지 못하고, 단지 학교나 교실 등에서의 직업적인 교사의 일로만 한정하는 것이다.

페스탈로치는 프랑스 대혁명기를 살아내고 나서의 후반기 작품인 『나의 시대와 조국의 무구와 진심, 고상함에 호소하며An die Unschuld, den Ernst und den Edelmut meines Zeitalters und meines Vaterlandes』[1815]에서 밝히기를, "내 정치의 시작과 마지막은 교육der Anfang und das Ende meiner Politik ist Erziehung"이라고 했다. 이것은 그가 삶에서 얼마나 다양한 측면들에 관심하였던가를 단적으로 드러내고, 그에게 교육이란 결코 정치나 경제, 종교, 도덕 등과 떨어질 수 없는 긴밀한 통합적 관점의 작업임을 말해 준다. 페스탈로치가 평생 이루어 낸 일은 무척 다양했고, 그 양과 질에서 다른 어느 분야의 뛰어난 사상가와도 견줄 만하다. 1746년에 태어난 그가 취리히에서 대학을 다니던 시절, 그는 당시 시 당국이 금서로 지정한 루소의 책을 읽으면서 사회정치적 부조리와 부정의에 대항해서 싸우던 학생이었다. 그때나 지금이나 인기 있는 직업인 법률가나 목사의 길을 버리고 귀농하여 농사의 일로 승부를 걸어 본 낭만주의자였다. 격변하는 시대의 상황에 따라 계속 개작을 했지만, 유럽 최초의 농민소설인 『린하르트와 게르트루트Lienhard und Gertrud』[1780]를 써서 문필가로서도 이름을 날렸고, 당시 산업혁명의 도래 속에서 도시로 몰려드는 청소년들의 성문제를 다룬 『입법과 신생아 살해Ueber Gesetzgebung und Kindermord』[1783]라는 글은 삶에 관한 그의 관심이 법학적으로, 심리학적으로, 그리고 종교 윤리적으로 얼마나 앞서 있었는지를 보여 준다.

프랑스 대혁명 시기에 그는 뛰어난 정치적·사회적 혜안으로 유럽과 조국인 스위스의 나아갈 길을 밝히는 데 주력했으며(『찬성이냐 반대냐』 1792/3), 그 결과 프랑스의 혁명정부로부터 미국의 조지 워싱턴, 영국의 벤담, 독일의 실러 등과 함께 프랑스혁명 국가의 명예시민으로 추대되기도 했다. 이 혁명 시대의 와중에 그는 인간에 대한 깊은 이해를 위해 『인류의 발전에서 자연의 과정에 관한 탐구』1797라는 작품을 저술했다. 이는 당시 유럽의 대표적 사상가인 칸트, 헤겔, 피히테, 헤르더 등의 작품들과 견주어지는 역작이 되었다.

페스탈로치가 인간의 삶을 진정으로 도와줄 수 있는 길로 생각한 민중(빈민)교육은 그때부터 더욱 심화하여 그의 핵심 관심사가 되었다. 그는 당시까지 아직 구체적인 방법론들이 계발되지 않았던 영유아교육과 사회교육에 힘썼고, 인간의 지적·도덕적 그리고 직업적 능력을 키우려는 방법들을 탐구하면서 새로운 산업문명의 시대를 맞이하고 있는 유럽 민중들을 위해서 온 힘을 쏟았다. 페스탈로치의 교육사상 속에는 그가 인간 사회의 발전을 어떻게 생각하는지, 그가 생각하는 참된 종교란 무엇인지, 당시 유럽의 정치·경제 상황에서 인간성의 참된 계발과 고양을 위해서 어떠한 공동체 생활 모습이 요청된다고 보는지 등의 전일적 사고가 녹아 있다. 이러한 생각들을 그는 200편 이상의 저서에 열정적인 언어로 표현했다. 그중에는 수많은 우화와 시, 수백 통의 편지가 있는데, 그가 얼마나 열정적으로 시대의 아픔을 자신의 것으로 보면서 나아갈 길을 모색했는지를 알려 준다.

2. 페스탈로치 교육 활동의 사상적 기초로서의 정치철학

앞에서 밝혔듯이 페스탈로치의 정치에 관한 관심과 의식은 청년기부터 일깨워졌다. 그는 취리히의 대학을 다니면서 몽테스키외와 루소 등을 읽으며 급진적으로 정치적 개혁을 꿈꾸는 보드머Bodmer 교수 등의 영향을 받았으며, '애국단Patrioten'이라는 개혁적 단체에 가입하여 활발하게 활동했다. 당시 스위스는 13개의 자치주가 연방을 이루고 있는 중세적 체제였는데, 지역 간의 편차가 심했고, 특히 도시와 농촌 간의 차이가 심해 거의 도시민들에 의한 귀족 과두정치의 형태를 띠었다. 프랑스 대혁명[1789] 전의 베르사유의 사치가 잘 말해 주듯이 도시는 전통적인 근검과 단순 대신에 사치와 과두 독재에 물들어 있었고, 그 과정에서 민중과 농민들의 고통은 심했다. 이러한 시대에 대한 페스탈로치의 의식과 사고는 유럽에서 1927년부터 발간되기 시작해 저작 29권, 서간 13권, 총 42권이 나와 있는 그의 저작 『비판본*Pestalozzi's Werke, Kritische Aufgabe*』 제1권에 수록된 「아기스」[1765]와 「나의 조국의 자유에 대하여」[1779]에 잘 드러나 있다.

「아기스Agis」[1765]

페스탈로치의 삶과 사상을 지탱하는 한 축은 조국과 민족에 대한 사랑이다. 그가 의식 있는 청년이 되면서 가장 먼저 자각한 것은 조국애였고, 그것을 구체적으로 표현하려는 탐색이 신학과 법률 공부를 거쳐 가난한 농촌으로 들어가는 것이었다. 페스탈로치에게 조국은 가정, 신앙과 더불어 인간이 인간다울 수 있고 삶에서 근간이 되는 기초 덕목들을 키울 수 있는 필수 불가결한 매체가 된다. 한 인간이 과연 어떤 대상에 대한 헌신을 통해서 자신을 넘어서 타자에 대한 배려를 배울 수 있고, 헌신이라는 것을 익히며, 희생이라는 인간적인 덕목을 배울 수 있을까를 생각해 볼 때 '조국'과 '가정', '신'에 대한 사랑 등은 가장 기초적이고도 인간적인 삶의 매개들이라는 것이다.

「아기스」는 페스탈로치가 19살의 청년으로서 쓴 글이다. 그는 이 글에서 서구 민주주의의 고향으로 일컬어지는 그리스에서 B.C. 3세기 스파르타의 왕이었던 아기스의 이야기를 들어서 조국 스위스, 특히 취리히의 정치 사회적·도덕적 부패를 경고하고 그 개혁을 촉구했다. 아기스는 스파르타가 전통적인 리쿠르고스Lykurgs 헌법을 버리고 소수의 사람이 토지와 부를 독점하면서 부패와 사치, 나태와 이기주의에 빠지고, 시민들은 몰락해 가는 것을 보면서 개혁을 시도하다가 처형된 비극적인 왕이다.

페스탈로치는 강국 스파르타의 토대가 되었던 리쿠르고스 헌법의 정신을 검소와 검약, 그리고 근면으로 본다. 그러면서 그러한 기본 정신이 전쟁의 승리로 인한 부가 나라 안으로 들어오면서 쇠퇴하기 시작했고, 결국은 "부자라고 하는 것이 어떠한 범죄도 아니게 된" 때가 되었다고 지적한다. 이렇게 해서 시민들 사이의 불평등은 커지고, 예전의 스파르타의 미덕들은 사라졌으며, 특히 검약과 절제, 시민이 주인으로 검소했지만 고상했던 그들의 독립심은 사라지게 되었다는 것이다. 그리하여 시민들은 더는 그들 조국의 자유를 위해서가 아니라 돈을 위해서 싸우고, 귀족들의 사치와 독점이 더욱 커지는 가운데 나라 안은 온통 부패와 분쟁, 억압이 만연하게 되었다고 지적한다.

아기스는 이러한 조국의 몰락을 보고 일어서서 건국법의 처음 정신을 다시 살려내고, 그것을 통해 나라 안에서 사치와 부패를 몰아내 예전의 스파르타 정신을 회복하려는 개혁 정신을 지닌 왕이었다. 그는 시민들 사이의 불평등이 조국의 몰락을 가져오는 가장 큰 원인이라고 보았다. 그리하여 시민들이 주인과 노예로 양분되고, 고상함과 자유를 향한 사랑이 사라져 버린 것을 안타까워하면서, 특히 젊은이들의 마음속에 바로 이 삶의 고상함에 대한 이상을 다시 일깨워 주기를 바랐다.

이러한 글을 쓴 페스탈로치 자신도 당시 젊은 대학생으로서 여러 가지 삶의 실험을 시도했다. 그는 한 벌의 옷만 걸치고 판자 방에서 일주일 동안이나 기거하고, 채소와 물만으로 일주일을 넘기기도 하면서 사치와 부의 독점으로 변질되어 가는 취리히시의 부패와 독재에 저항했다. 아기스의 입을 빌린 페스탈로치에 따르면, 오랫동안 사치와 쾌락을 누려 온 사람들의 의식은 변질되어서 옳은 것을 옳게 볼 수가 없다. 그들에게는 자유가 노예 상태처럼 보이며, 노예 상태가 자유처럼 보인다. 그러나 젊은이들은 그러한 사치와 돈에 물들지 않았으므로 그들에게서 하나의 희망을 보는 것이다. 아기스의 개혁은 먼저 토지를 평등하게 재분배하고, 시민들의 부채를 탕감하며, 점점 더 동질의 소수 그룹으로 폐쇄적으로 되어 가던 스파르타 사회를 개방하여 이방인과 외국인을 받아들이면서 평등하고 자유로운 법 정신과 근검과 절제의 덕목을 회복하려는 것이었다. 그러나 그 개혁은 보수 세력의 강한 반발로 성공하지 못했고, 그는 처형되었으며, 그 후 스파르타와 전 그리스의 몰락이 이어졌다고 페스탈로치는 밝힌다.

「나의 조국의 자유에 대하여Von der Freiheit meiner Vaterstadt」[1779]

이러한 글을 읽으면 한 나라의 부패와 그 몰락의 과정이 그때나 지금이나 크게 다르지 않음을 본다. 페스탈로치는 이 글을 통해서 사치와 부의 편중, 그러한 자신들의 기득권을 지키기 위해서 점점 더 폐쇄적이 되는 보수 특권 세력들을 국가와 사회의 제일 쇠퇴 원인으로 보았다. 그는 다시 검약하고, 검소하며, 선한 법 외에는 다른 어떠한 상전도 갖지 않는 자유 정신의 소유자들에게 그 전환을 호소한다. 이러한 그의 정신은 거의 15년 후인 1779년에 쓴 「나의 조국의 자유에 대하여」라는 글에서 더욱더 풍성해진 형태로 나타난다. 여기서는 조국애, 법과 자유 정신, 가정, 신에 대한 신앙이라는 네 가지의 삶에 대한 처방책이 잘 연결되어서 제시된다. 이는 페스탈로치가 농촌으로 들어가 온갖 고생을 겪으면서 시도했던 사업들이 모두 실패하고 난 후의 글이다. 「아기스」를 쓸 때와는 달리 현실을 많이 경험한 후였고, 그가 자신의 삶과 사상의 배아라고 이야기한 『은자의 황혼Die Abend Stunde eines Einisiedlers』[1780]과 유사한 정신세계가 들어 있다.

페스탈로치는 나라 안의 고결한 사람들에게 호소하는 형식으로 이 글을 연다. 과거 조상들이 조국의 안녕과 잘됨을 위해 그렇게 애써서 자유와 독립을 획득했건만, 그 자유가 소수의 사람에게 독점되고 그들의 욕심을 위해 잘못 쓰이면서 나라의 안녕은 사라져 버리고 위태로워졌다는 것이다. 그는 자유와 모두의 안녕이야말로 모든 축복의 근원이고 지주이며, 여기서부터 조국의 지혜와 덕목이 가능해지므로, 이것이야말로 나라를 사랑하는 사람들의 관심이자 궁극적인 목표라고 선언한다.

당시 유럽 전제왕권의 횡포, 그리고 자신의 조국이 소수 귀족적 도시인들의 횡포에 시달리는 것을 보면서 페스탈로치는 원래 국가와 정부, 사회가 생겨난 이유와 목적들을 다시 짚고 넘어간다. 그것은 인간을 위한 것이지, 결코 인간이 정치를 위한 것이 아니라면서 모든 정부가 이러한 법 정신과 의무 정신을 지니는 것이야말로 나라 안녕의 기본이라고 본 것이다. 그는 특히 당시 정치체제에서 군주들이 이 법과 자유(평등) 정신을 지닐 것을 강조했는데, 만약 이것이 없다면 국가에 매우 위험한 존재들이 되며, 국민이 열심히 일하고 가정적인 행복과 덕목을 실천하고 안정될 수 있는 기초가 사라져 버리는 것으로 보았기 때문이다. 당시는 아직 프랑스 대혁명이 일어나기 전의 구제도 시기였는데, 페스탈로치도 그때는 그러한 급격한 전복을 가늠하지 못했다. 대신 그는 군주와 귀족과 특권 그룹의 전횡을 막을 수 있는 헌법 정신과 그것의 올바른 준수를 강조했다.

페스탈로치에 따르면 애국심이란 바로 나라의 자유(평등) 정신에서 길러진다. 나라에 자유가 있을 때 국민은 나라를 사랑하게 되고, 그 자유가 위기에 처하게 될 때 기꺼이 자신들을 희생하고자 하며, 이것이야말로 시민의 힘이라는 것이다. 그에 따르면 시민의 조국애야말로 자연과 혈연의 연이 되며, 여기에 근거해서 조용한 가정의 삶에서 덕과 풍속들이 길러진다. 그러므로 나라에 살아 있는 자유 정신이야말로 국민 도덕심의 기반이 되며, 만약에 그 정신이 죽는다면 아무리 문자로 잘 쓰인 법률이 존재하더라도 소용이 없다. 그는 자유 정신과 자유 의식이 없이는 나라가 자유로울 수 없다고 말한다. 또 이러한 헌법 정신과 자유 정신이야말로 또한 나라 산업과 경제의 밑받침이 된다고 밝힌다. 그에 따르면 자유의 첫 열매는 바로 안정된 빵이며 경제를 보장해 주는 것이다. 여기서 페스탈로치는 바로 이렇게 모두가 안정되게 빵을 즐길 수 있고 가정의 안녕을 누리는 것이야말로 인간 삶의 최대 축복이라고 하면서, 이 때문에 나라의 자유를 위해서 싸우며 희생할 각오를 하는 것이라고 밝힌다. 다시 말하면 자유가 우리의 가정적 평안을 가능케 하지만, 그 가정적 평안이야말로 바로 자유의 최종 목표이고, 참된 자유는 그래서 국가의 축복이며, 그러나 그러한 자유란 배고픔에 시달리고 비참에 빠진 가정에서는 발견될 수 없다는 지적이다. 또한 그 자유는 시민들의 평범한 직업을 무시하고 깔보는 도시 귀족들의 집에서도 결코 발견할 수 없다고 언급한다.

『찬성이냐 반대냐*Ja oder Nein*』[1792/3]

프랑스 대혁명 전후의 유럽에서 쓰이던 '자유'라는 개념은 이후 인류 근대사 이백여 년의 전개에서 공산주의나 20세기 신자유주의 경제 제일주의 등의 등장으로 그 의미가 많이 달라졌다. 게다가 오늘날 한국 사회에서는 '자유'를 강조하는 사람들이 오히려 보수 우익 그룹이 되었지만, 페스탈로치가 그 개념을 쓰던 당시 상황에서의 자유란 오늘의 의미로 참된 공정과 평등, 정의를 뜻함을 잘 알 수 있다. 이러한 글들을 필두로 해서 페스탈로치의 정치의식이 잘 드러나는 글이 그가 프랑스 대혁명을 겪고, 이후 혼란의 와중에서 저술한 『찬성이냐 반대냐』이다. 페스탈로치는 1789년 프랑스 대혁명을 겪고서 극심한 혼란에 빠진 유럽 사회, 특히 프랑스 사회를 보면서 다시 혁명 발발의 필연적 요인을 점검하고자 했으며, 그것을 특히 지배계급의 타락과 이기주의에서 찾았다. 오랜 기간의 폭정과 억압을 겪은 민중들은 혁명 후에도 민주적으로 정치·사회의 삶을 이끌어 가기 어렵다는 것이다. 그래서 다시 혼란이 오고 지도자들은 이것을 이유로 혁명을 뒤로 돌리려 하지만, 페스탈로치는 이래서는 안 되며 참고 견뎌야 한다고 강조한다. 그에 따르면 혁명 이후의 혼란이란 하나의 과도기적 현상이지 이것이 결코 혁명의 목표가 아니기 때문이다.

앞에서 말했듯이, 본인은 페스탈로치의 이 작품을 특히 한국에서 노무현 정부가 탄생한 후 우리 사회의 혼란을 보면서 깊이 공감했었다. 문재인 정부 때도 그러했지만, 당시 도무지 어떠한 정치적 합의도 원치 않는 거대 보수 세력은 말할 것도 없고, 공적인 것에 대한 진지한 관심 없이 오로지 비판과 불만의 소리만을 높이는 많은 사회 중산계층이 있었다. 페스탈로치에 따르면, 당시 많은 사람이 자신들은 별로 잃을 것이 없으므로 새 정부의 잘못만을 지적하고, 모든 일을 부정적이고 혐오스러운 시각에서만 보는 것이 습관화되어 있다고 했다. 거기서부터 결국은 '무정부'의 혼란이 야기되고 나라는 더욱더 비참에 빠질 수 있다는 것이다.[1]

1798년 프랑스 대혁명의 발발은 단순히 프랑스 한 국가의 절대왕정이 무너졌다는 의미라기보다는 유럽 전체, 나아가 세계사 전체가 이를 기점으로 정치사적으로 큰 도약을 이루게 된 것을 뜻한다. 페스탈로치의 혁명 전 작품 『입법과 신생아 살해』에도 잘 나타나듯이, 이 시기 유럽 민중들의 삶은 절대왕정Ancien Régime의 폭정 아래서 무척 비참했다. 특히 프랑스 절대왕정은 왕권신수설을 말할 정도로 절대적이어서 전 인구(당시 대략 2,300만 명)의 2%에 해당하는 왕과 그 궁정의 귀족들, 성직자들이 모든 권력과 이권, 도시를 차지하고서 98%의 민중들을 억압했다. 또한 도시와 농촌의 간극은 극심했고, 도시에서 왕권의 보호를 받는 귀족들과

---

1. *Pestalozzi J. H., Sämtliche Werke, Kritische Ausgabe*, begruendet von A. Buchenau, E. Spranger, H. Stettbacher, Berlin/Zuerich Bd. 10, 1927ff. p. 137. 여기서부터 이 책의 인용은 KA로 표기하고, 별도의 각주 번호 없이 본문에 표시될 것이다.

승려들의 사치와 방탕, 폭정은 극을 달렸다.

페스탈로치는 프랑스혁명이 발발하자 강력한 지지자가 되었다. 그때까지 이미 유럽 사회의 정치 사회적 혁신을 위해서 저술과 사회 활동을 통해서 나름대로 대안을 제시하고 있던 페스탈로치는 민중과 농민이 해방되고 보다 민주적으로 정치가 실현될 수 있도록 공화정을 지지했다. 그러나 루이 16세의 처형과 계속되는 피의 숙청, 또한 스위스 출신 군인으로 구성된 프랑스왕 근위대가 혁명정부에 의해서 제거되는 것 등을 보면서 많은 생각을 하게 되었다. 당시 스위스 국민의 정서는 페스탈로치가 반민족적인 일을 하는 게 아닌가 의심하는 것이었고, 또한 당시 혁명정부에 등을 돌린 지성인들로부터도 비판받고 있었다. 『찬성이냐 반대냐』는 이러한 정서 속에서 쓰인 작품이다.

여기서 페스탈로치가 싸워야 하는 상대는 두 그룹이었다. 하나는 혁명 이후의 혼란을 보고서 혁명을 원점으로 돌리려는 복고주의자들이고, 다른 하나는 조건 없는 '자유'라는 이념 아래서 마침내는 동물적이고, 이기주의적인 무절제의 욕망으로 잘못 빠져들어 가는 급진세력들이다. 그의 "찬성이냐 반대냐?"라는 질문은 혁명 정신에 대한 찬성이냐 반대냐를 묻는 것이다. 페스탈로치에 따르면 전제군주제 전의 봉건적 체제에서는 각 계층이 제한적이기는 하지만 나름대로 독특성과 차이를 가지고 자신들의 자유와 독립을 누렸다. 그러나 이 전제군주정에서는 모든 계층과 모든 직업과 전 국토의 사람들이 심지어는 성직자들도 전제 왕정의 '균일화 철학Gleichmachungsphilosophie' 탓에 모두 똑같이 되어 버렸고, 그 똑같음이란 왕과 일련의 궁정 무리의 특권을 위해서 각자의 명예와 독특성과 힘을 잃어버리고 모두 종처럼 되는 것을 말한다. 여기서 사람들은 모든 것을 '은혜'로 경험하지 '권리'나 '자유'로 얻는 것이 아니다. 사람들은 여기서 모든 것을 할 수 있어야 하지만 또한 아무것도 아니다Er sollte nichts sein und alles können. 그럼으로써 그들의 자율성과 자립성은 한없이 손상되고, 짊어져야 하는 짐은 점점 더 많아지지만 받는 것은 줄어든다. 사람들은 자립적인 정신을 잃어버리고, 판단도, 스스로 도우려는 의지도 점점 잃게 되면서, 지도계층의 온갖 혼동과 혼란에 같이 휩쓸려서 오로지 신하로서만 살아가게 된다. 이러한 사회에서는 기준이 없고, 그래서 합리성이 사라지며, 사람들은 모든 것을 알아야 하지만, 그러나 세밀한 부분에서는 전혀 훈련되어 있지 않다. 또한 시골의 영주들은 도시 궁정 귀족들의 웃음거리가 되고, 지방의 영주들은 고유한 지도력을 모두 상실해 버린다. 이러한 사회적 혼란과 더불어 가정에서의 삶도 상황이 다르지 않아서 여기서 사람들은 일찍이 부모를 떠나고, 아버지는 아들을, 어머니는 딸을 빼앗기고, 또한 아무리 말단의 궁정 신하라 할지라도 왕의 명령이라는 이름 아래서 명령을 하면 사람들은 그 명령에 따라서 친구라도 배신해야 한다고 한다.KA10, 124

이렇게 페스탈로치가 혁명의 원인을 반복해서 분명히 밝히는 이유는 당시 많은 사람이 혁명의 경과가 진행되며 나타나는 혼란상을 보면서 처음 혁명 정신에 대해 동의했던 것과는 달리 다시 과거로 돌아가려 했기 때문이다. 페스탈로치에 따르면 오랫동안 독재를 겪어서 뼛속까지 그 타락을 경험한 국민은 결코 평화적으로 될 수 없다. 그렇게 오래 독재의 폭력이 자행되는 가운데서 물리적 힘만이 점점 더 그 위세를 더하고, 그런 가운데 사람들은 이제 더는 물리적 힘을 두려워하지 않게 되었다고 한다. 그래서 모든 것이 위태로워졌고, 민중의 자유를 향한 광기는 그들이 약해져 있다는 것의 증거이고, 무정부적 혼란이란 결코 혁명의 최종 목표가 아니라 이 와중에서 어쩔 수 없이 겪을 수밖에 없는 과도기라고 밝힌다. 무정부의 혼란과 비참이란 바로 상층의 오랜 타락의 결과라는 것이다. 또한 그것은 그 본질상 지나가는 과정일 뿐이지 결코 지속하는 것이 아니라고 강조한다. 그 지속의 시간이란 세대에서 세대를 거치며 모든 사람에게 악영향을 미치는 독재의 폐해에 비교한다면 단지 짧은 시간일 뿐이며, 그것은 산고와도 같이 새로운 인간성과 더 좋은 질서eine bessere Ordnung der Dinge를 탄생시키기 위한 어쩔 수 없는 고통이라고, 인간성과 그 역사의 전개에 대한 소망을 놓아 버리지 말 것을 페스탈로치는 강조한다.KA10, 141

3. 페스탈로치 정치의 귀결로서의 인간교육

혁명의 진행 과정을 뼈저리게 겪은 페스탈로치는 혁명 후 혼란의 와중에 스위스의 시골 슈탄츠Stanz로 내려가서 당시 혁명전쟁의 소용돌이 속에서 고아가 된 아이들을 돌보는 일을 택했다. 그는 오랫동안 독재의 비참한 상황에 빠져 있던 민중들의 치유란 결코 혁명을 통해서 이루어지는 게 아니라, '민중의 법적 능력gesetzliche Volkskraft'을 통해 가능해지는 것이고, 이 법적 능력이란 '빵을 벌 수 있는 권리, 가정을 꾸릴 수 있는 권리, 신체나 삶의 위험으로부터 보호받을 수 있는 권리' 등이 보장될 때 가능하며, 이것은 다시 '잘 정비된 교육기관', '종교기관'들과 더불어 이루어지는 것을 보았기 때문이다.KA10, 148 그는 혁명 시기의 다른 작품에서 "나는 조그마한 일이나마 민중들이 도덕적이고 시민적인 덕목에서 점차 고양되는 과정에 이루어진 것이 아니라면 나라에 혁명이 일어나는 것을 절대로 원치 않았다"라고 분명히 밝혔다.KA12, 409 진정한 자유란 민중 한 사람 한 사람의 '자립Selbstaendigkeit'이 이루어질 때 가능하다고 본 그는 50세가 넘는 나이에도 불구하고 "나는 교사가 되고 싶다"라고 외치며 독창적인 교육실험에 몰두했다. 그 결과 교육의 '방법die Methode'에 대해 말하고, '기초교육의 이념die Idee der Elementarbildung'에 대해 말하게 되면서 그는 교육에서의 코페르니쿠스적인 전기를 이루어 냈다는 평가를 받게 되었다. 즉 그의 교육 작업은 그때까지 그의 정치적 활동으로부터의 단절이 아니라 심화이고, 연장이었던 것이다.

『인류의 발전에서 자연의 과정에 관한 탐구*Meine Nachforschungen ueber den Gang der Natur in der Entwicklung des Menschengeschlechts*』[1797]

이러한 전환이 가능했던 근거는 그가 앞에서 살펴본 프랑스혁명 시기의 혼란과 좌절을 겪으면서 인간에 대한 이해를 더욱 심화해 간 것이다. 그 결실이 1797년에 당시 헤르더에 의해서 "독일 철학 천재의 탄생"이라고 평가받은 『인류의 발전에서 자연의 과정에 관한 탐구』로 맺어졌다. 페스탈로치는 『은자의 황혼』 등 초기 작품들에서 대단히 낙관적인 인간론과 사회관을 펼쳤지만, 그의 사고는 이후 개인적, 국내외적 환경 속에서 크게 변한다. 그는 자신의 이상적인 사고, 특히 『은자의 황혼』과 거의 같은 기조로 당시 구제도의 고통 속에 있던 유럽 사회를 개혁할 방안으로 제시한 『린하르트와 게르트루트』에서의 사회개혁 방안들이 당시 정치적 현실에서 실현될 수 있기를 바랐다. 그리하여 10여 년 동안이나 유럽 각국의 영주들을 설득했으나 거의 효과가 없었다. 그렇게 20여 년을 실질적인 실업자로 보내면서, 또한 당시의 유럽 사회가 점점 더 부패해 가는 것을 보면서 그는 인간과 세계에 대해 비관적으로 되어 갔다.

1789년 이웃 나라 프랑스에서 혁명이 일어나자 그는 적극적인 지지자가 된다. 앞에서 밝힌 대로 여러 글과 활동들로 1792년 프랑스 혁명정부로부터 명예시민으로 추대되기도 했지만, 그는 그 혁명의 잔인성과 무정부적 폭력성을 보면서 이러한 모든 것들을 설명해 줄 인간에 대한 보다 근원적인 탐색을 절감하게 되었다. 그가 『은자의 황혼』에서 선한 본성의 측면에서 이해했던 인간이 그 속에 역시 영원히 '법과 의무에 대해 거슬리는 특성'을 지니고 있다는 것을 알아차린 것이다. 그리하여 그는 "인간의 자연 속에 놓여 있는 이 이율배반성, 이것을 나는 탐구하겠다"라고 선언하면서, 거의 3년에 걸쳐 자신의 대표적 철학서인 『탐구』를 써 내려갔다. 그는 『탐구』를 자신의 "삶의 작품"이라고 명명하고, "정치 철학서"라고 이름 지었다.

그는 먼저 인간은 각 개인뿐 아니라 인류 전체의 차원에서도 3단계의 발전 단계를 거치는 것으로 파악한다. 그것은 ① 자연적 단계 Naturzustand, ② 사회적 단계Gesellschaftlicher Zustand, ③ 도덕적 단계 Sittlicher Zustand이다. 여기서 그는 인간 존재의 높은 차원—사회적 단계, 윤리적 단계 또한 종교(기독교)도 포함하여—이 어떻게 그의 동물적 차원으로부터 시작되고 전개되어 가는지를 밝힌다. 즉 여기서는 인간의 동물적 차원뿐 아니라 더 높은 본성이 다 같이 고려되어 서로 실을 짜듯이 연결되어 현실을 이루어 나가는 것으로 드러난다.

자연적 단계에서의 인간은 동물과 마찬가지로 자신의 욕구에 따라 움직인다. '자연의 작품des Werk der Natur'으로서의 인간은 두 가지의 기본적인 욕구가 있는데, 그것은 첫째 '자기 보존의 욕구Selbsterhaltungstrieb'이고, 둘째 '평안함의 욕구Wohlwollen'이다. 루소가 사회적 단계를 악의 시작으로 보는 것과 달리 페스탈로치는 이미 자연의 단계에서 인간의 이율배반성을 본다. 그리하여 그에 따르면 위의 두 가지 욕구가 서로 관계 맺는 자연의 상태도 다시 두 단계로 나뉘는데, '타락되지 않은 상태'와 '타락된 상태'가 그것이다. 마치 『성서』의 에덴동산 시기를 상상케 하는 타락하지 않은 상태인 엄마 뱃속으로부터 갓 태어난 아기는 그 첫울음과 함께 타락된 상태로 넘어가서 그의 동물적 상태에서 자신의 감각 욕구에 따라 살아간다. 이제 그는 자신의 원래적인 천진난만함과 안락함을 잃고 이기심과 만인 대 만인의 투쟁 상태에 놓이게 된다. "나는 여기서 자연의 작품으로서 육체의 힘이고, 동물이고, 필요의 산물이다." 이렇게 해서 페스탈로치는 악의 근원을 바로 인간의 자연 그 자체에 둔다. "악의 근원은 이렇게 인간의 동물적 자연 안에 깊이 뿌리 박혀 있다. 그러므로 우리는 그것에 대해 조금도 놀랄 것이 없다"[2]라고 말한다.

그러나 인간은 그 비참한 상황에서 쉼을 동경하고 자신이 또 하나의 본능으로 가졌던 '안락(평안함)의 욕구'와 그 경험을 되살리면서 다시 그 상태를 찾고자 한다. 하지만 인간은 이제 그 상태란 서로 간의 화합을 통해서만 이루어질 수 있음을 알고, 서로 사회적 계약을 맺고 '사회적 단계'로 이양하기를 원한다. 사회란 이렇게 서로가 서로에게 봉사함을 통해 자신의 자연적 욕구를 더 쉽게 채우려는 계약이며, 이러한 동물적 욕구에서, 즉 자신의 보존 욕구와 안락감의 욕구 사이의 연결을 통해서 생겨난 것이다.[3] 사회적 단계는 사회적 수단을 통해서 자신의 욕구를 쉽게 충족하려는 목표 아래 형성된 단계이고, 그 단계는 '사회법'에 근거한다. 그에 따르면 인간은 서로가 이 목적을 위해 계약을 체결한 것이고, 이 공동의 목표를 위해 인간은 자신의 자연적 자유를 한정하고 대신에 이렇게 하는 방법 외에는 얻을 수 없는 사회적 보상을 즐긴다.

여기서 인간의 물리적 힘은 사라지고 대신에 그의 '이성'이 길러진다. 그리하여 예전에는 '본능Instinkt'에 의해 인도되었으나 이제는 이성으로서 자신의 인생의 지도자로 삼고 자연적 자유 대신에 사회적 자유를 진 '시민Bürger'이 된다. 페스탈로치에 의하면 동물적 충동은 완전히 없애 버릴 수 없고 단순히 무시하거나 억누를 수도 없다. 오히려 그것은 사회적인 보상물로 대체되어야 한다. "사유재산, 직업, 정부, 법률 등은 모두 우리의 동물적 자연을 그 자연적 자유의 부족에도 불구하고 만족시키는 인위적인 수단이다"[4]라고 그는 썼다. 그에 의하면 인간은 자연의 모든 욕망이 잘 채워질수록 완전해진다. 그러므로 사회적 단계, 소유물, 직업, 법률, 교육 등은 바로 이 인간 자연의 현실성에 연결돼야 한다. 그렇게 함으로써 그

---

2. *J. H. Pestalozzi, Auswahl aus seinen Schriften*, Bd. 1. hrg. von A. Bruehlmeier, Bern/Stuttgart 1977, p. 128; 이은선, 「뜨거운 영혼의 사상가 페스탈로치의 교육사상」, 『한국 교육철학의 새 지평』, 내일을여는책, 2000, 195-228쪽에서 다시 가져옴.

3. Ibid., p. 188.

4. Ibid., p. 190.

것들은 인간을 다시금 그의 잃어버린 본디 평안함과 만족감에 가까이 가게 할 수 있다는 것이다.

> 시민적 법과 자유와 소유는 인간이 이 타락된 상황에서도 그의 친절하고 호의적인 정조를 잃지 않게 하며 그에게 시민으로서 인간적인 힘을 길러 준다.[5]

이렇게 페스탈로치는 인간 자연의 동물적 측면을 존중할 것을 요구하고 그것을 올바른 방법에 따라서 만족시켜 주어야 한다고 주장한다. 즉 그는 인간에게서의 사회적 단계의 중요성을 말하는 것이다. 그러나 그의 관점에 따르면 이 사회적 기구가 만약 그 기능을 다 하지 못하면 인간에게 복종을 요구할 어떠한 권리도 가지고 있지 않다. 여기서부터 그는 자신의 사회비평을 첨예화시키면서, 예를 들어 사회생활의 기초로 인정되는 사유재산의 의미가 왜곡되어 모든 악의 발생지가 되어 버렸다고 비판한다.

> 이 세상에서 아무런 부분도 가지고 있지 못한 사람들, 그러나 사회계약의 짐은 오히려 일곱 배나 더 무겁게 지고 있는 그들에게 이 사회 속에서 그들의 자연을 만족시켜 줄 만한 자리가 하나도 없단 말인가? 이 땅의 소유주들이여 두렵지도 않은가? 여기서 우리가 이야기하는 것은 결코 구제사업의 문제가 아니라 기본적 전제들이며 은혜가 아니라 자립이고 권리이다.[6]

페스탈로치에 의하면 이 사회적 단계에서 인간은 윤리적 존재가 된 것이 아니라 근본에서는 자연의 완전히 제거되지 않은 동물적 이기주의

---

5. Ibid., p. 215.
6. Ibid., p. 126.

로 더 경직된 자연인이다. "사회적 단계란 그 본질에서, 자연 상태의 타락에서 시작된 만인 대 만인의 투쟁의 연장일 뿐이다. 사회적 인간은 그런 모습으로서 자신의 동물적 욕구를 법 앞에서, 공동체 앞에서 더 강조한다."[7] 이렇게 해서 사회적 인간의 법 정신 망각은 모든 독재와 노예 상태를 불러들이고 여기서 인간들은 서로를 구속하는 법 없이, 그런데도 사회적으로 살아간다는 것이다. 이처럼 이 사회적 단계에서는 인간이 추구한 조화, 즉 자기 보존의 욕구와 평안의 욕구가 조화롭게 되지 못한다. 인간은 이 사회적 단계로 넘어올 때 희망을 가지면서 사회법에 종속했으나 그 희망은 사라져 버렸다. 사회적 훈련 때문에, 직업에 의해서 인간은 점점 더 기형적인 모습이 되어 가고 원래적인 자연적 하모니와 자아의 평안이 찾아오지 않는다는 것이다. 그래서 그는 '자유! 자유!'를 외치면서 서서히 죽어간다.

그렇다면 그 자유는 어떻게 해서 얻을 수 있는가? 페스탈로치는 그것이 바로 나의 더 높은 본성인 '평안의 욕구'가 동물적 본성인 '자기 보존의 욕구'보다 우위에 있을 때 가능하다고 한다. 즉, 그가 '윤리적 단계'라고 명명한 도덕적 단계는 나의 동물적 본능을 고상한 평안의 감정 밑에 넣는 것이다. 페스탈로치에 따르면 인간에게만 유일하게 죄책감이라는 게 없을 수 없다. 어떻게 이러한 윤리적 상태에 대한 갈망이 생기느냐에 대해 그는 이렇게 말했다.

나는 내 안에 한 힘을 가지고 있다. 그것은 이 세상의 모든 일을 나의 욕망과 나의 사회적 관계성으로부터 완전히 독립시켜서 오로지 그것이 어떻게 하면 나의 내면의 고양을 위해 도움이 될까 하는 측면에서만 볼 수 있는 힘이 있다. 이 힘은 나의

7. Ibid., p. 193.

본성의 내면에 자립적으로 존재한다. 그것의 본질은 결코 어떤 후천적인 것이 아니라 '내가 존재함으로 그것이 있고, 그것이 있으므로 내가 존재하는' 그런 것이다. 그것은 나에게 본질적으로 내재해 있는 느낌인데, 즉 '나는 내가 해야 할 것soll을 내가 원하는 것will으로 만들 때 나 스스로를 고양시키는 것이다'라는 느낌이다.[8]

이러한 본질적 도덕감각으로 인해 인간은 그가 인간인 한 자신 안에서 동물적 감각을 저주하기까지는 결코 안정을 찾을 수 없다는 것이다. 페스탈로치가 보았을 때 인간은 그의 본질에 따라 이러한 자기 고양과 자기 완성으로 오르려는 존재이다. 이 욕구는 그의 자연의 본질에서 솟아 나오는 것으로 인간은 이 힘의 작용으로만 자신의 이기심을 도덕적 의지에 종속시킬 수 있다. 이 내적인 힘은 인간 속의 본질에 뿌리박고 있으며 그것이 인간의 본질이라는 것이다. 여기서 우리는 페스탈로치에게서 다시 나타나는 인간성에 대한 깊은 신뢰를 본다. 그에 따르면 인간이 '사회적인 반쪽 인간'에서 '참된 인간'이 되는 것은 바로 여기다. 그리하여 그는 "자연은 자기 일을 다 했다. 너는 이제 너 자신을 알고 네 일을 하라"라고 외친다. 결국 인간이 도달해야 하는 참된 지향점은 바로 이 윤리적 단계이다. 그는 여기에서만이 인간은 참된 자유를 얻을 수 있고, 자연의 타락하지 않은 상태에서 경험했던 조화를 다시 찾을 수 있다고 밝힌다.

---

8. Ibid., p. 219.

『어떻게 게르트루트는 그녀의 자녀들을 가르치는가Wie Gertrude ihre Kinder lehrt?』[1801]

앞에서 언급한 대로 페스탈로치는 프랑스혁명의 진행과 더불어 삶의 또 하나의 전환을 맞이한다. 즉 1798년 당시 새로운 공화 정부로부터 슈 탄츠의 고아들을─프랑스 나폴레옹 혁명군에 대항해 싸우다 숨진 부모들 의 아이들─ 돌보아 달라는 부탁을 받게 되고, 거기서 최선을 다하는 아 이들과의 농도 깊은 접촉을 통해 인간을 새롭게 신뢰할 수 있는 근거를 보게 된 것이다. 곧 인간의 정신 속에는 그 어떠한 열악한 상황에서도 완 전히 꺼지지 않는 '직관의 능력die Kraft der Anschauung'이 있다는 것을 발 견하고, 그 선천적인 내적 능력을 키워 낼 수 있는 '방법론die Methode'을 계발하게 되는 것을 말한다.

> 도덕적으로, 정신적으로 그리고 공동체적으로 타락한 세계의
> 부분을 위해서 교육을 통하는 것 외의 어떠한 구원이 있을 수
> 없다. 또한 심리적으로 깊게 탐색된 교육, 그것을 통해 인간의
> 도덕적, 정신적, 육체적 힘의 신장을 이루는 교육만이 참된 구원
> 의 도구이다.KA24a, 165

1801년 정초부터 친지인 하인리히 게스너H. Gessner에게 보내는 열네 번에 걸친 편지로 구성된 이 저서에서 페스탈로치는 인간 속에 놓여 있 는 '살아 있는 자연력', '직관의 능력'에 대한 열광으로 시작한다. 그는 이 제 교사가 되어서 커다란 기쁨과 감사 가운데 자신에게 이 낙담의 상황 에서 계시가 된 인간 정신의 내적 힘을 보고 그것을 인간교육의 궁극적 근거로 삼으려 하였다. 이 발견의 교수 방법적 적용이란 그에게 학교교육 에서의 코페르니쿠스적 전기와 같은 것으로 여겨졌다. 그에 따르면 이 직 관의 원리가 인간의 모든 인식뿐만 아니라 의지, 고통 그리고 모든 행위

의 기초가 되므로 이 선천적인 '씨앗,' '나,' '근거'를 올바로 키우는 것이 무엇보다도 중요하다. 이 인간 속에 선천적으로 놓인 씨앗을 키우는 새로운 인간교육의 방법론에 대해서 그는 다음과 같이 밝히고 있다.

교육이란 각자 인간 속에 자연으로부터 놓인 본래적인 선한 것을 키우고 강화하는 기술이다. 그런 점에서 교육은 내면으로부터 자신의 고유한 힘을 형성하고 자립성을 요구한다.KA13, 199

인간의 직관력을 그의 인식과 의지, 행위의 기초로 삼으면서 페스탈로치는 그 중심을 세 가지의 기본 방향에서 키우고자 한다. 즉 '지적', '신체적' 그리고 '도덕·종교적' 교육이다. 페스탈로치 교육에서의 첫 번째 강령이란 "국민교육에서 당시 너무나도 이분돼 있던 자연과 방법을 조화시키는 것"이다. 교육이란 그에 따르면 모든 사람에게 자연적으로 놓여 있는 선한 것(자연)을 키우고 나게 하는 기술이다. 하지만 '직관력'이란 완벽한 결정체로서 놓여 있는 것이 아니고 '심리적 인도'를 받아야 하는데, 거기서 '어머니'를 출발점으로 삼고 있다. 마치 '하나님의 태양die Sonne Gottes'이 지구의 모든 생물에게 하는 것처럼 자연이 어머니에게 놓아 준 사랑과 활동을 통해 결정적인 것들이 놓인다는 것이다. 그리하여 그는 자신의 방법론 프로그램들이 어머니들 손에 놓이기를 바라며 어머니들이 육체적으로 어머니인 것처럼 정신적인 면에서도 그래야 한다고 역설한다.KA13, 30

또한 이렇게 지적인 발달이 어머니들에 의해서 이른 시기부터 이루어져야 하므로 그것은 아주 단순한 것에서부터 시작되어야 함을 강조한다. 그의 '빈틈없는 순차의 법칙'은 간단한 것에서부터 복잡한 것으로, 조금씩의 증감을 통해, 완벽한 것으로 나아가도록 이끄는 것을 말한다. 그에 따르면 '완성Vollendung'이란 자연의 가장 위대한 법칙이고 다시 '물리적인 가까움'의 법칙과 연결되어서 아이들에게 먼 곳에 있는 것보다 가까이 놓인 것의 유익성과 중요성을 끊임없이 강조한다. 페스탈로치는 '신체교육'이란 말로 몸의 건강을 위한 체육교육, 안정된 인간다운 삶을 위한 직업기술교육 등을 가리킨다. 이 '직업훈련Berufsbildung'이야말로 한 인간이 인간답게 살아가는 데 필수적인 것으로, 특히 가난한 민중들에게는 더욱 그러하다는 것이다. 따라서 그는 "한 분야에서라도 완성할 수 있는 능력"을 가지고 있지 않은 사람은 "그 시대에서 가장 끔찍한 선물"이라고 말한다.KA13, 334 마지막으로 도덕·종교 교육에 대해서 그는 위의 저서 열세 번째와 열네 번째 편지에서 얘기한다. 여기에서도 이 교육이 '심리적인 순서'에 따르는 것을 지적하며 다음과 같이 묻는다.

> 어떻게 내 영혼 속에 신의 개념이 싹트게 되는가? 사랑과 신뢰, 감사 그리고 순종의 감정들은 내가 그것들을 신에게 적용하기 이전에 이미 내 속에 전개된 것이다. 나는 신을 사랑하고 신뢰하고 그에게 감사하기 이전에 먼저 인간을 사랑하고, 인간에게 감사하며, 인간을 신뢰하여야 한다.KA13, 341

이렇게 해서 페스탈로치 교육에서 지적 교육과 신체적 교육, 도덕·종교 교육은 완전히 하나가 되는 가운데, 그는 나이가 들어갈수록 도덕·종교 교육의 중요성을 더욱더 강조한다. 거기에서 인간교육의 참다운 목표에 도달한다는 것이다. 인간이 인간 되기 위한 세 가지 기본적인 능력의 신장, 그것의 궁극적인 의미는 참된 도덕적 인간의 탄생이라는 것이 그의 믿음이다.

4. 페스탈로치의 빈민교육

페스탈로치 말년의 작품 『백조의 노래』[1826]는 백조가 죽기 전에 가장 아름다운 노래를 부르듯이 그가 죽기 몇 개월 전에 출간되었다. 그 속에서 그는 다시 한번 자신의 근본적 교육 이념과 팔십 평생 노력의 여정을 감동적으로 그려 냈다. 그동안 페스탈로치가 슈탄츠에서의 전쟁고아들과의 집중적인 경험 이후 브루크도르프에서 시작한 학교는 크게 성장하여 전 유럽에서 새교육운동의 중심지로서 각광받았다. 그러한 외적인 성장에도 불구하고 시간이 지남에 따라 내부의 갈등이 심화했는데, 페스탈로치 자신도 이제 더는 빈민들을 위한 학교가 아닌 부자들의 기숙학교로 발전되어 가는 모습을 보면서 심한 갈등을 느낀다. 여러 분쟁과 오해 속에서 학교는 결국 문을 닫았고, 부인이 죽은 후 다시 한번 실패감과 절망감을 가지고 맨 처음 삶의 터전이었던 노이호프로 돌아온다. 거기서 그는 1827년 숨을 거두기까지 정열적으로 저술에 몰입한다. 그 대표작 중 하나가 『백조의 노래』이다.

"삶(생활)이 곧 교육이다Das Leben bildet." 이 명제를 페스탈로치는 『백조의 노래』에서 자기 교육의 근본원칙으로 내세우고 있다. 이것은 곧 인간교육에서 기술은 덜 중요한 것이고, 반면에 이미 인간에게 놓인 내재적 성장 원리들이 결정적인 역할을 한다는 사실을 부각하려는 것이다. 1810년경부터 페스탈로치는 자신의 교육 이념을 더는 '방법론die Methode'이라고 명하지 않고, 그러한 형식주의를 넘어서 '기초교육의 이념die Idee der Elementarbildung'으로 명하기 시작했다. 그리하여 『백조의 노래』에서는 "삶이 곧 교육이다"라는 새로운 명제로 자신의 교육 이념을 밝히고자 했는데, 나이가 들어갈수록, 아이들과 많이 관계하면 할수록 인간 자연의 신적인 특성에 대해서 더욱 확신했기 때문이다. 이즈음부터 인간 자연의 '신적 불꽃der göffliche Funke'에 대해 많이 말하기 시작했고, 자신의 인간

교육을 이 인간 영혼의 가장 내밀한 부분에 접목하기를 원한 것이다. 이 것은 아무리 가난한 빈민의 아이라 하더라도 이미 그가 지닌 자연의 힘, 신적인 특성에 접목하여 교육을 용이하게 할 수 있는 근거가 되므로, 이 『백조의 노래』에 드러난 페스탈로치의 교육사상이야말로 그의 처음 이상 이기도 한 '빈민교육'의 이상이 다시 한번 집약된 것이라고 할 수 있다.

『가난한 농촌 아이들의 교육에 관하여 N. E. T.에게 보낸 편지들Herrn Pestalozzi Briefe an Herrn N. E. T. ueber die Erziehung der armen Landjugend』1777

사실 페스탈로치의 빈민교육에 대한 이상과 작업은 매우 이른 시기부 터 시작되었다. 그의 모든 정치적, 신학적, 교육적 관심은 그 시대의 가 난한 사람들, 특히 가난한 농촌의 아이들을 돕기 위해서였다. 그는 이미 1777년에 『가난한 농촌 아이들의 교육에 관하여 N. E. T.에게 보낸 편지 들』에서 자신의 젊은 시절 농촌운동의 목적이 바로 그것이었음을 밝힌다. 그는 청년 시절에 키웠던 애국심과 인류애를 가지고 당시 의식 있는 지식 인들이 여러 가지로 시도하던 농촌운동에 큰 영향을 받아 1768년 브루 크도르프 근처의 비르펠트Birrfeld에 땅(약 18에이커)을 구입했다. 그리고 취리히대학교 애국단 시절에 만나 같은 꿈을 키워 왔던 안나 슐트헤스 Anna Schulthess, 1738~1815와 결혼하면서 본격적인 농촌 경영에 들어갔다. 그러나 도시 사람 페스탈로치의 농촌 경영은 결코 순조롭지 못했다. 그 의 목초와 빨간 무 재배 등 새로운 농작물 재배의 실험은 심한 악천후로 타격을 입었다. 특히 그가 농촌 상황과 자신의 경제 상황을 개선해 줄 수 있다고 믿었던 면직물 산업도 열매를 거두지 못하자 그의 상황은 극도로 나빠졌다. 그런데 이러한 가운데서도 농장 경영의 어려움과 또한 그가 노 이호프에서 시도했던 또 다른 사업인 농촌 빈민학교의 운영 경험에서 나 온 결과와 경험을, 당시 베른 지역의 귀족으로 가난한 농민계층 교육사업 에 큰 관심이 있던 챠르너Nikolaus Emanuel Tscharner에게 편지로 쓴다.

페스탈로치가 보기에 당시 챠르너 등이 운영하던 공공 농촌 아동시설은 진정한 의미에서 그들을 도와주는 것이 아니다. 그것은 단지 도시 귀족 계층의 관점에서 낭만적으로 농업만을 강조하면서 아이들을 그 계층에 묶어 두는 자선사업의 일종이지 진정한 의미의 빈민교육이 아니라는 것이다. 페스탈로치는 자신도 철저히 가난한 사람으로서 3년 이상을 농촌 빈민 아동들과 씨름해 오면서 그들이 결코 농사만을 위해 길러져서는 안 되고, 새로운 시대의 변화와 함께 자신의 삶을 개척할 수 있는 '생산할 수 있는 능력Gewerbsamkeit'에로 키워져야 한다고 보았다.KA1, 146 그리고 그 '생산할 수 있는 능력'이란 바로 자라나는 빈민 아동들의 능력 안에 그들의 필요와 환경에 따라서 자연스럽게 놓여 있는 기초라고 보았다. 그래서 그것이 그들 교육의 출발점과 기초가 되어야 한다고 본 것이다.

페스탈로치에 따르면 가난한 사람들의 교육은 진정으로 그들의 필요가 무엇인지, 그 가난의 상황과 거기서의 걸림돌이 무엇이며, 앞으로도 그들이 아마 계속해서 살아갈 상황이 어떤 것인지에 대한 구체적이고도 정확하며 깊이 있는 인지가 요구된다. 이런 의미에서 볼 때 각각의 사회 계층은 자신들의 젊은이들을 먼저 그들이 계속해서 처하게 될 상황의 어려움과 제약들, 한계들에 익숙하도록 키우는 것이 중요하며, 모든 직업의 훈련이란 바로 그러한 어려움을 익히고 인내 속에서 극복하는 것을 배우는 일이라고 역설했다. 페스탈로치는 평생 가난과 더불어 싸웠으며, 그가 '비참Elend'이라고 표현한 민중의 가난이란 "그들이 그 구렁텅이 안에서는 어느 누구도 인간이 될 수 없는" 그런 비참한 것이라는 사실을 잘 알고 있었다. 그런데도 그 가난이란 단순히 누군가에 의해서 밖으로부터 치워져야 하는 것이 아니라 가난한 사람들 스스로가 그것을 극복해야 하고, 그런 의미에서 그 가난이 오히려 그들 교육의 좋은 기회가 될 수 있다는 확고한 믿음을 가졌다.

그리하여 챠르너에게 보내는 편지에 페스탈로치는 어떻게 6살부터 시작하여 18살까지의 빈민 아동들이 나름대로 노동 능력에 따라서 가내 면방직 노동에 참여하면서 수입을 올리고, 그것이 그 빈민노동학교를 유지하는 근원이 되며, 거기서 아이들은 노동과 더불어 가정을 얻고 교육 경험을 하게 되는지를 밝히고 있다. 아이들은 실이나 옷감을 짜는 일 등을 통해서 '완전성Vollkommenheit'이라는 개념을 배우게 되고, 어떤 일을 끝내는 데에서의 '정확성Genauheit', '정리 능력', '민첩성', '부지런함', '정확한 절약성' 등을 배울 수 있다고 역설한다. 그러므로 이렇게 빈민 아동의 교육을 '생산 노동의 정신'에 맞추어서 하자는 것이 결코 그들을 단순히 공장으로 보내자는 게 아니며, 그들은 그런 의미에서 단순히 기계 바퀴를 돌리기 위해 태어난 가련한 존재들이 아니라고 그는 확언한다. 당시 많은 아이가 그냥 고아로 방치되거나 노예로 살고, 또는 농토나 재산도 없는 집안에서 불량아가 될 수밖에 없어 떠도는 아이들에게 그는 그들의 일할 수 있는 능력을 기초로 해서 인간적인 덕목을 심어 주기를 원했던 것이다.

챠르너와 페스탈로치는 빈민 아동교육의 궁극적인 목적이 '도덕교육 sittliche Endzweck'이라는 데에는 의견이 일치한다. 그러나 챠르너가 그 인간적인 덕목의 교육이 학교와 같은 시설에서만 가능하다고 본 데 반해서, 페스탈로치는 공장과 같은 노동 현장 속에서도 얼마든지 가능하다고 보았다. 그에 따르면 빈민 아동에게는 그들의 수입 능력을 근거로 해서 세워진 노동학교 방법이 훨씬 더 적절한데, 왜냐하면 아이들은 여기서 '질서'를 배우고, 정확한 '절약성'을 배우며, '근면성', '의무감', '책임성'을 습득하며, 후에 어떠한 처지에 놓이게 되더라도 스스로가 자신을 구원할 수 있는 능력을 배우기 때문이다.[KA1, 161] 페스탈로치는 노이호프에서 수용한 아이들의 경우를 보더라도 이들의 신체적 건강이 훨씬 좋아졌고, 그전에는 상상할 수도 없었던 여러 가지 인간적인 덕목들도 길러졌으며, 그들의 노동력을 통해서 학원도 운영될 가능성을 보았으므로 크게 확신했다.

페스탈로치는 이 농촌 지역의 빈민노동학교에서는 농사일과 수공업의 일을 함께 할 것을 강조한다. 아이들이 도와서 농사일을 담당하면서 스스로 먹을 것을 경작하고, 그런 것들을 통해서 자연 식물과 동물에 대한 지식도 얻게 되면서 아이들의 건강은 크게 증진되었으며, 아이들은 안정된 가정과 같은 노동학교를 갖게 되었다고 한다. 그의 믿음에 따르면, 아무리 가난한 아이들이라도 그들 속에 이미 자연으로부터 이러한 노동의 능력을 갖추고 있다. 그들의 가난을 극복할 힘이란 이미 그들 속에 놓인 힘이고, 그래서 그들 스스로가 자신을 도울 수 있는 그 힘에 접목한 교육이야말로 가장 바람직하고 확실한 교육이다. 그는 다시 한번 빈민교육은 바로 그들의 본디 노동 정신에 근거가 되어야 한다고 강조한다. 그는 "공장과 농사, 그리고 덕성을 종합하는 위대한 정신der grosse Ideal der Verbindung von Fabrik, Landbau und Sitten"KA1, 174에 대해서 말한다.

『백조의 노래Schwanggesang』1826

이상에서 살펴본 것과 같은 페스탈로치 빈민교육에 대한 처음 이상은 그의 생애 마무리 작품인 『백조의 노래』에서 '신적 불꽃'이라고 표현한 인간에 대한 깊은 신뢰와 믿음을 바탕으로 다시 한번 곡진하게 피어난다. 그는 이미 『은자의 황혼』에서 '내 본성의 내면 속의 하느님'에 대해서 얘기했고, 『탐구』에서는 인간의 동물적 자연에 대비한 '더 높은 자연'을 말했으며, 『어떻게 게르트루트는 그녀의 자녀들을 가르치는가』에서는 인간 자연의 '내적 직관력'을 강조했다. 말년이 되면서 페스탈로치의 사고 속에서 이와 같은 인간에 대한 신뢰가 더욱 깊어진다. 그는 이 '신적 불꽃'을 세 가지의 근본 능력, 즉 '지적 능력'과 '도덕력' 그리고 '기술력'을 얘기함으로써 구체화했다. 그것들은 어린아이들 속의 '인간적인 것'으로서 "선을 원할 수 있는 씨앗이고, 진실을 알 수 있는 능력이며, 진실과 사랑에 의해 용인된 필수적인 것들을 행할 수 있는 능력"KA24a, 184을 말한다고 밝힌다.

따라서 그에게 교육이란 이미 놓인 것을 신이 뿌려 놓은 씨앗으로 보면서 '성스러운 조심성'을 가지고 키워 내는 것이다. 교육자란 그런 의미에서 어린아이와 삶 사이의 중보자로서 성직자의 권위와 함께 아이 인간성의 탄생을 돕는 산파와 같은 것이라고 한다.

페스탈로치는 인간은 이 도움을 맨 먼저 가정에서 받는다는 것을 강조하는데, 말년으로 갈수록 교육의 방법론이란 단지 보조의 역할만 하고 인간의 '자연'과 '삶(생활)' 자체가 스스로 그 자연력을 키운다고 강조한다. 즉 '삶이 곧 교육'이라는 신념으로 인간의 지적인 힘의 발달도 가정생활의 가장 단순한 영향에서부터 시작되고, 그 중심점인 어머니의 돌봄 가운데서 가능해지는 것이라고 밝힌다. 더불어 그러한 가까운 삶의 반경에서의 사랑과 믿음의 직관, 그 내적 경험만이 도덕적 능력을 배양할 수 있게 한다고 역설한다. 인간의 모든 능력은 '오직 그 사용을 통해서만' 자연스럽게 길러지기 때문이다. 페스탈로치는 이러한 자신의 기초교육 이념에서 도덕적 능력의 신장을 가장 중심되는 것으로 밝힌다. "어떻게 하면 우리 속에 도덕적 생활의 기초가 되는 '사랑과 믿음Liebe und Glaube'이 생기게 되는가"라는 질문에 그는 이렇게 답했다.

> 태어나면서부터 갓난아기 속에서 도덕적 힘의 첫 번째 씨앗
> 이 잉태되는 것은 바로 그의 신체적 필요물들이 조용히 채워지
> 는 일이다.KA28, 82

이 대답에서도 분명히 드러나듯이 페스탈로치는 점점 더 감각적인 것에서부터 정신적이고 도덕적인 것으로 연결된 발전에 대해서 강조한다. 어린아이 속에 그의 도덕심과 종교심의 첫 번째 씨앗이 놓이는 것은 아이의 감각적 필요물들을 평안 가운데서 채워 주는 '어머니의 거룩한 배려heilige Müttersorge'라고 한다. 그에 따르면 인간성의 본질은 오직 '안정과

여유' 속에서 길러지며, 따라서 어린 시기에 아이를 괴롭히는 모든 소란은 그의 동물적 욕구와 감각을 조장하는 계기가 되고 거기에서부터 모든 악의 발생이 시작된다. 마침내 페스탈로치는 자신이 말하는 기초교육의 전체 본질이란 바로 인간 자연의 '통합된 능력die Gemeinkraft'을 키우는 것이라고 밝힌다. 이 '통합력'이라는 새로운 개념의 설명을 위해서 『백조의 노래』의 많은 부분을 할애한 이유는 바로 그것을 인간교육의 최종 목표로 보기 때문이다.

이 통합력이란 지적인 능력이 도덕력과 조화될 때, 또한 신체와 실용적인 기술의 힘이 그 도덕력과 함께 키워졌을 때 가능해지는 참된 '인간성die Menschlichkeit'을 말한다. 그것은 결코 머리만을 크게 한다거나 빵을 벌어들이는 직업교육만으로는 안 되고, "지적 교육의 도덕적 교육에의 종속"을 통해서, 또 다르게 표현하면 "오직 확실히 확보된 사랑과 믿음을 통해서만" 달성될 수 있다고 페스탈로치는 강조한다. 그리하여 '믿음'과 '사랑'이야말로 기초교육의 알파와 오메가라는 것을 밝히고, 그것을 '인식하는 사랑die sehende Liebe'이라는 말로도 표현한다. '인간 자연의 인식하는 사랑으로의 성장'이란 바로 지적인 능력과 사랑의 능력이 겸비된 참된 인간성으로의 교육임을 말하는 것이다. 이렇게 해서 '진리와 사랑Wahrheit und Liebe'이 그의 기초교육 이념에 대한 평생의 추구를 마무리 짓는 영원한 말로 제시된다. 그것은 그의 교육의 기초이자 방법론이고 목표이기도 한 것이다.

5. 오늘 우리 시대의 빈민 아동은 진정 누구인가?

지금까지 우리는 이백여 년 전 유럽에서 프랑스 대혁명의 역동기와 근대 산업문명의 태동기에 활동했던 페스탈로치의 삶과 사상을 살펴보았다. 그는 변혁과 전환의 시기에 특히 농촌의 빈곤에 깊이 관심하였고, 어떻게 하면 그곳의 아이들이 인간다운 삶을 위한 능력으로 길러질 수 있을까를 고심하였다. 그는 당시 사회가 더는 농업의 경제만으로 이루어지지 않는다는 것을 알아차렸고, 그래서 가난한 아이들일수록 새롭게 대두되는 환경 속에서 스스로 능동적으로 적응할 수 있는 능력을 키우는 것이 중요함을 알았다.

이백여 년이 지난 오늘날 우리는 제4차 산업혁명의 도래를 말하고, 디지털 문화 혁명 등으로 지금까지와는 전혀 다른 삶이 펼쳐질 것을 예상한다. 이에 더해서 오늘은 코로나 팬데믹과 더불어 더욱 큰 우려를 낳고 있는 인류 문명의 '인간세Anthropocene'에 대한 논의가 비등하다. 그런 가운데서도 페스탈로치가 당시 산업혁명 시기에 도시로 일자리를 찾아 몰려드는 젊은이들의 현실에서 목도한 '신생아 살해'라는 사회 범죄가 21세기 한국 사회의 학교나 청소년 삶에서도 유사하게 일어나고 있는 것을 본다. 한편 2021년 한국 사회의 불평등 지수가 과거 프랑스혁명 시기 레미제라블 시대보다 더 나쁘다는 연구 결과가 회자하고 있다. 그러한 불평등은 코로나 팬데믹 상황에서 더욱 악화해서 한국 전체 인구의 0.76%인 '금융자산' 10억 원 이상을 가진 부자 39만 3,000명의 자산이 이 기간에 역대 최고로 증가했다고 한다.[9]

이렇게 점점 더 심화하는 빈익빈 부익부의 추세가 특히 젊은 세대의 가난하고 암울한 미래와 깊이 연관되는 것을 보면서 페스탈로치의 인간교육과 빈민교육에 관한 이상과 제안이 많은 생각거리를 주는 것을 본다. 당시 페스탈로치도 그러한 시대의 문제에 깊이 고민하며 농민소설『린하르트와 게르투르트』를 계속 고쳐 가면서 과연 아이들의 삶과 교육에서 경제와 물질적 안정의 물음이 어느 정도여야 하는지를 진지하게 물었다.

---

9. 림양호 편집인, 『열린순창』, 2021. 11. 17. http://www.openchang.com.news.

그런 그의 사유와 안목에 분명 시대적 제약과 한계가 있다는 것을 부인할 수 없지만, 그럼에도 우리는 여기서 다시 한번 인류의 대스승을 만난다. 즉 그가 아이들의 교육을 지금, 여기에서 그들의 필요와 스스로가 이미 가능성으로 지닌 것에서부터 시작하라고 끊임없이 가르친 것을 말한다. 인간은 가장 절실한 것을 얻기 위해 집중할 수 있으므로, 오히려 그 절실한 필요성이 교육의 훌륭한 근거가 된다는 지혜이다.

　이러한 진실을 오늘 우리 교육 현실에도 적용할 수 있다고 생각한다. 루소가 진짜 가난한 사람이란 "그의 욕망이 그것을 스스로 채울 힘과 능력보다 항상 더 큰 사람"이라고 한 것처럼, 오늘 우리 시대의 많은 청소년이 상대적 박탈감과 빈곤감 속에서 살아가기 때문이다. 그렇게 우리 사회가 점점 더 소비적으로 되어 가고, 세계는 온통 경제 시장이 되어서 사람들의 욕망을 한껏 부추기고 있지만, 우리 아이들은 소비의 욕망을 조절할 수 없는 상황에 몰려서도 학교 공부와 교육이라는 명목으로 그 욕망을 자신의 힘으로 채울 수 있는 길이 허용되고 있지 않다. 그래서 마침내는 자기 파괴적인 방법으로, 또한 나쁜 어른들의 착취 대상으로 전락하면서 그 욕망을 채우기 위해 자신을 파괴하고 있다. 오늘 우리 사회에서 큰 문제가 된 'N번방' 사태 등은, 어른들의 번창한 섹스산업과 소비산업에 건강한 경제활동에의 통로가 막힌 가난한 청소년이 착취당하고 있는 모습이다.

　오늘의 아이들은 신체적으로도 일찍 성장해서 많은 노동을 감당할 정도로 매우 건강하지만, 그 남아도는 에너지를 쓸 만한 관심 있는 대상을 찾지 못해 방황한다. 그들이 온몸과 마음과 정신을 써서 하고 싶은 일이 책에만 매달리는 입시 공부가 아니므로 그들은 거기에 흥미를 갖지 못하고, 아니면 그 경쟁에서 일찌감치 밀려서 집중하지 못한다. 그런데도 그들에게 다른 일은 허락하지 않는 사회는 그들을 게으르고, 몸은 비대하지만 한 가지 일도 제대로 끝까지 완성할 줄 아는 것 없는 무능자로, 페스탈로치가 말한 대로 정확성도 없고, 어떤 일을 끝까지 마무리할 참을성과 인내심도 없으며, 어려운 일을 처리해 내는 영리함이나 민첩성과도 거리가 먼 무능력자로 만들어 버릴 수 있다.

결국 아이들의 절실한 관심으로부터 시작하지 않는 교육은 그 최종 목표인 도덕성도 키울 수 없다. 오늘의 청소년은 너무나 오랜 시간을 그들의 관심사로부터 격리당하고 있다. 그래서 자신들의 소망과 관심을 스스로 건강한 방법으로 해결하지 못하는 아이들은 바람직하지 못한 방법을 통해서 자신의 원함을 채울 수 있는 길을 찾는다. 몸도 훨씬 약한 부모가 모든 책임을 감당하느라고 등골이 휘고, 아이들은 모든 의무와 노동으로부터 제외되면서 그 대가로 그들의 머리와 마음과 몸은 녹슬어 간다.

페스탈로치는 부모를 잃고 버려지거나, 하는 일이 없이 떠돌면서 원래적으로 가졌던 노동력과 정신과 마음의 힘을 모두 묻어 두고 망가뜨리면서 사는 아이들을 보면서 그들을 도와주고 싶었다. 그래서 이들을 수용해서 단순히 먹여 주고 은혜를 베푸는 차원에서만 보호하려는 게 아니라 그들에게 정확하고 근면하며, 검소하고 청결하며, 계획성이 있으며, 서로 협동하는 노동과 가정의 삶을 경험하게 함으로써 그들 각자를 독립적이며 도덕적인 인간으로 키우고 싶었다.

이런 의미에서 우리 시대 우리 부모들도 공부와 학교라는 명목으로 아이들에게 단지 은혜만 베푸는 독지가의 차원에 머무는 게 아닌가 생각해 볼 일이다. 아이들을 위한다는 명목이지만 오히려 아이들에게 가장 절실한 삶의 근본적인 힘을 키울 기회를 박탈하는 것이 아닌가 싶다. 한편에서는 아이들이 우리 시대에 더는 억누르거나 부인만 할 수 없는 욕구와 욕망을 채우기 위해서 밤거리를 헤매고 다니고, 각종 사이버 매체나 메타버스에서의 생명 파괴적인 상상력 부패의 현실에 노출되어 있다. 그러한 오도된 현실에 스스로 절제하고 판단할 수 있는 건강한 판단력과 행위력의 방어기제도 없이 수렁에 빠진 것처럼 생명을 낭비하고 있다. 그런데도 우리는 여전히 그들을 예전의 방식으로만 묶어 두려고 하는데, 어떤 것이 진정한 도움인지를 잘 생각해 보아야 하겠다. 오늘 우리 시대 욕망은 크게 부추겨져 있지만, 그럴 수밖에 없는 환경 속에서 살고 있지만, 그것을 채울 수 있는 건전한 길이 모두 차단된 우리 아이들이 그런 의미에서 오늘 우리 시대의 빈민 아동이고 고아가 아닌가 하는 생각이 든다.

페스탈로치가 제시한 교육적 대안이란 모든 교육 활동에서 '기초das Fundament'를 중시하라는 것이었다. 이것을 우리 교육 현실에 적용해 보면, 먼저 점점 더 비싸지고 지적 교육에 과도하게 치중된 우리 교육, 특히 영유아와 초등교육을 가까운 삶의 반경의 가정적인 테두리 안으로 다시 끌어들이는 것이 긴요함을 말해 준다. '사회적 모성'과 '마음으로의 모성' 등이 21세기 변화된 삶의 현실에서 대안으로 제시될 수 있을 것이다. 더불어 중등교육에서는 요즘 다시 세차게 비판되고 있는 평준화 교육이나 공교육 혁신학교와 관련하여 고교입시를 부활하라는 보수주의자들의 요구에 대해서, 그동안 많은 대가를 치르고 얻어낸 고교평준화의 열매를 하루아침에 버릴 게 아니라 그 기본 정신을 살리면서 개선하자는 것 등이다.

페스탈로치가 지속하는 혁명의 일로 제안한 교육적 작업에서 '기초'를 강조한 것의 가장 큰 의미는 바로 모든 지적 교육과 직업교육에서 인간교육, 즉 도덕력과 궁극을 향한 마음을 열어 주는 게 기본이 되어야 함을 말한 것이다. 큰 전환과 혁명 이후의 시대에 나타나는 혼란상을 보고서 성급하게 상황을 다시 뒤로 돌리려고 해서는 안 되고, 모두가 인내를 가지고 기다려야 한다는 것, 진정한 사회의 변화란 결국 개개인과 관계하는 교육을 통해서 이루어진다는 것, 그 교육에서 가장 중요한 것은 인간의 '통합력'이고, 그것은 인간의 지적 능력이 결코 도덕심과 유리된 게 아니라 페스탈로치가 '보는 사랑' 또는 '진리와 사랑'이라고 표현했듯이 인간 누구에게나 인간적 '기초력die Grundkraft'으로 일깨워져야 한다는 것이다.

그것이 오늘 메타버스와 AI의 시대에도 여전히 핵심적인 근본과 기초라고 생각한다. 그 메타버스를 설계하고 이루고 창조하는 것도, AI 마음의 내용을 채우는 일도 여기 지금 이곳에서 몸을 가지고 느끼고 생각하고 선택하는 인간 자신이고, 특히 오는 세대의 청소년이기 때문이다. 오늘 피할 수 없는 '확장 현실XR, extended reality'의 시대에는 지금까지의 지적 학력의 능력이 다가 아니라 오히려 그보다 더욱 깊게 실제reality와 실재truth를 알아볼 수 있는 인간 내면의 직관력intuition과 공감력sympathy, 서로 다른 것을 관계시키고 연결할 수 있는 통합과 화합의 마음empathy, 자신의 조건 지어짐을 보고서 타인의 어려운 조건을 돌아보는 사랑의 배려심compassion, 현재의 물리적 한계와 조건을 옆 존재의 희생과 그에게 가하는 불의로 넘으려는 것이 아니라 공동으로 정의롭게 극복해 가는 책임감responsibility과 믿음faith의 상상력 등이 긴요하다. 그리고 그러한 힘은, 그와 같은 인간적 능력으로 자라날 수 있는 뿌리와 가능성이 인간 누구에게나 선험적으로 놓여 있음을 인정할 것을 요청한다. 그러므로 우리의 교육이 바로 그러한 보편력과 기초력을 기르는 일에 더욱 주력해야 한다는 것이다.

페스탈로치는 특히 어린 시절 신체와 감각의 필요물에 대한 따뜻한 배려와 돌봄이 우선적임을 주장한다. 그러한 어린 시절의 따뜻한 배려와 감각과 몸의 건강한 성장은 아이의 마음에 근본적인 평안함과 신뢰의 힘을 심어 주고, 거기서부터 자신의 저급한 욕망과 욕구를 조절할 수 있는 능력이 나오며, 그것으로 결국 인간적인 정신과 영의 사람이 키워진다는 것이다. 오늘 한국 교육이 나아갈 방향은 바로 이런 방향이어야 한다. 한국 사회와 인류의 미래가 오늘과 같은 만인 대 만인의 무한 경쟁과 고립 속에서 극단적인 불평등과 불의에 내몰리지 않기 위해서는 다시 교육에 참된 정의와 인간 삶의 바른 목표에 대한 도덕적, 영적 물음을 끌어들여야 한다.[10] 특히 어린 시절 아이들의 건전한 신체적 욕구와 필요를 경청해서 스스로 자신의 욕구를 제어하고 조절할 수 있는 사람으로 성장하도록 해야 한다. 오늘 철저한 자아중심주의와 물질만능주의, 끝없는 팽창주의의 시대에 제일 중요한 덕목은 자신의 더 깊은 본성과 다른 것에 대해 스스로를 여는 능력, 타인의 고통과 아픔에 마음을 쓸 수 있는 공감력이고, 그러한 인간다운 사람으로 자라날 수 있도록 지역 공동체와 가정, 모성과 집의 안정이 무엇보다도 긴요하다는 것이 페스탈로치가 21세기 한국 교육을 향해 줄 수 있는 메시지라고 생각한다.[11]

---

10. 이은선(2018), 「믿음(信), 교육 정의의 핵심과 한국 공동체 삶의 미래」, 『통합학문으로서의 한국 교육철학』, 동연, 169쪽 이하.
11. 이은선(2022), 「팬데믹 이후 한국 교육이 나아갈 길」, 『씨울의 소리』 2022년 1, 2월(통권 제276호), 52쪽.

참고문헌

김일수 외(2015). 『한국사회 정의 바로 세우기』. 세창미디어.

김정환(2008). 『페스탈로치의 생애와 사상』. 박영사.

김정환(2014). 『교육철학』. 박영사.

이은선(2000). 『한국 교육철학의 새 지평-聖·性·誠 誠의 통합학문적 탐구』. 내일을 여는책.

이은선(2013). 『생물권 정치학시대에서의 정치와 교육-한나 아렌트와 유교와의 대화 속에서』. 모시는사람들.

이은선(2015). 『다른 유교 다른 기독교』. 모시는사람들.

이은선(2018). 『통합학문으로서의 한국 교육철학』. 동연.

이은선(2021). 「코로나 팬데믹 이후 종교와 교육-한국 信學과 仁學의 관점에서」. 『종교교육학연구』 2021년 7월호. 한국종교교육학회.

페스탈로치(1995). 『페스탈로치가 어머니들에게 보내는 편지』. 김정환 옮김. 고려대출판부.

Pestalozzi J. H., Sämtliche Werke: Kritische Ausgabe, begruendet von A. Buchenau, E. Spranger, H. Stettbacher, Berlin/Zuerich Bd. 10, 1927ff.

J. H. Pestalozzi, Auswahl aus seinen Schriften, Bd. 1. hrg. von A. Bruehlmeier, Bern/Stuttgart 1977.

3장

야누쉬 코르착:
어린이의 권리, 아동 존중
그리고 유엔아동권리협약

이은경

1. 들어가는 말

"죄 많은 세상에 나서 죄를 모르고 더러운 세상에 나서 더러
움을 모르고 부처보다도 예수보다도 하늘 뜻 고대로의 산 하느
님이 아니고 무엇이랴."[방정환, 1924; 안경식, 1994: 189 재인용]

이것은 우리나라에서 '어린이'라는 말을 처음으로 사용하고 어린이애호
운동을 펼쳤던 소파 방정환이 그의 천사인 어린이에게 바친 헌사이다. 방
정환은 우리나라에서 '어린이'라는 말을 공식화하고, 1923년 5월 1일 '조
선소년운동협회' 주최로 어린이날 행사를 성대하게 거행하면서 우리나라
에서 최초로 '어린이날' 기념식을 열었다. 이 글은 방정환이 1924년에 쓴
「어린이 찬미」에 실린 것으로, 1924년은 국제 사회가 '어린이의 권리'를 하
나의 주제로 인식했음을 보여 주는 해이기도 하다. 1923년에 '세이브 더
칠드런Save the Children'[1]의 창립자인 에글렌타인 젭Eglantyne Jebb이 '아동
권리선언'을 작성하였고, 이듬해인 1924년 11월 26일 국제연맹총회가 그
것을 그대로 채택하여 '아동의 권리에 관한 제네바 선언'이 승인되었기 때
문이다. 그 이후 1989년에 UN에서는 '아동권리협약'을 제정하였다. 우리

---

1. 1919년에 만들어진 '세이브 더 칠드런'은 아동 관련 NGO 단체 중 가장 먼저 만들어
졌다.

나라도 1991년에 이 조약에 비준하였으며, 이 조약은 유엔의 조약 가운데에서 가장 많은 국가가 비준한 조약이기도 하다.

아동권리에 관한 선언과 조약이 제정되기 이전에도 교육학 안에서는 특히 낭만주의 교육학의 태동 이후에 어린이를 새롭게 인식하려는 움직임과 어린이를 하나의 온전한 인격체로 보려는 새로운 이해들이 생겨나고 있었다. 그러나 현실에서는 여전히 어린이의 삶은 어른이 되기 위한 하나의 준비 과정으로 이해되었고, 이러한 태도는 여러 문제를 내포하고 있었다. 우선 이러한 인식과 태도는 어린이를 하나의 주체적 존재로 인정하는 것에 실패하여 어린이가 독립된 인격으로 성장하는 것을 어렵게 하였다. 두 번째로 어린이를 기존 사회에 적응시키려는 어른들의 노력은 어린이가 기존의 가치에 순응하도록 만들었고, 이로 인해 그들 안에 내재되어 있는 창조적 역량을 약화시켰다.최영란, 1996: 1 그리고 세 번째 문제는 어린이기Kindheit를 어른이 되기 위한, 즉 미래를 위한 준비 단계로 인식함으로써 어린이의 현재성, 즉 오늘을 살아갈 권리를 박탈하였다는 것이다.

이러한 문제들이 발생하게 된 주된 이유는 이제까지 이와 관련된 제도들을 바꾸려고 했을 뿐, 근본이 되는 인간에 대한 이해는 소홀히 다루어왔기 때문이라 할 수 있다. 이에 대해 고병헌은 인간과 환경으로서의 제도(혹은 사회체제)는 쌍방적 관계를 형성하며, 존재와 의식이 서로를 규정하듯이 인간과 사회제도는 서로의 존재 근거라고 말한다. 따라서 정치제도나 경제제도, 사회제도 나아가 교육제도를 바꾸려고 할 때 그것의 '토대'가 되는 인간에 대한 이해를 소홀히 한다면, 어떠한 변화도 이끌어낼 수 없을 것이다. 보다 근본적인 것은 제도의 변화가 아니라, '토대로서의 인간'의 변화, 그리고 인간의 행동과 사고를 결정짓는 내면화된 가치체계의 변화이기 때문이다. 그러므로 이제는 좀 더 '근본'적인 것을 변혁하는 데 주력해야 한다.고병헌, 2000: 78 아더 콤스Arthur W. Combs 역시 교육에서의 근본적인 문제는 사물이 아니라 사람의 문제라고 지적한 바 있

다.Combs, 1998: 15

이러한 문제의식에서 출발하여 어린이를 그들의 삶 속에서 독립적인 인격체로 만나고, 삶의 가치와 권리를 어린이에게 되돌려 주고자 했던 야누쉬 코르착Janusz Korczak, 1878/9~1942의 사상을 살펴보고자 한다. 그는 누구보다 어린이를 사랑했고, 끊임없는 관찰과 성찰로 아이들에 대한 탁월한 이해와 통찰을 지녔던 사람이었다. 그래서 유엔에서는 코르착 탄생 100주년이 되는 1979년을 '세계 아동의 해'로 제정하였으며, 그로부터 10년 뒤인 1989년에는 코르착의 조국 폴란드가 발의한 '아동권리협약'이 유엔에서 만장일치로 채택되었다.

야누쉬 코르착은 유대계 폴란드인으로 태어나 소아과 의사이자 교육자 그리고 문필가로 활동했으며, 어린이들과 생生과 사死를 함께했던 인물이다. 2차 세계대전 당시 독일의 유대인말살정책이 한창일 때, 그는 이미 유명해진 이름 덕분에 충분히 살 수 있었다. 하지만 그는 자신이 돌보던 아이들과 함께 죽음의 행렬에 동참했다.

야누쉬 코르착, 그는 우리에게 다소 생소한 이름이다. 그러나 그는 오늘날 오랫동안 흙더미에 묻혀 있다가 세상에 나타나 이상한 빛을 발하기 시작한 진주와도 같다.송순재, 1999: 10 고아원에서, 거리에서 아이들을 만났던 경험에 기초한 그의 사상은 "오로지 쓰여진 책들과 도서관과 서재 안에서만 움직이는"Korczak, 1999: 32 귀족적인 이론가들과는 다른 새로운 빛을 우리에게 던져 줄 것이다. 이제 그의 삶의 따라가면서 그가 평생 같이 살았던 '한 떼의 어린이들'을 만나 그들의 이야기에 귀 기울여 보자.

2. 코르착의 생애와 활동[2]

"위대한 사람의 삶은 마치 하나의 신화와 같다.─험난하다. 그러나 아름답다"라고 코르착은 프랑스의 화학자이자 세균학자인 파스퇴르를 표현했는데, 이 문장은 코르착 자신의 삶에도 꼭 들어맞는다. 야누쉬 코르착, 그는 유대계 폴란드인으로 1878년 혹은 1879년 7월 22일 헨릭 골드슈미트Henryk Goldszmit라는 이름으로 폴란드의 수도 바르샤바에서 태어났다. 헨릭의 어린 시절은 아버지의 정신질환으로 인해 불우했으며, 경제적으로도 어려웠다. 헨릭은 현실의 괴로운 생활에서 벗어나고자 더 깊이 자기의 꿈의 세계로 들어갔고, 13살 때부터 시를 쓰면서 자신의 시야를 넓혀갔다.

프라가Praga에 있는 러시아계 고등학교에 입학한 후부터 헨릭은 유대민족에 대한 호기심이 생겨났으며, 자신이 폴란드인이며 유대인이라는 정체성을 형성하게 되었다. 또한 그즈음 헨릭의 집안이 유대교를 떠나 로마-가톨릭교회를 선택하면서 로마-가톨릭교회로의 동화과정이라는 내면의 분열을 느끼기도 했다. 1898년 국립 바르샤바대학교에서 의학을 공부한 코르착은 베르손-바우만-어린이병원에서 소아과의사로 일하면서 자신의 교육적 생각들을 의학적 활동에 적용하기 시작했고, 두 번의 휴가를 여름기숙학교에서 보냈다. 여름기숙학교에서 지하실과 다락방에서 나온 아이들과의 놀이를 통한 교육 경험은 이론에서 벗어나 현실 속에서 아이들을 만나게 했다.Langhanky, 1994: 94

폴란드에서 진보적 인사였던 야누쉬 코르착은 적법한 절차에 따라 유

---

2. 1970년대와 1980년대부터 코르착에 대한 연구는 활발해지기 시작하여 많은 전기와 크고 작은 논문들이 쏟아져 나왔다. 독일에서는 에리히 다우첸로트(Erich Dauzenroth, *Ein Leben für Kinder*, Gütersloh 1981), 볼프강 펠처(Wolfgang Pelzer, *Janusz Korczak*, Reinbeck bei Hamburg 1987)가 그의 전기를 썼고, 미국에서는 베티 진 리프턴(Betty Jean Lifton, *The King of Children: A Biography of Korczak*, New York 1988)에 의해 그의 전기가 출판되었다. 최근 리프턴의 책은 『아이들의 왕 야누시 코르차크』(양철북, 2020)라는 제목으로 우리말로 번역되었다. 코르착의 간략한 생애는 미하엘 랑항키(Michael Langhanky)가 쓴 *Die Pädagogik von Janusz Korczak: Dreisprung einer forschenden, diskursiven und kontemplativen Pädagogik*(Neuwied, Kriftel, Berlin: Luchterland, 1994)을 참고하였다.

대 아이들을 위한 고아원을 설립했고, 처음으로 민족적인 어린이신문을 발행했다. 돔 시에로트Dom Sierot, '고아들의 집'이라는 뜻의 이 건물은 아이들에게는 집이 되어 주었고, 코르착에게는 노동, 의사로서의 실천 그리고 어린이에 대한 관찰의 가능성을 제공해 주었다. 코르착은 고아원에서의 실천을 통해 교사들을 가르쳤고, 소년재판소에서는 재판관으로서 어린이들의 권리를 변호했다. 그의 책 『어떻게 어린이를 사랑해야 하는가 Wie man ein Kind lieben soll』[1919]와 『존중받아야 할 어린이의 권리Das Recht des Kindes auf Achtung』[1929]는 부모들과 교사들에게 어린이의 심리에 대한 새로운 인식을 던져 주었다. 30년 동안 그는 '노의사老醫師의 라디오 칼럼'이라는 방송 프로에서 일상을 위한 교훈과 직선적인 유머를 전파했다.

코르착은 이상주의자이자 동시에 실용주의자였고, 어린이를 가르침으로써 세계를 더 좋게 만들기를 원했던 사람이었다. 그래서 그는 바르샤바의 어두운 슬럼가를 어슬렁거리는 아이들을 위해서 고아원을 설립하고, 그들과 함께 자신의 일생을 보냈다. 비록 가톨릭고아원이었지만, 유대 어린이들의 고아원을 이끌었던 코르착은 비유대인 친구들과 동료들의 도움의 손길을 거절하고 자기 힘으로 아이들을 돌보았다.

코르착을 이해하기 위해서는 그를 폴란드인이며 유대인으로서 보아야 한다. 단순히 폴란드인으로만 또는 유대인으로만 보는 것은 한계가 있다. 그는 세계대전이 일어나기 전에는 폴란드인이자 유대인으로 폴란드에서 살기를 원했지만, 유대어나 히브리어 대신에 폴란드어로 글을 썼기 때문에 폴란드 내 유대인들에게 배신자처럼 여겨지기도 했다. 그러나 그는 유대인이었으며, 전쟁 중에는 급진적인 사회주의자 혹은 공산주의자로 여겨졌다. 그러나 정치적 활동을 하지 않는 그를 사람들은 사회주의적인 생각에 동조하는 급진주의자로 여기기도 했다. 또 어떤 이들은 그를 익살꾼으로 여기기도 했다. 결혼도 하지 않고 사교적이지도 않은 그가 과장되고 독단적인 어른들은 절대로 참지 않았지만, 심술궂은 아이들을 잘 이해하고 관대하게 용서했기 때문이다.

어린이를 천진난만하게 여겼던 루소와는 달리, 코르착은 어린이들을 낭만적으로만 보지 않았다. 그렇지만 코르착은 모든 어린이 안에는 인간의 본성 안에 내재된 암흑을 극복할 수 있는 도덕적인 불꽃이 빛나고 있다는 것을 확신했다. 그는 이 불꽃이 꺼지지 않도록 돕는 것과 어린이를 사랑하고, 그들에게 마음을 쓰고, 가능성을 주고, 진리와 정의를 믿을 수 있도록 해야 한다고 생각했다. 그래서 나치가 하켄크로이츠ﬆ와 장화, 가죽 채찍을 들고 고아원에 나타났을 때, 코르착 자신에게는 은신처가 마련되어 있었지만, 그는 아이들과 함께 게토로 갔다.

코르착의 신화는 1942년 10월 5일 혹은 6일, 2차 세계대전이 끝나갈 무렵 폴란드에 진주한 독일군이 바르샤바 게토를 청산하기 시작할 때부터 시작되었다. 독일이 바르샤바에 있던 그의 고아원을 철거하도록 명령했을 때, 코르착은 자신이 돌보던 200여 명의 아이들과 함께 새로운 유대인 집단수용소인 트레블링카Treblinka로 가는 기차에 올랐다. 그는 당시 유명했던 이름 덕분에 살 수 있었지만, 마지막 순간까지 아이들 곁을 떠나지 않았고 끝까지 침착한 위엄을 가지고 게토 거리를 통과하는 이 마지막 행진을 이끌었다. 그리고 트레블링카에서 아이들과 함께 죽음을 맞이했다. 그는 헨릭 골드슈미트라는 이름으로 태어나서 헨릭 골드슈미트라는 이름으로 죽었다. 역사 안에 나타난 코르착이라는 이름은 그의 필명이었다.

3. 코르착의 교육사상

1) 관찰의 교육학

어린이라는 존재는 코르착에게 낯선 자이고 비밀이었을 뿐 아니라, 어린이의 행동과 말은 힘든 이해의 과정을 통해서만 이해할 수 있는 것들이었다. 코르착이 어린이의 행동을 관찰한 까닭은 어린이의 행동에 대해 규정되어 있는 해석과 인식들 그리고 그 뒤에 놓여 있는 교육학 이론으로부터 벗어나기 위함이었다. 그래서 바이너Friedhelm Beiner는 '감정이입하기,' '실수에서 배우기,' '경험하기'를 포함하여 '관찰하기'를 코르착의 주요한 교육 방법이자 교육 활동으로 평가한다.Beiner, 1999: 665-681

코르착에게는 어린이가 어떻게 존재해야 하고, 누구로 존재해야 하는가가 중요하지 않았다. 그보다는 어린이는 어떠하며, 누구인가가 더 중요했다. 코르착이 자신의 책『내가 다시 어린이가 된다면Wenn ich wieder klein bin』1973에서 말하고 있듯이, 어린이는 "매우 매우 복잡한 피조물"Korczak, 1973: 94로서, 특히 교사에게 많은 인내를 요구하고, 관찰할 준비가 필요하다. 그래서 교육자는 어린이에게 자기 삶을 살 기회를 제공하고, 그것을 위한 안전장치를 마련해야 하며, 이와 더불어 '관찰'이라는 특별한 과제가 부여된다. 코르착은 특히 젊은 엄마들에게 자신의 아이들을 밤낮으로 관찰할 것을 요구했다.

울음과 웃음의 말, 눈과 입 모양의 말, 동작과 젖을 빨면서 하는 것은 말이 아닌가?

이 밤들을 포기하지 말라. 이 밤들은 어떤 책이나 누구의 충고도 줄 수 없는 것을 당신에게 줄 것이다. 그 밤들의 가치는 단지 지식 속에 있는 것이 아니라, 더 이상 아무런 결실도 없는 고민으로 되돌아가지 않게 하는 정신적인 도약 속에 있기 때문이다. '이럴 때는 무엇일까? 무엇이라고 하나? 무엇이 좋을까?'라는 아무 소용없는 고민이 아니라, 주어진 상황에서 행동하도록 가르치는 것이다.

이런 밤에는 경이롭고 수호신과 같은 동맹자가 아이를 도

와줄 수 있다. 그것은 어머니 심장의 직감, 연구하려는 의지
와 점점 커져 가는 이성과 밝은 감정으로 이루어진 투시력이
다.Korczak, 1967: 14

　의사가 환자의 모든 것을 그의 카드에 기록하는 것처럼, 코르착은 아주
작은 관찰들을 기록했을 뿐 아니라, 그것들을 결코 소홀히 취급하지 않
았다. 그리고 이렇게 교육적 사건들을 관찰하고, 기록하는 것이 교사교육
의 중요한 부분이 되어야 한다고 요구했다. 관찰을 교사의 중요한 덕목으
로 강조한 것은 코르착이 "관찰병동Beobachtungsstation"Korczak, 1978: 76이라
표현한 여름계절학교에서부터 시작된 것이다. 괴테도 「교육향」에서 아이들
을 이해하기 위한 관찰의 중요성을 강조하고 있다.

　　우리들이 가지고 있는 천이나 리본 중에서 자기 마음에 드는
　　색을 택하고, 일정한 한도 내에서 형과 재단을 선택하는 것이
　　허용되어 있습니다. 그것을 우리들은 세밀히 관찰하고 있습니다.
　　옷의 색깔을 보면 사람의 느끼는 방식을, 또 형을 보면 살아가
　　는 방식을 이해할 수 있기 때문입니다.이규환, 1995: 118

　비노바 바브도 「참다운 교사는 가르치지 않는다」라는 글에서 교육 방
법으로서 관찰하기를 제시한다.

　　자식을 진정으로 사랑하는 부모라면 아이를 있는 그대로 관찰
　　하고, 아이의 성격이나 기분, 버릇 따위를 살피며 연구한다.Bhave,
　　1997: 48

　코르착은 여러 글에서 어린이를 관찰하고, 기록하고, 심사숙고할 것을

명시하고 있으며, 이러한 관찰의 한 예가 그의 자위에 대한 연구이다. 코르착은 한 달 이상 매일 밤 소년의 잠자는 행동을 관찰하고, 모든 것들을 메모했다.[3] 이것은 주제를 탈도덕화시키고, 객관적이고 공개적으로 화제로 삼을 수 있도록 하기 위해서였다. 그리고 정확한 인식 없이 행해지는 어른들의 처벌과 제재를 고발하기 위해서였다. 교사들은 "점점 더 충고자와 위로자로서는 드러내지 않고, 더 빈번히 강압적인 재판관으로 나타"Korczak, 1970: 17났기 때문이다. 관찰과 행동연구를 통해서 코르착은 경솔하고, 성급하게 결정을 내리는 어른들의 도덕적 태도를 입증했다.

> 교육자는 무엇이든 진지하고 충분하게 다루지 않는다. 그는 믿지 않고, 의심하며, 조사하고, 체포하고, 거짓말하고, 죄를 덮어씌우고, 처벌하고, 나쁜 것을 예방하는 적당한 방법을 찾는다. … 그는 몇 마디 말로 어린이가 나쁘다고 강하게 주장한다.Korczak, 1970: 18

여기에 쉬테파니아 빌친스카Stefania Wilczyńska의 관찰에 대한 보고를 덧붙일 수 있다. 왜냐하면 코르착의 교육학을 정확하게 이야기하고자 한다면, 언제나 쉬테파니아 빌친스카와 야누쉬 코르착의 교육학을 함께 이야기해야만 하기 때문이다.Langhanky, 1994: 140 쉬테파니아 빌친스카는 고아원 아이들에게 '쉬테파 아줌마'라고 불렸으며, 코르착과 함께 '돔 시에로트'에서의 활동을 조직하고 계획했다. 그녀는 거의 30년 동안 고아원과 기숙사에서 교육적인 실천을 이끌었다. 그녀의 반성과 관찰의 방법은 기숙사생들의 노트에 기록한 그녀의 촌평을 보고 알 수 있듯이 코르착의

---

3. "소년의 자위에 대한 한 가지 경우"에 대한 연구는 1936/7년에 마리아 그레고제프스카(Maria Grzegorzewska)가 발행하는 특수교육학 잡지 〈특수학교(Szkoła Specjalna)〉에 공개되었다.

교육적 실천과 일치하며, 코르착과 같은 문체와 구조를 지녔다.Langhanky, 1994: 140-144

코르착의 실천은 정신병리학적인 진단학과는 달리 "당사자들의 내면적인 관계, 그들의 이해 그리고 그들의 동의"에 의존해서 생겨났기 때문에 대화적이라고 할 수 있다.Langhanky, 1994: 97 코르착은 "의학이 아주 작은 현상이라 할지라도 수년간의 연구를 기울이는 데 비해, 교육학은 경솔하고 또한 성급하게 최종적인 판단을 내리는 특징이 있음"을 지적하면서, 까다로우리만큼 정확하게 그리고 지속적으로 문제를 관찰하려고 애썼다. 이 점에서 곤충의 생명을 다치게 하지 않으면서 단지 관찰을 통해서 연구해 낸 곤충연구가 앙리 파브르Henri Fabre는 그에게 큰 놀라움의 대상이었다. 코르착은 교육학에서도 그러한 의미의 진단학이 발전해야 한다고 생각했고, 25년간에 걸쳐 일상에서 관찰한 것들에 대해 간단한 기록을 남기고, 써넣고, 보고하고, 단편들을 기록해서 모으고, 도표를 작성하는 식으로 34개의 기록상자를 만들었다.송순재, 1996: 16

2) 어린이에 대한 새로운 인식 - '어떻게'에서 '누구'로

이제까지의 교육학이 교육의 방법, 즉 '어떻게'에 관한 것이었다면, 20세기 초에 시작된 개혁교육학은 방법론으로서의 '어떻게'에 '무엇'에 대한 논의를 추가했다. 그리고 코르착은 '어떻게'를 '누구wer'로 바꾸고, '누구'에 대한 단순한 질문을 제기하기 시작했다. 여기에서 누구는 당연히 '어린이'다.

교육자로서 코르착은 교육의 상대자로 여겨졌던 개인에 대해 관심을 갖기 시작했으며, 개인으로서의 어린이는 단지 교육의 대상이 아니라 행동의 주체가 되어야 한다고 생각했다. 코르착의 교육학에서 이것은 본질적이고 핵심적인 것이었으며, 이것을 "어린이의 비밀"이라고 불렀다. 코르착에게 어린이는 학문을 통해 다가갈 수는 있지만, 결코 이해할 수는 없는 헤아리기 어려운 삶의 비밀을 유지한 존재였다. 하지만 개인으로서의 어린이는 아직 덜된 것이 아니라, 이미 준비되어 있었다. 또한 같은 맥락에서 어린 시절도 어른의 삶을 위한 준비기가 아니라, 교육을 통해서 이후의 삶에서 지속적으로 이용할 수 있도록 존중되고, 인내해야 할 삶의 한 측면으로 받아들였다.

랑항키는 발달 단계에 따라 어린이가 어른이나 교육자의 환영받는 상대자로서 어느 정도까지 이해되고 있는가라는 질문에 대해 다음의 두 가지로 대답했다.Langhanky, 1994: 100-103 첫 번째는 어린이가 비로소 인간이 되는 것이 아니라, 이미 인간이라는 것이다. 이러한 인식론적 설명은 코르착의 방법론적이고 빈틈없는 관찰에서부터 기인한 것이다. 코르착은 어린이를 자신의 삶에 가장 적절하게 대처할 수 있는 실제적인 전문가로 생각했다.Korczak, 1970: 22 이에 대해 웰커스는 다음과 같이 말하였다.

> 아이는 '어른처럼' 생각하는 것을 좋아하지 않는다. 그러나 아이는 어른의 진지한 문제에 대해 아이다운 방식으로 생각할 수 있다. 부족한 지식과 아주 적은 경험은 아이에게 다르게 생각하기를 강요한다. 코르착은 이러한 인식의 차이에 대해 언급하고 있지만, 그러나 결코 우월하다는 가정을 끌어내지는 않는다. 아이들은 어른들을 다양한 관점으로 가르칠 수 있는 전문가이며, 그리고 어른과 갓난아이의 관계는 경우에 따라서는 어떤 전문 지식을 가지고 있으며, 어떤 과제들을 성취해야 하는 쌍방의 관계 안에서 뒤집어진다.Oelkers, 1982: 50

어린이를 전문적 지식을 가진 상대자로 다루는 것은 코르착에게서 교육의 핵심적인 내용이었으며, 1928년에 출판된 『존중받아야 할 어린이의 권리』에서 코르착은 이것을 정확하게 표현하고 있다. 이후 그의 교육학은

'존중의 교육학Pädagogik der Achtung'이라는 부제를 얻었으며, 이 책에서 코르착은 노골적으로 빈정거리면서 다음과 같이 쓰고 있다.

> 소년의 시장가치는 적다. 오직 율법과 하나님 앞에서만 사과 의 꽃은 다 익은 사과와 같이 여겨지고, 녹색 씨앗은 다 익은 벌판과 같이 여겨진다.Korczak, 1970: 10

두 번째는 어린이를 모든 발달 단계에서 환영받는 상대자로 간주하는 것이다. 교육학의 중요한 차원은 지금과 오늘이지, 미래를 목적으로 하는 내일이 아니다. 미래를 염두에 두고 모든 교육적 행동을 정당화해 왔던 이제까지의 교육학은 코르착에 의해서 그 의미를 상실하게 된다.

> 교육자는 아직 오지 않은 미래에 대한 책임을 위임받았다는 의무를 가지고 있지 않다. 그러나 교육자는 오늘의 삶을 위해 전 적으로 책임져야 한다. … 어린이의 오늘의 삶을 내일이라는 숭고 한 표어의 이름으로 소홀히 대하는 것은 나태한 생각이다.Korczak, 1999: 40

코르착은 특히 '어린이대헌장'에서 어린이가 있는 그대로 존재해야 한 다는 '순간'에 대한 적절한 가치평가와 순간으로서의 '오늘'에 대한 인정을 끌어내었다. 이제 더 이상 어린이는 미래에 있게 될 존재가 아니라, 오늘 을 사는 존재가 된다.

3) 어린이에 대한 존중

코르착은 이미 일찍부터 '폴란드의 페스탈로치'라고 불렸다. 이러한 묘 사는 매우 적절한 것으로 이 두 명의 교육자는 매우 많은 부분에서 공통점을 가지고 있다. 하지만 바이너는 어린이에 대한 사랑과 돌봄에서는 페스탈로치보다 코르착이 더 앞서 있다고 생각했다.Beiner, 1987: 14 바이너에 따르면, 코르착은 '헌법에 의거한 존중의 교육학'을 계획하고 구체화했으며, 존중의 교육학 안에서 교육자에게 교육적인 사랑을 요구했을 뿐 아니라, 어린이에 대한 존중과 자율에 대한 개인의 권리가 제도적으로 보호받을 수 있도록 했기 때문이다.

코르착의 이러한 교육적인 시각은 그가 경험한 객관적인 환경 속에서 발전한 것이었다. 처음부터 부족한 존재로 취급당하고, 손해를 보는 아이들과 그들의 운명, 그리고 아이들의 빈곤을 경험하면서 시작되었기 때문이다. 코르착은 아이들과 관계된 자신의 경험들을 『거리의 아이들 *Kindern der Straße*』1901, 『살롱의 아이*Salonkind*』1906와 같은 책으로 표현하기도 했다.

코르착의 주요 저서들의 제목을 순서대로 살펴보면 그의 주된 관심사를 알 수 있다. 그가 가장 관심을 가졌던 주제는 어린이의 존중받을 권리에 대한 것이었다. 그는 항상 이 기본적인 권리를 실현하고자 했으며, 어른들이 "보잘것없는 무산계급"인 어린이를 소홀히 여긴다고 그들을 비난했다. 어른들의 눈에 어린이는 아주 사소한 가치를 지니고 있다. 그래서 어른들은 어린이에게 묻지도 않은 채 그들을 무릎에 앉히고 부자유함 속에 둔다. 현대 교육학은 아이들을 편하게 교육하기 위해 노력하고, "끊임없이 그리고 단계적으로 아이의 의지와 자유를 결정하는 모든 것, 즉 아이의 강인한 영혼과 갈망하는 힘과 의지력을 무디게 하고 억압하고 근절시키려고 애를 쓴다".Korczak, 1967: 12 그래서 코르착은 "착한 것과 편한 것을 혼돈하지 않도록 조심해야 한다"Korczak, 1967: 111라고 경고하면서, 어린이 속에서 "헤아리기 어려운 비밀"Kirchhoff, 1987: 114을 보았다.

아이란 당신이 단지 부분적으로만 해독할 수 있는, 아주 작은

상형문자가 빽빽이 적힌 양피지 사본이다.Korczak, 1967: 5

코르착에게 어린이의 삶은 어른들의 삶보다 사소한 가치를 지니지 않는다. 어린이들도 성장기의 여러 가지 일들로 힘들고 바쁘다. 어른들처럼 걱정거리도 있고, 위기에 맞닥뜨리기도 한다. 어린이가 어른과 다른 점이 있다면, 그것은 그들의 경험치가 상대적으로 적다는 것뿐이다. 그러므로 바로 그 경험이 아이들에게 가능해야 한다.

> 우리는 아이들보다 훨씬 폭넓은 경험을 했다. 우리는 아이들
> 이 알지 못하는 매우 많은 것을 알고 있다. 그러나 아이들이 생
> 각하고 느끼는 것은 우리보다 아이들이 더 잘 알고 있다.Korczak,
> 1967: 266

여름계절학교에서의 부정적인 경험들은 코르착으로 하여금 일반화, 즉 모든 사람을 위한 동등한 권리와 의무에 대한 요구에 주의하도록 했다. 그래서 교육자에게 가장 어렵지만 보람 있는 과제는 바로 아이들에 대한 예외였다.Korczak, 1967: 270 바르샤바 인구의 1/4에 달하는 가난한 사람들 속에서, 여름계절학교에서 그리고 나중에는 자신의 고아원에서 아이들과 함께 생활하면서 관찰한 것을 통해 어린이에 대한 독특한 시각을 발전시켰다. 동시에 모든 삶의 상황 속에서 항상 아이들을 중요시했다. 그는 '어린이는 누구인가?'라는 질문에 대해 "어린이는 자기의 생각을 가진 모든 것을 포함하는 우주 안에서 독립적인 원자"이며, "없어져 버릴 것이면서 동시에 거의 끝없는 가능성들을 가진 원자들(어린이들) 안에 신이 내재"Korczak, 1967: 4한다고 보았다.

어린이는 가치 있는 그러나 항상 개인적인 상대자로, 능동적인 행동의 주체로서 진지하게 다루어져야 한다. 그와 동시에 교육자도 어린이

의 행동을 인식하고, 그것을 진지하게 받아들이는 데 관심을 가져야 한다.Korczak, 1967: 18 어린이는 이미 세상에 존재하며, 자신의 견해를 가진 인격체이기 때문이다. 또한 어린이는 자기 자신을 알고자 하며, "자신의 연구실 안에 있는 학자"이기도 하다. 어린이는 말하기 전에 이미 표정의 유희라는 언어로, 그림과 감정의 기억이라는 언어를 가지고 말하며, 말의 언어를 이해하지 못하지만, 표정과 음색의 언어를 알아듣는다. 그뿐만 아니라, "아이는 말을 하지 못해도 누군가를 다급하게 몰아붙이기도 하고, 주변을 지배하는 독재자가 될 수도 있다"라는 것도 명심해야 한다.Korczak, 1967: 31-37

또한 코르착은 어린이의 가난이나 미숙함을 사소한 일로 다루지 않았다. 그리고 어른들이 어린이로부터 존경과 존중을 기대하는 것과 마찬가지로 어린이도 어른들에게 인격적으로 존중받을 권리를 기대하고 있다는 것을 알았다. 그래서 어린이는 자신의 잃어버린 작은 돌멩이에 대한 근심을 진지하게 다루도록 어른들에게 요구할 수 있는 권리를 가지고 있다.Korczak, 1967: 180 그럼에도 불구하고 어른들은 매우 자주 어린이를 부당하게 대한다.

교육자는 무엇이든 진지하고 충분하게 다루지 않는다. 그는 믿지 않고, 의심하며, 조사하고, 체포하고, 거짓말하고, 죄를 덮어씌우고, 처벌하고, 나쁜 것을 예방하는 적당한 방법을 찾는다. 그는 더 빈번하게 금지와 무분별한 강제 조치를 취하고, 그리고 그는 어린이가 애쓰는 것처럼 자기 삶의 한 단면이나 한순간을 주의 깊게 기록하는 것처럼 보이지 않는다. 그는 몇 마디 말로 어린이가 나쁘다고 강하게 주장한다.

여전히 푸른 용서의 하늘은 거의 나타나지 않는다.―그와 반대로 어린이에 대한 성냄과 분노의 주황색 폭풍이 자주 갑작스럽게 나타난다.Korczak, 1970: 18

어린이에 대한 코르착의 믿음은 어린이들이 스스로 의지를 형성할 수 있고, 자기결정력이 있으며, 선하려고 노력하고, 나쁜 것을 극복하려고 노력하고 있다는 것에 대한 믿음이었다. 그러므로 교육자들은 이러한 믿음을 가지고 구체적인 삶 속에서 어린이들과 함께 행동하고 실천해야 한다.

4) 어린이의 권리

사람들은 왜 겨우 10살짜리 인간의 인간적인 감정을 알아내기 위해서 부당함과 따귀 때리기와 같은 쓰레기더미 속을 파헤치고 다녀야만 하는가!

그러므로 어린이에 대한 우리의 다정하고 부드럽고 특히 자비로운 행동이라는 거짓된 모습을 마침내 버리고, 그 대신에 어린이가 어떤 권리를 가지고 있는지를 물어야 한다고 나는 요구한다. 어머니다운 마음의 따스함은 오늘날 상투적인 말에 지나지 않는다. 나는 곰곰이 생각하고, 구체적이며, 학문적인 정의를 요구한다.Korczak, 1978a: 104-105

이 글은 작은 소녀가 자기 엄마로부터 부당하게 취급받았던 상황을 묘사한 것으로, 코르착은 여기에 덧붙여서 현실의 '교육적인' 상황 안에서 몇 번이고 되풀이하여 드러났었던 근본적인 문제를 드러냈다. 어린이는 온전히 가치 있는 인간으로 인식되지 못하기 때문에 어른 편에서 보자면, 적절하지 않은 행동을 하기도 한다. 그럼에도 불구하고 코르착은 어린이가 교육을 통해서 비로소 인간으로 만들어진다는 어른들의 고정된 사고방식에 반대하면서, 결코 반박할 수 없는 원칙을 제시한다.

어린이는 비로소 인간이 되는 것이 아니다.─그들은 이미 인간
이다.Korczak, 1978a: 106

코르착은 19세기 규범교육학의 입장과는 정반대의 태도를 취했지만, 관행을 따르지 않는 교육적 실천은 코르착만의 생각은 아니었다. 당시 유럽의 교육적 상황에 대한 비판으로부터 일어난 교육적 사고의 전환은 교사와 학생의 관계를 주체 대 객체의 관계가 아닌 주체 대 주체의 관계로 정의하였으며, 정신과학적 교육학을 태동시켰다. 코르착의 사상도 이러한 운동에 깊이 연관되어 있다. 온전한 인간으로서 어린이를 인정하는 것은 어린이와의 올바른 교육적인 관계 형성에서 근본적인 조건이기 때문이다.

그러므로 교육자의 과제는 어린이가 자신의 본래 모습대로 있을 수 있는 권리를 가질 수 있도록 돕는 것이다. 동시에 코르착은 교육학을 어린이에 대한 학문이 아니라 인간에 대한 학문으로 이해하기를 원했다. 그 안에서 어린이에게 어린이-존재Kind-Sein로서의 기회뿐 아니라, 동시에 인간-존재Mensch-Sein로서의 기회를 제공할 수 있기 때문이다. 그러나 교육 현실 안에서 어른과 어린이의 관계는 올바르게 나타나지 않는다.Korczak, 1978b: 127 코르착은 자신의 거의 모든 저서에서 어른들의 이러한 행태를 고발하고 있다. 어른들은 자신들의 편리를 위해서 어린이를 소홀하게 취급하거나 부족한 존재로서 여겨 왔다. 다른 한편으로는 아이들이 자라면서 생겨나는 희망적인 예측과 계획들을 가지고서 어린이에게 부담을 주거나 부당하게 짐을 지우기도 했다.Korczak, 1970: 29

이미 우리는 아이들에게 부담이 되는 애정을 그들에 대한 진정한 사랑이라고 생각하는 선입관을 가지고 있는 것은 아닌가? 우리가 아이를 우리에게로 끌어당길 때, 아이에게서 애정을 찾고 있는 것이 바로 우리라는 것을 정말 이해하지 못하는 건가?

어찌할 바를 모를 때 아이의 품으로 도망치는 우리는 무력한 고통과 무한한 외로움의 순간에 아이에게서 보호와 피난처를 찾고, 우리의 고통과 그리움의 짐을 아이에게 지우고 있지는 않은가?^{Korczak, 1970: 23}

코르착은 마지막으로 감상주의, 다시 말해 어린이에 대한 겉으로 드러나는 사랑을 멈추고, "그 대신에 어린이가 어떠한 권리를 가지고 있는지를 물어야 한다"^{Korczak, 1978a: 104}라고 주장한다. 여기에서 말하는 권리는 어린이의 권리와 그들에 대한 배려를 같은 정도로 고려하는 것이다. 어린이의 존중에 대한 코르착의 요구는 잘 알려진 '자유대헌장'에서 가장 강하게 표현된다.^{Korczak, 1967: 40}

주의하라! 우리는 지금 우리 자신을 이해시키지 않으면 영원히 헤어진다. … 나는 아이를 위한 기본법으로 자유대헌장을 주장한다. 다른 것도 있을 수 있겠지만, 나는 세 가지 기본권을 찾아냈다.
1) 아이들이 죽을 수 있는 권리
2) 오늘 하루에 대한 아이들의 권리
3) 있는 모습대로 있을 수 있는 권리

코르착에 의해 주장된 이 세 가지 권리, 즉 자신의 죽음에 대한 어린이의 권리das Recht des Kindes auf den eigenen Tod, 오늘에 대한 어린이의 권리das Recht des Kindes auf den heutigen Tag, 그리고 있는 모습 그대로 존재하는 어린이의 권리das Recht des Kindes, so zu sein, wie es ist라니 놀라울 따름이다. 이 권리들은 급진적인 코르착의 사유 방식을 단적으로 보여준다.

(1) 자신의 죽음에 대한 어린이의 권리

도대체 아이가 자기 자신의 죽음에 대한 권리를 가진다는 것은 무슨 말인가? 죽음에 대한 어린이의 권리를 요구하면서 코르착은 근심, 경우에 따라서는 어린이의 삶을 책임지는 어른들의 소심함을 비난한다. 여기에서의 책임은 위험을 받아들일 준비가 된 상태의 정도를 포함하며, 그렇기 때문에 어린이의 자율(성)을 제한하는 것을 뜻한다.

> 죽음이 아이를 빼앗을지도 모른다는 두려움에서 우리는 아이를 생명에서 멀리한다. 죽음을 피하기 위해 우리는 아이를 제대로 살게 하지 않는다.Korczak, 1967: 44

죽음에 대한 권리에서 코르착이 말하고 싶었던 것 중 하나는 아이에 대한 과잉보호였다. 어른들은 아이에게 어떤 일이 일어날지도 모른다는 것 때문에 겁을 먹고, 이러한 걱정 때문에 그들은 중요한 어린이의 경험을 방해하기 때문이다.

> 네 손목이 부러질 거야. 사람들이 너를 자동차로 칠 거야. 개가 너를 물 거야. 자두 먹지 마. 찬물 마시지 마. 맨발로 다니지 마. 햇볕이 뜨거울 때 돌아다니지 마. 외투 단추를 채워. 목도리를 둘러. 그것 봐, 왜 너는 내 말을 듣지 않니. 이제 넌 절름발이가 될 거야. 이제 네 눈이 아플 거야. 맙소사! 너 피를 흘리는구나! 누가 네게 칼을 줬지?Korczak, 1967: 43

그러나 아이가 이러한 경험 없이 어떻게 배울 수 있으며, "어린이가 오늘을 알지 못하면서, 어떻게 내일을 살 수 있고, 어린이들이 책임적으로 살도록 할 수 있겠는가!"Korczak, 1970: 28 코르착은 아이가 경험할 수 있도록 내버려 두라고 요구한다. 왜냐하면 그렇게 해야만 아이가 자신의 삶 속에 오롯이 존재할 수 있기 때문이다. 아이는 돈을 다루는 법과 자기의 소유물을 처리하는 법, 책상을 정리하는 법을 배워야 하고, 자신의 힘을 시험하고, 특별한 어떤 것을 행할 수 있는 기회를 가져야 한다. 그것은 위험하지 않다.

교사는 아이가 눈을 맞아서 실명할 수도 있고, 손이 부러지거나 발을 삘 위험이 있다는 것을 감독자처럼 정확히 알고 있다. 하지만 교사는 아이가 거의 실명할 뻔했던 일, 창문에서 떨어질 뻔했던 일, 심하게 부딪치거나 다리가 부러질 뻔했던 수많은 경우들도 기억하고 있다. 실제로 불행은 비교적 드물게 일어난다. 그러나-더 중요한 것은- 그것을 막을 수가 없다는 것이다.Korczak, 1967: 163

물론 갑작스러운 사고들을 막을 수 없기 때문에 교육하는 이들이 모든 것을 허락해야 한다는 것은 아니다. 또한 아이들의 요구가 가르치는 이들의 요구와 충돌한다면 혹은 아이가 분명한 위험에 노출되어 있을 때는 오히려 분명하게 한계선을 그어야 한다.

우리는 금지를 통해 스스로를 지배하고, 체념 속에서도 의지를 강화시키고, 좁은 공간에서 활동하기 위한 상상력을 발전시키고, 통제에서 벗어나는 능력을 키워 주어야 한다. 그리고 우리는 아이의 비판력을 일깨워야 하는 것이다.Korczak, 1967: 46

기본적으로 아이가 죽도록 방치하는 것이 아니라, 살도록 놓아두는 것이 가르치는 사람의 과제이다.Korczak, 1970: 35 그러므로 교육에는 참고 견더야 하는 어느 정도의 위험들이 포함되어 있다. 그러나 아이들에 대한 과보호, 지나친 돌봄은 소홀함과 방임만큼이나 해로운 것이며, 또한 미래에 대한 과도한 염려로 아이들에게서 그들의 현재를 빼앗는 것도 유익하지 않다.

(2) 오늘에 대한 어린이의 권리

오늘에 대한 어린이의 권리를 요구하면서 코르착은 어린이의 미래를 고정된 시선으로 바라보는 것에 대항했다.

> 이 괴물 같은 기계(교육적인 금지)는 의지를 부수고, 에너지를 가루로 만들어 버리고, 어린이의 의지력을 연기로 변하게 하기 위해서 매년 바쁘게 일하고 있다. 내일을 위한다는 명목으로 오늘 아이를 기쁘게 하거나 슬프게 만들고, 놀라게 하고, 화나게 하거나 흥미를 주는 것을 사소하게 여긴다. 아이가 이해하지도 이해할 필요도 없는 내일을 위해 사람들은 인생은 길다며 아이들을 속인다.Korczak, 1967: 45

> 집집마다 사람마다 다르고, 모든 것은 언제나 그 순간에만 존재한다. … 모든 것은 변하고, 언제나 다른 것이 된다. 나도 그렇다. 겉으로 봤을 때는 언제나 같지만, 나는 성장하고 계속해서 나이를 먹어 간다. … 언제나 같은 모습으로 보이지만, 한번은 기쁘다가도 다시 슬퍼하고, 나는 계속해서 또 다른 것을 보고 생각한다. 나는 다음 순간에 무엇이 일어날지 전혀 알지 못했다. 내가 놀게 될지 혹은 누군가가 나를 화나게 할지 혹은 내가 그와 싸우게 될지 나는 모른다.Korczak, 1970: 130-131

모든 것이 부단한 변화 속에서 진행 중이라면 우리는 우리에게 어떤 미래가 펼쳐질지 결코 알 수가 없다. 이것은 교육이 미래의 삶을 위한 것에서 아이의 현재로 완전히 방향을 돌려야 한다는 것을 의미한다. 이에 대해서 코르착은 다음과 같이 말했다.

> 우리는 또한 현재의 시간과 오늘에 주의를 기울여야 한다. 우리가 오늘을 책임 있게 살지 않는다면, 어떻게 내일을 살 수 있겠는가? … 우리는 매 순간에 주의를 기울여야 한다. 왜냐하면 그 순간은 사라지고, 반복되지 않기 때문이다. 그러므로 우리는 항상 그 순간을 진지하게 받아들여야 한다. … 아이로 하여금 이른 아침의 평화를 홀가분하게 누리고 신뢰할 수 있도록 하자. 아이가 원하는 것은 바로 그것이다.Korczak, 1970: 28

코르착은 미래를 위한 교육, 즉 "교육을 어린이다운 미래에 대한 규정으로 생각하는"Oelkers, 1983: 231 전통적인 교육이론과는 견해를 달리한다. 코르착은 자신의 미래에 대한 책임을 갖는 것은 어린이의 일이지, 교사의 일이 아니라고 생각했다. 그러므로 교사는 오직 지금 순간에 대해서만 결정권이 있으며, 오늘을 위해서 필요한 경우에만 결정할 수 있다. 그럼에도 불구하고 코르착은 우리에게 어린이를 위해 행동하는 교육자, 오늘을 넘어서 행동하는 교육자로 남아 있다. 우리 앞에는 어떻게 보일지 알 수 없고, 어떻게 형성될 것인지도 알 수 없는 미래가 있을 뿐이다. 제자들에게 보내는 코르착의 이별편지는 이러한 의미에서 이해될 수 있다. 그 편지는 코르착의 교육학적인 신념을 인상적인 단어들로 요약하고 있다.

> 우리는 여러분의 길고도 먼 여행을 위해서 여러분에게 이별을 고합니다. 이 여행은 삶이라는 이름을 가지고 있습니다.

우리는 어떻게 작별 인사를 하고 어떤 조언을 해야 할까 여러 번 생각했습니다. 유감스럽게도 말은 빈약하고, 불충분합니다.

우리는 여러분에게 아무것도 주지 않습니다.

우리는 여러분에게 하나님을 주지 않습니다. 왜냐하면 여러분이 스스로 자기의 영혼 안에서, 외로운 투쟁 속에서 그를 찾아야 하기 때문입니다.

우리는 여러분에게 조국을 주지 않습니다. 왜냐하면 여러분이 자신의 마음의 노력을 통해서, 숙고를 통해서 발견해야 하기 때문입니다.

우리는 여러분에게 인간의 사랑을 주지 않습니다. 왜냐하면 용서 없는 사랑은 없기 때문입니다. 용서는 심히 고통스러운 것이며 각자가 스스로 짊어져야 할 신고이기도 합니다.

우리는 여러분에게 이 한 가지를 줍니다. 그것은 바로 더 나은 삶을 향한 갈망입니다. 그것은 현존하지 않지만 한번은 주어지는 진리의 삶, 정의의 삶입니다.

아마도 이 갈망이 여러분을 하나님께로, 조국에로, 사랑에로 이끌게 될 것입니다.

안녕히 계십시오. 그리고 그것을 잊지 마십시오. Korczak, 1978a: 138

(3) 있는 모습대로 있을 수 있는 어린이의 권리

있는 그대로 존재해야 할 어린이의 권리를 요구하면서 코르착은 어린이를 한 사람의 이상적인 인간으로 만들고자 하는 어른들의 노력을 비난한다.

우리는 우리의 아이들이 우리가 아이였을 때보다 더 나아지기를 바란다. 우리는 미래의 완전한 인간을 꿈꾼다. Korczak, 1970: 29

코르착에게는 탁월한 것도 가치가 있지만, 작은 것, 사소한 것도 가치가 있었다. 어린이는 존재 자체로 존중받아야 한다. 그러므로 그의 무지함도 존중받아야 한다. 또한 어린이는 개인적인 공간을 가질 권리, 무엇을 소유해도 되는 권리, 비밀을 가질 권리, 침묵할 권리, 비웃음거리가 되지 않을 권리, 자기 감정을 표현할 권리, 그리고 "자신에 대한 주의를 환기시키기 위해서"Korczak, 1967: 217 자신이 가진 모든 장점을 드러낼 권리, 알 권리, 놀 권리, 좋은 교사를 가질 권리, 그리고 불평할 권리 등을 가지고 있다.

이 모든 권리들을 한마디로 표현하면, '어린이에 대한 존중'일 것이다. 코르착의 비서였으며, 고아원에서는 교사로 일하기도 했고, 유명한 문필가이기도 한 이고르 뉴얼리Igor Newerly는 "그(코르착)에게는 일반적인 아이가 아니라 한 개인으로서의 아이가 중요했어요. 장차 존재하게 될 아이가 아니라 있는 그대로의 아이, 되어야 하는 아이가 아니라 될 수 있는 아이가 중요했어요"Newerly, 1967: XXIII라고 말한다. 그렇다고 코르착이 어린이를 그저 낭만적으로 바라본 것은 아니었다.

> 우리는 아이들을 어린이다움이라는 유니폼 속에 숨겨 둔다. 그리고 그들이 우리를 사랑하고, 존중하고, 신뢰한다고 생각한다. 그들은 죄가 없고, 쉽게 믿으며, 감사할 줄 안다고 생각하는 것이다.Korczak, 1967: 98

코르착이 만난 아이들이 늘 사랑스럽고, 얌전하며, 규칙을 잘 따르는 아이들은 아니었다. 그들은 무례하고, 모험을 사랑하며, 나쁜 짓도 할 줄 아는 아이들이었다. 그 아이들은 "어린이가 아니라, 한 무리, 한 부대, 한 사냥개의 무리"였으며, 그들은 "대홍수"였다. 그에게 아이들은 "순진하고 사랑스러운 어린 범법자들"이었다. 그렇지만 그는 아이들에 대해 성급하게 단정하고, 이 아이는 어떠하다고 경솔하게 판단하지 않았다. 그는 오히려 어른들의 그러한 태도를 신랄하게 비꼬았다.

> 멍멍거리는 아이를 도살꾼이 잡지 않는 것처럼, 자신을 장군이라 부르는 소년을 국가 모반죄로 문책하지 않는 것처럼, 잠시 동안 도둑의 흉내를 내었다고 아이를 처벌하는 것은 마찬가지로 난센스라는 것을 강조하고 싶다.Korczak, 1999: 91

모든 상황이 모든 아이에게 동일한 것은 아니다. 경우에 따라서 어떤 아이에게 좋은 것이 다른 아이에게는 나쁜 것이 될 수도 있다. 그래서 교육자들은 최적의 교육 조건을 만들 수는 있지만, 그것이 교육적으로 늘 좋은 결과를 내도록 할 수는 없다. 교육하는 사람들은 고작 오늘에 대해서만 책임을 질 수 있기 때문이다.

> 나는 진리, 질서, 성실, 정의, 정직의 전통에 기초를 놓을 수 있지만, 아이를 있는 그대로의 그와는 다른 어떠한 것으로 바꾸려 하지는 않을 것이다. 자작나무는 자작나무로 남고, 떡갈나무는 떡갈나무로 남고, 무는 무로 남는다. 나는 그 영혼 속에 잠들어 있는 것을 깨울 수는 있지만, 아무것도 새롭게 만들 수는 없다.Korczak, 1967: 214

모든 아이를 동등하게 다룬다고 해서 그것이 정당한 것은 아니다.Korczak, 1967: 171 진정한 존중은 개개의 아이를 진지하게 받아들이는 것, 즉 값싼 인정이 아니라, 각각의 아이에 따라 구체적인 노력이 필요하기 때문이다.

1914년에서 1918년 사이에 만들어진 이 권리들은 전적으로 어린이 편에서 말해진 것들이다. 코르착은 어린이의 권리와 더불어 이것이 어른의 의무라는 것을 강조했다. 또한 실제적으로 어린이에게 어른과 동등한 권리를 허용하는 것을 의미하지만, 그것이 어린이에게 적합한 형태여야 한다는 것, 즉 어린이라는 존재의 독자성과 자율성을 강조하고, 지지하고, 합법적으로 인정하는 것을 의미했다.

그러므로 이 권리들은 단지 보상의 차원이 아니라 전적으로 개혁적인 특성을 가지고 있으며, 교육적인 관계 안에서 그것을 현실적으로 실현하기 위해서는 어린이에 대한 전문적인 지식이 필요하다. 코르착도 "이 같은 권리들을 유지하면서 가능하면 잘못을 적게 범하기 위해 우리는 아이들을 알아야만 한다"Korczak, 1967: 40라고 덧붙였다. 그러므로 이것들은 코르착이 의사로서 그리고 교사로서 획득한 어린이에 대한 전문적인 지식, 어린이에 대한 그의 사랑, 어린이에 대한 그의 존중 그리고 어린이를 이해하고 보호하려는 그의 노력을 그대로 보여 준다.

코르착에 따르면, 어른 혹은 교육자들이 '사랑'이라는 이름으로 행하는 많은 것들로부터 늘 "진정한 사랑"이 생겨나지는 않는다. 코르착은 이것을 매우 노골적으로 표현했다.

> 내가 지금 슬프니까 나를 사랑해 줘. 나에게 키스해 줘. 그러
> 면 너에게 선물을 줄게.Korczak, 1970: 23

이것을 어린이에 대한 사랑이라고 말할 수는 없다. 이것은 진정한 사랑이 아니다. 물론 어린이에 대한 교육자의 사랑은 반드시 필요하다. 하지만 이것을 교육의 조건으로 혹은 수단으로 사용한다면, 적절한 기능을 발휘하지는 못할 것이다. 그러므로 교육자는 결코 어린이를 다 안다 혹은 잘 안다고 생각해서는 안 된다. 끊임없이 의심하고, 묻고, 관찰해야 한다. 코

르착은 지칠 줄 모르는 관찰과 의심, 그리고 성찰을 통해 어린이에 대한 아주 사소하지만 주목할 만한 가치가 있는 것들을 발견했다. 그리고 이 발견을 통해 자신의 교육적 사고와 행동의 중심에 존중받아야 할 어린이의 권리를 두었으며, 이것으로부터 어떻게 어린이를 존중해야 하는지에 대한 구체적인 관념들이 생겨날 수 있었다.

4. 코르착에 대한 평가와 현재적 의미

야누쉬 코르착, 그는 어린이들 안에서 어린이들과 함께 살면서 어린이의 권리에 관해 이야기하고, 어린이에게 그들의 권리를 되돌려 주기 위해 노력했던 사람이었다. 그래서 그의 교육학은 한마디로, '존중의 교육학'이라 불린다. 코르착은 개혁교육학 시대에 살면서 그들의 계보 속에 있기를 희망하기도 했었지만, 그들과는 또 다른 모습으로 자신의 교육 활동을 펼쳤던 인물이다. 1762년 루소의 『에밀』이 발표된 이래 급속히 발전되어 온 어린이중심 교육사상은 페스탈로치, 프뢰벨, 몬테소리 등으로 이어지면서 20세기에 들어와 그 꽃을 피웠다. 코르착은 이 교육자들처럼 세상에 널리 알려지지는 않았지만, 그의 독특한 사고와 어린이 이해는 그들을 넘어서고 있으며, 2차 세계대전 이후 조금씩 그 빛을 더하고 있다.

코르착의 '존중의 교육학'과 '어린이의 권리'는 어린이중심 교육사상의 흐름 안에서도 독보적인 자리를 차지한다. 미래의 삶을 위한 준비 단계로 여겨져 소홀히 취급되었던 어린 시절이 코르착에 의해서 존중되고, 인내되어야 할 삶의 한 측면이 되었다. 그리고 이제까지 어른들은 어린이를 정당하게 평가하지 않았다. 자신의 편리를 위해, 그리고 자신들의 삶에 방해가 될 때는 언제든 어린이를 제한하고, 억압했다. 어른들은 "아이들이 자신들의 주위를 뛰어다니는 것을 관대하게 허락"하지만, 그들에게 어린이는 "아주 돈이 많이 드는, 그렇지만 기분 좋은 장난감"일 뿐이었다. 그러나 코르착은 어린이에게 인간으로서의 가치를 되돌려 주었고, 그들의 권리를 되찾아 주었다. 어린이는 비로소 인간이 되는 것이 아니라, 이미 인간이기 때문이다.

여름계절학교에서, 고아원에서 그리고 거리에서 그는 아이들을 만나고 끊임없는 관찰을 통해 그들을 알아 갔다. 그는 언제나 아이들 가운데 있었으며, 이것은 그의 커다란 장점이었다. 그것을 통해 그는 아이들을 어떻게 다루어야 하는지 알아갔다. 아이들은 쉽게 유혹이란 병원균에 감염되지만, 그것은 두어 번 연고를 발라 주는 것으로 충분하며, 그러고 나면 아이들은 곧 건강해진다는 것을 알게 되었고, 이것은 치료할 필요가 없다는 것도 알게 되었다. 이러한 그의 인식은 전적으로 아이들에 대한 세밀한 관찰과 기록에서 연유한 것이다. 교육자이기 전에 소아과 의사이자 진단학자로서 아이들을 주의 깊게 관찰하고 숙고했기 때문이었다. 그러고 나서도 그는 여전히 '그럴지도 모르지'라고 생각했다.

이러한 맥락에서 코르착은 어린이의 세 가지 권리를 주장했으며, 이것을 통해 아이들은 어린이-존재Kind-Sein이며 동시에 인간-존재Mensch-Sein로서의 기회를 가질 수 있게 되었다. 그리고 교육적 관계 안에서 이것을 실현하기 위한 합법적인 제도로서 코르착은 비록 고아원 안에서만 통용되기는 했지만, '동료법정'과 같은 제도를 만들고, 헌법을 제정하여 교사와 학생의 모든 생활과 관계를 법에 의거하여 풀어 가고자 했다. 물론 코르착도 예외일 수 없었다. 코르착 역시 아이를 때렸다는 이유로 법정에 여러 번 고소당하기도 했다.

코르착의 어린이 이해는 다른 위대한 교육사상가들과 비슷한 점도 있지만, 어떤 면에서는 매우 독특하다. 예를 들면, 코메니우스는 어린이를 주체적인 존재로, 개별적인 존재로 이해하지 않았다. 오히려 신에 대한 의존성과 신과의 관계성이라는 개념 아래에서 파악했으며, 전체와의 관계성 안에서 어린이를 이해했다. 그러나 코르착은 어린이를 독립된 인격체로 이해하였고, 어린이들이 자신의 죽음에 대한 권리를 가지고 있다고 선언할 정도로 그들을 온전한 인격체이며, 개별적 존재로서 파악하였다.

또한 페스탈로치가 어머니와 자식 사이에 사랑의 대화가 이루어지는 가정을 교육의 장으로 신성하게 여겼던 것과 마찬가지로, 코르착도 어머니만이 아이의 상태를 가장 잘 파악할 수 있는 사람이며, 다른 어떤 학자의 견해보다도 자신의 아이에 대한 어머니의 관찰과 견해가 더 중요하며 결정적이라는 사실을 확신했다. 그는 페스탈로치와 여러 가지 면에서 아주 비슷한 삶을 살았다. 그래서 일찍부터 '폴란드의 페스탈로치'라고 불리기도 했으며, 고아원에서의 활동과 그것을 바탕으로 자신의 교육 실천을 펼쳐 나간 점은 이들의 가장 큰 공통점이라 할 수 있다.

그러나 코르착은 어린이들이 선하다고만 생각하지 않았을 뿐만 아니라, 유대교와 가톨릭의 종교적인 배경에도 불구하고 어린이를 악한 존재로 여기지도 않았다. 오히려 지칠 줄 모르는 관찰로 아이들을 살피고 그들 속에서 생활하면서, 아이들이 어떠하다고 성급하게 판단하지 않았으며, 그들에게 있는 본래적인 기질을 알고자 노력하였으며, 그 기질에 따라 아이들을 가르쳤다.

닐은 어린이의 본성을 죄로 인해 타락한 것으로 보는 학교와 교회를 비판하면서 유아교육에서 종교교육을 배제하자고 했다. 그러나 코르착은 종교교육을 전면에 내세우지는 않았지만, 고아원과 게토 안에서 자신의 종교적 신념을 굽히지 않았으며, 삶으로 실천했다. 『홀로 하나님과 함께, 기도하지 않는 한 사람의 기도*Allein mit Gott: Gebete eines Menschen, der nicht betet*』[1922]에 나타난 그의 기도문들은 매우 감동적이며, 결코 미사여구를 늘어놓지 않는 진실한 자의 삶에서 나온 기도문이라 할 수 있다. 결혼도 하지 않았던 코르착이 어떻게 그렇게 간절한 '어머니의 기도'를 쓸 수 있었는지 놀라울 정도이다.

코르착은 개혁교육학 시대에 살았고, 당시의 교육자들과 많은 교류가 있었던 것은 아니지만, 자신의 일기에서 언젠가는 자신의 이름이 페스탈로치, 프뢰벨 등의 계보에 있게 될 것이라고 기록한 적이 있다. 그리고 그 일은 실제로 이루어졌다. 코르착은 교육에서 가장 중요한 것은 훌륭한 교사라고 생각했으며, 자신이 그러한 교사가 되고자 끊임없이 노력했던 사람이었다. 그는 지극히 실천적인 사람이었다. 그의 지칠 줄 모르는 관찰과 실천은 30년간의 고아원 생활에서 언제나 그의 삶의 중심이 되었다.

> 당신이 교육자라면, 당신에게는 휴식도 없고, 공휴일도 없는 16시간의 하루 일과가 있다.-표현할 수도 없고, 인식할 수도 없고, 통제할 수도 없는 일들로 이루어진 날들이고, 수천 개의 이름을 가진 말들, 생각들, 감정들로 이루어진 날들이다.Korczak, 1967: 162

코르착은 하루에 16시간을 규칙적으로 일했다. 방학도 없이 일하면서 그는 그것을 당연한 것으로 받아들였다. 그의 삶은 24시간 내내 봉사로 이루어져 있었다. 헨티히Hartmut von Hentig가 표현했던 것처럼, 그에게는 "전적인 직업"의 책임성이 놓여 있었다.

> 아이들이 깨어나기 전에 일어나라. 자기를 깨우기 위해서 아마도 아직 커피를 마시고 있을 것이다. 아이들이 씻고, 옷을 갈아입는 것을 주목하라. 아이들과 함께 침실을 청소하라. 아이들에게 아침식사를 주어라. … 그러면 확실히 알게 된다. 누가 그것을 하는지, 그 책임이 누구에게 있는지, 아이들이 오늘 무엇을 할 수 있는지, 언제 수업을 해야 하는지, 누가 아이들에게 오늘 머리를 자르라고 하는지, 환자들을 돌보았는지, 정원을 손질

하는지, 오늘 몇 개의 음식이 늦게 나오고, 늦게 먹어야 하는지 주방에서는 (그 보고를) 알고 있는지, 어제는 네가 언제 돌아왔는지, 밖에서는 아직도 쓰레기를 주위에 버리는지, 높은 곳에서 또 유리를 깨뜨렸는지, 언제 방문할 것인가 알렸는지, 바지는 재봉사에게 맡겨야 한다든지, 무엇을 하고 놀 것인지에 대한 것들을 알게 된다.Hentig, 1983: 133

그에게 백 명의 어린이는 백 개의 다른 운명이고, 하루에도 몇 번씩 그리고 동시에 두세 가지를 한꺼번에 물어보는 백 개의 질문들이었다. 그러나 아이들에게 둘러싸여서 초록색 앞치마를 두른 자비로운 박사는 언제나 기분이 좋았다. 초록색 앞치마를 두른 박사. 그것은 고아원을 방문했던 사람들에게 깊은 인상을 주었던 모습으로, 코르착의 일상이었다. 그가 메모하고, 기록하고, 고발한 것은 일상생활과 일상적인 것들이었다. 교육자이자 문필가인 코르착은 전문용어나 유행어를 쓰지 않았으며, 그의 짧은 글들은 당시 유행하는 견해들을 담고 있지 않았다.

코르착은 항상 자신이 직접 실험해 보고, 그것을 자신의 이론으로 삼았다. 아이들에게 일을 시킬 때도 자신이 먼저 여러 차례 해 보고, 그러고 난 후에야 아이들에게 그 일을 맡겼다고 한다. 언제나 일상에서 배우고자 했던 코르착은 일상의 사람들 사이에서 교육자를 찾았다. 그리고 코르착은 우리에게 어떤 사람이 교육자가 될 수 있는지를 알려 준다. 진정한 교육자는 솔직하게 자기 잘못을 인정하고, 용서와 관용을 구할 줄 아는 용기를 가진 사람이다.

나는 한 소년의 따귀를 때렸다. 그가 나에게 부당하게 했기 때문이다. 개가 물지도 모르는 베란다로 쫓아 버릴 것이라고 그를 위협했다. 그것은 매우 추한 행동이었다.Korczak, 1967: 252

교육자는 무엇이 잘못되었을 때, 내가 무엇을 잘못했는지 무엇이 나의 잘못을 이끌었는지를 충분히 숙고할 수 있어야 한다. 교육자에게 필요한 것은 분노가 아니라 슬픔이고, 복수심이 아니라 동정심이다. 그리고 교육자는 "모든 눈물이 짜다"Korczak, 1978a: 118-119는 것을 아는 사람이라야 한다. 아무리 사소한 눈물이라도 그 나름의 이유가 있다는 것을 이해할 줄 알아야 하는 것이다.

요즘같이 모든 것이 결정되어 있고, 잘 갖추어져 있는 상황에서 어떻게 하면 정해진 목표에 빨리 도달할 수 있는지에 온통 관심이 쏠려 있는 교육현장에서 교육이란, "다른 사람에게 어떠한 결과도 미리 규정짓지 않으며, 또한 그에게 귀속되어 있는 속성이 무엇인지를 미리 확정짓지 않는 하나의 행위 형식"이라는 한스 라우쉔버그Hans Rauschenberg의 정의는 코르착이 말하고자 하는 교육과 많은 점이 닮아 있으며, '똑똑이 이데올로기'홍성태, 2000: 53-70와 '성장지상주의'에 사로잡혀 아이들을 학습노동으로 내몰고 있는 우리 사회에서 교사란 어떤 사람들이어야 하는지를 코르착은 우리에게 다시금 묻고 있다. 코르착은 자신의 삶을 통해, 전 존재를 통해 '어린이를 어떻게 사랑해야 하는가'를 알려 주었다. 이제 우리에게 남은 과제는 '어린이의 존중받을 권리'를 존중하는 것이다.

마지막으로 코르착의 '한 교사의 기도'를 인용하면서 마치고자 한다.

하나님, 저는 길게 기도하지 않겠습니다. 장탄식을 하지도 않겠습니다. 허리를 굽히지도 않겠고, 영광을 받으시기에 합당할 만큼 예물을 가져오지도 않았습니다. 당신의 위대하신 은혜를 훔칠 생각도 없고, 내리시는 굉장한 선물도 갈망하지 않겠습니다.

제가 하는 생각에는 하늘에 날아오르는 노래를 실어다 줄 날개 같은 것은 없습니다.

제가 하는 말은 색채도 없고 향기도 없고 꽃잎도 없습니다. 피곤하고 졸릴 뿐입니다.

저의 눈은 침침해졌고, 등은 할일이 하도 많아 휘어졌습니다.

그렇지만 주님께 간절히 바라는 것이 있습니다. 사람을 의지하지 않으려는 제게는 찬송이 있습니다. 저는 사람들이 이 찬송을 이해하지 못하고 하찮게 여기고 조소할까 봐 두렵습니다. 제가 당신의 존전에서 겸허하게 있으면서 당신께 드리는 불타는 소청이 있습니다.

저는 이 기도를 나지막이 속삭이면서도 불굴의 의지를 담아 말씀드립니다.

내 눈길에 명령을 내려 구름 위로 겨누어 쏘아 보냅니다.

저는 제 자신을 위해서 하는 기도가 아니기 때문에 곧바로 서서 간청합니다.

아이들에게 선한 의지를 주시고, 그들의 힘을 북돋워 주시고, 그들의 수고에 복을 내려 주시옵소서.

아이들을 편한 길로 인도하지는 마옵소서. 그렇지만 아름다운 길로 인도하옵소서.

제가 드리는 간청에 대해 단 한 번 드리는 불입금으로 저의 하나뿐인 찬송을 받아 주시옵소서. 그것은 슬픔입니다.

저의 슬픔과 노동을 드립니다.Korczak, 1980: 44-45

제1조. 아동은 18세 미만의 모든 사람을 말한다.

제2조. 아동은 모든 종류의 차별로부터 보호받으며, 부당한 대우를 받아서는 안 된다.

제3조. 아동에 관한 모든 결정에 있어 아동의 최상의 이익이 우선되어야 한다.

제4조. 국가는 아동의 권리를 실현하기 위해 모든 책임을 다해야 한다.

제5조. 부모를 비롯한 아동을 보호하는 성인들은 아동의 잠재력을 키워 줄 수 있는 방법으로 적절한 감독과 지도를 행할 책임과 의무가 있다.

제6조. 아동은 생명에 대한 고유한 권리가 있으며, 국가는 아동의 생존과 발달을 보장해야 한다.

제7조. 아동은 국적과 이름을 가질 권리가 있으며, 부모를 알고 부모에 의하여 양육받을 권리가 있다.

제8조. 국가는 국적, 이름, 가족관계를 포함한 아동의 신분을 지켜 주고 보호해 줄 의무가 있다.

제9조. 부모와의 분리가 아동의 최상의 이익을 위하여 필요한 경우를 제외하고, 아동은 부모로부터 분리되지 않아야 하며, 분리된 경우 부모와 연락을 지속할 권리가 있다.

제10조. 아동이 부모와 떨어져 다른 나라에 살고 있는 경우, 국가는 가족의 재결합을 위해 인도적인 방법으로 입국이나 출국을 신속하게 처리해 주어야 한다.

제11조. 아동이 불법으로 다른 나라에 보내졌을 경우 국가는 아동이 돌아올 수 있도록 모든 노력을 다해야 한다.

제12조. 아동은 자신들과 관련된 문제 상황에 대해 의견을 표현할 권리가 있으며, 아동의 의견은 존중되고 진지하게 받아들여져야 한다.

제13조. 아동은 말이나 글, 예술 등 다양한 형태로 표현할 권리를 가지며, 아동의 생각이 다른 사람에게 해롭지 않은 한 자유롭게 표현하거나 이야기할 수 있다.

제14조. 아동은 자유롭게 생각하고 자신이 양심에 따라 행동하며, 원하는 종교를 가질 수 있어야 한다.

제15조. 아동은 단체와 모임에 가입할 수 있고, 평화적 집회에 참가할 수 있다.

제16조. 아동은 사생활과 가족, 집, 통신 등에 불법적 간섭이나 공격을 받지 않아야 한다.

제17조. 아동은 신문이나 방송, 잡지를 통해 도움이 되는 정보를 얻고, 유해한 정보로부터 보호받을 권리가 있다.

제18조. 부모는 아동의 양육과 발달에 일차적 책임을 가지며, 국가는 부모가 아동의 양육에 책임을 다할 수 있도록 적절한 지원을 제공해야 한다.

제19조. 아동은 모든 형태의 학대, 방임, 착취로부터 보호되어야 하며, 국가는 이로부터 아동을 보호하기 위해 적절한 도움과 서비스를 지원해야 한다.

제20조. 부모가 없거나 부모와 함께 사는 것이 아동에게 안전하지 않아 부모와 헤어져 살아야 하는 경우 아동은 국가로부터 특별한 돌봄과 지원을 받을 권리가 있다.

제21조. 아동이 입양되어야 할 때 아동의 최상의 이익이 고려되어야 한다. 입양을 결정하는 곳은 믿을 만한 정부기관이어야 하며, 부모나 친척 등 아동과 관련된 성인들의 동의를 얻어야 한다.

제22조. 난민 아동은 특별한 보호와 지원을 받아야 하며, 정부와 여러 단체들은 아동이 가족과 재결합할 수 있도록 노력해야 한다.

제23조. 장애 아동은 존엄성 보장·자립 촉진·활발한 사회참여를 통해 성장할 수 있도록 특별한 보살핌, 교육, 훈련을 받을 권리가 있다.

제24조. 아동은 건강하게 자랄 권리가 있으며, 깨끗한 환경, 의료 서비스, 안전한 물, 영양가 있는 음식을 제공받아야 한다.

제25조. 아동이 보호 치료의 목적으로 시설에서 생활하게 된 경우, 정부는 아동에게 제공되는 치료 및 환경에 대해 정기적으로 평가해야 한다.

제26조. 아동은 사회보험을 포함한 사회보장제도의 혜택을 받을 권리가 있다.

제27조. 아동은 신체적·지적·정신적·도덕적 및 사회적 발달에 적합한 생활수준을 누릴 권리가 있다.

제28조. 아동은 교육받을 권리가 있다. 초등교육은 무상으로 제공되어야 하며, 학교 규율은 아동의 존엄성을 침해하지 않아야 한다.

제29조. 교육은 아동의 인격, 재능, 정신적·신체적 능력을 최대한으로 계발할 수 있어야 한다. 또한 교육을 통해 인권과 자유, 평화 정신을 배우고 다른 문화 존중, 관용, 성性평등 및 우정의 정신에 입각하여 책임 있는 삶을 살 수 있도록 준비하여야 한다.

제30조. 소수집단 또는 선주민 아동은 그들의 문화, 언어, 종교를 가질 권리가 있다.

제31조. 아동은 휴식과 여가를 즐기고, 자신의 연령에 적합한 놀이 및 예술과 문화 활동에 자유롭게 참여할 수 있는 권리가 있다.

제32조. 아동은 경제적 착취와 노동으로부터 보호받을 권리가 있다. 또한 교육에 방해가 되거나 몸과 마음에 해로운 상황에서 일하지 않도록 보호받아야 한다.

제33조. 아동은 유해한 물질(마약, 향정신성 물질)로부터 보호받을 권리가 있다.

제34조. 아동은 모든 형태의 성매매, 성착취, 성학대로부터 보호받고 도움받을 권리가 있다.

제35조. 아동은 유괴나 매매, 거래되는 것으로부터 보호받을 권리가 있다.

제36조. 아동은 자신들의 복지를 해치는 모든 형태의 착취로부터 보호받을 권리가

있다.

제37조. 아동에게 사형이나 종신형 등의 큰 벌을 내릴 수 없으며, 아동을 고문해서는 안 된다. 아동을 체포하거나 감금하는 일은 최후의 방법으로 선택되어야 하며, 감금되어 있는 동안 가족과 연락할 권리가 있다.

제38조. 15세 미만의 아동은 절대로 군대에 입대해서는 안 되며, 전쟁지역의 아동은 특별한 보호를 받아야만 한다.

제39조. 모든 형태의 유기, 착취, 고문, 무력분쟁 등으로 인하여 피해를 당한 아동은 신체적·심리적 회복과 사회 통합을 위해 특별한 보살핌과 치료를 받을 권리가 있다.

제40조. 범죄에 기소된 아동은 그들의 연령이나 주변 환경을 고려하여 사회 복귀를 촉진할 수 있는 방향으로 존엄하고 공정한 대우를 받을 권리가 있다.

제41조. 만약 국가의 법이 이 협약의 조항보다 아동을 더 잘 보호한다면, 그 법은 유지되어야 한다.

제42조. 모든 아동과 성인은 본 협약의 권리들을 알아야만 한다.

* '쉽게 풀어 쓴 유엔아동권리협약'은 협약에 대한 이해를 돕기 위해 국제아동인권센터에서 원문을 재번역 및 요약한 것이다.(2013년 제작)(http://incrc.org/uncrc/)

참고문헌

Beiner, Friedhelm(1999). "Korczak-Pädagogik: Legitimation und Praxis erzieherischen Handelns". *Pädagogische Rundschau*, 53(Nov.-Dez. 1999).

Bhave, Vinoba. 「참다운 교사는 가르치지 않는다」. 보리 편집부 엮음(1997). 『작은 학교가 아름답다』. 보리.

Combs, Arthur W. 구혜정·손준종 옮김(1998). 『우리가 원하는 학교』. 학지사.

Hentig, Hartmut von(1983). *Aufgeräumte Erfahrungen*. München/Wien: Carl Hanser.

Kirchhoff, Hella. Dialogik und Beziehung im Erziehungsverständnis Martin Bubers und Janusz Korczak. Friedhelm Beiner(hrsg.)(1982). *Janusz Korczak. Zeugnisse einer lebendigen Pädagogik*. Vierzig Jahre nach seinem Tod. Referate des Ersten Wuppertaler Korczak Kolloquiums. Heinsberg: Agentur Dieck.

Korczak, Janusz(1967). *Wie man ein Kind lieben soll*. Göttingen: Vandenhoeck & Ruprecht.

_____(1970). *Das Recht des Kindes auf Achtung*. Göttingen: Vandenhoeck & Ruprecht.

_____(1973). *Wenn ich wieder klein bin*. Göttingen: Vandenhoeck & Ruprecht.

_____(1978a). *Von Kindern und anderen Vorbildern*. Gütersloh: Gütersloher Verlagshaus.

_____(1978b). *Verteidigt die Kinder: Erzählende Pädagogik*. Gütersloh: Gütersloher Verlagshaus.

_____(1980). *Allein mit Gott: Gebet eines Menschen, der nicht betet*. Gütersloh: Gütersloher Verlaghaus.

_____. 송순재·안미현 옮김(1999). 『아이들을 변호하라』(개정판). 내일을여는책.

Langhanky, Michael(1994). *Die Pädagogik von Janusz Korczak: Dreisprung einer forschenden, diskursiven und kontemplativen Pädagogik*. Neuwied, Kriftel, Berlin: Luchterland.

Newerly, Igor. Einleitung, in: Janusz Korczak(1967). *Wie man ein Kind lieben* soll. Göttingen: Vandenhoeck & Ruprecht.

Oelkers, Jürgen(1983). "Erziehung in der Gegenwart: Notizen zu Korczaks pädagogischer Theorie". *Neue Sammulung*, 23.

_____. "War Korczak Pädagoge?". Friedhelm Beiner(hrsg.)(1982). *Janusz Korczak. Zeugnisse einer lebendigen Pädagogik*. Vierzig Jahre nach seinem Tod. Referate des Ersten Wuppertaler Korczak Kolloquiums. Heinsberg: Agentur Dieck.

고병헌(2000). 「사회변혁과 학교의 의미」. 『처음처럼』 17.

방정환(1924). 「어린이 찬미」. 『신여성』 2/6(1924).

송순재(1999). 「옮긴이 서문」. 야누쉬 코르착. 송순재·안미현 옮김. 『아이들을 변호하라』(개정판). 내일을여는책.

안경식(1994). 『소파 방정환의 아동교육운동과 사상』. 학지사.

이규환 편(1995). 『괴에테의 교육사상: 교육향을 중심으로』. 배영사.

최영란(1996). 「주체적 자아발달의 기초로서의 자유와 인격적 관계-『딥스』를 중심으로」. 이화여자대학교 대학원 석사학위 논문.

홍성태(2000). 「지식사회와 어린이-'똑똑이' 이데올로기와 학력주의의 내면화」. 『문화과학』 21(2000/봄).

4장

알렉산더 닐과 서머힐학교: 자유와 민주주의 기반의 두려움 없는 교육

하태욱

1. 서머힐, 교육의 본질에 관해 묻다

20세기 위대한 교육사상가 가운데 가장 논쟁적인 인물을 뽑는다면 그 강력한 후보 중 한 사람은 닐Alexander Sutherland Neill일 것이다. 그의 교육철학은 매우 '급진적'박용석, 2002이라는 평가를 받고 있고 닐 스스로도 자신이 쓴 책 제목을 『서머힐, 아동 양육의 급진적 접근 방식Summerhill: A Radical Approach to Child Rearing』이라 붙이기도 했다. 심지어 닐의 교육철학과 서머힐의 실천에 대한 찬반 논쟁이 책『Summerhill, For and Against』으로 출간되었다는 점을 기억한다면, 그의 관점이 얼마나 논쟁적인가를 충분히 이해할 수 있을 것이다. '자유교육'으로 흔히 표현되는 닐의 교육관은 숱한 오해와 반발, 그리고 논쟁을 만들어 왔고 여전히 그렇다. 교수자 중심의 '가르침'을 강조하고 훈육을 통해 학습자를 이상적인 형태로 만들어 내겠다는 전통주의적 교육관으로부터는 물론이거니와, 심지어 진보적이고 아동중심주의적인 교육관으로부터도 지나치게 자유롭다거나 무형식적이라거나 무책임하다는 비판을 받기도 한다. 뒤에서 더 자세하게 살피겠지만 이는 닐의 교육사상과 서머힐의 실천을 표피적으로 바라보거나 교육의 본질을 추구하기 위해 기존의 관념을 과감하게 뛰어넘으려는 노력을 간과한 측면이 있다. 그럼에도 닐과 서머힐의 실천은 분명 논쟁적이며 100년 전에도, 그리고 100년이 지난 지금도 여전히 급진적이라 여겨질 수 있다.

널에게서 보이는 급진성이란 일리치나 프레이리의 학교에 대한 정치적이고 구조적인 문제 제기와는 또 다른 결을 지닌다. 오히려 서머힐이라고 하는 다른 '학교'를 통해 교육과 아동의 성장에 대한 본질적이고 근본적인 접근을 철저하게 추구했다는 측면에서 가장 보수적이라 평가받아야 할 수도 있을 것이다. 특히 이렇게 근본적/급진적인 사상을 구체적으로 실현해 낸 학교가 1921년 설립되어 100년이 지난 지금까지도 건재하게 존재한다는 점은 큰 의미가 있다. 널은 단순히 교육사상가로서만이 아니라 서머힐학교를 통해 실천적인 존재로서 자신의 교육철학이 이론적이거나 지나치게 이상적인 게 아니라 현실적으로 구현 가능한 것임을 증명해 냈다.

2022년 8월에는 코로나19 팬데믹의 여파로 연기되었던(2021년 100주년 맞이 행사로 기획되었던) Summerhill Festival of Childhood가 열렸다. 전 세계 35개국에서 널과 서머힐, 그리고 자유와 민주에 기반한 아동중심주의 교육을 추구하는 교사, 학생, 학부모, 연구자 600여 명이 함께 모여 강연과 토론, 축제를 벌였다. 이 자리에서는 서머힐이 지난 100년간 살아남을 수 있었던 원동력은 아이러니하게도 이 학교가 가장 근본적/급진적이었기 때문일 수 있겠다는 언급이 나왔다. 즉, 1890년대부터 신교육운동New Edcuation Movement이라는 이름으로 시작되었던 영국의 빅토리안식 교육체제에 대한 문제 제기, 예를 들어 체벌 금지, 남녀공학, 라틴어가 아닌 영어 중심 교육, 실용 교육 등이 사회적으로 점차 수용되면서 공교육체제 안으로 자연스럽게 편입된 데 반해, 서머힐은 100년 전은 물론 지금도 여전히 공교육에서 도전적으로 받아들일 수밖에 없는 교육적 의제들을 실천적으로 운영함으로써 교육의 본질에 관해 묻고 있기 때문이다.

2. 닐의 생애

닐은 1883년 10월 17일 스코틀랜드의 에든버러Edinburgh 북쪽 앵거스 Angus 지역 주도인 포퍼Forfar에서 8남매 중 넷째 아들로 태어났다. 닐의 아버지는 킹스뮤어Kingsmuir라는 작은 마을의 마을학교 교장이었는데, 당시 스코틀랜드 사회에서 교장은 지위가 꽤 높아서 권위적이고 수직적인 태도가 몸에 배어 있었다. 또한 당시의 학교는 학생들이 매우 밀집된 환경이어서 강력한 통제와 훈육, 체벌이 당연하게 받아들여지는 환경이었다. 더구나 그의 아버지는 매우 금욕적인 칼뱅주의자로서 신성성과 성인의 가치를 기반으로 자녀들에게 공포와 죄의식을 주입하며 키웠다. 그는 개인의 행실이 천국과 지옥을 가르는 기준이 되기 때문에 성性과 욕설, 거짓말, 절도, 경건일 경시 등을 선택한 개인은 파멸에 다다를 수밖에 없다고 교육했다. 그래서 닐은 천국에 가기 위해서는 계율과 권위에 절대적으로 복종해야만 한다는 가르침을 받고 순종적이고 조용한 성격으로 자랐다. 형제 중에서 성적이 특출나지 않았던 닐은 수직적이고 서열적인 아버지의 교육관으로 인해 스스로를 열등한 존재로 인식하게 되었다. '엄하고 무서운 존재로서의 아버지'에 대한 억압과 불안의 문제가 닐의 교육관 형성에 중요한 배경이 되었음을 추측할 수 있다.

학업에 큰 뜻이 없었던 그는 당시 다른 아이들처럼 14세에 학교를 떠나 스코틀랜드에서 가장 큰 도시인 에든버러로 가서 가스미터기 제조공장의 사환으로 일하게 된다. 그러나 열악한 근무환경에 일은 고되고 형편없는 보수에 향수병에 시달리던 그는 7개월 만에 집으로 돌아왔다. 포퍼에서 잠시 포목상의 견습공으로 일했지만 이 역시 큰 의미를 찾기 어렵고 소진되는 일일 뿐이었다.

15세가 되자 그의 아버지는 닐을 자신이 일하던 학교의 조교로 일하도록 한다. 그런데 학생들을 가르치지만 좋아하지는 않았던 아버지와 달리 닐은 학생들과 좋은 관계를 맺었으며 그 안에서 자기효능감이 높아졌다. 또한 가르치는 과정에서 배움이 일어난다는 점을 깨닫기도 했다. 특히 학교에서 벤 톰슨Ben Tomson이라는 수학 교사를 만나 문제풀이를 넘어 수학의 원리를 깨닫고 적용하여 확장하는 경험을 하게 됨으로써 학문적으로 새로운 눈을 뜨게 되었다.

4년여의 조교 생활 뒤 그는 사범대학에 진학을 결심했다. 사범대학에서의 성적이 그다지 높지는 않았는데, 재학 중에 조교로 일했던 몇몇 학교에서 그는 교사들이 아이들에게 함부로 대하고 아주 지시적이며 공격적이라는 점에 충격을 받았다. 그러다가 지역의 신부님으로부터 그리스어를 배우면서 학문적으로 정련되기 시작했고 대학에 진학하기로 마음먹었다. 동시에 포퍼 외곽의 부촌인 뉴포트온테이Newport-on-Tay에서 사립학교 보조교사로 일하면서 춤과 음악과 연극에 흥미를 갖게 되었다. 특히 이 시기부터 전통적인 기존의 교육 방식을 넘어 자신의 진보적인 교육 방식을 적용해 보기 시작한다. 학생들과 격의 없는 분위기에서 친밀하게 지냈으며 스스로 교사로서 매우 만족스러운 시절을 보낸다.

1908년 25세에 에든버러대학교에 진학하는데, 농과를 전공하게 된 것은 졸업 후 돈을 많이 벌 수 있다고 강권한 아버지 때문이었다. 하지만 대학에서의 배움은 오히려 교육이 사실들을 가르치는 주지 교육에 머무르면서 자신의 것이 되도록 확장되지 못한다는 문제의식을 더욱 심화시켰을 뿐이다. 오히려 대학 신문사 일을 하면서 시작된 글쓰기가 배움과 사고의 확장에 큰 도움이 되었다고 느꼈다. 결국 그는 1학년 말에 영문학 전공으로 전과를 했고, 문화적인 감수성이 성장하는 시기를 경험한다. 대학 고학년이 되면서는 대학신문의 편집장이 되어 글쓰기가 더욱 성장했고 지역신문에 기고하기도 했다. 그가 쓴 칼럼 중에는 비판적 사고력을 기르기보다는 시험 준비에 초점을 맞춘 주입식 수업에 대한 문제 제기와 함께 모든 배움은 본질적으로 학습자의 흥미에 기반해야만 한다는 주장이 있었다. 대학을 졸업한 후에는 출판사에서 백과사전류의 책들을 편집하거나 예술잡지의 편집자로 일했는데, 이는 그가 당시의 교육적 방식에 비판적이었던 것과 연관이 있어 보인다.

그러던 중 1차 세계대전이 발발하면서 잡지가 폐간되었고, 스코틀랜드로 돌아온 그는 그레트나 그린 학교Gretna Green School의 교장이 되었다. 여기서 쓴 일기를 묶어 1915년 『어느 교장의 기록A Dominie's Log』이라는 제목의 책으로 출간해서 호평을 받는다. 전쟁 중에는 장교로 복무하는데, 이때 쓴 소설 『해고된 교장A Domie Dismissed』도 이후에 출간되었다. 그의 교육 관련 글쓰기는 꾸준히 이어져서 교육 수기 4권, 소설 2권, 동화 2권, 자서전 1권, 그리고 초기 저작을 묶은 책 『서머힐』까지 포함해 총 19권이 출간되었다.

1917년 사관학교를 다니던 시절 『어느 교장의 기록』을 읽은 한 여성으로부터 호머 레인Homer Lane을 소개받고, 그가 도싯Dorset 지역에서 비행청소년을 대상으로 운영하던 일종의 치유형 공동체 학교인 '작은 공화국Little Commonwealth'을 방문하게 된다. 닐은 레인을 그때까지 자신이 만난 사람 중 가장 인상적인 인물이었다고 기록했고, 그를 통해 정신분석학의 세계를 알게 되었다.

전쟁 뒤에는 런던의 킹 알프레드 학교King Alfred School에서 교사로 일하는데, 1897년 설립된 이 학교는 영국의 초기 대안학교 중에서도 매우 기념비적인 학교였고 아주 진보적이라는 당대의 평가가 있었다. 하지만 닐은 이 학교에서 '지나치게 급진적'이라는 평가를 받으며 불화하게 된다. 킹 알프레드 학교를 그만둔 이후 그는 당대 유럽 전역의 교육혁신 운동이던 신교육 운동New Education Movement에 본격적으로 뛰어들어 기관지 격인 교육잡지 〈새 시대The New Era〉의 편집일을 맡아 전통적인 교육에 대한 비판과 새로운 교육에 대한 자기 생각을 가다듬는 글들을 쓰게 된다. 그 과정에서 그는 1921년 독일 드레스덴Dresden 인근 헬레라우Hellerau의 진보적인 국제학교 외국인학생부의 교장으로 초빙되는데, 이것이 서머힐학교의 모태가 되었다. 이 학교는 1923년 오스트리아 빈의 수도원으로 옮겼다가 지역 주민들과 갈등을 겪게 되면서 1924년 영국 도싯의 라임 레지스Lyme Regis라는 마을의 서머힐 언덕 위에 있는 집으로 옮겨 학교를 이어 간다.[1] 서머힐이라는 이름은 여기서 연유했으며 1927년 현재의 위치인 서픽Suffolk 지역 바닷가 마을인 레이스턴Leiston으로 이주해서도 여전히 같은 이름을 유지하고 있다.

닐은 1973년 90세로 세상을 떠났으며 서머힐학교가 위치한 레이스턴에서 가장 가까운 대도시 입스위치Ipswich의 묘지에 안장되었다. 그가 설립한 서머힐학교는 '가장 오래된 어린이 민주자치The oldest Children's Democracy'로 전 세계 아동중심주의 민주교육Democratic Education의 모태가 되었다. 미국 여러 곳의 자유학교Free School, 호주 시드니의 커럼비나학교Currambena School, 일본의 키노쿠니 어린이마을 학교 등 동서양 곳곳에 서머힐을 모델로 하는 학교들이 설립되었으며, 우리나라 대안교육의 출발에도 중요한 참고 자료가 되었다. 닐의 교육사상은 박제된 지식이 아니라 여전히 서머힐학교를 통해서 살아 숨 쉬는 가치이자 실천으로 남아 있다. 그리고 우리에게 교육이란 무엇이며 어린이는 어떻게 성장하는가, 교육이 어떻게 함께 살아가는 사회를 만들어 갈 수 있는가를 구현해 보여 준다.

3. 닐의 교육사상

닐은 정통 교육학자라기보다는 교육 실천을 통해 자신의 사상을 정

---

1. 이로 인해 서머힐의 개교를 1921년이 아닌 1924년으로 봐야 한다는 견해도 있다.

립해 나간 실천가였다. 그의 교육 실천에서 중심에 있었던 것은 '행복'인데, 그의 이러한 교육사상은 "나는 서머힐이 신경질적인 수상을 길러 내기보다 행복한 거리의 청소부를 기르고자 한다I would rather Summerhill produce a happy street sweeper than a neurotic Prime Minister"라는 표현으로 유명하다.

신경질적인 수상보다 행복한 거리의 청소부를 기르고자 한다

여기서 행복이란 주변의 압력 없이 스스로 온전하게 자기 삶의 주인이 되는 주체적 삶을 근간으로 삼는다. 많은 사람이 서머힐의 졸업생이 어떤 직업을 택했는지를 묻지만 얼마나 행복하게 살고 있는지 묻지는 않는다. 서머힐은 늘 이렇게 답변해 왔다. 서머힐의 졸업생은 어떤 직업이든 선택할 수 있지만, 그 선택이 외부로부터 강압된 것이 아니라 자기 스스로 한 선택이기 때문에 만족도가 높다고. 사실 일반 학교를 졸업한 학생들에게는 어떤 직업을 택하느냐고 묻지 않으면서 서머힐 학생들에게 특정 직업을 택하리라 전제하고 질문을 던지는 것부터가 서머힐에 대한 우리의 선입견을 나타내는 것일지도 모른다.

그런데 어린이에게 미치는 '외부 압력' 중에서 가장 강력하면서도 심리적인 지배력이 가장 큰 것은 부모로부터의 압력이다. 부모는 불안한 존재로서 자신의 불안을 자녀에게 투영하면서 의식적으로든 무의식적으로든 통제와 훈육을 통해 자신이 원하는 방식으로 만들어 가려고 한다. 실제로 닐은 기숙학교인 서머힐이 아이들을 부모의 심리적이고 무의식적인, 심지어는 노골적인 압력에서 벗어나게 하여 독립적, 주체적으로 설 수 있는 환경을 제공할 수 있다고 믿었고, 그래서 부모가 학교에 찾아오는 것을 그다지 달가워하지 않았다. 물론 어린이를 대상화하고 자신의 가치를 주입하려는 것은 부모만이 아니다. 부모 다음으로 가장 큰 영향을 미치는 것은 교사일 것이다. 따라서 "어린이는 자기 자신의 삶을 살아가기 위해 태어났다-불안한 부모가 살아야 한다고 믿는 방식도, 어떻게 살아야 하는지 제일 잘 안다고 믿는 교사가 제시하는 목적에 따라 사는 것도 아니어야 한다The function of the child is to live his own life-not the life that his anxious parents think that he should live, nor a life according to the purpose of the educator who thinks he knows what is best"는 말은 그가 전통적인 교육관을 어떻게 바라보는지 명확하게 보여 준다.

교육은 어린이의 편에 서는 것

이러한 닐의 아동중심주의 교육사상은 프로이트의 심리학에 기반하고 있다. 닐 사상의 핵심 가치인 자유는 억압으로부터 해방될 때 비로소 가능한 것이기 때문이다. 도덕적 가치판단, 훈육과 처벌에서 벗어나야 죄책감에 기반한 행동 수정이 아닌 자유의지로서의 행동 선택이 가능해진다는 그의 사상은 분명 프로이트의 초자아와 억압기제에 대한 이론에 맞닿아 있다. 특히 성적 억압으로부터의 해방이나 욕설의 자유로운 표출은 매우 프로이트적이라 하지 않을 수 없다. 따라서 닐은 공놀이를 하다 교장실의 창문을 깨뜨린 아이에게 도덕적인 비난과 질책을 하기보다는 그 결과 창문 없이 찬 바람을 맞아야 하는 자신의 처지를 설명하고 이를 해결하기 위한 대화로 이끌어 내는 전략을 선택한다.

물론 이는 닐이 부모로부터 받았던 교육이나 당대의 학교교육에 대해 느꼈던 개인적 경험에서 출발했겠지만, 더 구체적으로 체계화하게 된 것은 앞서 언급한 호머 레인과의 만남에서 시작된다. 닐은 호머 레인의 책 서문에 "호머 티렐 레인Homer Tyrell Lane은 내가 알았던 모든 사람 중에서 나에게 가장 크게 영감을 준 사람이었다"Lane, 1982라고 표현할 정도였다. 그리고 "교육은 어린이의 편에 서는 것to be one the side of the child"이라는 레인의 표현을 자신의 인생에서 가장 크게 남은 말로 꼽았다.Neill, 1972 닐의 주장은 상당 부분 장자크 루소Jean-Jacques Rousseau의 교육사상에 기반하고 있는 것처럼 보이지만 사실 자신은 루소를 읽은 적이 없다고 고백했다.Neill, 1967 하지만 아동의 본성에 대한 무한한 신뢰와 긍정적 태도는 루소로부터 레인을 통해 닐에게 전해진 것으로 이해할 수 있다.

서머힐은 자치의 학교, 민주학교

그렇지만 닐을 개인의 자유에만 기대는 자유지상론자로 이해할 수는 없다. 뒤에서 구체적으로 언급하겠지만 흔히 '방종이 아닌 참 자유Freedom, not licence'로 표현되는 서머힐의 운영 원칙은 개개인의 자유가 서로 침해되지 않기 위해 상호 간 합의하는 사회계약적 성격을 가진다. 물론 이는 경계선Boundary을 허물거나 넘어서려고 하는 끊임없는 시도와 시행착오를 허락할 때 비로소 공동체 안에서 가능해진다.

닐에게 서머힐의 기숙사는 단순히 숙박의 기능만을 가진 통제의 공간이 아니라 생활 속에서 공동체성을 학습해 나가는 중요한 장이며 어떤 교재보다 의미가 있다.Neill, 1992 따라서 생활 규칙을 정하고 여러 안건을 협의하는 학교회의School Meeting와 규칙을 위반한 사람들-학생들만이 아니라 스태프로 불리는 교사와 교직원들도 모두 그 대상이 될 수 있다-에 대해 다루는 학교법정School Tribunal이 매우 중요하다. 그는 이런 직접 민주주의가 사회에서 흔히 운영되는 대의제 민주주의보다 더욱 순수하다고 보았다.앞의 책 그러므로 서머힐을 방종의 학교Do-whatever-you-want School라 비난하는 것은 어린이에게 자유를 주는 것에 대한 어른들의 불안과 편견에 기인했을 뿐이며, 닐과 서머힐이 주장하듯 서머힐은 자치의 학교Self-governing School이자 민주학교Democratic School로 바라봐야 마땅하다.

4. A. S. 닐 교육사상의 실천적 현현顯現인 서머힐

　서머힐이 교육을 고민하는 우리에게 던져 주는 가장 큰 화두는 교육에서의 '자유'와 '민주주의'라는 두 기둥이다. 서머힐은 그 교육적 당위와 이상이 교과서에만 실려 있는 게 아니다. 매일매일의 생활로 실존하는 실천으로서 지난 100년 동안 운영해 왔으며, 그 실천으로 인해 "설립 당시인 100여 년 전에도, 그리고 지금도 여전히 시대를 앞서가고 있는Founded in 1921, still ahead of its time" 학교라는 측면에서 의미가 크다.

'자유'와 '민주주의'라는 두 기둥

　서머힐은 1921년 스코틀랜드 출신 교육가인 A. S. 닐Neill이 설립한 학교다. 앞서 닐의 생애를 살펴보면서 드러난 것처럼 서머힐은 갑자기 생겨난 것이라기보다는 그가 희망했던 이상적인 교육을 오랫동안 탐색한 결과로 나왔다고 보는 것이 타당하다. 그는 영국의 신교육운동이 처음 시작되었던 1890년대부터 다양하게 함께해 왔으며 자신이 학교를 세우기 전부터 일반 학교나 대안학교에서 교사로 일했다. 흥미로운 사실은 당시 매우 진보적으로 평가받던 대안학교에서도 지나치게 급진적이라는 평가를 받아 결별했다는 점이다. '이상'을 말하고는 있었으나 닐의 '실천'을 보고는 겁을 먹거나 반대하는 경우가 많았던 탓이다.

　"나는 단지 내 방식의 교육적 자유를 끝까지 실현하고자 했을 뿐이다. 외부에서 강요되는 의무들로는 안 된다. 내면의 동기만이 유일한 가치다. 메리나 데이비드가 게으름을 피우는 것은 그것이 그 순간 그 아이에게 필요하기 때문이다. 건강한 아이의 매 순간은 의미가 있다. 아이는 앉아서 빈둥거릴 시간이 없다. 빈둥거림은 일상적이지 않은 것이다. 그것은 회복이다. 그러므로 아이가 빈둥거리고 있다면 그것이 필요하다고 보아야 한다."

즉, 자신이 이상적으로 바라보고 있던 교육을 실천적으로 만들어 낼 수 있는 현장을 끊임없이 모색한 결과 서머힐을 설립하게 되었다고 보아야 할 것이다. 그가 자신의 철학을 어떻게 서머힐이라는 학교를 통해 일상적으로 구현하고 있는가를 적은 책이 『시험도 숙제도 없는 자율학교 서머힐Summerhill-A Radical Approach to Childhood』이다.

서머힐은 1921년 독일 드레스덴Dresden 외곽의 신도시 헬레라우에서 노이에 슐레Neue Schule(새로운 학교)라는 국제학교의 일부로 시작되었다. 이곳 역시 새로운 기운이 넘쳤음에도 닐이 꿈꾸던 학교의 그림을 충분히 만족시키지는 못했던 것으로 보인다. 서머힐은 결국 오스트리아를 거쳐 1923년 영국 남부 라임 레지스의 서머힐 언덕에 자리한 집으로 이사함으로써 본격적인 역사가 시작되었다. 1927년 런던 동북쪽 160km 정도에 위치한 서퍽주 레이스턴으로 이사했으나 서머힐이라는 이름은 그대로이다.

욕망을 억압하지 않는 자유로운 학교

앞서 언급한 책의 제목에 '시험도 숙제도 없는'이란 수식어가 붙여진 것처럼 서머힐에 대한 인상 중에 대표적인 것이 '자유'다. 서머힐을 설명하기 위해 가장 많이 동원되는 표현이 '수업에 들어가지 않을 자유가 있는 학교'인 것도 같은 맥락이다. 그런데 사실 이는 서머힐에 대한 절반의 진실만을 담고 있다. 절반의 진실이라고 표현한 이유는 우선 그것이 일정 정도의 진실을 담고 있기 때문이다. 서머힐은 분명히 '자유'가 중요한 학교다. 설립자 닐은 이 학교가 어른의 권위나 사회적 요구에 기대 학생들을 어떤 특정한 형태로 다듬어 내는 곳이기를 지향하지 않음을 분명히 하였다. 오히려 그는 이 학교를 학생들의 본성이 존중받음으로써 자연스러운 욕구가 발현되는 장으로 만들어 내고자 하였다.

이런 측면에서 볼 때 서머힐은 매우 프로이트Sigmund Freud, 1856~1939

적이다. 정신분석의 창시자인 프로이트는 무의식의 세계에 집중하면서 '부모'로 대표되는 사회 도덕적 억압이 개인 내면의 욕구와 충돌하면서 무의식 속으로 침잠하는 지점을 짚어 냈다. 서머힐 역시 '교육'이라는 명분으로 학생들의 욕구와 욕망을 억압하는 데 반대한다. 오히려 그 욕구와 욕망이 건강하게 발현될 수 있을 때 배움과 성장이 일어난다고 본다. 따라서 서머힐에서는 학생들의 행동을 도덕적으로 재단하거나 비난, 처벌하지 않는다. 오히려 그것이 학생의 욕구를 무의식의 세계에 밀어 넣어 왜곡시킴으로써 건강하지 않은 언어와 행동으로 드러나게 한다고 본다. 그러므로 서머힐은 학생들의 억압 없는 자유를 최대한 보장하는 공간으로 100여 년 동안 흔들림 없이 지켜져 왔다. 서머힐은 구성원 개인의 행동에 대해 '도덕적 판단'을 보류한다. 다만 그 행동이 공동체 안에서 받아들여질 수 있는 것인지 아닌지만을 판단한다. 공동체 안에서 받아들여질 수 있다면 어디까지 받아들여질 수 있는지 논의하고, 받아들여질 수 없는 것이라면 다시 반복되지 않을 수 있는 길을 찾는다. 학교회의에서는 수많은 규칙을 정하고, 그 규칙을 위반한 사례를 다루지만, 그것은 도덕적이거나 사법적인 '단죄'가 아니라 우리 공동체가 그 행위를 용납할 수 없음을 명백하게 고지하는 경고-실제로 초기 처분 중에 가장 많은 것은 강한 경고Strong Warning인 경우가 많다-로 기능한다.

'수업에 들어가지 않을 자유'가 절반의 진실인 까닭은 그것이 단순히 하고 싶지 않은 일에 대해서 하지 않을 자유를 허락한다는 의미가 아니기 때문이다. 이를 설명하기 위해서 영국의 사회사상가인 이사야 벌린Isaiah Berlin, 1909~1997의 『자유론』을 빌려 올 필요가 있다. 벌린은 소극적 자유Negative Freedom와 적극적 자유Positive Freedom를 구분해야 함을 주장한다. 여기서 소극적 자유란 '개인이 타인의 간섭 없이 자신의 의도나 행동을 자신의 마음대로 혹은 의지대로 할 수 있는 자유'다. 즉, 한 개인이 합리적이고 합법적인 욕망을 성취하려고 할 때 그 어떤 외적 강요를 당하지 않는 상태를 의미한다. 이런 측면에서 서머힐을 '소극적 자유를 가장 극대화한 공간'으로 해석하는 견해도 있다. '수업에 들어가지 않을 자유'라는 표현 자체도 수업에 들어가고 싶지 않다는 욕망을 제재당하지 않고 스스로 수행할 수 있는 자유로 해석될 만한 표현이다. 그러나 벌린은 소극적인 자유의 전제에는 그 자유를 허용해 주는 외부 권위자가 있음을 지적한다. '욕망을 제재당하지 않는다'라는 표현은 그 자체로 제재하는 존재를 이미 상정하고 있기 때문이다. 그러므로 소극적 자유는 '허용된 자유'다.

스스로 수업을 선택할 수 있는 적극적 자유

우리가 교육에서 민주주의를 이야기할 때 그 논의에는 '미성숙한 존재'인 학생들에게 어디까지 자유를 '허락'할 것인가가 늘 전제되어 있다. 그리고 그것을 논의하는 우리는 '성숙한 존재'로서 그것을 허락할 만한 사고와 판단의 절대적 존재가 된다. 그동안 한국 사회가 독재 권력에 의해 자유를 구속당할 때 전형적으로 이용되었던 논리가 '미성년자이자 보호받아야 할 객체'로서의 학생들에게 똑같이 적용되고 있다. '교복을 입은 시민'이라는 표현 역시도 학생을 교복을 입고 학생다움을 내면화해야만 하는 통제적 존재로 전제한 채 민주주의를 이야기하는 한계를 당연시하고 있지는 않은지 검토해 볼 필요가 있다. 허락된, 혹은 허락되지 않은 자유 속에서 어린이 청소년은 주체일 수 없다.

반면 벌린이 이야기하는 적극적 자유는 통제의 원천이 외부에 있지 않은 상태다. '어떤 사람이 저것이 아니라 이것을 하는 것', 즉 통제력의 원천이 스스로에게 있는 자기지배의 자유를 의미한다. 소극적 자유가 '~로부터의 자유'라고 한다면 적극적 자유는 '~로의 자유'라고 볼 수 있다. 서머힐의 자유는 '수업에 들어가지 않을 자유', 즉 수업에 들어가야 하는 의무를 설립자인 닐이나 현 교장, 혹은 교사로부터 주어진 자유로 보는 시각은 오히려 민주적이지 않은 현 공교육체제, 혹은 심지어 민주적인 교육을 지향하는 많은 이들마저 학생들을 여전히 객체화하고 계몽의 대상으로 삼는 우리의 태도에서 나온 오해일지도 모른다. 다시 말하자면 서머힐은 '수업에 들어가지 않을 자유(를 허락받은)' 학교가 아니라 '(내가 원하는) 수업을(혹은 수업이 아닌 어떤 행위나 활동이라도 상관없이) 스스로 만들거나 선택해서 운영하거나 진행하거나 함께할 자유'의 학교로 이해해야 서머힐이 이야기하는 '자유'를 제대로 이해하는 것일지도 모른다. 즉 수업을 비롯한 어떤 행위든 그 행위 주체자인 학생들이 주체적으로 결정할 수 있도록 환경을 제공하는 것을 서머힐 교육의 핵심으로 봐야 타당할 것이다.

물론 이런 자유가 환경적으로 주어진다고 해서 하루아침에 그것을 누릴 수 있는 것은 아니다. 벌린 역시 적극적 자유가 지니는 함정을 경고한다. 개인의 욕구란 전적으로 개인적일 수 없기 때문이다. 개인은 민족, 국가, 교회, 문화라는 전체 속에서 종속된 자아일 수밖에 없기에 전체에 의해 개인의 자아가 종속되는 것 역시 자유의 이름으로 정당화될 수 있음을 지적한다. 서머힐의 학생들이 입학/전학 초기에 수업을 전혀 들어가지 않거나, 공동체가 정한 규칙을 의도적으로 깨는 것은 주체적 욕구의 실현이라기보다는 오히려 억압된 자아가 무의식을 통해 왜곡된 형태로 발현되는 것으로 읽힌다. 부모나 이전의 학교로부터 억압을 받은 상처가 클수록 그 기간이 길어지는 것은 서머힐이 경험적으로 얻은 반증이다. 따라서 서머힐은 그 과정을 충분히 겪어 내도록 허용한다. 자유의 실현이란 주어짐으로써 당연스럽게 얻어지는 결과물이 아니라 건강한 주체의 회복과 시행착오의 과정을 통해 학습되는 결과이기 때문이다. 다만 그 학습은 지식으로서의 학습이 아니라 경험을 통해 얻어지는 태도다. 그런 의미에서 개인의 자유를 존중하는 민주학교가 시행착오와 갈등의 과정을 어떻게 허용하고 조정하고 끊임없이 성찰함으로써 길을 내는가는 매우 중요한 과제가 될 것이다.

그 과정에는 신뢰도 필요하다. 닐의 저작들은 성선설을 기반으로 아동과 인간에 대한 깊은 신뢰를 보여 준다. 한편으로는 학생으로부터의 신뢰도 필요하다. 나의 욕구와 욕망이 어떤 것이든 서머힐이라는 공동체로부터 포용될 것이라는 믿음을 갖기 전까지 학생들은 온갖 문제를 일으킨다. 그 왜곡된 자아가 바로 설 때까지 지켜보고 기다리고 공동체가 논의하는 과정이 함께한다. 그러나 그 과정은 '무엇이든 허용된다Do-Whatever-you-want'는 방종의 허용은 아니다. 다만 무엇을 기다리고 무엇을 허용하고 어디에서 한계를 지을 것인가에 대한 논의는 서머힐에서는 공동체의 민주적인 토론과 합의에 기반한다. 서머힐이 '자유학교Free School'라는 표현보다 '자치학교Self-Governing School', 혹은 '민주학교 Democratic School'라는 표현을 더 선호하는 것은 이 때문이다.

100년 동안 만들어 온 실천적 민주주의, 학교회의

앞서 지적한 대로, 서머힐을 지탱하는 두 가지 기둥은 자유와 민주주의다. 여기서 자유는 학생의 자유만을 의미하지 않는다. 서머힐의 스태프 (서머힐에서는 교사를 비롯한 모든 교직원을 '스태프Staff'로 통칭해서 부른다. 이는 교사, 교직원, 학생 사이를 수직적 권력관계에서 벗어나 역할만 다른 수평적 존재로 인식하고자 하는 서머힐의 민주적 철학이 바탕이 된 용어다) 역시 공동체의 일원으로 공동체 안에서 자유를 누린다. 따라서 모든 학생과 스태프가 각자의 자유를 타인의 자유와 어떻게 상충하지 않도록 조정할 수 있을까에 초점을 맞춘다.

그 민주주의의 과정이 바로 서머힐의 유명한 학교회의School Meeting다. 학교의 규칙을 정하고 그 운영을 책임지는 학교회의에서는 교사든 교직원이든 교장이든 5세 어린 학생이든 간에 모두가 똑같이 1인 1표의 권한을 갖는다. 민주주의를 '구성원들이 공동체의 주인으로서 주권을 행사함으로써 권력을 갖는 체제'라고 정의한다면, 서머힐은 그런 의미에서 진정한 민주학교로서 교육 민주주의를 실현해 왔다. 별도의 학생자치기구를 통해 허용된 범위 안에서만 자유를 누리는 부분적 민주주의가 아니라, 학교에서 매일매일 벌어지는 일상에 대해 자기결정권을 지닌 최고 의사결정기구로서 구성원 모두가 동등한 권리와 의무를 갖는다. 물론 서머힐이 가장 이상적이고 완벽한 민주주의를 실현하고 있다고 단언할 수는 없다. 학교 운영 및 재정, 교사 임면, 교육과정 편성의 권한이 학교회의에 주어지지 않는 서머힐과 달리, 그 모든 것들을 학생들에게 맡기는 학교들도 있기 때문이다. 그럼에도 서머힐이 100년 동안 만들어 온 실천은 살아 있는 사례로서 중요한 시사점을 던져 준다.

학교회의는 결정권만을 갖는 것은 아니다. 학교회의는 구성원 한 사람 한 사람의 목소리가 존중되고 논의의 안건이 될 수 있는 장이기 때문에 개개인의 권리를 보장받을 수 있는 중요한 보호장치가 된다. 교사도, 고학년 선배도, 스태프도 언제든지 동등한 입장에서 어린 학생들에 의해 학교회의에 소환될 수 있으므로 학생들은 학교회의를 통해 자신의 권리가 공동체 안에서 살아 있음을 체득한다. 어떠한 권위나 권력도 공동체 안에서 부당하게 발휘될 수 없는 까닭은 성인들의 권위나 권력을 내려놓겠다는 개인적 결단과 호혜의 결과이기도 하겠지만, 더 중요하게는 권위가 작동하기 어려운 학교회의의 구조적 기능이 있기 때문이기도 하다. 아무리 교장이라도 권위적인 태도나 언사를 했다면 다음 학교회의에서 학생에 의해 공개적으로 문제 제기를 받을 수밖에 없다. 소환된 사람에게는 그 자리에서 자기 입장을 충분히 소명할 기회가 있으며, 이에 대한 처리는 공동체의 토의를 거친 끝에 다수결로 결정된다. 물론 문제행동에 대한 처벌이든 학교의 여러 가지 사안에 대한 결정이든 처벌 방식 등에는 다수결의 한계가 존재한다. 그런 의미에서 전원 합의의 끝장토론 등 다른 방식의 결정을 더 좋은 민주주의의 구현으로 바라보는 시각도 있을 수 있다.

다만 서머힐은 이런 방식으로 개인의 자유에 기반한 민주주의를 실천할 나름대로의 기능적 구조를 갖추고 운영되어 왔다. 이는 학교가 처음 설립된 1920년대뿐만 아니라 지금까지도 여전히 시대를 앞서는 혹은 급진적인 것으로 받아들여지고 있다. 어쩌면 그 급진성이 서머힐을 지금까지 대안교육의 '아이콘'으로 존재하도록 기여했으리라.

서머힐을 구하라! 교육의 대안적 가치를 보장하라!

또 한 가지 언급하고 싶은 사실은 서머힐이 1999년 교육책무성을 강조하던 당시 토니 블레어 정부로부터 자신들이 80여 년간 지속해 온 교육 실천에 대해 비교육적이라는 평가를 받고 문을 닫을 위기에 놓였었다는 점이다. 이에 서머힐은 자신들의 교육적 가치가 단순히 출석률과 같은 정량적 평가로 쉽게 재단될 문제가 아니라 학교가 90여 년 동안 지켜 온 교육철학의 문제라는 점을 분명하게 하며 행정소송을 제기했다. 'S.A.V.E.Support Alternative Values in Education Summerhil.' 서머힐을 구하라, 교육의 대안적 가치를 보장하라는 이중적인 의미의 캠페인으로 진행된 이 싸움은 결국 교육 당국이 폐쇄 명령을 철회하고 앞으로는 서머힐의 철학을 존중하는 장학감사를 수행하는 것으로 화의를 신청함으로써 마무리되었다. 당시 서머힐은 민주시민교육Education for Citizenship 과목을 신설하고 교육을 통한 민주주의의 육성을 강조하던 정부가 실제 민주주의를 구현하고 있는 교육현장에 비민주적인 처분을 내리고 있다는 문제를 제기한 바 있다.

서머힐의 가치는 단순히 자유와 민주주의라는, 일견 교육과는 한 걸음 떨어진 주제로 연결되어 설명될 수 있는 것이 아니다. 공동체 안에서 자신의 욕구를 스스로 선택하여 충분히 실현하거나 조절해 본 학생들은 학교 밖의 삶에서도 자신의 삶을 주체적으로 선택하여 스스로 꾸려 나간다. 그리하여 어떤 사회적 억압이나 욕망에 휘둘리지 않고 자기선택에 만족하며 행복하게 살아가는 시민이 된다. 닐은 서머힐을 통해 '신경질적인 수상보다는 행복한 거리의 청소부를 만들고자 한다'는 점을 분명히 한다. 서머힐의 교육 목표가 '행복한 어린이Happy Child'를 지향한다는 것은 학생들이 서머힐이라는 고립된 이상적 공간Separate paradise에서 일시적인 도피적 행복을 추구한다는 의미가 아니다. 서머힐 공동체는 어느 사회보다 삶의 치열함이 살아 있는 공간이기 때문이다. 아이들은 자신의 권리를 보장받고, 불의한 침해를 물리치며, 공동체 안에서 타인을 존중하며 살아갈 수 있는 법을 매일매일의 생활을 통해 배운다. 서머힐에서 '학습'이 어떻게 이루어지는지를 묻는다면 서머힐의 교육과정은 바로 이 '생활'이라고 이야기할 수밖에 없다. 이를 통해 스스로 서고, 함께 사는 세상을 만드는 주체자로서 졸업생이 나올 수 있도록 교육환경을 제공하는 것이다.

그렇다고 이것이 안분지족의 초월적 태도를 의미하는 것도 아니다. 서머힐 역시 '전통적인 의미'로 학습을 제공한다. 다만 이 교육과정이 일반적인 학교와 다른 것은 그 학습이, 서머힐의 다른 모든 놀이나 활동들과 마찬가지로, 자신의 선택으로부터 출발하기 때문에 매우 깊은 자기 동기화를 기반으로 하며, 따라서 학습자는 학습 내용을 '스펀지처럼 빨아들인다'(한 서머힐 교사의 인터뷰에 나온 표현)는 점이다. 그러므로 특히 어린 나이에는 의무적인 수업 출석률에 얽매이기보다는 자유롭게 스스로 선택한 시간에 스스로 선택한 놀이를 집중해서 할 수 있도록 함으로써 자기선택과 주체성에 대한 충분한 역량이 쌓이도록 배려하고, 이후 청소년기를 거치면서 세상과 자신의 진로를 스스로 고민하고 선택함으로써 자기가 선택한 바에 책임을 지기 위해 최선을 다할 수 있는 성장을 기다린다. 서머힐이 11세 넘은 편입생을 받지 않는 이유 역시 16세에 중등교육이 마무리되는 영국 교육의 체계상 그 교육적 결과를 만들어 낼 시간적 여유가 없다는 현실적 판단에 기반한다.

서머힐을 통해 무엇을 고민할 것인가?

물론 이런 서머힐의 교육철학과 접근법이 교육과정이나 교수법 측면에서 전통적인 학습이 더 개선되어야 할 필요가 있다는 당위성에 대한 변명으로 받아들여질 수는 없다. 실제로 일본의 서머힐 연구자 호리 신이치로는 이런 맥락에서 서머힐의 철학에 더해 구조적 학습의 혁신을 '프로젝트 학습'이라는 요소를 통해 보완한 '키노쿠니 어린이마을'이라는 학교를 통해 구현한 바 있다. 그럼에도 서머힐이 전통적 학습을 매우 도구적-스스로 선택한 진로에 필요한 자격증(일반중등교육자격고사 포함)이 있다면 그 시험 준비를 통해 따면 된다는 태도-으로 바라보기 때문에 이에 필요한 교수법이나 교육과정이 '시험'에 맞춰져 있다는 측면으로만 비판하는 것은 합당하지 않다.

한편, 이런 태도가 대학입시로 교육 현실이 왜곡되어 있는 한국의 상황에서 그대로 적용되기는 쉽지 않다. 한국의 많은 대안학교가 결국 영어나 대입이라는 블랙홀로부터 새로운 대안을 만들어 내지 못한 채 어정쩡한 타협으로 그 정체성을 잃게 되는 겸연쩍은 상태를 상당수 목격하게 된다. 무엇을 가르치고, 무엇을 경험하며, 어떻게 나아갈 것인가에 대해 서머힐로부터 얻을 수 있는 시사점과 우리의 전망을 만들 필요가 있다.안준영, 2021

학생 인권과 민주적인 교육이 강조되고 있는 오늘날의 한국 교육은 서머힐을 통해 무엇을 고민할 것인가? 다시 강조하지만, 서머힐은 가장 이상적인 민주학교의 완벽한 형태가 아니다. 다만 민주民主, 즉 구성원이 스스로 주체가 된다는 것이 우리의 교육현장에서 어떤 방식으로 가능할 것인가라는 근본적인 고민, 그리고 그 실질적 도전을 위한 새로운 패러다임을 논의하는 데 중요한 시사점들을 던져 준다. 이를 위해 서머힐이 지난 100년간 구현해 옴으로써 단순한 이상이나 비현실적 가치가 아니라 하나의 실천으로 보여 준 내용에 대해 다시 한번 천착해 볼 필요가 있을 것이다.

서머힐학교에 대하여[2]

서머힐학교는 현존하는 가장 오래된 어린이들의 민주주의라고 할 수 있으며, 세계적으로 가장 영감을 많이 주는 학교 중 하나입니다. 서머힐은 1921년 매우 진취적인 교육자이자 세계 여러 나라의 많은 학부모, 교육자, 연구자들에게 영감을 주는 수많은 저작을 남긴 교육사상가 A. S. 닐Alexander Sutherland Neill이 설립했습니다. 닐은 자유와 평등, 열린 놀이, 자기 규제, 사회정서적인 웰빙, 그리고 강제성의 제거를 통해 건강하고 충만한 어린 시절을 보내는 것이 교육과 양육에서 최우선의 초점이 되어야 한다고 강조했습니다.

오늘날 서머힐학교는 100년 동안의 교육적 실천을 바탕으로 어린이들에게 전인적 교육을 안정적으로 제공하고 있는 교육기관입니다. 서머힐은 따뜻하고 사랑 충만하고 진정성 있는 공동체를 통해 평등한 권리를 제공함으로써 개인성을 존중하는 동시에 높은 수준의 교육을 함께 제공하고 있습니다. 또한 세계의 여러 학교, 대학들과 함께 긴밀하게 협력하고 있습니다.

유엔은 서머힐이 실천해 온 어린이의 인권과 좋은 삶Wellbeing에 대한 전문성을 높이 평가하면서 지난 20여 년 동안 서머힐의 교직원이나 학생들을 유엔이 주최한 여러 콘퍼런스에 초청했습니다. 유엔 아동권리위원회의 파울로 데이비드 위원장은 "아동권리협약은 아동이 자신에게 영향을 미치는 결정들에 참여할 수 있는 권리를 인정해야 한다는 점을 강하게 지적하고 있는데, 서머힐학교는 이 학교가 가진 고유한 교육 방식을 통해 이 권리를 우리 기대 이상으로 충족시키고 있다"라고 언급했습니다.

서머힐학교의 100주년은 우리 사회와 교육이 어린이들에게 부과하는 억압을 완화시키고자 하는 모든 이들에게도 큰 의미를 지닙니다. 서머힐은 교

---

2. 이 글은 서머힐학교 100주년을 기념하기 위해 'Summerhill Festival of Childhood'를 기획하면서 홍보용으로 준비한 내용을 각 나라 준비위원들이 자기 언어로 번역하여 홍보하는 과정에서 하태욱이 한국어로 번역한 것이다. 지나치게 이상화된 철학이나 화석화된 가치가 아니라 살아 있는 실천으로서 서머힐의 오늘을 보여 준다고 판단되어 함께 소개한다.

육이 아동기를 충분히 누리면서도 창의성과 자기 동기화, 행복한 개인으로서 사회에 기여하고 지역사회와 깊은 관계와 이해를 가질 수 있는 존재로 기를 수 있음을 보여 주는 충분한 근거가 되기 때문입니다.

현재 우리가 마주하고 있는 세계적인 팬데믹 현상이나 어느 때보다 위협적인 환경 위기, 디지털 세상의 빠른 발달이나 난민 문제, 그리고 어린이의 사회정서적 웰빙의 악화가 심해짐에 따라 그 어느 때보다 교육에 새로운 발상이 요구되고 있습니다. 서머힐은 지난 100년의 경험을 통해 어린이의 사회정서적 웰빙, 열린 놀이, 평등, 권리, 민주주의 및 강압성의 제거 등을 최우선으로 삼는 세계의 많은 교육자 및 기관들과 함께 우리 교육과 사회의 새로운 모습 그리고 지속가능한 미래를 위해 노력하고 있습니다.

Summerhill Festival of Childhood
2022. 8. 5~10 Peakheal Park, Leiston, Suffork, UK.

이 신나는 행사는 서머힐학교의 100주년과 A. S. 닐이 우리에게 던진 교육과 양육에 대한 영감을 기념하기 위해 기획되었습니다. 또한 이 행사는 인류의 미래가 걸린 매우 중요한 시기로서의 아동기를 축하하고 있습니다.

A. S. 닐의 글과 업적, 그리고 서머힐학교 100년의 역사는 전 세계 수십만 명의 사람들에게 교육과 양육에 대한 새로운 방식을 바라보고 생각하게 합니다. 더욱 인간적인 방식, 아이들이 자유, 사랑, 공간, 시간을 가지고 성장할 수 있게 하는 방식, 압력과 기대를 줄이고 아이들이 스스로 결정할 수 있게 하는 방식, 자신의 관심과 흥미에 따라 배울 수 있게 하는 방식이지요. 이 모든 것들은 전 세계에 걸쳐 실천되어 왔고, 우리 세상을 좀 더 긍정적인 방향으로 이끌었습니다. 물론 작은 걸음이지만 무엇보다 중요한 것은 이 작은 걸음들이 점점 늘어나고 있고 탄력을 받아 성장하고 있다는 것입니다.

'Childhood'(아동기)라는 서머힐 페스티벌의 아이디어가 발생한 것도 이런 이유에서입니다. 구체적인 방법론을 이야기하는 대신, 이러한 가치관을 중심으로 뭉쳐 '아동기'에 초점을 맞추자는 취지입니다. 우리는 전 세계에서 수

많은 이들이 하는 놀라운 일들을 모두 함께 나누고 축하하면서, 유연성을 가지고 개별화된 교육과정뿐만 아니라 자유, 평등, 놀이, 진실성, 창의성, 민주주의와 공동체를 통한 '전인교육'을 중심으로 모든 사람이 단결하게 하고 싶습니다. 이러한 통합은 지구촌 변화의 모멘텀을 개선하고 이러한 아이디어를 더 잘 실천하기 위해 필수적일 것입니다.

현재 100명이 넘는 자원봉사자들이 이 역사적인 시간을 밝히기 위해 시간과 에너지를 바치고 있습니다. 우리는 A. S. 닐에게서 받은 영감으로 아동기에 가해지는 압박을 완화하기 위해 노력하는 전 세계의 선구적인 조직들과 연대하고 협력했습니다. 지금까지 그들의 열정은 놀라울 뿐만 아니라 나날이 성장하고 있는 것 같습니다.

런던대학교 교육연구대학원Institute of Education과의 매우 흥미로운 협업도 2022년 후반에 진행될 것입니다. 이 행사는 서머힐학교 출신 학생들의 예술 전시회가 될 예정이며, 교육연구대학원이 런던 내 3개 지역에서 주최하는 교육 행사와 함께 진행될 것입니다. 이 행사에 대한 자세한 내용은 조만간 공유하겠습니다.

A. S. 닐 아카이브연구센터
-서머힐학교의 교육적 가치를 고취한다

1921년 A. S. 닐이 설립한 서머힐학교는 100년 동안 민주주의와 자율성을 통한 전인 교육을 옹호해 왔습니다. 아동기와 배움에 대한 A. S. 닐의 아이디어는 세대에 걸쳐 교육자들에게 영향을 미쳤으며 서머힐의 수많은 혁신은 세계적으로 교육에 대한 이해를 바꾸어 놓았습니다. 서머힐의 가치는 포용적이고 상호 존중적인 공동체가 형성될 수 있는 견고한 토대를 제공하고 있습니다.

서머힐은 여전히 시대를 앞서가고 있습니다

100주년 기념 행사www.100yearsofsummerhill.co.uk의 일환으로 우리는 A. S. 닐 아카이브연구센터를 설립하고 있습니다. 설립 목적은 기록보관소, 도서관, 콘퍼런스 센터, 교육 시설, 행사 및 전시 시설과 함께 가상 학습 시설까지 갖춘 전용 공간을 마련하는 것입니다. 이 흥미로운 학습 공간에서는 회의 및 워크숍 활동을 전 세계 청중들에게 스트리밍하고 웹캐스트를 제작하여 대학 정규 과정 및 세미나와 연결할 수 있습니다.

파트너십

우리 센터는 학교 및 대학, 그리고 국가 정부와의 의미 있는 연구 협력을 지원할 것입니다. 주된 목적은 아동기, 교육, 인간과 공동체와 관련된 서머힐의 가치에 대한 심도 있는 이해를 장려하고, 이러한 분야에서 일하는 사람들이 자신의 위치에서 어떤 요소들을 구현시킬 수 있을지 파악할 수 있도록 지원하는 데 있습니다.

기록보관소

A. S. 닐의 저술과 서머힐 경험의 중요성을 고려하여 이 센터는 서머힐학교 설립 이전부터 시작된 100년 이상의 자료들을 수집하고 목록화하여 보존할 것입니다. 세계에서 가장 오래된 아동민주주의 안에서 생성된 공동체 생활에 대한 독특한 정보를 끊임없이 생산하고 보존하는 서머힐학교 자체의 살아 있는 기록보관소 역할도 하게 됩니다. 센터는 전문화된 기록보관 시설을 통해 설립자의 유산을 보호할 수 있을 뿐만 아니라, 경험 및 방법, 통찰력을 광범위하게 연구하여 교육적인 사고와 국제적인 실천에서 얻는 유익을 공유할 수 있을 것입니다.

요구

A. S. 닐의 저술과 그의 철학이 세계적인 교육 실천에 지속적인 영향을 미쳤을 뿐만 아니라 학교의 오랜 성공으로 서머힐은 지난 100년 동안 가장 영감을 주는 학교와 지역사회 중 하나가 되었습니다. 그 결과 국내외에서의 요구가 지역사회 자체를 침해하지 않는 범위에서의 학교 유치 역량을 넘어서고 있습니다. 100년 이후의 성장까지 고려했을 때, 이러한 수요를 충족시키기 위해서는 연구, 지식 및 혁신 공유를 위한 의미 있는 방문을 주최하고 온라인상에서도 더 많은 사람이 접근할 수 있는 시설을 갖춘 전용 센터가 필요합니다. 또한 장기적인 공공 이익을 위해서 매우 광범위한 자료, 기록, 원고, 회의록, 일지 및 사진을 적절히 분류하고 보관할 필요가 있습니다.

프로그램 구성

센터에서 개발하고 실행할 많은 프로그램은 다음과 같이 구성될 것으로 예상합니다.

- 교사 성장 연수: 서머힐의 가치 및 철학, 교육 실습에 대한 영국을 비롯한 전 세계 교사들을 위한 대면·비대면 강좌
- 학부모 연수: 서머힐의 가치와 육아 접근법에 대한 대면·비대면 강좌
- A. S. 닐 센터 행사: 닐과 서머힐학교의 철학 및 실천을 중심으로 한 모임, 토론, 워크숍, 콘퍼런스. 또한 서머힐 체험 행사의 성공에 탄력을 받아, 학교와 협력하여 A. S. 닐 아카이브연구센터의 자원과 시설로 더욱 풍성해진 유사 행사들을 개최할 계획입니다.
- 대학과의 파트너십: 교직원과 학생 성장 과정, 교과목 제공, 연구 프로젝트, 영국을 비롯한 유럽 및 국제기구 자금 지원 프로그램 개발을 위한 협업
- 학교를 위한 전문적 지원: 서머힐의 가치와 방법론적 측면을 학교 교육 과정 및 실천에 통합하거나 학교 운영 전반으로 채택하는 데 관심을 둠
- 학교 설립을 위한 전문적 지원: 새로운 학교 또는 교육환경을 구축하려고 하거나, 핵심 가치, 배움, 공동체 생활, 민주주의 회의 과정 등 서머힐의 접근 방식을 채택하고자 하는 개인 및 그룹과 긴밀하게 협력

연구

개인별 아동기와 교육의 중요성뿐만 아니라 인류의 현재와 미래를 강조하기 위해 서머힐학교 공동체의 기원과 가치, 문화, 철학, 그리고 100년 동안 진화해 온 실천을 탐구할 수 있는 연구의 시작을 지원하고자 합니다. 우리의 의도는 센터의 연구 잠재력을 극대화하고, 전통적인 실증주의 관점에서 인문학 및 사회과학의 다중 패러다임적 접근으로의 표류를 보강하기 위해 많은 대학 그리고 기타 교육기관과 협력하는 것입니다. 잠재적인 연구 분야는 다음과 같습니다.

- A. S. 닐의 저술
- A. S. 닐의 성장 배경과 어린 시절

- 서머힐의 기원
- 서머힐의 회의, 법률, 법정 사건 등
- 방종이 아닌 참 자유
- 자유롭고 순수하며 간섭받지 않는 놀이
- 위험 감수 및 자기계발
- 자연스러운 배움
- 사회적·정서적 발달
- 자치
- 지역사회에 대한 정서적 연결 및 책임
- 자기인식, 자기조절, 주체적 행동
- 강제적이지 않은 수업
- 학생들의 목소리
- 아동권리
- 사회인류학
- 시민교육
- 지속가능성 교육
- 교육사회학

전 세계인들이 자녀교육에 대한 산업적 접근에서 벗어날 방안을 모색하고 있는 상황에서 A. S. 닐 아카이브연구센터의 역할은 그 어느 때보다 중요합니다. "서머힐 자체의 미래는 그리 중요하지 않을 수 있기 때문입니다. 하지만 서머힐의 아이디어는 인류에게 가장 중요합니다. 새로운 세대는 자유 속에서 성장할 수 있는 기회가 주어져야만 합니다. 자유를 주는 것은 사랑을 주는 것입니다. 그리고 오직 사랑만이 세상을 구할 수 있습니다."A. S. 닐, 1963

A. S. 닐 서머힐 CIC는 서머힐학교, 현재 만들어지고 있는 A. S. 닐 아카이브연구센터와 함께 새롭게 만들어진 비영리 사회적기업입니다. 아동권리, 웰빙, 자유, 평등, 개인성, 열린 놀이, 자기주도성, 민주주의, 공동체의 가치를 고양하고 이런 가치를 영국 내는 물론 전 세계 어디서든 지역에 이러한 가치를 널리 알리려는 아동, 실천가, 부모, 돌봄 담당자, 대학생,

교수, 연구자를 비롯한 개인, 기관, 단체에 지원을 제공하기 위해 설립되었습니다. 이 신나는 프로젝트에 대해 더 알고 싶으면 웹사이트를 방문해 주시기 바랍니다. www.asneillsummerhillcic.co.uk

The A. S. Neill Summerhill Trust

A. S. 닐 서머힐 재단은 닐의 교육철학과 교육적 아이디어, 그의 삶과 저작을 널리 알리고 서머힐학교 학생들에 대한 장학금이나 다양한 형태의 재정적 지원을 목적으로 설립된 비영리재단입니다. 이 재단은 서머힐에 관련된 기존의 책들이나 새로운 책을 재출간하거나 번역하는 것을 돕고, 교직원이 해외에 나가 서머힐에 대한 워크숍을 운영하거나 서머힐 방문의 날을 조직하는 경우, 학생들이 다른 학교를 방문하여 어린이 권리와 민주주의에 대해 워크숍을 하는 경우 지원하기도 합니다. 재단은 해마다 서머힐 학비에 대한 장학금 지원을 시행하고 있습니다. 이 기금은 매우 한정되어 있어서 현재 재학생 중에서만 장학금 수여자를 선정할 수밖에 없습니다.

서머힐의 정신을 후원하기 위해 너른 마음으로 기부해 주신 모든 기부자께 깊은 감사를 드립니다. 여러분의 기부는 경제적인 이유로 서머힐을 떠날 수밖에 없는 학생들에게 서머힐 교육을 지속할 수 있는 기회를, 그리고 서머힐이 학교 안에서 해결할 수 없는 기타 활동들을 지원하는 데 쓰이고 있습니다.

혹시 학생들의 삶을 변화시키는 데 함께하고 싶으시다면 기부에 참여해 주시길 부탁드립니다. 일회성 기부든 정기 기부든 여러분의 기부는 매우 가치 있게 쓰일 것입니다. 기부를 원하시는 분이나 재단에 대해 더 알고 싶으신 분은 학교 행정실로 연락 주시기 바랍니다.

자유와 민주의 학교 서머힐[3]

한국에 초대해 주셔서 감사합니다. 저는 서머힐학교에서 교감으로 일하고 있으며 이 학교를 설립하신 A. S. 닐 선생님(1883년 10월 17일생)의 외손자이기도 합니다. 서머힐학교를 졸업한 서머힐리언(서머힐 동문)이자 이 학교 교사입니다. 닐 선생님은 1921년 서머힐학교를 설립하셨습니다. 서머힐학교는 전세계에서 가장 오래된 민주주의 학교라고 할 수 있습니다. 2021년에는 서머

힐학교가 100주년을 맞이합니다. 저는 여기 이 로고에 관해 설명하고 싶은데요. 이것은 서머힐학교의 100주년을 기념해서 만든 로고입니다. A. S. 닐 선생님을 캐리커처로 만든 것이 귀엽지 않습니까?

서머힐학교의 교육을 설명하기 위해 세 가지 측면을 이야기하고자 합니다.

첫째, 서머힐은 아이들의 전인적인 발달을 위한 교육을 추구합니다. 정서와 사회성을 발달시키면 인지적인 측면은 저절로 따라온다고 봅니다. 우리는 아이를 전인적인 존재로 바라봅니다.

둘째, 100년 동안 서머힐은 변해 왔습니다. 서머힐학교도 변화합니다. 사회는 끊임없이 변화하고 사회가 만드는 새로운 문제도 계속 바뀝니다. 이에 따라 서머힐학교도 바뀝니다. 그렇지만 A. S. 닐 선생님이 설정한 교육철학의 핵심은 변하지 않습니다. 모든 것을 새롭게 정할 수 있는 민주적인 학교이지만 이 부분은 절대 변하지 않습니다.

셋째, 우리가 아이들의 필요에 맞춰야 합니다. 서머힐의 교육은 모든 학생을 개인으로 받아들이고 수용합니다. 교육의 개별화, 개인에 대한 맞춤이죠. 학교가 아이들에게 맞추는 것이 맞습니다. 아이가 학교에 맞춰야 하는 것이 아니고요. 모든 사람은 생김이 다릅니다. 배우는 방식도 다르고, 사람들과 교

---

3. 이 글은 서머힐학교 교감이자 이 학교 설립자 A. S. 닐의 외손자인 헨리 레드헤드 (Henry Readhead) 선생이 2020년 서울, 대전, 광주, 울산, 부산에서 순회강연을 하면서 하태욱이 통역한 내용들을 녹취하여 종합한 것이다.

류하는 방식도 다릅니다. 감정을 느끼는 것도 다릅니다. 그래서 그것을 이해해야 합니다. 교육으로 개개인의 다양성을 지원해 줄 수 있어야 합니다.

우리에겐 우리 자신을 발견해야 할 시간이 필요한 겁니다. 아이들은 자연적으로 발달하게 되어 있습니다, 인지 능력 면에서도 스스로 발전합니다. 사회가 이러한 아이들의 자발적인 발전을 지원해 줄 수 있어야 합니다. 아이들에게는 자연적인 능력이 있습니다. 주변 세계로부터 끊임없이 발전할 수 있는 힘, 성장의 힘이죠. 아이들이 스스로 주변 생활에 적응하면서 발전해 갈 수 있게 하는 것이죠. 스스로 발전할 수 있게 하는 것. 자연스럽게 발전할 수 있게 하는 겁니다. 이것이 닐 선생님의 기본적인 철학입니다. 자유를 사용하여 교육한다는 것은 인간 스스로 능력을 개발시킨다는 겁니다. 그것을 가능토록 하는 기제는 바로 놀이입니다. 순수한 아이들의 놀이. 놀이를 통해 교육적 효과를 거두려는 가짜 놀이 말고 진짜 놀이 말입니다. 서머힐학교에서는 아이들이 원하는 만큼 충분히 놀게 합니다. 이 철학은 닐 선생님이 이야기한 것처럼 아이들은 놀 때 행복하다는 측면에 기반합니다. 그리고 행복한 아이는 행복한 어른이 됩니다. 매우 단순한 공식이죠. 아이들을 충분히 놀게 하는 것. 이것이 서머힐의 커리큘럼입니다. 아이들이 원하는 만큼 충분히 놀 수 있다는 것을 명시하고 있습니다. 강제가 없습니다. '수업에 들어가지 않을 자유'라고 표현되는 바로 그것입니다. 강요하는 것이 없습니다. 의무적으로 교육받아야 하는 것이 없다는 것이 서머힐의 근본적인 철학입니다.

이제부터 서머힐을 구성하는 네 가지 원칙에 대해서 간단히 말해 보겠습니다.

1. 방종이 아닌 참 자유

첫째로 우리 학교는 자유가 중요합니다. 이것은 절대적입니다. 학생은 원하는 것을 무엇이든 하고, 말할 수 있습니다. 다만 중요한 것은 닐 선생님은 '방종이 아닌 참 자유'라는 이야기를 하셨습니다. 소위 책임을 동반한 자유라는 개념입니다. 이것이 균형을 잡습니다. 다른 사람의 자유를 침해하면 안 됩니다. 밤 12시에는 드럼을 칠 수 없습니다. 다른 사람들이 자고 있기 때문이죠. 이것은 민주주의의 핵심이기도 하고 평등권과 같은 개념입니다. 그것은 민주주의를 이행합니다. 그런데 첫 번째, 우리는 권리의 개념으로만 이야기하기보다는 실제적인 부분으로 이야기합니다. 민주주의는 정치적인 요소도 있지만,

학생들과 자유를 이야기할 때 책임을 동반한 자유를 이야기합니다.

2. 평등

그다음은 평등입니다. 책임을 가진 자유는 평등의 문제를 동반합니다. 평등에는 두 가지 차원이 있습니다. 첫 번째는 투표권의 문제입니다. 우리는 일주일에 세 번 학교회의를 하고 거기서 운영 방식을 정합니다. 그 회의에서 결정은 거수로 정해집니다. 제가 투표하는 것과 6살 아이가 투표하는 것은 똑같이 한 표의 무게를 가집니다. 그보다 더 중요한 것은 심리적인 평등합니다. 실제로 위계관계가 없다고 느끼는 것이죠. 내 권리가 침해당한다고 생각되면 언제든지 문제를 제기할 수 있다고 느끼는 겁니다. 그리고 그 문제 제기는 어떤 것이든 공동체에 의해 받아들여지는 것입니다. 그런 의미에서 수직적인 위계구조가 아예 없지는 않습니다. 그런데 그 위계구조의 위쪽에서 권위를 갖는 것은 학교회의입니다. 학교회의의 결정은 공동체가 반드시 따라야 할 규칙이 됩니다. 일단 정해지면 적어도 2~3주는 그 규칙과 함께 살아야 합니다. 내 마음에 들지 않았어도요. 다만 살아보고도 여전히 동의가 되지 않으면 다시 문제 제기할 수 있습니다. 투표권을 가진다는 것은 권력을 주는 것입니다. 우리는 학생들에게 강요하지 않습니다.

3. 자치

자치는 회의의 과정입니다. 이것이 굉장히 중요합니다. 모든 결정은 회의를 통해서 이뤄집니다. 일주일에 세 번, 한 시간 동안 진행됩니다.[4] 여기서 모든 문제와 갈등을 해결합니다. 이것의 의미는 아이들이 직접적으로 의사결정의 과정에 참여한다는 겁니다. 직접적으로 관여한다는 것은 자신의 권리를 행사한다는 겁니다. 그것은 매우 강력합니다. 우리가 공동체에서 회의를 통해 이야기하고 참여할 때 그들이 자기 생활에 영향을 미칠 규칙을 만들죠. 민주주의를 몸으로 구현하는 겁니다. 이것이 굉장히 중요합니다.

간단히 재미있는 사례를 하나 이야기해 보겠습니다. 이 이야기를 통해 서머힐의 회의 절차나 자유와 평등에 대한 전체적인 그림을 그려 볼 수 있을 겁니다. 서머힐학교에는 트램펄린이 하나 있습니다. 매우 재밌죠. 이 트램펄린

---

4. 2022년 기준으로는 일주일에 두 번, 두 시간씩 진행하고 있음.

이 학교에 처음 도입되었을 때 우리는 회의를 통해 두 가지 규칙을 만들었습니다.

첫 번째로는 트램펄린 위에서는 신발을 신어서는 안 된다. 너무나 상식적이죠? 두 번째는 트램펄린을 이용하고 싶은 사람은 원하는 만큼 얼마든지 이용할 수 있다. 다만 누군가가 와서 자신도 트램펄린을 이용하고 싶다고 한다면 그로부터 5분간 더 이용할 수 있다. 굉장히 단순한 규칙이죠.

자, 그럼 제가 트램펄린 위에서 놀고 있다고 합시다. 서머힐에서 교감이라는 굉장히 중요한 직책을 가진 사람이 트램펄린 위에서 뛰고 있는 겁니다. 아주 중요한 업무 중 하나라고 할 수 있죠. 저는 제 자유를 즐기고 있습니다. 그런데 6살 여자아이가 트램펄린 앞에 와서 자기도 놀고 싶다고 말합니다. "헨리[5], 지금부터 5분이야"라고 아이가 말합니다. "자, 이제 4분 남았어!" 아이는 시간을 재고 있습니다. "헨리 3분 남았어!" 이 시점에 저는 이런 생각이 듭니다. 서머힐에서 평등을 강조하는 것이 꼭 좋은 일은 아닐지도 모르겠다고요. "자, 2분 남았어!" 아이가 말합니다. 그럼 저는 자연의 법칙인 적자생존에까지도 생각이 미칩니다. 저는 6살짜리 여자아이보다 훨씬 크고 힘도 세지 않습니까. 그런데도 아이는 말합니다. "헨리, 1분이야." 저는 더 이상 서머힐에서 행복하지 않습니다. 마침내 시간이 다 되고 여자아이가 말합니다. "자, 이제 나와!" 하지만 저는 제 자유를 조금 더 누리기로 결정합니다. "메~ 롱." 하고는 내려가지 않는 거죠.

바로 이런 경우에 갈등이 생깁니다. 서머힐에서 이런 상황에 이 여자아이에게는 두 가지 선택권이 있습니다. 하나는 옴부즈맨을 부르는 겁니다. 학교회의에서 선출된 고학년들이 대부분인데 서머힐 생활의 경험이 많은 아이들입니다. 여자아이는 옴부즈맨과 함께 나타납니다. 요즘 서머힐에서는 고학년들 사이에서 군사체육Army Fitness이라는 운동이 유행인데, 옴부즈맨은 근육이 매우 발달한 덩치 큰 아이입니다. 이렇게 덩치 큰 옴부즈맨이 와서 "헨리 나와!" 하면 조금 더 압박감이 있습니다. 하지만 여전히 저는 제 자유를 더

---

5. 일반적으로 '선생님(Sir/Ma'am)'이라는 호칭을 쓰는 고급 사립학교들이나 'Mr/Mrs/Miss 성(Last Name)'으로 칭하는 일반 학교들과 달리 서머힐은 수평적 관계를 위해 나이와 관계없이 구성원들 모두가 서로 이름(First Name)을 부른다. 따라서 이 예화에 나오는 6살 여학생이 교감(Henry Readhead) 선생님을 '헨리'라고 부르는 것은 매우 자연스러운 일상이다.

즐기기로 결정하고, 다시 한번 두 사람을 향해 "메~ 롱." 합니다. 그러면 여자아이는 두 번째 옵션을 발동합니다. 학교회의에 저를 소환하는 것이죠. 물론 두 번째 옵션은 첫 번째 옵션이 통하지 않을 때만 쓸 수 있는 것은 아니고, 여자아이는 언제나 첫 번째 옵션이든 두 번째 옵션이든 원하는 대로 선택할 수 있습니다.

학교회의에 안건을 제시하는 방법은 매우 간단합니다. 서기를 맡은 학생에게 가서 안건이 하나 있다고 말하면 됩니다. 무슨 안건인지 그것이 안건이 될 만한 가치가 있는 일인지 따지지 않아도 됩니다. 그냥 안건이 있다고만 말하면 됩니다. 학교회의는 현재 일주일에 세 번, 각각의 회의는 한 시간씩 열립니다. 회의의 횟수와 시간 역시 학교회의에서 정합니다. 현재 정해진 것은 일주일에 세 번 각각 한 시간씩입니다. 회의 참석 역시 필수는 아닙니다. 다만 학교회의에 소환되는 경우에는 반드시 출석해야 합니다. 회의에서는 순서대로 안건을 다루다가, 여자아이의 안건 순서가 되면 그 아이가 무슨 일이 있었는지 설명합니다. 의장을 맡은 학생은 제게 실제 그런 일이 있었는지 물을 겁니다.

회의에서는 제가 왜 그런 일을 저질렀는지, 무슨 생각이었는지, 심리적인 이유를 따지지 않습니다. (교감이) 도대체 어떻게 그럴 수 있느냐고 도덕적으로 비난하지도 않습니다. 다만 저는 공동체가 정한 규칙을 깼고, 그런 행위는 공동체에서 받아들여지지 않는다는 사실을 받습니다. 그래서 보통은 공동체가 정하는 불이익을 받습니다. 용돈이 깎이거나, 차를 마실 때 쿠키를 먹을 수 없거나, 학교에 필요한 일을 하는 간단한 벌입니다. 벌도 도덕적 죄의식을 동반하지 않습니다. 다만 이 벌을 받기보다는 공동체의 규칙을 지키는 게 낫다는 것을 인지하게끔 합니다.

제 경우에는 회의 참가자 중 한 아이가 24시간 트램펄린 사용 금지라는 제안을 내놓고, 다수결로 통과가 되는 경우가 예상됩니다. 네, 저는 앞으로 24시간 동안 트램펄린에서 놀 수 없게 되었습니다. 그래서 다음에 같은 상황이 닥치면 24시간 트램펄린 사용 금지를 당하느니 5분 동안만 더 놀고 내려와 순서를 지키는 편이 낫다고 판단하게 될 겁니다. 여기서 또 한 가지 중요한 것은 그 6살 여자아이에게 공평함과 정의감을 심어 주는 것입니다. 나이가 어리고, 신체적으로 약하고, 여자아이고, 인종이 어떻고, 돈이 많고 적은 것 등 어떤 조건도 중요하지 않습니다. 중요한 것은 서머힐에서 우리는 모두 수평적으로 평등하다는 겁니다. 그리고 그 평등함이 누군가에 의해 침해당했을 때는 그 약한 존재도 자기 권리가 침해당했음을 아주 간편하게 호소할 장치가 있고, 공동체에 의해 정의가 세워진다는 것을 이 경험을 통해 알게 된다는 겁니다.

또 다른 중요한 점은 이것이 상당히 단순한 제도라는 점입니다, 우리는 아이들과 함께 생활하기 때문이죠. 교과서에서 민주주의의 의미와 투표권, 평등과 권리에 대해 배우는 것은 우리가 아이들과 살아가는 데 별다른 차이를 만들어 주지 않습니다. 하지만 서머힐에 와서 5살, 6살 아이들에게 트램펄린 규칙을 물어보면, 그 아이들은 규칙이 무엇이고 그 규칙이 지켜지지 않았을 때 어떤 일이 벌어지는지 아주 잘 설명해 줄 겁니다. 왜냐하면 이 아이들이 직접 규칙을 만들었고, 그 규칙을 매일매일의 생활에서 소유하고 있기 때문이죠. 정말 좋은 점은 아이들 자신이 규칙을 만든 것입니다. 그 회의 절차를 이용해서 규칙과 권리를 지킬 수 있게 한 겁니다.

서머힐학교에는 약 400개가 넘는 규칙이 있습니다.[6] 이건 어찌 보면 자유가 아니죠. 당연히 그렇게 생각할 수 있습니다. 서머힐학교가 자유롭다고 하지만 우리는 공동체의 규칙을 만듭니다. 물론 그것을 강요하지는 않고, 매일매일의 생활에서 필요해지는 규칙을 계속 만듭니다. 필요 없다고 느껴지는 규칙들은 바꾸거나 없앱니다. 누구나 이 규칙들을 이해하고 준수합니다. 때로 학생들이 규칙을 위반하기도 하는데, 매우 중요한 부분입니다. 진짜 중요한 것은 그 과정에서 어떻게 배우느냐입니다. 또한 사람을 존중하는 것을 배우는 겁니다. 사람들은 아이들이 서머힐에서 어떻게 생활하는지. 그리고 그렇게 권리가 보장되는 환상적인 공간에서 생활하다 세상에 나갔을 때, 이들이 잘 살 수 있는지를 묻습니다. 이 공동체에서 회의를 이용하고 산다는 것, 정서적으로 권리에 대해서 이해한다는 것, 어떤 다른 사람이 나를 점유해서는 안 된다는 것, 이런 경우에는 생각하고 발언할 수 있어야 한다는 것을 배운다는 것은 이들이 살아가는 데 매우 중요한 원칙이 될 겁니다.

---

6. 2022년 기준으로는 500개가 넘는다.

4. 수업에 들어가지 않을 자유

지금까지 저는 우리가 서머힐에서 어떻게 생활하는지에 대해서 말했습니다. 우리가 숨 쉬고 음식을 먹는 것처럼 회의에 참여하고 문제를 해결합니다. 아이들은 마음껏 놀고, 행복하게 지냅니다. 행복감이 생깁니다. 이것은 학교라고 하기 이전에 분명히 삶입니다.

이제 우리가 흔히 이야기하는 교육, 즉 인지적인 발달 측면에 관해 이야기하겠습니다. 서머힐 학생들은 서머힐이라는 학교에서 배웁니다. 서머힐에도 수업이 있습니다. 수업에서 지식적인 것들도 배웁니다. 서머힐이 제공하는 인지적 교육과정은 일반 공교육 학교와 크게 다르지 않습니다. 공교육에서 배우는 기본적인 과목들이 모두 있습니다. GCSE라는 영국의 중등교육자격고사과정[7]을 일반 학교와 동일하게 운영하고 있습니다. 제도권에 있는 아이들과 똑같은 국가시험을 봅니다. 다른 점은 수업에 들어가지 않을 자유가 있다는 것입니다. 아이들에게 무조건 수업을 들으라고 강요하지 않습니다. 이것이 닐 선생님의 중요한 철학입니다. 자발적인 자기 동기부여. 자신의 흥미가 중요한 겁니다. 아이들이 어렸을 적에 충분히 놀고 싶다는 욕구를 만족시켰을 때, 정말 실컷 놀았을 때 그것으로 감성 지능을 축적하게 됩니다. 그러고 나면 삶이 다른 단계로 자연스럽게 이동하게 됩니다. 새로운 관심과 욕구, 그리고 성취감에 대한 추구나 지적 열망 같은 것이 생기지요.

앞에서 말씀드린 대로 아이들이 5살쯤 서머힐에 오면 2~3년 동안은 다른 아무것도 안 하고 노는 데 집중합니다. 그럼 학부모들은 자기 자녀가 글도 못 읽고 못 쓰게 될까 봐 걱정하시겠죠. 하지만 아이들은 아무 걱정 없이 놉니다. 친구들과 아주 마음껏 즐깁니다. 그런데 어느 시점부터 아이들이 노는 데 지루함을 느끼게 됩니다. 뭔가 다른 일, 새로운 것을 원하는 단계가 옵니다. 그럴 때 "수업을 들어 보는 게 어때?" 하고 권하면 즉각 "좋은 생각이야." 하고 반응합니다. 그러고는 제 발로 수업에 들어갑니다.

배움을 강요하지 않을 때. 아이들이 정말 원하는 순간에 수업을 들을 때 진정한 배움이 일어납니다. 억지로 국가가 정해 놓은 교육과정을 가르치는

---

7. GCSE는 General Certificate of Secondary Education의 약자. 우리나라의 고졸 자격 검정고시와 같은 개념이지만, 출석을 기준으로 졸업장을 통해 학력을 인정하는 우리나라와 달리 영국의 학생들은 정규 학교를 다녔든 안 다녔든 선택한 과목별로 이 시험을 봐서 통과한 과목에 대해서만 학력이 인정된다.

것은 시간을 죽이는 것과 같습니다. 아이들은 배움이 참을성과 관계된다고 생각합니다. 지루함, 재미없음, 억지, 의무, 인내, 시간 때우기 같은 부정적인 감정들과 연결됩니다. 그러는데 재미가 있을 리가 없죠. 성취감이 있을까요? 자기 발전의 느낌이 있을까요? '이거 진짜 좋다'고 느낄 수 있도록 하는 게 교육에서 진짜 원하는 것이 아닐까요? 우리는 이것이 이뤄지기를 바랍니다. 그래서 수업을 강요하지 않습니다.

서머힐에서는 13~18세가 되면 아이들이 시험을 보겠다고 마음먹습니다. 서머힐을 떠나면 어떤 일을 할 수 있을까 고민을 하기 때문이죠. 그것을 할 수 있으려면 어떤 공부를 해야 하는지 생각하게 됩니다. 그 나이 정도에 고민을 시작하곤 합니다. 물론 그 시기는 일정하지 않습니다. 학생 개개인이 스스로 그 시기를 정합니다. 그때가 오는 거죠. 필요하다고 생각하면 아이들 스스로가 하게 됩니다. 그래서 교사들은 아이들을 신뢰해야 합니다. 아이들에 대한 신뢰가 가장 중요합니다.

이렇게 강요받지 않은 상태에서 자기 동기화로 수업에 들어온 학생들은 교사들이 정말로 만나고 싶어 하는 학생이 됩니다. 상상해 보십시오. 수업에 자기 동기화를 통해 스스로 걸어 들어와 매우 열정적으로 배움을 갈구합니다. 뭐든지 스펀지처럼 빨아들입니다. 심지어 수업이 끝났는데도 더 가르쳐 달라고 요구합니다. 교사로서 너무나 만나고 싶은 학생들 아닙니까? 그러니까 공교육에서는 12년을 억지로 해야 하는 공부가 서머힐에서는 2~3년 만에 끝납니다. 저학년의 수업참여율은 매우 저조하지만, 졸업 시기 GCSE 성적은 영국 평균을 뛰어넘습니다. 수업에 들어가지 않아도 되는 자유가 있기 때문입니다.

서머힐의 아이들이 다 다르듯이 서머힐의 졸업생들도 다 다르게 삽니다. 우리 사회가 생각할 수 있는 다양한 직업들을 선택해서 살고 있습니다. 실제 의사, 과학자, 연구자가 되기도 합니다. 예술가, 건축가도 있고, 그냥 동네에서 일하는 사람도 있습니다. 바로 이것이 굉장히 좋은 점이라고 생각합니다. 흔히 우리 사회는 교육을 통해서 무언가 목표를 향해 억지로 떠미는데, 그 목표에는 우리의 온갖 불안들, 미디어나 세상이 우리에게 부과하는 것들이 다 들어 있습니다. 그런데 실제로 그 불안들이나 세속적인 의무들은 현실적이지 않습니다.

한국이 이 부분에서 어려움을 겪고 있다고 들었습니다. 교육이 경직된 것이죠. 모든 사람이 공부를 열심히 해야만 경쟁에서 뒤처지지 않는다고 생각합니다. 하지만 실제로 일자리도 없지 않습니다. 중요한 것은 개개인의 능력은 자연스럽게 성장한다는 겁니다.

서머힐학교에서는 관계가 중요합니다. 교사와 학생의 관계가 매우 좋습니다. 학습환경도 굉장히 아름답고 좋은데요. 교사는 학생을 압박하지 않고, 친구끼리도 경쟁하지 않습니다. 교사도 열정적인 교사, 가르치는 것을 좋아하는 교사가 됩니다. 열정이 있다고 생각합니다. 여러분이 열정을 지닐 수 있도록 자유로워야 합니다. 열정이 있어야 아이들을 감동시킬 수 있습니다. 교사는 무언가에 열정이 있는 사람입니다. 열정이 있는 교사와 함께하게 되면 학습하는 환경이 굉장히 생산성이 높아집니다.

마지막으로, 닐 선생님의 말씀을 인용하면서 오늘 이야기를 마무리할까 합니다. 저는 강연에서 써먹기 위해 닐 선생님의 책을 뒤적일 때마다 계속 멋진 구절들을 새롭게 발견합니다. 그래서 좋아하는 구절이 계속 바뀝니다. 어쨌든 현재로서는 이 인용 구절이 가장 마음에 듭니다.

서머힐학교의 미래가 어떻게 될 것인가는 별로 중요하지 않다. 그러나 서머힐을 통해 보여 준 교육적 발상은 인류에게 아주 중요한 메시지를 준다. 우리가 키우는 다음 세대는 반드시 자유를 통해서 자라나야 한다. 자유가 주어진다는 것은 사랑이 주어진다는 것이다. 오직 사랑만이 세상을 구원할 것이다. -A. S. 닐

참고문헌

박용석(2002). 「니일」. 연세대학교 교육철학연구회 편. 『위대한 교육사상가들 5』. 교육과학사.

안준영(2021). 「간디학교의 대안학교 가닿기: 산청 간디고등학교 문화기술지 연구」. 건신대학원대학교 석사학위 논문.

Lane, H.(1982). *Talk to Parents and Teachers*. 김은산 옮김. 『부모와 교사들을 위한 아동교육론』. 학문사.

Neill, A. S.(1967). *Talking of Summerhill*. London: Gollancz.

_____(1972). *Neill! Neill! Orange Peel*. Pocket Books.

Neill, A. S. 강승규 옮김(1993). *That Dreadful School*. 『어린이의 삶을 사랑하는 교육』. 양서원.

Neill, A. S. 정세화 외 옮김(1998). *The Free Child*. 『자유로운 어린이』. 양서원.

5장

안토니오 그람시:
헤게모니, 유기적 지식인, 그리고 변혁적 교육학

심성보

1. 그람시의 핍박한 삶과 사상적 위기로부터의 탈주

안토니오 그람시Antonio Gramci, 1891~1937는 네 살 때 사고로 허리를 다쳐 평생 척추 장애인으로 살았다. 150센터의 키에 성장 장애, 병골로 시달려야 했다. 그람시는 1922년 무솔리니의 파시스트당이 검은셔츠단을 앞세워 승리하기 1년 전인 1921년에 창설된 이탈리아 공산당의 창립자 중 한 명이었다. 1924년에 그는 이탈리아 의회 의원으로 선출되었다. 1926년 파시스트 정부는 모든 야당을 불법이라고 선언했고, 1926년 11월 파시스트 당국은 그람시를 정치범으로 체포했다. 파시스트 정권의 검사 미셸 이그로Michele Isgro는 "우리는 이 두뇌가 20년 동안 작동하지 못하도록 막아야 한다"고 말했다. 그람시는 1937년 감옥에서 사망하기까지 수감생활 동안 역사, 문화, 정치, 철학 및 혁명에 대한 심오하고 영향력 있는 성찰을 담은 『옥중수고』를 저술했다. 주로 이탈리아 바리 근처의 토리노 감옥에서 10년 이상(1929~1937) 비밀리에 쓰인 이 글은 처형 타티아나에 의해 소련으로 밀반출되어 그의 동지들이 보존했으며, 그람시가 사망한 지 10년이 지나서 처음으로 출판되었다.

그람시는 오늘날 단테 다음으로 세계에서 가장 많이 인용되는 이탈리아 정치사상가이며 정치지도자로 추앙받고 있다. 그는 항상 불안정한 건강으로 고통받는 처지였지만 『옥중수고』 덕분에 새로운 국면에 도전하고 새롭게 적응하고 대응하는 불굴의 정신을 가진 참 증인으로 역사에 기록되었다. 『옥중수고』는 정치학, 사회학, 역사학, 철학을 공부하는 학생들과 해당 분야 학자들의 관심을 이끈 역사적 텍스트이다. 그람시는 유럽 좌파 사상의 발전에 지대한 공헌을 한 위대한 마르크스주의 고전을 저술함으로써 인류의 기념비적 문화유산이 되어 후세 사람들에게 길이 남아 있다.

그는 파시스트 지하 감옥에서 11년을 보내면서 노동계급혁명의 실패, 파시즘의 등장, 성가신 엄격한 검열, 그리고 읽을 수 있는 자료의 한계 속에서 자신의 생각을 꼼꼼히 적어 나갔다. 특히 민족국가로서의 국민의식과 세계국가로서의 보편적 이념 등 시대정신을 담은 깊은 사색과 성찰을 거쳐 위대한 옥고를 탄생시켰다. 고립된 생활과 심각한 건강 악화, 이런저런 장애로 집필 작업에 상당한 난관이 부딪혔음에도 '위장하는' 언어를 많이 사용하면서 집필을 해야 했다.

『옥중수고』에는 몇 개의 매우 중요한 편지가 포함되어 있었는데, 인상적인 다양한 메모, 다양한 주제 및 사색의 파편적 작업은 혼란을 야기할 수 있었다. 그가 말하고자 하는 진짜 내용이 무엇인지 의문을 갖게 했고 많은 논쟁을 불러일으켰다.

1917년 러시아혁명, 1920년 토리노 공장평의회의 혁명 운동, 1922년에서 1924년 사이에 모스크바와 빈에서의 국제회원 경험은 그람시에게 국가적이고 세계적인 안목을 갖게 한 결정적 계기가 되었다. 물론 그람시는 1차 세계대전 시기를 감옥에서 보내야 했기에 불가피한 '역사적 차단'으로 정치사상 발전에 직접적인 실행의 기회를 갖지 못한 공백기를 겪어야 했다. 그러함에도 세계와 역사적 분석 및 정치적 전략 등에 대한 논의는 사회와 역사 발전에 대한 급진적 수정을 감행함으로써 교조화된 마르크스주의에 새로운 생명력을 불어넣었다. 『옥중수고』에서 그람시는 경제적 불평등을 훨씬 넘어서는 통찰력을 제공하는 풍부하고 독특한 계급 이론화를 시도했다.

영국의 역사학자 에릭 홉스봄은 그람시에 대한 연구가 베를린 장벽이 무너진 후 신자유주의가 뒷받침하는 정치적 헤게모니에도 불구하고 줄어들지 않았을 뿐만 아니라, 그의 사상은 전 세계 연구자들의 새로운 관심의 대상이 되었다고 평가한다. 위대한 마르크스주의 사상가 그람시에 대한 문헌은 이후 양이나 질에서 진화를 멈추지 않아 그를 일약 '문화적 마르크스주의자'의 반열에 올려놓았다. 그람시는 상부구조인 '문화'가 하부구조인 경제 관계의 반영에 불과하다는 유물론적 마르크스주의 이론가와는 다른 관점을 보여 주고 있기 때문이다. 부르주아 지배를 가능케 하는 '헤게모니(지적·도덕적 지도력)'는 힘과 동의, 지배와 도덕적 지도의 배합을 통해 행사된다는 점을 간파했다는 면에서 그람시는 '문화적 마르크스주의자'라고 불린다.

그람시의 세계 사상가적 위치

그람시는 이탈리아의 마르크스주의 사상가로 아래로부터 대안적 세계를 건설하는 방법에 대한 급진적인 아이디어를 제창했고, 새로운 문명을 창조하기 위한 새로운 예술과 문화 투쟁, 그리고 교육을 강조했다.Gramsci, 2000가: 311-320, 393-399 국가는 윤리적 국가로서 또는 진정한 교육자로서 '문명civilta/civilization의 새로운 형식이나 차원'을 건설하는 기능을 한다. 모든 혁명은 그들 자신의 당면한 경제적·정치적 문제를 해결하는 과정에 휩싸이며, 같은 위치에 처한 다른 사람들과의 연대의 어떠한 결속도 결여되어 있어 오랜 과정에 걸친 강렬한 비판적 활동, 또는 새로운 문화적 통찰, 그리고 초기에 저항했던 사람들의 집단을 통한 생각의 확산이 먼저 이루어졌다.

『옥중수고』는 그람시 사상에 관심이 많은 학자, 그리고 기존의 정치적 관행을 반성하고 싶어 하는 활동가들에게는 새로운 희망의 등불로 다가왔다. 이는 문화 연구 및 국제 정치학, 경제학, 그리고 교육학 같은 학문 분야에 대한 관점을 제공한 지적·실천적 자극제이자 현대적 고전으로 자리하고 있다. 그람시의 통찰은 오늘날에도 여전히 우리에게 말을 걸어오는 20세기에 대한 심오한 반성 자료이자, 세계사의 새로운 방향을 향한 진로를 제시해 주고 있다. 이런 점에서 『옥중수고』는 혁명의 현실적 실패를 아파하면서 새로운 전망을 모색하는 가운데 탄생한 감옥에서의 '참회록'이라 할 수 있다. 수감생활 동안 그람시의 관심을 끈 주제는 무척 다양했고, 많은 학자들과 활동가들은 여전히 그람시가 다룬 다양한 내용에 매혹되었다.

그람시야말로 현대적 사고의 특징인 파편적 전문화를 거부하는 인문주의자, 어떤 측면에서 보면 진정한 '전통주의자'라고 말할 수 있다.아로노위츠, 2014: 226-227 『옥중수고』로 인해 그람시는 일약 20세기 가장 탁월한 시민사회의 이론가이자 마르크스주의 및 신좌파의 효시로 평가되기도 한다. 1920년대 후반과 1930년대 초반 초고가 쓰였음에도, 이 책이 널리 읽히기 시작한 것은 '옥중수고선집Selections from the Prison Notebooks'1971이란 제목으로 영어로 출간된 1970년대에 들어서였다. 이 책과 함께 서구 사회에선 '그람시 르네상스'가 도래했다. 파시스트 무솔리니에 의해 오랫동안 감옥 속에 갇혀야 했던 그람시의 순교자적 삶은 오히려 그를 교조적 스탈린주의에 오염되지 않은 실천적이고 혁명적인 마르크스주의자로 재탄생시킨 것이다. 또한 신사회운동을 강조하는 후기구조주의자/급진적 민주주의자 및 신사회운동가와 시민사회론자로부터도 상당한 조명을 받았다. 그리고 점점 상품화되고 있는 언어와 문화 활동 등 포스트모던 사회, 소위 '정보사회'의 위험에 대해서 대안적 통찰력을 보여 주었다.

감옥에 갇히기 전에도 모든 이론 작업에서 그람시는 항상 정당의 전위적 기능, 즉 정치적 지도부의 기관이라는 점을 분명히 했다. 많은 혁명가들의 사상과 활동을 살펴볼 때, 혁명 수단으로 교육이 활용되지 않은 경우는 드물다. 그런 면에서 그람시는 선전·선동을 넘어선 교육을 지향했다. 대체로 혁명 전위대가 밖에서 대중에게 혁명의식을 주입하고, 대중을 조직하며, 혁명 과정에 동원하는 일에 관심을 두었기에 정작 대중의 내적 잠재력(지도자로서의 지적·도덕적 지도력)을 믿고 대중과 지식인의 변증법적 상호교섭 과정을 통해 혁명을 주도해 나갈 지도자를 형성하는 일, 즉 지적·도덕적 리더십을 혁명적 과제로 삼아 이를 이론적으로 정당화한 경우를 찾아보기는 쉽지 않다. 이런 차원에서 보면 그람시는 이론과 실천을 결합한 보기 드문 실천적 혁명가의 모습을 보여 준다.

오늘날 민주주의 세력과 권위주의 세력 사이에 밀고 당기는 끊임없는 헤게모니 전쟁이 벌어지고 있다. 위기와 격변의 시기를 맞이하여 경합과 대립은 격화되고 있고 타협과 합의는 점점 더 어려워지고 있다. 그람시는 "옛것은 죽어가고 있으나 아직 새것은 태어나지 않고 있다"는 불안한 사태를 '헤게모니 위기'로 명명했다.

> 지배계급이 동의를 상실한다면, 이것은 틀림없이 대다수의 대중이 그들의 전통적 이데올로기로부터 분리되어 예전에 믿었던 것을 더 이상 믿지 않게 되는 것을 의미한다. 옛것은 사라지고, 새로운 것은 탄생될 수 없는 상태로 이루어져 있다.『옥중수고』

바로 이 '공백 기간interregnum'[1]이야말로 다양한 병적 징후들이 출현하는 때라며 격변기의 특징을 규정했다. 이러한 위기는 국가를 통한 지배계급의 반민중적 행동, 혹은 이전의 수동적 민중의 정치적 능동성이 성장한 결과이다. 어느 경우나 모두 '권위의 위기'를 동반한다. 이것이 바로 그람시가 말하는 '헤게모니의 위기' 또는 '국가의 전반적 위기'이다. 이런 인터-레그넘이 발생하고 있다는 그람시의 심각한 문제 제기는 오늘날 신자유주의적 자본주의 위기와 맞물려 더욱 극심해지고 있다. 이런 위기 국면

conjuncture(절박한 현재의 상황)[2]에서 그람시가 강조하고자 하는 것은 현재의 체제를 보존하고 방어하기 위해 행해지는 끊임없는 지속적 노력의 관점에서 이해해야 한다는 점이다. 따라서 중요한 것은 경제적 위기보다는 '위기 국면'이라고 표현된 정치적/사상적 위기이다.Gramsci, 2000가: 201 대표성의 위기가 단순히 의회 대표성의 위기로 한정되지 않고 상부구조의 모든 부문까지 확대될 때, 위기는 일반적인 국가의 위기로 발전한다. 그람시가 주목하는 위기는 과도한 '경제주의'와 과도한 '이데올로기주의'에 있다.Gramsci, 2000가: 202 그리고 자유방임적 자유주의에 의한 정치적 프로그램을 심각하게 우려했다.Gramsci, 2000가: 210-213

그람시가 제일 중요하게 생각한 '유기적 위기'는 1910년에서 1921년까지 지속되었고, 결국 무솔리니 파시즘의 출현으로 진압된 이탈리아의 위기였다. 이러한 조건 속에서 파시즘은 전쟁의 결과로 말미암아 정치적으

---

1. '인터-레그넘(inter-regnum)'은 로마법에서 통치하던 왕이 죽고 새로운 왕이 즉위하기 전의 '권력 공백 상태'를 말한다. 최고 권력의 공백 상태(궐위) 또는 헌정의 중단을 가리키는 말이다. 지그문트 바우만은 이 개념을 호명하여 하나의 체제(regnum/regime)와 다른 체제 사이의 불안정하고 혼란의 시대, 즉 '궐위의 시간'으로 해석했다. 하나의 통치, 하나의 삶의 질서에서 다른 통치, 다른 삶의 질서로 나아가는 이행기의 상황을 표현하는 개념이라고 할 수 있다. 특히 국민국가를 중심으로 한 질서가 쇠퇴하고 있는데, 우리 시대는 아직 그것을 대신할 만한 체제나 질서를 발견하지 못했다는 것이다. 에티엔 발리바르도 비슷한 맥락에서 우리가 살고 있는 시기를 "매우 흥미로운 시기"로 규정한 바 있는데, 이는 이 시기에는 우리가 현상들을 측정하거나 평가하기 위해 의존하는 주요 지표 내지 틀이 급속하게 변화되기 때문이다. 우리가 변화하는 현상들을 측정하기 위해서는 그 현상들과 독립적인 불변적(적어도 상대적으로라도) 척도들이 필요한데, 우리 시대는 이러한 척도들 자체가 순식간에 변모되는 시기라는 것이다. 우리는 지금 코로나 이전(과거)과 코로나 이후(미래)로 분기되는 궐위의 시간을 살고 있다. 그런데 아직 코로나 이후의 사회 또는 문명에 대한 전망이 불투명하게 전개되고 있다. 지금의 시대를 일명 인터레그넘 뉴 노멀(New Normal) 시대로 부르는 이유는 바로 현대 문명이 중요한 전환점에 서 있기 때문이다. 인터레그넘은 위기의 공간이면서 동시에 새로운 정치적 공간이다. 이 열린 공간에서 새로운 시대정신을 찾아가는 담론이 생성되어야 한다. 지금 어떤 변화가 일어나고 있는지를 분명하게 파악하고, 그것에 대응할 수 있는 대안적 질서를 형성하는 것이 중요한 때이다.
2. 레닌은 '국면'을 정치 전력이 적용되어야 할 현재의 순간에 존재하는 '정치세력의 균형'이나 '현재의 상황'이라 불렀다.

로 더욱 적극적이면서 노동운동과 그 조직을 잔인하게 공격할 수 있고 군대식 패거리로 쉽게 조직될 수 있었던 도시와 농촌의 소부르주아에서 대중적 기반을 발견했다. 이리하여 무솔리니의 파시스트 운동은 모든 부르주아 세력들을 정당, 정부, 국가를 결합하는 단일한 정치조직으로 재조직화함으로써 과거의 합의구조를 대체시키는 데 성공했다.[3]

이러한 위기가 심각한 '유기적 위기'라면 체제의 노력이 완전히 방어적일 수만은 없다. 여러 가지 노력은 정치세력 간의 새로운 균형을 이루려는 투쟁의 성공 여부에 달릴 것이며, 새로운 이데올로기의 형성과 국가제도의 재구성을 필요로 하게 될 것이다. 반대 세력이 세력 균형을 자기 쪽으로 이끌 만큼 강력하지 못하면, 보수 세력은 헤게모니를 재확립할 새로운 동맹 체제 형성에 성공할 수 있다. 매일 매일의 사건들의 기저에는 유기적이고 상대적으로 영속적이며 구조적인 변화가 일어난다.

이러한 위기 상황은 세력 간에 파멸적 균형 상태를 낳는다. 파멸적 균형 아래서 갈등하는 세력들은 서로 간에 파멸적 방식으로 균형을 이루고 있다. 다시 말하면 갈등의 지속이 오직 상호 파괴로만 종결되는 방식으로 균형을 이루고 있는 것이다. 하지만 그람시가 생각하는 세상을 바꾸는 일은 단순히 권력만 가진다고 해서 되는 게 아니다. 권력은 정치와 경제처럼, 눈에 보이는 것들을 바꿀 수는 있지만, 오랜 기간 타성에 젖은 사람들의 생활과 사고방식을 바꿀 수는 없다. 세상을 바꾸는 일은 단번에 낡은 사회를 무너뜨리고 새 사회를 순식간에 건설하는 것이 아니라 매우 느리고 끈끈하게 이루어지는 것이다. 그람시가 옥중에서 자녀들에게 보낸 편지에서 말한 것처럼 "우유를 얻으려면 먼저 나무를 심어야 한다. 소년

---

3. 1920년대 초반 이탈리아는 전쟁 직후의 경제적 어려움 속에서 '먹고사는 문제'를 해결해 준다면, 어떤 체제든 받아들일 수밖에 없었다. 그런 현실 속에서 파시즘은 시작되었다. 파시스트 독재 시절 그람시는 이탈리아 인민의 의식을 일깨우고 자본주의의 해체와 진정한 인간적 삶의 회복을 주장했다.

의 이 깨달음은 산에 나무들이 가득한 새 세상을 낳았다. 그러면 우유는 저절로 얻게 될 것이다".그람시, 2013; 그람시 2000다: 268-269 우유를 찾는 소년이 산에 나무를 심는 일부터 시작해야 한다는 교훈을 깨닫는 과정을 보여 준다. 우유라는 목표에 도달하기 위해서는 염소, 풀, 물, 돌, 산, 나무로 이어지는 중간 단계들을 생략할 수 없다. 이처럼 그람시는 우리에게 하루 아침에 잘못된 세상을 올바른 세상으로 바꿀 수 있다고 믿어서는 안 된다고 가르치고 있다. 필요한 일들을 순서대로 차근차근 하다 보면 마지막 목표는 어느새 저절로 얻어지리라는 것이다.

그람시가 수감생활을 하면서 보인 사상적 노선은 '사회민주주의social democracy' 관점으로 이해해야 현실성이 있을 것 같다.Anderson, 1976; Buci-Glucksman, 1980; Forgacs, 2000: 422 부르주아 리더십과 프롤레타리아 리더십의 관계, 정치사회와 시민사회의 관계, 경제(하부구조)와 문화 및 교육(상부구조)의 관계, 강제와 동의의 관계, 기동전과 진지전의 관계, 헤게모니와 대항 헤게모니의 관계, 상식과 양식의 관계, 전통적 지식인과 유기적 지식인의 관계, 지배와 지도의 관계, 순응(사회화)과 자발성의 관계 등을 보면 후자를 지향하면서도 전자와의 균형을 취하고 있기 때문이다. 그람시는 선과 악, 진보와 반동, 좌와 우, 올바름과 그릇됨으로 양분화하는 극단적 이분화를 선호하지 않았다. 그람시는 이원론을 넘어선 프래그머티즘적인pragmatic[4] 관점을 보였다. 특히 반파시즘 노선 견지, 크로체와 젠틸레 비판, 레닌주의와 자코뱅파 비판, 마키아벨리의 현대적 군주론, 민주집중제 등에서 그람시의 노선은 확실하게 드러났다. 그의 글 속에는 혁명적이기보다는 민주적이고 개혁적인 사상이 더 많이 보인다. 이러한 사상적 지

---

4. 그람시는 윌리엄 제임스가 제창한 미국의 프래그머티즘을 잘 알고 있었다. 그런데 마르크스주의자들에게 실천적인 것은 정치적인 것, 즉 조직화된 대중의 행위를 의미했지만, 프래그머티스트들에게 실천적인 것은 개인이 직접적인 경험에 비추어 이론들을 점검할 수 있음으로 인해 행사할 수 있는 이론에 대한 통제력을 의미했기에 '개입'을 꺼려 했으며 실천적이지 못했다고 비판했다(Gramsci, 2000나. 71-72).

평과 층위에서 바라본다면 그람시가 갖는 정치적·문화적·교육적 의미는 매우 심대하다.

그람시가 언급한 마키아벨리의 표현을 빌자면 위기의 탈주로서 '새로운 질서'를 모색하는 데 중요한 함의를 갖고 있다. 홉스봄이 지적하고 있는 것처럼, 그람시에게 실천적인 중요성을 띠는 문제는 자본주의에서 사회주의로 이행하는 전략과 사회주의 사회의 발전을 위한 전략의 과제였다.홉스봄, 1992: 67 그리고 그람시 사상은 전후 이탈리아로 시작하여 아랍의 봄에 이르기까지 다양한 사회적·정치적 맥락에 적용된 개념, 범주 및 정치적 해결을 찾는 데 작은 단서를 제공한다. 21세기에 들어 현실사회주의가 퇴조하면서 자유주의가 승리했지만, 신자유주의 실험이 잘 보여 주듯 오늘날 자유주의는 사양길에 들어서고 있다. 이제 사회주의나 자유주의 모두 위기에 봉착했다. 이에 더욱 다양하고 실용적인 형태의 북유럽의 사회민주주의가 부상하기도 했다. 이쯤에서 그람시의 옥중에서의 사상적 도전은 정치적으로, 철학적으로, 문화적으로, 사회적으로, 그리고 역사적으로 우리 사회의 전망 및 향방에 대한 풍부한 상상력을 갖게 한다.

사회 및 교육의 해방적/대안적 역할을 하는 그람시의 교육사상은 자신이 실천했던 경험적 판단 및 활동의 결과라고 할 수 있다. 문화, 정치교육, 지식인의 역할과 책임, 평등과 정의를 위해 투쟁할 필요성에 대한 그람시의 세상 이해는 현재의 공교육과 민주주의 자체의 기본 토대에 대한 공격을 재고하고 해결하기 위한 진보의 중요한 출발점이라고 할 수 있다.Giroux, 2002: 62 따라서 교육은 민주주의의 가능성을 확장하기 위해, 사회를 재구성하기 위해 많은 전선에서 집단적으로 투쟁하면서 원칙에 입각한 리더십, 행위주체, 그리고 정의의 아이디어를 유지하는 지속적인 작업의 중심이어야 한다. 교육은 사회주의로의 이행과 발전의 국면적 위기에서 새로운 사회의 도래를 위한 전략에서 중요한 역할을 한다. 그람시의 사유는 사회 변혁의 준비와 이후의 발전에서 핵심적인 기여를 할 것이다. 그는 말한다. "모든 사람은 지식인이지만 모든 사람이 사회에서 지식인으로 기능하는 것은 아니다."

　시민사회, 헤게모니, 상식과 양식, 유기적 지식인 등에서 보여 주는 그람시 사상은 문화정치학과 비판적 교육학 및 실천적 교육학에 막대한 영향을 미쳤다. 애플, 지루, 다더, 프레이리 등은 그람시처럼 민중교육의 특별한 강조와 함께 사회적 변혁의 과정에서 문화적 작업을 강조했다. 오늘날 그람시의 교육사상에 대한 연구는 정치적으로 진보주의적이나 교육적으로는 보수적인 의제에 초점을 두는 전략적 접근Entwisle, 1979; Hirsch, 1996, 이념적·사회적 변화(급진적 정치)를 위한 공공성 및 문화적 교육학으로서 교육운동의 접근Giroux, 2002, 그리고 양자의 균형을 이루는 접근Freire, 1998; Borg & Mayo, 2002 등 여러 지향을 보이고 있다. 그람시의 교육 전략 속에서 급진적/혁명적 정치를 위한 전통적 학교교육을 적극적으로 이해하며 그의 사상에서 새로운 대안적 교육이론과 교육학적 접근을 찾는 연구가 이어지고 있다.Hill, 2010 그람시 사상을 비고츠키Weber, 1998; Davydov, 2007 또는 프레이리Mayo, 2013; Coben, 2015 사상과 비교하는 연구도 점점 늘어나고 있다. 세계 속에 자리한 그람시의 사상은 현대 사회의 모순 및 교육에 시사하는 바가 많아서일 것이다.

2. 그람시의 교육사상

1) 정치사회와 시민사회 그리고 헤게모니

　그람시가 관심을 가진 문제의식은 '서구 사회는 왜 많은 문제점을 가지고 있는데도 무너지지 않는가'였다. 그 대답은 '헤게모니'에서 나왔다. 서구 사회는 지배자들이 시민사회에 영향력을 행사하여 자신들의 세계관, 이데올로기, 가치관을 대중에게 퍼뜨려 대중으로부터 자발적 동의를 얻어냄으로써 체제를 유지해 왔다. 국가와 헤게모니, 시민사회는 매우 밀접한 관련이 있다. 따라서 현대 국가는 헤게모니를 시민사회에 행사하고 동의를 구하는 것이 제1과제이다. 현재의 사회가 불만족스럽기 때문에 그람시는 현 사회를 극복하고 새로운 사회로 나아가기를 염원했으며, 이것을 이론적으로 정리한 이행 전략을 제창했다. 현실적으로 국가가 시민으로부터 동의를 얻게 되면, 통치가 수월해지고 정치도 안정될 것이며, 국가도 정당성을 얻고 권력을 유지할 수 있다는 것이다.

그람시에게 국가와 시민사회 그리고 헤게모니 개념은 자본주의 사회 형성의 기능을 분석할 수 있는 중심 개념이다. 국가, 시민사회, 헤게모니 사이의 관계가 잘 조응하지 않지만, 사회에서 착취와 정치적 지배의 과정을 이해하는 데 매우 중요하다.

국가란 지배계급이 자기의 지배를 유지할 뿐만 아니라, 자기들이 지배하는 사람들의 동의를 얻어내는 총체적인 실천적·이론적 복합체이다. 그람시는 문명의 최고 유형을 창출하기 위해 국가의 교육적educative/형성적formative 역할과 정치적·문화적 헤게모니 획득을 위한 윤리적·문화적 국가를 강조한다.Gramsci, 2000가: 232, 234 그에게서 국가는 정치적 대표기구로 시민사회 영역에까지 침투, 사회 각계각층의 동의를 창출하면서 헤게모니적 지배를 구축한다. 이런 의미에서 그람시는 넓은 의미의 '통합국가'[5]를 지향한다. 일상적 의미에서 국가는 '정부로서의 국가' 또는 '정치사회'라고 할 수 있지만, 특별한 의미에서 국가는 시민사회(헤게모니 영역)와 국가(강제의 영역)를 결합시키는 '통합국가'로 볼 수 있다. 정치사회는 강요, 독재, 지배의 장이고, 반면 시민사회는 동의, 헤게모니, 지도의 장이다.Gramsci, 2000가: 224 시민사회는 헤게모니가 행사되는 주요 영역이며, 그 헤게모니는 자발적 동의로 구축되어야 한다. 시민사회는 대중의 의사, 이해관계, 사상 등이 갈등하고 투쟁하는 다툼의 공간이기도 하고, 대중의 다양한 생각과 이해관계가 조율되고 합의를 이끌어 내는 협력의 공간이

기도 하다. 이런 시민사회는 다양한 사적 이익을 추구하는 집단의 네트워크로 구성되어 있다. 시민사회란 제제와 강제적 의무 없이 집단적 압력을 행사해서 부르주아의 관습, 사고, 행동 방식, 도덕 등을 유지하는 사적인 것으로 지칭되는 유기체의 총화이다.[5]

사실 전통적으로 서구의 사회학에서는 국가(공적 영역)와 사회(사적 영역)라는 이분법적 개념이 받아들여지고 있었는데, 그람시는 이를 유기적이고 역동적으로 파악했다.[6] 여기에서 그람시의 국가는 정치사회(강제)+시민사회(동의)라고 할 수 있다. 통합국가(정치사회+시민사회)는 시민사회까지 포괄하면서 독재(강제: 정치적 지배)와 헤게모니(동의: 이데올로기적 지배)를 구축해 가는 것이다.[7] 한 사회의 상부구조(법, 문화, 교육, 종교, 언론)는 강제의 영역인 좁은 의미의 '정치사회political society'와 '사적 영역'이라고 불릴 수 있는 유기체들의 총체인 '시민사회civil society'[8]로 구성된

5. '통합국가'에 개념은 전체주의 개념과 구별될 수 있다. 통합국가에 있는 것과 동일한 자발적 합의는 전체주의에는 없다. '통합국가'에서 기본적인 목적들에 관한 합의는 공통의 생각들과 가치들, 곧 능동적이고 자유로운 동의에 터해 대다수 사람이 공유하게 된 공동의 철학에 기초한다. 그람시의 광의의 국가 개념에서 일견 중립적으로 보이는 시민사회의 조직들조차도 사실은 국가의 일부로서 지배계급의 지배를 유지하는 데 기여한다고 보여질 수 있다. 광의의 국가 개념과 그것을 구성하는 정치사회·시민사회 개념은 지배계급의 공식적인 지배를 위한 장치들과는 달리 '사적인' 것으로 여겨지는 시민사회의 장치들이 실질적으로 지배계급의 정치적 지배를 위해 기능한다는 점을 보여 주는 것이기도 하다.
6. 그람시가 정치사회와 시민사회로 나누는 '이분 모델'이라면, 사회 구성을 국가, 시장, 그리고 시민사회 등 '삼분 모델'로 나누기도 한다. 시민사회를 공적 시민사회(자유로운 결사체, 시민단체, 노동조합, 정당, 교회 등)와 사적 시민사회(가정, 동문회)로 나누기도 한다. 양자의 중첩 영역도 존재할 것이다. 알튀세르는 국가를 억압적 국가기구(RSA/repressive State Apparatus)와 이데올로기 국가기구(ISA/Ideological State Apparatus)로 나눴다(Gramsci, 2000가: 224).
7. 그람시의 물리력(강압)+동의(헤게모니) 논의는 알튀세르의 억압적 국가기구(RSA: 경찰, 군대, 감옥 등)+이데올로기적 국가기구(ISA: 교육, 종교, 언론, 가족 등) 논의로 발전한다. 알튀세르는 능동적·교육적 기능을 하는 학교와 억압적·부정적 기능을 하는 법정을 가장 중요한 국가 활동으로 본다.
8. 국가와 경제를 견제하고 감독하는 제3의 영역으로서의 'civil society(시민사회)'가 'civilized society(문명화된 사회/시민화된 사회)'도 의미하고 있음을 유념해야 한다. 그람시는『옥중수고』의 여러 곳에서 문명의 발달을 위해 교육이 필요함을 강조하고 있다.

다. 그람시의 시민사회는 하부구조적(경제적/물질적) 차원보다 '상부구조적(이데올로기적/이념적) 차원'에서 이해한 것이다.

이러한 총체적 정치 프로젝트는 지배적 상식에 도전하고, 그것을 변화시키면서 더욱 깊이 있는 도덕적 실천과 지적인 인식 혁신을 통해 달성하고자 한 것이다. 그람시는 국가의 활동이 강제력 이상의 것이라는 사실과 국가기구가 동의를 형성하는 데 중요한 역할을 한다는 것을 잘 숙지했다. 그람시는 그러한 역할을 '국가의 교육적 훈련의 역할'이라고 주창했다. '정치사회'라는 말은 '국가'라는 말과 대체할 수 있는 것이 아니라, 단지 국가기구 내에서 실현되는 강제적인 관계만을 말한다고 할 수 있다. 그람시는 시민사회 내부에 참호를 건설하여 수동혁명passive revolution[9]을 거쳐 장기적 혁명을 준비해야 한다고 보았다.그람시, 2000나: 77 이 전략을 시민사회 내에서 일어나는 진지전war of position/trench warfare이라고 부른다. 이제 정교한 진지전, 다시 말해서 시민사회와 자본주의 국가 내부의 '매개intermediate' 권력을 향한 투쟁 속에 이어질 길고 긴 행진만 남았다. 여기서 매개란 시민사회의 기관에서 여전히 자본주의 국가인 국가까지 인민의 힘이 확장되는 것을 의미한다.아로노위츠, 2014: 227

기동전에서 진지전으로

그람시는 정치 기술에서도 군사 기술에서와 꼭 같은 일이 일어난다고 하면서 국가와의 투쟁을 하는 기동전war of movement에서부터 점차 더 장기적으로 진지전을 벌여야 한다고 역설한다.Ives, 2004: 116 그람시는 모든 자본주의 사회, 심지어 파시스트 독재 체제도 물리력이 아니라, 동의로 통치하는 경향을 띠기에 자본 통제의 열쇠는 엄밀히 말해서 경제도 아니

---

9. 선전과 선동이 아니라 헤게모니 구축을 통한 진지전으로서 '수동혁명' 개념은 이탈리아 통일 과정에서 나온 빈첸초 쿠오코(Vincenzo Cuoco)의 정치적-군사적 균형 개념에서 나온 것이다(Gramsci, 2000가: 263-267).

고 국가도 아닌 공공 생활의 영역으로 간주되는 '시민사회'의 이데올로기적 헤게모니를 획득하는 능력에 있다고 주장했다.아로노위츠, 2014: 225 오히려 자본주의 사회를 통치하는 일의 성패는 현대 사회의 적대 계급들이 '상식'을 창출하는 능력을 확립해 경제와 국가라는 강제적 관계에서 독립한 것처럼 보이는 정도에 달려 있다는 말이다.

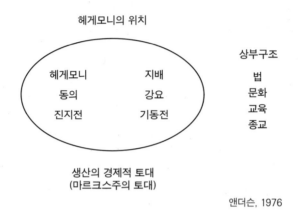

앤더슨, 1976

그람시는 이데올로기 사회제도를 구성하는 시민사회의 존재를 러시아와 서구 자본주의 사회의 가장 큰 차이점으로 파악했다. 그람시는 수동적 자본주의 혁명에 대한 지속적인 비판을 했다. 그에게서 레닌식 혁명 전술이 이탈리아에 이식되지 못하고 실패로 끝나고 만 것은 레닌의 혁명 전술이 '시민사회가 덜 성숙된' 러시아의 특수한 조건 속에서만 가능한 것이기 때문이라고 보았다. 즉 러시아에서는 국가가 전부였으며, 시민사회는 원시적 상태에 머물러 있었다면, 반면 서구에서 국가와 시민사회에 적절한 관계가 유지되고 있었으며, 국가가 위기에 처했을 때 시민사회의 견고한 구조가 드러나서 이 위기를 극복한다. 국가란 오지의 외곽 참호에 불과할 뿐 그 배후에는 강력한 요새와 진지들이 포진하고 있어야 한다.

진지전(국가의 안과 밖에서 광범위한 사회적 조직화와 문화적 영향을 미치는 과정, 광범위한 사회적 조직과 문화적 영향력의 과정)[10]을 통해 지배계급은 피지배계급의 '동의consent'를 얻어내는 것이다. '동의'는 그람시 이론의 특별히 중요한 구성 요소이다. 그람시는 동의를 '자발성spontaneity'[11]으로 묘사한다. 정치적 민주주의는 다스림을 받는 자의 동의에 기초하여 통치한다는 의미에서 지배자와 비지배자의 구분이 없는 상태를 지향하고 있다.그람시, 2007: 55 강요는 동의를 보완하는 것이다. 능동적이든 수동적이든 동의하지 않는 집단에 대해 법적으로 규율을 강제하는 국가의 강압적 권력 기구는 자발적인 동의가 실패했을 때, 명령과 지시의 위기 순간을 예상하여 사회 전체를 위해 구성된다.Gross, 2011: 59 이런 강요의 정의에서 물리력의 개념 요소뿐 아니라 법적 측면을 발견할 수 있다. 법은 동의하든 그렇지 않든, 법을 어기면 미리 정해진 결과와 처벌을 받을 수 있다는 점에서 강압적이다. 법률은 변경될 수 있거나 변경되지만 어느 정도 강제의 메커니즘이다. 우리는 그람시가 거론한 위기의 순간과 자발적 동의의 실패가 무엇을 의미하는지를 이해할 수 있다.

그러므로 질서와 지배는 동의와 강제의 끊임없는 상호작용을 통해 유지된다. 한편으로 종속계급은 지배 블록에 의해 행사되는 도덕적·이데올로기적 리더십을 통해 규칙을 따르며 동의한다. 종속집단 구성원의 상식은 적어도 부분적으로는 그들의 이익이 주도 블록의 이익과 동맹을 맺음으로써 가장 잘 수행된다는 결론을 내리게 한다. '역사적 블록historical

---

10. 애플은 진지전에서의 '진지'를 어떤 실천 혹은 투쟁이 벌어지는 하나의 물리적 공간으로 간주하면서, 학교를 교육이라는 전선의 중요한 진지로 여긴다. 학교는 이데올로기를 통한 인간 집단들의 포섭이 이루어지는 가장 중요한 장소이기 때문이다. 그러나 그람시의 진지전 개념에서 진지는 어떤 물리적 거점이 아니라 인간 집단 자체를 의미하는 것으로, 진지전은 하나의 목표를 달성하기 위한 다양한 집단들 사이의 동맹인 레닌의 통일전선 혹은 연합전선 전술을 확장한 개념이라고 이해를 해야 한다는 견해도 있다.

11. '자발성'은 앙리 베르그송(Henri Bergson, 1859~1941)의 '생의 약동(élan vital)'과 유사하다(Gramsci, 2000가: 239). 그람시는 기계론적 이론과 의지의 자유와 기회를 칭송한 베르그송의 지적 영향을 받았다. 이탈리아 사회당의 개혁주의자들은 〈신질서〉에 실린 베르그송의 입장을 비판하기도 했다(Gramsci, 2000가: 404).

bloc'[12]은 주어진 역사적 순간의 사회적 총체성이라고 할 수 있다.Gramsci, 2000가: 192-193 하위주변주체에서 구조적 권력이나 자본, 그리고 동의의 구성은 역사적 블록, 즉 권력이 국가를 통해 절합이 되는 사회적·정치적 행위주체의 구성을 통해 매개된다. 그들은 지배가 아닌 집단의 헤게모니를 통해 통합되고, 역사적 시대를 바꿀 수 있는 여러 사회계층이나 집단을 포괄하는 집단의지를 성공적으로 개발한다. 그람시의 헤게모니적 형태의 자본주의에서 국가, 시민사회, 주체성 사이의 관계를 매개하는 역사적 블록에 대한 개념화는 전자의 둘이 후자를 결정한다는 점에서 폐쇄적이지 않았다. 오히려 하위주변주체는 이전의 정치적 투쟁, 문화적 관행, 그리고 도덕적 경제가 자본주의적 '인간'을 구성하는 과정과 충돌할 가능성이 있는 역사적 주체이기도 하다.Motta, 2014가: 10

동의에 기반한 '헤게모니' 행사

자본주의 사회에서 지배는 항상 지배를 받는 사람들의 '동의'에 기초한다. 이러한 동의로 인해 그들의 지배는 단순히 힘에 의한 지배와 달리, 동의를 확립하는 정치적 과정이고 동의를 수반하는 지적·도덕적 지도력 또는 도덕적·정치적 리더십인 '헤게모니hegemony/hegemon=leader, guide'를 행사한다. '헤게모니'란 어떤 계급이 자신의 이익에 다른 집단의 이익을

---

12. 'bloc'은 '단단한 덩어리', '전체', '집단을 뜻한다. 역사적 블록은 일종의 사회적·문화적·정치적·경제적 동맹이라고 할 수 있다. 역사적 힘으로서 '역사적 블록'은 하부구조와 상부구조의 개념을 정교화하고 특정 역사적 순간에 적용한다. 마르크스에서 하부구조는 경제구조를 포함한 시민사회를 대표하고 상부구조는 정치사회, 즉 이데올로기가 생성되는 장소이자 시민사회 이익의 수호자인 국가를 대표한다. 따라서 마르크스에게 하부구조와 상부구조는 별개의 정치적 사례로 간주되는 반면, 그람시에게는 그것들 사이의 변증법적 관계를 설정하고, 그것들이 간여하고 타자를 결정하는 것으로 간주하며, 이러한 관계에서 구체적인 사회조직에 해당하는 상호적·유기적 유대가 이루어진다. '역사적 블록'은 프랑스 사회주의 운동가이자 무정부주의 사상가 조르주 소렐(Georges Sorel, 1847~1922)의 『폭력에 대한 성찰』(1909)에서 빌려 왔다(Gramsci, 2000가: 193-194, 197).

그물망처럼 '절합articulation'시키는 정치적·지적·도덕적 지도력을 뜻한다. 실천적 동의로서의 헤게모니는 권위, 리더십, 지배의 종합이고, 제한된 통제력과 영향력을 행사하여 주체에게는 상당한 자율성이 주어진다.[13] 헤게모니에서 주목할 것은 지배집단이 피지배집단으로부터 '동의' 또한 '합의'를 이끌어 낸다는 점이다. 즉 민중의 '동의'와 권력의 '지배'가 균형을 이룰 때 한 사회의 헤게모니가 유지될 수 있다고 본다는 점이다.

헤게모니는 두 가지 넓은 주제를 통합시켰다. 첫 번째는 정치의 정의를 정부와 국가권력의 운영에서 사람들이 어떻게 세상을 이해하게 되는지에 대한 질문으로 확장하는 것이다. 즉 겉으로 보기에 그람시의 헤게모니 개념은 일상생활의 사적이거나 개인적인 측면이 어떻게 권력의 작동에 정치적으로 중요한지를 보여 주는 철학적·인식론적 요소를 갖고 있기에 상당히 풍부함을 보여 준다. 그람시의 헤게모니에 대한 두 번째이자 마찬가지로 중요한 광범위한 주제는 국가의 행동에서부터 시민사회의 영역과 학교, 교회, 신문, 출판사, 오락기업과 같은 기관에 이르기까지 사회의 다양한 계층과 조직에 대한 제도적·사회적 분석으로 구성된다. 여기에서 헤게

---

13. '헤게모니(hegemony)'는 그리스어 'egemonia/eghesthis(인도, 안내, 선도자/leader/guide)'로부터 파생했다. 그리스 중앙의 아테네는 다른 도시국가에 'hegemon'을 가졌고, 다른 도시국가는 자율적이었으나, 아테네의 군사적·정치적·문화적 리더십(hegemon)을 따랐다. 'hegemon'은 국가의 수도 또는 제국의 지배 또는 통치 국가라기보다는 연합의 '지도자(leader)'에 가깝다. 이러한 헤게모니 개념은 문화적 우월성 및 리더십뿐만 아니라, 군사적 패권의 측면을 포함하지 않는다. 따라서 헤게모니의 원천은 공공연한 강압의 직접적 위협에서 나오지 않는다(Ives, 2004: 63). 그람시의 '헤게모니' 개념은 마르크스와 엥겔스의 '의식' 이론에 뿌리를 두고 있다. 러시아 노동운동에서 헤게모니(hegemoniya)는 프레하노프의 저작으로까지 거슬러 올라가며, 레닌이 러시아 사회민주주의자들로부터 빌려 와 제3인터내셔널의 대외 문서에서 사용했다. 그는 '헤게모니'를 노동계급과 그 대표들이 대중의 지지를 획득하기 위하여 채택해야 할 혁명 전략으로 사용했다. 이탈리아 철학자 빈첸초 조베르티(Vincenzo Gioberti)의 저작에서도 발견되고, 이를 피에몬테가 이탈리아 통일과 관련된 테제로서 국가적 총체에서 한 지방이 다른 지방에 대하여 행사하는 '도덕적 우월성'을 의미하는 풍유적 방식으로 사용했다. 더욱이 이 개념의 핵심적 특징들은 사회주의적 의식의 조직화에서 교육과 문화의 역할에 대한 그람시의 초기 저작들에 뚜렷이 나타난다(그람시, 2000나: 27).

모니는 이데올로기의 제도적 분석을 가능하게 한다.Ives, 2004: 70-71

그러나 헤게모니는 강요에 의해 보완되는 동의 그 이상을 포괄한다. 생산양식이 개인과 집단의 의식 모두를 결정하는 것으로 보는 경향이 있는 고전적 마르크스주의와 달리, 그람시 이론은 개별 행위주체에 대해 더 강력한 역할을 주장한다. 그것은 우리가 사회의 사회적·문화적 구조 안에서 헤게모니를 바로 찾을 수 있도록 도와주기 때문에 중요하다. 지배계급과 종속계급 사이의 관계는 항상 가변적 중요성을 지닌 문화적/형성적/교육적 차원을 갖는다. "모든 헤게모니적 관계는 교육적 관계이다." 그람시는 '헤게모니hegemony'[14]와 그 구성 요소, 합의, 시민사회라는 개념을 '지배domination'와 그 구성 요소, 강요, 국가와 병치시킨다. 헤게모니와 지배는 동의와 강요처럼 사회적·문화적 구조 속에서 보완적 영역이다. 시민사회는 헤게모니의 현장일 뿐 아니라, 그 자체가 헤게모니 질서의 일부로 구성된다. 다른 한편으로 지배와 강요는 국가의 영역이다. 동의와 강요, 그리고 시민사회와 국가의 '수평적 짝horizontal pairing'은 각각이 헤게모니와 지배의 대응 관계가 되는 방법을 나타낸다. '수직적 적층vertical stacking'은 한편으로는 헤게모니, 동의, 시민사회의 관계를, 다른 한편으로는 지배, 강요, 그리고 국가 사이의 관계를 보여 준다. 그람시에 따르면 지배계급은 동의를 구하는 것을 통해 통치하며, 종종 사회적 동맹을 수립하기 위한 타협을 통해 통치한다. 사회적 현실의 모든 측면이 단일 계급에 의해 지배되거나 지지되는 사회적 상황의 실천 및 기대의 총체인 '헤게모니' 개념은 사회계층이 다른 '하위주변주체subaltern'에 대한 헤게모니를 행사하는 것으로 생각될 수 있다는 점에서 집단, 특히 사회계급 사이의 관

14. 그람시의 '헤게모니' 개념이 우리나라에 본격적으로 소개된 것은 1980년대 중반 이후이다. 1980년대 말 동구의 소련의 사회주의가 해체되고 국가와 시민사회를 해석하는 새로운 이론이 필요해진 상황에서 헤게모니 이론은 정치와 권력의 문제를 입체적으로 분석할 수 있는 틀을 제공한다.

계를 가리킨다. 헤게모니적 지향은 군대, 경찰, 법의 강압적 힘에 의한 통제보다는 도덕적·지적 설득에 의해 형성된다. 지적·도덕적 헤게모니에 의한 지배는 안정성과 함께 광범위한 동의와 묵인을 하는 힘의 형태이다.

그람시에게 사회집단은 정부 권력의 쟁취 이전에 '리더십direzione/leadership'을 행사해야 한다. 정말 리더십은 권력을 획득하기 위한 주요한 조건 중 하나이다. 헤게모니를 잡고자 하는 계급은 사회세력의 블록을 묶어서 통합할 응집체cement로서 작용할 수 있는 이데올로기 체제를 형성할 필요가 있다. 헤게모니는 계급적 동맹의 원칙의 차원을 넘어선 새로운 유형의 지배질서를 설명하는 것으로 그 의미를 확장시킨 것이며, 즉 이것은 이데올로기를 매개로 기본적 집단과 추종 집단이 융합되는 것이다. 그람시는 사회가 이데올로기에 의해서 판단될 수 없다고 보았다.Gramsci, 2000가: 198

시장이 주도하는 신자유주의는 영향력 행사와 동의의 획득을 포함하기에 '헤게모니적'이다. 교육은 공공재가 아니라 소비재로 전환되고, 글로벌 세계에 존재하는 다양한 형태의 헤게모니 형성에 중심적 역할을 한다.Mayo, 2015: 13-14 헤게모니 개념은 지배집단이 어떻게 상징과 이미지를 조작하여 상식을 구성하고, 그들의 권력을 유지하는지를 우리가 이해하도록 한다. 그들 집단은 점점 계급 차원뿐 아니라, 젠더, 인종, 성적 지향 등을 정의하고 이해하도록 한다. 헤게모니의 비판적 분석은 상식으로서 그들의 지배를 정당화하기 위해 지배집단에 의해 사용된 이데올로기적 전략을 폭로하고 해체하는 것을 목표로 한다.Gross, 2011: 65 헤게모니 개념은 또한 지배적 구성체를 차단하고 이전의 종속된 집단을 권력의 위치로 끌어올릴 수 있는 운동과 담론을 전략화하기 위해 배치되었다.Gross, 2011: 65

헤게모니적 질서(지배질서)를 유지하면서 시민사회, 문화, 그리고 이데올로기의 기능 연구를 통해 기존 질서에 도전하는 것, 즉 '대항 헤게모니counter hegemony'에 참여하는 것이 가능하다. 그렇기에 진지전의 수행에서 요구되는 가장 중요한 요소의 하나는 대항 헤게모니로 시민사회를 포위하는 것이다. 이것은 노동계급이 부르주아 지배계급에 대한 투쟁에 들어가기 전에 부르주아의 세계관에 대항하는 새로운 세계관, 생활방식, 사고방식, 가치관, 도덕, 문화를 발전시킬 수 있도록 이데올로기적 무장을 해야 한다는 것을 의미한다. 노동계급은 지배계급과의 헤게모니 쟁탈을 위한 장기적인 투쟁에서 승리하여 지도력을 발휘할 수 있어야만 시민사회라는 요새를 붕괴시킬 수 있다. 그람시는 문화[15]를 설명하면서 사회 변혁을 위한 대항 헤게모니 또는 반헤게모니anti-hegemony를 명확하게 보여준다. 정치권력을 잡으려면 대중들의 이해관계를 대변하는 '지식인'을 배출해야 한다. 단순한 지도자가 아니라, 대중의 실제 생활과 긴밀히 연계된 지식인을 필요로 한다. 문화는 상반되고 모순된 하위주변주체의 상식을 양식으로 전환시키는 교육과 정치 사이를 연계시킨다.Motta, 2014나: 145

동서양 헤게모니 비교

서양(West)	동양(East)
시민사회(Civil Society)	국가(State)
국가(State)	시민사회(Civil Society)
동의(Consent)	강요(Coercion)
진지전(Position)	기동전(Maneuver)

앤더슨, 1976

그람시 접근의 독특한 측면은 사회질서를 조직화된 '강압(정치적 힘)'의 영역(정치사회)과 동시에 충만한 시민의식으로 표현된 지배받는 하위주변계층의 '자발적 동의(문화적 힘)'가 이루어진 사회적 삶(시민사회)에 바탕

---

15. '문화'는 인간의 내적 자기에 대한 훈련이고, 인간의 인격에 대한 통제이며, 보다 높은 지각의 획득이다. 이를 통해 우리는 역사 속에서의 우리의 가치와 위치, 생활 속에서의 우리의 바람직한 기능, 우리의 권리들과 의무들을 이해할 수 있다. 인간은 무엇보다도 일종의 정신의 창조물이며, 자연의 창조물이라기보다는 역사의 창조물이다(Gramsci, 2020나: 71).

을 둔 힘의 체제인 '문화적 헤게모니'로 이해하는 데 있다. 이런 관점으로부터 사회질서의 본질과 그것의 변혁 가능성의 조건에 대해 새로운 근본적 질문을 하는 것이 어느 정도 가능해진다. 만약 개인들이 자신을 억압하기보다 바로 그 사회질서를 강화할 수 있다는 신념을 갖게 된다면, 혁명적 변화를 위한 객관적인 조건, 즉 경제적 위기가 일어난다고 해서 이러한 신념들이 자동적으로 사라지지 않을 것이다. 따라서 이러한 관점에서 볼 때 혁명적 전략의 결정적 측면은 혁명적 위기의 출현에 앞선 '문화적 투쟁' 그리고 더 넓은 의미에서 '교육적 투쟁'이었다. 다시 말해 혁명은 단지 국가를 장악하는 문제가 아니라, 시민사회의 제도들이 사회적 주체가 형성되고 변혁되는 맥락을 제공하는 것이기 때문이다.Morrow & Torres, 1995: 250

그리고 유기적 위기 국면에서 정치의 중심적 역할을 할 정당political party은 매우 중요한 위치를 차지한다.Gramsci, 2000가: 217-221 기존 지배계급이 아닌 새로운 사회를 염원하는 대중들의 열망을 대변하는 '정당'의 역할은 중요하다.[16] 노동계급의 의식을 고양·확산시키고 이것을 실천하는 역할을 담당하는 기구가 바로 '정당'이기 때문이다. 정당 바깥에서의 대중교육에 대한 그람시의 '방법론'은 여전히 구체화되지 못했지만, 상식에서 양식으로 전환시키는 역할은 교육 주체로서 정당의 과제라고 할 수 있다.

---

16. 그람시는 광의의 교육 개념을 통해 헤게모니의 형성 및 유지·확대를 파악하고 있다. 이와 같은 그람시의 교육 개념에 의거할 때, 교육은 광의의 국가를 유지하고자 하는 지배계급에 기여하는 동시에, 근본적 사회 변혁을 추구하는 노동자계급에도 기여할 수 있는 것이 된다. 그람시는 지배계급의 헤게모니 유지에 기여하는 국가의 교육은 학교라는 조직을 통해, 근본적 사회 변혁을 추구하는 노동계급의 헤게모니 형성에 기여하는 교육은 혁명 정당이라는 조직을 통해 실현되는 것이라고 보았다. 학교와 정당은 특히 대중의 일상적 의식에 크게 영향을 미친다는 점에서 그람시에게 매우 중요한 조직으로 여겨진다. 그람시에게 '정당(political party)'은 본질적으로 정치적이며, 당의 문화적 활동도 정치적-문화적 부류이다. 정당의 역할은 혁명의 필수적 수단이다. 그는 프롤레타리아 국가의 모델로서 대중적 국가권력의 다른 기관들(공장평의회, 소작농평의회)과 간부(핵심 그룹) 양성을 언급하면서, 기본적으로 정당을 맹아적 노동자 국가와 동일시한다.

정당이 "노동자 의식의 형성자, 즉 교육자"가 되어야 한다고 보았기 때문이다. 이러한 입장은 '현대적 군주modern prince'로서 정당을 설명하고 있는 「마키아벨리 정치학에 대한 간단한 주석」에서 잘 드러내고 있다.[17] 그람시는 지식인, 정당, 대중이 밀접하게 연결될 때 기존 지배계급에 대항할 수 있고, 새로운 사회로 나아갈 수 있다고 말했다. 여기에서 노동계급이 정당 없이 헤게모니를 잡는 것은 불가능하다. 따라서 그람시는 현대 통일 국가의 이론가인 마키아벨리를 언급하면서 정당을 새로운 국가를 건설하고자 하는 의지로 뭉친 '현대적 군주'라고 부른다. 국민적-민중적이고 사회적-역사적 블록을 통합하는 통합국가의 지도자로서 마키아벨리의 이론을 빌려 온 '현대적 군주'를 주창한다. 정당 외부의 피지배계급 대중을 향한 정당 교육의 더욱 중요한 측면은 대중의 의식 수준에 대한 상식과 양식의 문제, 그리고 사회의 계급 간 세력 관계 문제와 관련되어 있다.

사회 변혁을 실현하기 위한 정치 지형을 형성해 가기 위해 '현대의 군주'는 지적·도덕적 개혁의 선포자이자 조직가여야 한다. 정당 교육의 중요성에 대한 이러한 입장이 투옥 이전과 이후의 시기 모두에서 지속되고 있다는 점에서, 그람시가 말하는 정당은 '교육 주체로서의 정당'이라고 할 수 있다. 정당은 부르주아들의 가치와 규범에 대항하여 그것을 대체할 수 있는 대항-헤게모니를 창출·확산시키는 역할을 하는 대항 헤

---

17. 마키아벨리의 『군주론』은 이탈리아의 통일을 위해 필요한 신생 군주의 덕목을 정리한 책인데, 여기서 그람시는 '현대 군주'로서의 정당을 호출한다. "실제의 한 인격체이거나 하나의 구체적인 개인"이 아닌 "유기체"로서의 군주, 정치 정당이다. "그것은 보편적이고 전체적인 것이 되고자 하는 집단의지의 맹아들이 함께 모여 싹을 틔운 최초의 세포인 것이다"(『옥중수고』). 그람시는 정당만이 아니라 '헤게모니'론이나 지배계급의 '역사적 블록', '남부문제'를 비롯한 지역 격차 등을 설명하면서 마키아벨리를 소환한다. 이탈리아 역사에서 지배계급이 어떻게 헤게모니를 유지해 왔는지, 지식인은 그 안에서 어떤 구실을 했는지를 설명하고 그 구조를 해체하려 했던 그람시에게 마키아벨리는 실천적인 선구자 모델이었다. 그람시를 통해 마키아벨리를 이해하는 데 가장 중요한 논점은 리소르지멘토(이탈리아 통일운동)를 비롯한 이탈리아 역사에 있다. 주변 열강들이 일찍 통일을 이뤄 강력한 중앙집권체제를 바탕으로 근대화를 이룩한 데 반해, 이탈리아는 19세기 중반까지도 여러 도시국가로 나뉘어 수시로 외침에 시달리던 약소국이었다.

게모니의 건설자 및 교육자 역할을 수행한다.

대중의 자발성과 정당 지도자의 리더십 사이를 상호 매개하는 정당화의 전문가인 공적 지식인 또는 유기적 지식인은 사회정의를 실현할 진지전의 핵심적 행위자(사회의 변혁 과정에서 리더십을 추구하는/사회의 다른 집단과 연대를 만들어 내는 사회집단)가 필요하다. 여기에서 타협과 동의를 통한 '역사적 블록[18] 또는 지적·도덕적 블록[19]/헤게모니 블록bloc/동맹 alliance을 필요로 한다. 다양한 형태의 사회적, 문화적, 경제적 힘을 가진 역사적 블록(전선)은 타협, 이데올로기, 문화적 메커니즘 등을 통해 다른 역사적 전선과 동맹을 형성한다. 규칙은 이때 다른 역사적 블록과 동맹을 하는 지배 블록의 헤게모니(도덕적, 정치적, 문화적, 그리고 윤리적 리더십)를 통해 일어난다.Gross, 2011: 59 그람시는 노동계급의 '유기적 지식인'의 형성이야말로 이탈리아를 사회주의 체제로 변혁함에서 관건이 되는 일로 보았다. 계급 없는 사회의 확립과 집단적 의지의 설립은 유기적 지식인의 역할과 도덕적 혁신을 통해 달성되어야 한다.

2) 상식의 극복을 위한 교육적 정치

그람시는 사람들이 이탈리아 사람들이 오랫동안 받아들인 지배적인 '상식senso comune/common sense'의 다의성과 다형성에 관심을 가졌다. 그람시는 어느 민족 문학보다 프랑스의 철학적 문학이 상식을 더 많이 말한다고 지적한다. 상식에 대한 프랑스의 철학적 문학의 태도는 이데올로기의 헤게모니적 구성의 모델을 많이 제시한다. 사람들은 세계에 대한 수

---

18. 사회의 상식을 구성하고 있는 기존의 지배적 세계관과 주어진 사회의 물질적 기반의 기본 전제의 결합, 집단적 인간과 집단으로서 계급(주변하위주체) 형성을 위한 교육적 역할(자발성+의식적 리더십/지도), 개인이나 조직이 정치적 행동을 안내하기보다는 단지 따라가야 하는 개인이나 조직 차원의 리더십의 기본적인 측면, 사회 변화의 전통적 조직인 노동조합(노동운동)의 위기 등을 포함한다.
19. 지적·도덕적 블록의 제도화와 집합적 행동으로서의 교육의 개념화는 교육이 진작시키게 마련인 새로운 정치적·문화적 질서에 대한 기술 등을 수반한다(아담슨, 1986: 241).

많은 개념을 가지고 있고, 그래서 부정합적인 전체를 구성한다. 이들 개념의 많은 것들은 외부로부터 또 과거로부터 수동적으로 부여받고 흡수하고, 그리고 무비판적으로 받아들이며 살아간다. 이를 그람시는 '상식'으로 또는 다른 맥락에서 '민속folklore'[20]으로 부른다.Forgacs, 2000: 421 그람시는 비-철학자의 철학이라고 부르는 특정한 세계관이라고 할 수 있는 '상식'이 일반 대중들에게 무비판적으로 수용되고, 어떤 진리들이 지식인 사회를 넘어서 확산되는 경향을 우려한다.그람시, 2000다: 317

그람시의 상식은 민속이나 다름없다.Hill, 2007: 212 민속은 신념, 미신, 주술, 의견, 사물을 보고 행동하는 방식의 전체 체제를 의미한다. 철학과 상식 사이에 존재하는 친밀한 관계는 철학과 종교 사이의 친밀한 관계와 유사하지만, 그람시는 상식과 종교를 분명하게 구별한다. 상식의 주요한 요소는 교회, 특히 가톨릭에 의해 제공되기에 그 결과 상식과 종교 사이의 관계는 상식과 지식인들의 철학 체계 이상으로 매우 친화력이 있다. 가톨릭 교회는 신자들에게 의무적으로 치루는 숭배와 예배 의식에 바탕을 둔 외형적 통일, 다시 말해 순전히 '기계적인 유대'만을 가지려는 맹목적 숭배/주술화fetishism 경향을 보인다.Gramsci, 2000가: 243-245; 그람시, 2007: 257

그람시에 따르면 상식은 사회 구성원이 일반적으로 가지고 있는 의심할 여지가 없는 신념과 가정이라고 할 수 있다. 상식은 인간의 도덕적 개성이 발달된 여러 가지 사회적·문화적 환경에 의해 흡수된 세계의 개념이다. 이러한 관점은 역사적 블록의 구성원들이 사회적·정치적 문제의 '올바르고', '정상적이며', '바람직한' 상태로 해석하는 것을 알려 준다.Gross, 2011: 60 따라서 비유기적이고 일관성 없는 사고방식을 극복하고 진정한 문

---

20. 그람시가 바라본 '민속'은 특별한 신념, 규범, 가치 체계를 함유하고 있는 세계에 대한 개념이다. 따라서 민속은 사람의 삶의 조건으로 이해될 뿐이다. 민속은 정교화되지 않고 무비판적일 뿐 아니라 그 내용에서 모순되고 모호할 뿐이다. 종교 및 상식과 이웃하고 있는 민속은 진정한 세계관과 지적 질서에 도달하기 위해 깊이 탐구할 필요가 있는 하위주변문화의 또 다른 측면이다. 그러한 역사의 잔재들은 일상적인 의식에 스며든다.

화 개혁을 실현하기 위해 이전 철학자와 종교의 유산인 상식의 잔재와 계층화를 잘 구별해 내야 한다.Borg & Mayo, 2002: 91 그런데 상식을 단순히 부정적인 의미의 허위의식이나 이데올로기로 생각하지 말아야 한다. 상식은 '상충적/모순적contradictory'이기 때문이다. 말하자면 진실의 요소뿐 아니라 거짓의 요소를 포함하고 있기 때문에 정치적 헤게모니 투쟁에서 지렛대를 획득할 수 있는 것은 이러한 모순으로부터 발생한다. 그람시에게는 마르크스주의가 추상적 철학으로 제시되어서는 안 되며, 사람들의 상식에 들어가 자신의 상황에 대한 더욱 비판적인 이해를 제공하는 것이 중요하다.Forgacs, 2000: 421 그람시에 따르면 세계관Weltanschauung/worldview은 사회생활의 모든 수준에서 이전의 개념과 신념들을 대체할 정도로 스스로 입증하지 않는다면 사회 전체에 신념으로 스며들기 어렵기 때문이다.

  '상식'이란 일반적으로 어떤 사회에 공통적인 가정과 신념으로 여겨지는 일련의 집합이라고 할 수 있다. 상식은 모호하고 일관성이 없고 모순이 덜한 양식의 요소를 포함하고 있다. 상식은 사람들 전체에 확산될 정도로 양식 또는 진리의 요소를 함유하고 있으나, 무비판적이고 파편적인 실재관을 지니고 있다. 그람시는 상식과 철학적/과학적 사고 사이의 관계가 매우 복잡하고 구조적이며, 그리고 변증법적이라고 본다.Colucci, 2007: 155 모든 사람에게 공통적인 추리 능력인 '자발적 철학'으로 "모든 사람이 철학자", "모든 사람이 지식인"이라는 것은 그람시의 경험적 세계관과 독서를 통한 성찰에서 도출되었다. 상식의 건전한 핵심인 양식에서 출발한다는 F. 하이더Heider, 1958가 주장하는 '상식의 심리학common sense psychology'과 흡사하다. 상식에서 철학적-과학적 사고로 발전하는 어떤 생각의 가능성을 상정하는 그람시의 가정과 유사하다. 결국 그람시의 구상은 역사적 현실(블록)에서 물화의 세계와 동의의 세계, 그리고 과학과 사회적 표상을 통합하고자 한 것으로 파악할 수 있다.Colucci, 2007: 156 역사적 현실은 그람시가 중시하는 실천에 부여된 토대 역할의 결과라고 할 수 있다.

상식에서 양식으로

그람시가 묘사하고 있는 '상식'은 어떤 사회에 일반적으로 공통적인 가정과 신념의 불일치한 종합이며, 그래서 실천적·경험적 특성으로 갖는 '양식senso buon/good sense'과 구별된다. 그람시는 상식의 진보적 변화를 '양식'이라고 불렀다. 그람시에게 있어 상식과 양식은 역사적·사회적 조건 속에 존재하는 것이다. 모든 사회적 층위는 기본적으로 인간과 삶에 대한 자체의 상식과 양식을 지니고 있다.Coben, 2002: 268 그람시는 관행적 상식에서 지적·도덕적 개혁을 이끌어 낼 수 있는 새로운 상식과 비판적 의식, 즉 '양식'을 찾아내고자 했다.Gramsci, 2000가: 323; Colucci, 2007 '상식'은 대중의 세계에 대한 "단편적이며 정합적이지 않고 비일관적인" 인식을 말해 주기 때문이다. 그래서 이에 대조되는 '양식'은 세계에 대한 과학적 인식을 말해 준다. 물론 이렇게 상식이 세계에 대한 과학적 인식과 대비된다고 해서, 상식이 일방적인 타파의 대상인 것은 아니다. 그람시에 따르면 상식에는 나름대로의 장점이 있기 때문이다. 따라서 상식은 분명하고 단순한 사실에 근거하여 판단하기 때문에 환상적 궤변이나 사이비 심오함, 그리고 사이비 과학적인 형이상학적 잡담에 말려들지 않아야 한다. 나아가 양식은 상식 안에 내재하는 합리적 측면, 즉 인간의 본능적인 격정을 극복할 수 있게 하는 인간 행위의 자각적 지침을 마련해 주는 필연성이란 개념을 추구하려는 경향이기도 하다. 그람시가 '상식'을 이용한 것은 우리들이 일상적으로 이해하는 용어와는 구분된다.

그람시는 상식을 우리 주변의 세상을 보는 방식을 알려 주는 이데올로기나 전망에 비유한다. 상식의 개념을 이해하려면 그람시가 이론화한 능동적인 동의와 수동적 동의를 구분하는 것이 도움이 된다. '능동적 동의'는 지배계급과 맺은 타협에 대해 하위집단의 구성원들이 '의식적으로 인식하는 것'을 의미한다. 예를 들어 산업노동자들은 계급의 이동성이 상대적으로 제한적이라고 의식적으로 인식하고 있음에도 불구하고, 경제적 변영의 가능성(계층 상승의 꿈)을 위한 교환을 위해 자본주의적 권력에 복종한다. 그리고 '수동적 동의'는 지배계급의 지배를 지지하는 의심할 바 없는 견해, 가정, 믿음을 구성한다. 그리고 능동적 동의는 수동혁명 개념으로부터 나온 것으로 그람시의 '상충된 의식' 개념이 출현하는 수동적·능동적인 동의로부터 나온다.Gross, 2011: 60

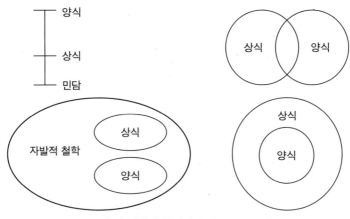

교육적 정치의 공간적 은유Coben, 2002

억압받는 계급이 아마도 그들이 살고 있는 이데올로기적 지배를 인식하지 못하는 엥겔스와 루카치의 '허위의식false consciousness' 개념에서 출발한 그람시의 '상충된/모순된 의식contradictory consciousness' 개념은 개인이 다른 블록에 영향을 준 타협을 어느 정도 인식하고 있음을 시사한다.Gross, 2011: 60 대중 속에 있는 인간의 경우 이러한 인식은 일상적 활동과 이론적 의식 사이의 분리에서 나타날 수 있다. 주물공장에서 일하는 노동자는 자본주의 생산의 거친 환경을 경험하고 알면서도 경제적 발전과 향상에 대해 이어져 온 신념을 유지한다. 그의 동의는 또한 산업 발전이 필연적으로 자신과 타인의 번영과 향상으로 이어질 것이라는 자신의 신념과 가정에 의문을 제기하지 않는다는 점에서 수동적이다. 상식은 살아 있는 경험 및 양식과 상충하는데, 사람은 두 가지 관점을 동시에 가질 수 있다. 그람시는 이를 두 개의 이론적 의식, 또는 하나의 '상충된/모순된 의식'으로 설명한다.Gross, 2011: 52 이 설명에서 하나의 의식은 일(노동)과 살아 있는 경험에 근거하고 있고, 다른 의식은 전승된 상식에 근거하고 있다. '상식'이란 실재의 진정한 개념과 왜곡된 개념들이 공존하는 인간 의식의 영역을 알게 한다. 그러한 개념들은 적응과 저항의 아이디어를 통해 물질세계를 신비하게 하고 정당화한다.Darder, 2021: 170, 주 8 예를 들어 교사들은 구역 조정 계획이 교육을 위한 자원을 더욱 잠식할 것임을 경험을 통해 알 수 있지만, 동시에 수동성과 무관심을 보이면서 구역 변경에 대한 암묵적인 지원을 하는 등 상충된 의식의 존재를 확인할 수 있다. 교사/교수의 근무조건 향상과 학생의 학습조건 향상이 종종 불일치한 경향을 보이는 경우도 그렇다. 자사고 폐지와 대열서열체제의 타파를 주장하면서도 자기 자식을 위한 사교육(학원)을 포기하지 못하는 것도 마찬가지의 경우이다.

'상충된 의식'은 지배집단이 다른 집단에게 행사하는 사회적·문화적·경제적 영향력인 헤게모니를 이해하는 열쇠이다. 이 영향력은 종속집단이 지배집단에게 부여한 정당성의 인식으로부터 비롯된다. 헤게모니는 동의(지배집단에 대한 암묵적 지지)와 강요(위협이나 물리력 같은 형태의 사용)의 균형을 통해 지배집단에 의해 정당성이 추구되고 유지되는 적극적인 과정이다. 지배집단에 의해 행사되는 영향력은 결과적으로 상충된 의식에 기여하는 상식을 형성한다. 하나는 실제 경험에서 태어나고, 다른 하나는 무의식적으로 물려받은, 동시에 간직하고 있는 두 가지 이론적 의식은 대립하고 있으며, 동의의 한 형태인 무관심과 수동성으로 이어질 수 있다.Gross, 2011: 53

여기에서 그람시는 상충된 의식에서 비판적 의식으로 이동하기 위한 이론과 모델을 개발함으로써 헤게모니를 이해하고 설명하고, 그리고 궁극적으로 그것에 대한 도전을 시도하였다.Gross, 2011: 52-53 개인과 집단 차원에서 상식에서 양식으로 가는 경로의 지도를 그린다. 개인 수준에서 양식의 발달은 그것을 일관성 있는 통합으로 만들고 그것을 세계에서 가장 진보된 사상, 즉 양식에 도달할 수 있는 수준으로 끌어올리기 위해 자신의 세계에 대한 개념을 비판할 수 있는 마르크스주의를 동원한다.Coben, 2002: 271 그람시에게 이것은 본질적인 자아의 발견이 아니라, 역사적이고 정치적인 자아의 생성이라는 것을 의식하는 과정이다. 그람시는 자신 안에 무한한 흔적을 남긴 역사적 과정의 산물로서 '너 자신을 알라'의 필요성을 강조한다. 각 개인의 상식을 구성하는 '무한한 흔적'을 대체하는 것은 모든 개인의 삶에 과학적인 형태의 사고를 처음부터 도입하는 것을 말하는 것이 아니라, 이미 존재하는 활동을 혁신하고 '비판적으로' 만드는 것을 수반한다. 여기에서 '자아의 비판적 이해'가 시작된다. 양식은 상식의 비판으로부터 비롯된다.

그람시에게서 자아의 비판적 이해는 정치적 '헤게모니들'의 투쟁을 통해 일어난다. 이것은 자신의 실재/현실reality/세상 개념의 더 높은 수준에 도달하기 위해 먼저 윤리적 영역에서 발생하고, 이어서 정치 본래의 영역에서 발생한다. 정치란 국가정책에 영향을 주고, 국가기구를 통제하며, 국가 외부의 정치적 기구를 통제하는 대중의 사회운동에 의해 야기되는 '갈등의 무대'이기도 하다. 자본주의 국가 자체는 계급 갈등의 무대이며, 국가는 사회계급 관계에 의해 형성되는 동시에 그것을 얻고자 하는 '경쟁의 대상'이 되기도 하며, 따라서 국가는 국가 내에서 이루어지는 '계급투쟁의 산물'이다. 이러한 시각에서 보면 정치는 역시 경제구조 자체 내에서 발생한다. 정치는 노동과정에 대한 보다 효과적인 통제와 잉여로 권력을 얻기 위한 투쟁이라고 할 수 있다.

오케스트라 조율 기능을 하는 '정치'

그람시는 '정치'를 단순히 역사적으로 발전하는 물질적 동력의 맥락 속에서의 자동적인 행동으로 인식하지 않았다. 그에게 있어서 '정치'란 인간 활동의 중심이며, 그것을 수단으로 하여 하나의 의식은 모든 형태의 사회적·자연적 세계와 접촉하게 된다. 개인 차원과 정치 차원을 매개하는 것이 정치이기에 그람시는 정치적으로 효능성을 발휘하려면, 비판적 활동이 개인 수준에 머물 수 없다는 것을 인식한다. 사회화된 집단적 양식을 향한 운동은 그람시가 '집단의식'[21]이라고 부르는 것이다.Coben, 2002: 272 그람시는 이를 '오케스트라 조율 기능'에 비유한다. 모든 악기들이 각자 연주될 때는 가장 끔찍한 불협화음으로 들리지만, 조율하는 워밍업 과정은 오케스트라가 하나의 '큰 악기'로 탄생하는 필수 조건이다. 개별 연주자는 소우주이고, 오케스트라(집단)는 대우주이다. 두 경우 모두 연주의 프로세스는 동일한 데, 그것은 혼돈(상식)으로부터 새로운 질서(양식)를 이끌어 내는 과정이라고 할 수 있다.Coben, 2002: 272-273 지배집단은 강압이 아닌 동의를 통한 질서를 잡는다. 그런데 둘의 순간은 동등한 정치적 하중이 아니기 때문에 개인과 집단은 동일하기보다는 유사하다. 여하튼 정치적으로 효능성이 있으려면 개인은 전체(오케스트라)의 부분이어야 한다. 연주는 한 작곡의 집합적 표현이다. 따라서 정치적으로 효능적이 되려면 개인이 전체(역사적·사회적 실체)의 일부가 되어야 하며, 상식의 일부에 양식이 스며들어야 한다.

일반 사람들의 상식은 지적 질서를 구성하지 않는다. 지식인들이 정교화하는 철학과 일반 남녀의 사고 및 행동의 바탕을 이루고 있는 철학들을 실제로 구분할 수 있을 것이다. 그것은 세계에 대한 철학적 인식으로서의 고급문화와 사람들의 상식/민중문화cultura popolare가 연결될 수 있

---

21. 그람시는 개인 차원의 불화를 해결하면서 다양성으로 통합된 이후에 가능한 살아 있는 유기체의 형성을 구상한다. 물론 그람시는 감옥에서 검열을 피하기 위해 마르크스주의적 뉘앙스를 풍기는 '계급' 또는 '계급의식'이라는 말을 피하고 '사회집단'이나 '집단정신(esprit de corps)'이라는 말을 곧잘 사용한다.

는 지점이 있기 때문이다. 사실, 지식인들의 철학적 활동은 '상식'을 가진 사람들에 의해 세계에 대한 개인적·집단적 이해의 구성에 영향을 미친다. 철학에서 사고의 개별적인 정교함의 특징이 가장 두드러진다. 반면, 상식적으로 그것은 특정 시대와 특정의 대중적 환경에 대한 일반적인 사고 형태의 산만하고 조정되지 않은 특징이다. 그람시는 저차적 질서(상식)에서 고차적 질서(양식)로 이동하는 지적 통일성을 요구한다.

'상식'은 직접 노동을 하는 사람과 그 노동의 생산물을 분리시키고(본질적 가치를 가진 '살아있는 노동'이 아닌 교환가치를 위해 '생산하는 노동'만 하는), 노동과 자본 사이의 잉여가치를 만들어 내는 마르크스의 '소외 alienation' 개념과 흡사하다. 이를 그람시는 일상적인 행동규범과 사고방식인 '상식'으로 대체하여 모든 상식의 중심에 보다 일관적이고 통일적인 '양식(새로운 가치와 행동의 집합)'이 존재한다는 관점의 획기적 변화를 보였다. 이런 양식은 기본적으로 이성적이지만, 대중/국민people-nation이 일상생활에서 지속적으로 직면하는 억압의 구조를 유념할 때, 객관적으로 표명될 수 없으나 성찰적으로 상식의 대안(저항의 조직화와 대항-헤게모니 운동)으로 이용될 수 있다.Morrow & Torres, 1995: 257-258 그리고 그람시의 헤게모니 개념은 마르크스의 이론-불평등의 주요 결정자로서 생산의 물질적 유형을 강조하는-과 달리, 문화와 이데올로기에 초점을 맞추고 마르크스의 일보다 더 큰 정도로 행위주체agency를 허용한다.

그람시는 그리스의 인문주의 문화를 부활시킨 르네상스[22]를 냉철히 평가하면서 고답주의적인 구교의 가톨릭으로부터 신교의 개혁Protestant Reformation 및 칼뱅주의를 이끌어 낸 것에서 역사적 증거를 찾는

---

22. 그람시는 유럽 역사에서의 한 역사적 운동의 문학적 표상인 '인문주의'와 '르네상스'의 가장 활력적인 중심으로서 코뮌 시대에 괄목할 만한 진보가 이루어진 곳이 이탈리아 인데, 천년 이후에는 퇴행적인 모습으로 전락했다고 비판했다. 코뮌들의 발전과 비교해 볼 때, 르네상스는 반동적이고 억압적인 운동으로 전락했다는 것이다.(그람시, 2000다: 281).

다.Gramsci, 2000가: 323-324, 350 양식은 상식을 넘어서는 수단이라고 할 수 있다. 양식은 세 가지 주요한 방식을 통해 발전된다. 첫째, 실천철학에 근거한 마르크스 연구를 통해, 둘째, 상식 속에 내재된 양식의 요소를 검색하고 발전시키기 위한 상식의 분석을 통해, 셋째, 전통적 지식인의 사고 분석을 통해 발전한다.Coben, 2015: 35-36 사람들의 열정과 경험은 지식과 이성으로 가득 차 있기 때문에 지식인, 유기적 지식인 혹은 민주적 철학자를 배출함으로써 일관된 생각을 가질 수 있기에 사람들의 상식은 양식으로 발전할 수 있다. 세계에 대한 우리의 해석에는 그람시가 말한 것처럼 항상 '좋은 의미'와 '나쁜 의미'가 병존하고, 상호 모순적인 상호 긴장이 존재하지만, 삶의 유형의 대전환은 상식(매일의 생활에 대한 우리의 일상적 이해)을 양식(새로운 세상의 도래를 위한 대안적 세계관)으로 발전시키는 일이다. 더 확장된 헤게모니를 구축하려면, 상식의 반동적 요소를 해체하고 그 안의 긍정적인 요소를 살려 내야 한다. 잠재적으로 혁명적이고, 사회적으로 변혁적인 것들을 유지하고 공고히 하면서 허위의식의 요소를 제거한, 보다 일관된 유형의 의식(양식)의 출현을 위해 상식을 극복하기 위한 정치교육을 요청한다. 탈-진실 시대에 그람시의 양식을 위한 정치교육은 동시대의 긴박한 사회적·정치적 문제의 해결책을 제시해 줄 것이다.

3) 상식을 양식으로 전환시키는 지식인의 역할

그람시는 지식인들이 곧잘 빠지곤 했던 지적, 정치적 엘리트주의를 견제하고자 '자기해방'을 강조하였다.그람시, 2000나: 17 그리고 정치권력을 잡기 위해서는 자신들의 이해관계를 대변할 수 있는 지식인 집단을 구축해야 한다고 역설하였다. 이것이 지식인의 새로운 역할이다.[23] 새로운 질서를 만들어 가는 유기적 지식인은 대중과 긴밀한 관계를 맺으며 그들의 이해, 느낌, 열정에 관심을 갖는다. 그람시에게 새로운 지식인의 존재 양식은 전달자에 불과한 웅변에 갇힌 단순한 연설자로서가 아니라, 오히려 추상적이고도 수학적인 공식보다도 우위에 있는 건설자, 조직가, '영원한 설득자'로서 실제 생활에 능동적으로 참여하는 데 있다.Gramsci, 2000가: 321-324; 그람시, 2007: 19 그람시는 사회의 부분적인 측면을 수행하는 '전문화된 사람들'이 기본적으로 보수주의자들이고 종종 파시즘에 호의적인 태도를 보이는 것을 비판하였다. 사회의 상충적인/모순적인 부분, 즉 지배 이데올로기의 한계를 드러내는 역할은 교육의 기본적 출발점이다. 이는 맹목적 주입이 아니라 오랜 '설득의 과정'을 거쳐야 한다.몰리뉴, 2003: 224~225 그람시는 이를 위해 다음과 같은 방식을 취해야 한다고 주장한다. 먼저 "반복이 대중의 정신 상태에 영향을 끼치는 가장 좋은 설득 방식"이므로 "자신의 논지를 반복하는 데서 지칠 줄 몰라야" 하며, "더 많은 대중의 지적 수준을 향상시키기 위해, 즉 무정형의 대중에게 인격을 부여하기 위해 끊임없이 노력"해야 한다. 이러한 차원에서 그람시의 지식인론은 "모든 사람은 지식인이다", "모든 사람은 철학자이다"라는 언명에서 출발한다. 모든 사람이 지식인이 아니지만, 사회의 모든 사람이 지식인의 기능을 하는 것이 아니다.Gramsci, 2000가: 304 헤게모니 형성에서 교육자로서 지식인의 역할을 구상하였다. 그람시의 지식인 개념은 전통적인 학자나 성직자의 개념을 넘어 생산 영역이든 문화나 정치행정 영역이든 사회에서 지시적이거나 높은 수준의 기술 능력을 행사하는 사람이다. 따라서 학생은 지식과 삶에 돌진해, 곧 배움의 훈련과 자신을 종속시켜 학자 못지않은 진정한 지식인이 될 수 있다.아로노위츠, 2014: 232

　그런데 상식과 양식의 관계를 복합적인 것으로 보았던 그람시는 상식을 일거에 제거해 버리고 양식을 주입할 수 있다고 보지 않았다. 이러한

---

23. 그람시는 지식인들이 민중, 다시 말해서 국민으로부터 아주 분리되어 있고, 아래로부터 강력한 민중적이고 국민적인 정치운동에 의해 한 번도 깨뜨리지 않은 전통적인 카스트제도에 묶여 있기 때문이라고 비판했다(그람시, 2000다: 197). 그람시는 또 모든 현학적인 태도를 버려야 한다고 충고한다(그람시, 2000다: 195).

견해를 밝히고 있는 「과학, 종교, 상식의 관계」에 따르면, 상식에 대한 비판은 대중들에게 세계에 대한 과학적 인식을 확립하기 위해 필수적인 일이지만, 또한 동시에 상식에 기초를 두고 출발할 수밖에 없다. 즉, 한순간에 과학적 사고방식을 각자의 개별적 사람 속에 주입하는 것이 아니라 점진적 수정을 통해 기존의 활동에 비판적일 수 있는 분위기를 만들어야 한다.

새로운 질서를 이끌어 내는 '유기적 지식인'

그람시 사상에서 교육과 문화는 헤게모니 문제와 지식인의 형성으로 통합되었다. 헤게모니가 지배계급에 의해 행사되지만, 자본주의 사회에서 특별한 사회적 범주라고 할 수 있는 유기적 지식인intelligenzia/intellectuals에 의해 조직되어야 한다. 유기적 지식인은 전통적 지식인[24]을 '이데올로기적으로' 정복하고 융합하기 위해 투쟁해야 한다.그람시, 2007: 19 전통적 지식인은 반드시 지배계급과 같은 세계관을 가지고 있지는 않지만, 그들은 타협하면서 지배계급과 중립적 관계를 유지한다. 그람시는 헤게모니 논의에서와 마찬가지로 지식인의 삶도 타협의 한 형태라고 본다. 전통적 지식인은 지배적 역사 블록의 '계층으로서 지배담론에 접근할 수 있을 뿐만 아니라, 지배적 담론을 생성하고 합리화하고 정당화하는 데 중요한 역할을 할 수 있다. 다시 말하면 전통적 지식인은 상식을 확립하는 데 기여한다. 사회적 삶의 어지러운 복잡함 속으로 뛰어드는 자가 유기적 지식인이라면, 전통적 지식인은 그런 문제의식에서 손을 뗀 사람이다. '전통적 지식인'은 유기적 지식인의 반대편에 있다. 유기적 지식인은 상식을 양식으로

---

24. 그람시는 전통적 지식인으로 학자, 교수, 성직자, 예술가 등을 포함시키고 있다. 도시형 지식인은 산업의 발전과 더불어 성장했고 산업의 운명에 속박되어 있다. 반면 농촌형 지식인은 대부분 '전통적인' 모습을 띠고 있는데, 이들은 도시 소부르주아들에 연계되어 있다(그람시, 2007: 23-24).

변화시키는 사람이다. 유기적 지식인은 상식과 양식 사이의 긴장을 정치화하는 역할을 한다.Motta, 2014가: 11 상충적인 의식(상식)을 덜 상충적인 의식(양식)으로 전환시키는 사람이 유기적 지식인이다. 그리고 세상의 흩어져 있는 질서(세계관)를 용접시키는 유기적 지식인은 전문적 지식을 가다듬어 '정치적 지식'으로 발전시킬 수 있어야 한다.Jones, 2022: 155

유기적 지식인은 일반적으로 헤게모니 기획 속에서 정교하게 다듬어지는 도덕, 철학, 이데올로기, 가학적 가치에 형태와 표현을 제공한다. 헤게모니 과정은 제도처럼 비인격적인 현상으로 보이기 쉽지만, 지식인은 전체 사회 조직의 매개를 통해, 그리고 지식인이 기능하는 복잡한 상부구조를 통해 행위주체 능력agency을 드러내며, 이 제도들은 행위주체들agent의 네트워크라고 할 수 있다.Gramsci, 2000가: 306 사실 사람들/인민들이 순차적으로 다스리고 다스려지는 것은 정치적 공동체 내에서의 관계로서 자기통제와 자기도야, 통제와 리더십을 모두 포함한다. 스스로 명령하고 복종하는 자기통제self-mastery는 그람시에 따르면 통합된 인성의 발달을 위한 기초로서 비판적 자기의식의 생성을 말한다.Fontana, 2002: 36 자기통제의 개념이 그람시가 강조한 대항적 헤게모니 개발의 중요성과 분리된다면, 학교교육에 대해 그람시가 보는 훈육과 비판적 사고의 상호관계가 보수적 교육 개념을 지지하는 것으로 보일 수 있음을 유념해야 한다. 과거는 현재와 미래의 요소이기에 '훈육discipline'은 과거의 연구이기도 하다. 그것은 게으른 요소가 아니라 언어라는 점에서 필요한 요소이며, 게으르고 나태한 획일성이 아니라 필요한 획일성의 요소이다.Gramsci, 2000가: 401 모든 문화적 활동은 이런 인격의 형성을 지향하고 있고, 문화는 일과 노동을 통해 성취된 도덕적·지적 도야를 전제한다. 그람시의 형성 전략은 사람들로부터 동의를 '이끌어 내는educere/drawing out' 도덕적·지적 리더십, 그리고 비판적 자기의식을 '고취하는educare/instilling' 교육으로 볼 수 있다.Fontana, 2002: 36 이렇게 그람시는 인간 활동의 정치적·인식적·교육적 측면을 모두 결합하고자 했다. 결국 이러한 모든 것은 "교육적 관계는 헤게모니적 관계"라는 그람시의 공식을 다시 불러오게 하는데, 교육은 도덕적·지적 헤게모니(리더십)을 정확히 발휘하는 것을 의미한다. 그리고 헤게모니를 발휘한다는 것은 대중을 세계에 대해 더 우월하고 일관된 개념(양식)을 갖도록 교육하는 것을 의미한다.

일(작업)로서의 기술에서 과학으로서의 기술로, 그리고 역사적 인본주의적 개념으로 진행한다. 이것이 없이는 전문가로 남을 뿐 지도자가 될 수 없다. 그람시에게 있어 집단의지의 상징으로서 지도자dirigente/condottiere/leader[25]가 된다는 것은 전문가인 동시에 정치인이 되는 것이다.Gramsci, 200: 322, 238-243, 348 인식론적이고 정치적 인식에서 불일치로부터 일치로 이동하는 것은 지식인의 사회적·문화적 범주에 의해 매개된다. 그러므로 사람들과 밀접하게 결부되어 그들의 생활과 활동에 골몰하는 지식인들을 형성하는 것은 기본에 속한다. 이 지식인들은 자신들의 출신 계층이나 사회집단에 속한 지식인들, 지도자 및 조직가들 그리고 활동가들이다. 이들은 세계에 대한 오래된 개념과 상식을 교체하는 운동의 중심에 있다.Fontana, 2002: 27 유기적 지식인에 의해 생산된 세계관과 그것의 바탕을 이루는 역사적-변증적 원리의 수용을 통해 대항적 헤게모니를 내면화해야 한다는 것이다. 그람시는 상식과 한층 고차적인 철학 사이의 연결은 '정치'에 의해 보장되어야 한다고 보았다.

그래서 유기적 지식인은 그람시의 혁명적 프로젝트에 두드러지게 등장한다. 그의 목표는 노동계급의 유기적 지식인을 양성하여 이탈리아에서 사회주의적 헤게모니를 가능하게 하는 것이었다. 그람시는 지배계급의 이

---

25. 마키아벨리가 끌어들인 프랑스혁명의 급진적 공화주의론자들인 자코뱅파에서 도출된 지도자론은 종교나 세계에 대한 관점으로서 대의체인 의회의 위기를 극복하기 위해 '국민적-민중적(national-popular)'의 집단의지를 표상하고 있다(Gramsci, 2000가: 241-243, 260-262).

데올로기적 구조가 실제로 어떻게 조직되는지, 즉 이론적 또는 이데올로기적 전선을 유지하고 방어하는 그리고 발전시키는 것을 목표로 하는 물질적 조직에 대한 연구를 계속한다. 나아가 이를 위해 지적·도덕적 개혁을 위한 수동 혁명으로서 진지전으로 발전시켜 갔다. 결국 그람시의 정치적·문화적 투쟁은 내재적으로 교육적이고 인식론적인 투쟁의 중심에 자리하고 있다.

4) 학교교육의 목적과 전문적 직업학교의 위상

그람시의 교육사상의 얼개는 많은 교육적인 연구와 실천과 서로 얽혀 있다. 헤게모니 이론은 부분적으로 그람시의 혹독한 시련의 연속이었던 교육적 경험(쓰라린 학창 시절, 성찰과 실천으로 가득 찬 공장평의회 활동과 워크숍, 비판적 기고 활동 등) 속에서 주도된 것이다.

그람시는 학교를 다양한 수준의 지식인을 형성하는 기구라고 보았다. 교육이 포괄하는 영역이 더 넓을수록, 학교교육의 '수직적' 단계가 더 많을수록, 특정한 국가의 문화적 세계 및 문명은 더욱 복잡해진다고 이해하였다. 현대 문명에서는 일반적으로 모든 실천 활동이 매우 복합해졌고, 과학이 일상생활과 밀접하게 결합되어 있기 때문에 각각의 실천 활동이 해당 영역의 행정가와 전문가를 위해 새로운 유형의 학교를 만들어 내는 한편, 이러한 학교에서 가르칠 수 있을 정도로 높은 수준의 전문적인 지식인 집단을 창출해 내는 경향이 있다.그람시, 2007: 20, 38

학교교육에 대한 그람시의 교육 개념은 그람시 철학의 부차적 측면일 뿐이다. 열쇠는 지배적 상식에 의문을 제기하고 시민사회의 제도와 다른 사회적 공간에 퍼뜨릴 수 있는 지적·도덕적 블록을 형성하는 일이다.아로노위츠, 2014: 234 즉 정치에 관한 '과학적'[26] 이해를 체계적으로 제공할 수 있는 지적·도덕적 블록을 형성하는 일이다. 지적·도덕적 블록의 요점은 소규모의 지식인 집단뿐 아니라, 대중의 진보를 가능하게 만드는 정치다.아로노위츠,

2014: 235 교육에서 제기되는 중요한 쟁점은 정치적 헤게모니를 다루는 방식과 진보적 정치 행위자들의 실천적 의식과 이론적 의식을 하나로 모으는 방법이다. 요컨대 문제는 대중을 넘어 커다란 사회운동 내부의 정치적 리더십을 책임진 사람들이 공유하는 상식의 힘을 극복할 방법이다. 그람시가 생각하는 지식인은 기성 권력을 조종하는 기술자가 아니라, 권력의 원동력이 되어야 한다고 보았다. 진정한 유기적 지식인들이야말로 대학뿐 아니라 시민사회와 노동조합에서 싸우는 투쟁가들이다.

그리고 문명 발달에 필요한 위대한 지식인을 배출하고자 한다면 '아동기'에서부터 출발할 수밖에 없다. 그 출발을 알리는 보통학교common school의 출현은 학교는 물론이고 사회생활 전체에서 지적 활동과 산업 활동 양자가 새로운 관계에 들어섰음을 의미한다.그람시, 2007: 46, 51 그람시는 보통학교의 교육 기간을 약 10년으로 설정하고 있다.[27] 오늘날 한국의 학제상 초등학교와 중·고등학교의 일부를 포괄하는 이 시기에 이루어지는 일반적이고 인문적이며 인격 형성적 교양을 제공하는 보통교육 common education은 초등학교와 중학교, 인문계 고등학교liceo 수준을 포괄해야 한다고 보았다.그람시, 2007: 38-46 그람시는 '보통학교'에 대한 글에서 그가 생각하는 대안적 학교의 모습을 상당히 상세하게 보여 주고 있다. 보

26. 여기서 '과학' 개념은 자연이나 자연화된 사회를 지식 대상으로 삼고, 직관과 사색을 엄격히 배제한 채 실험적 방법과 수학적 방법만 고수하는 산업사회의 일반적 개념이 아니다. 그람시가 인용하는 과학은 더 전통적인 과학 개념으로 체계적 지식을 성취하려는 노력을 의미하는 산업화 이전의 개념, 다시 말해 전통적 자연과학과 사회과학뿐만 아니라, 철학을 진정한 지식 습득 방법으로 삼는 넓은 개념이다. 새로운 상식으로 자리 잡게 될 새로운 과학적 이해에 관한 투쟁은 언제나 학자의 관점이나 현대적 용어로 유목민적 지식인의 관점이 아니라 행동인의 관점을 취해야 한다.

27. 그람시는 보통학교가 초등학교 수준에 해당하는 처음 단계는 3~4년을, 이후의 단계는 6년(중학교 4년, 고등학교 2년)을 넘지 말아야 한다고 주장한다. 보통학교의 전 과정을 모두 이수하게 되는 나이는 15~16세가 된다. 각 단계에 따라 가르쳐야 할 것들과 적용해야 할 교육 방법은 다음과 같이 제시된다. 초등학교 수준에 해당하는 3~4년 동안에는, 기본적이고 도구적인 개념들을 전달하는 것이 중요하다. 그것은 구체적으로 읽기, 쓰기, 셈하기, 지리, 역사에 해당한다.

통학교, 즉 '인문적humanistic'-이 말은 전통적인 것보다 광범한 의미로 사용되었다- 형태의 학교나 일반교양 학교는 청소년들을 성숙함, 지적·실천적 창조력, 방향 설정과 계획의 자율성에서 일정 수준에 이르게 하고, 일정 수준에 도달한 이들을 사회활동에 편입시키는 것을 목적으로 한다. 보통학교는 노동계층의 이익을 증진시키기 위해 교육하고 경험을 모으고 책임의식을 갖도록 하고 있다. 아울러, 구시대적 관념에 도전하는 근대적 세계관을 형성시키기 위해 '시민의 권리와 의무'를 비롯하여 국가, 사회 등의 핵심적 개념 등을 가르칠 필요가 있다. 이 단계에서는 교육 방법상 이른바 교화적 접근 방법, 즉 '지도'가 불가피하다는 점이 인정된다. 교사의 입장에서 보면 최소한의 '교육적 개입'을 의미한다. 개입이나 지도 instruction가 있기 때문에 교육education이 이루어진 것이다.Gramsci, 2000가: 312-313; 그람시, 2007: 53

그람시는 보통학교의 시설이나 교원 확보 문제 등에 대해 말한다. 그는 보통학교가 집단이나 계급 간의 차별 없이 모든 사람이 교육받을 수 있도록 해야 한다고 보았다. 따라서 기본적으로 학교 건물과 과학 기자재, 교원 등이 엄청나게 증가될 필요가 있다. 그람시는 보통학교를 운영하기 위해서는 특히 교원의 수가 훨씬 더 증가되어야 한다고 보았는데, 교사 1인당 학생 수가 적을수록 더 효과적인 교육이 이루어질 수 있다고 생각했기 때문이다. 보통학교는 여러 시설을 확충하고 있는 건물을 갖추어야 한다. 그람시는 갖추어야 할 학교 시설로 기숙사, 휴게실, 전문도서관, 세미나실 등을 염두에 두었다. 아울러, 그람시는 유치원을 비롯한 각종 교육기관들이 보통학교와 충분한 연계망을 확충하고 발달시켜야 한다고 보기도 했다.

그러나 그람시가 지도의 경직된 측면만을 고려한 것은 아니다. 그람시는 가능하다면 완화된 지도를 통해 교육내용을 좀 더 풍부하게 하는 것을 지향해야 한다고 보고 있다. 그람시는 중학교에 해당하는 수준에서 가르쳐야 할 사항들을 상세히 언급하고 있지는 않다. 대신 그는 보통학교의 최종 단계에 해당하는 고등학교 수준의 단계에서, 이후의 교육 및 사회생활로 이어지는 시기라는 점을 고려하여 매우 면밀하게 고려되어야 함을 역설한다. 그러나 이 점을 강조한다고 해서, 대학 혹은 사회와의 직접적인 관련을 맺는 것만을 가르쳐야 한다는 것을 의미하는 것은 아니다. 그람시에 따르면, 보통학교의 최종 단계에서 목적으로 두어야 하는 것은 '인본주의'의 기본적인 가치와 차후의 전문성 발휘에 필요한 지적인 자기훈련과 도덕적인 독립성이다. 이를 바탕에 두고, 그간 대학의 독점물이거나 우연에 맡겨져 있던, "과학과 생활에 필요한 창조적인 방법을 연구하고 학습하는 일"이 이루어져야 한다. 이렇게 보통학교 이후의 교육 및 생활과의 연계성을 면밀히 고려하고 있는 보통학교 최종 단계의 모습은, 그람시가 당시 학교교육 문제의 핵심이 인문계 고등학교 단계에서 발생하고 있다고 보았기 때문에 등장하고 있는 것이라 할 수 있다. 이 단계에서는 "각 개인의 독자적인 책무성을 발달시키는" 데 초점을 두는 만큼, 적용되는 교육 방법 측면에서도 초등 수준의 보통학교 단계와는 차이를 지닌다. 보통학교의 이 단계에서 교사는 안내자의 역할을 하며, 학습은 학생 자신의 자발적 노력을 통해 이루어진다. 이는 세미나 활동, 도서관, 실험실 등에서 수행하게 되는 연구 활동으로 구체화되어야 한다.

그람시는 교육과 학습을 진보적이고 해방적 기능을 하는 것으로 파악했다. 초등교육을 가능한 한 최대한으로 보급하고 중등교육을 수적으로 가능한 한 많이 확산하기 위해 최대한의 관심을 기울여야 한다. 최고의 지적인 자질을 선택하고 형성하는 데 가능한 한 가장 폭넓은 토대, 즉 고급문화 및 최고 수준의 기술과 더불어 민주적인 구조를 제공해야 한다. 그리고 다양한 지식인층의 유기적 자질을 육성해야 한다.그람시, 2007: 21 그람시에 따르면 학교는 근본적으로 지배계급의 이익에 조응하는 헤게모니 장치이며, 구체적으로는 지식인 형성 기능을 한다. 그람시 사상에서의 교육은 가정, 교회, 사회의 그룹들, 문화 등 모든 영역의 학습을 포괄한다.

학교교육은 교육의 영역뿐 아니라, 헤게모니를 유지하는 특별하게 중요한 기능을 한다.Gross, 2011: 66 학교교육 체제는 헤게모니적 문화를 위한 사회화의 특권적 도구이다. 그람시는 헤게모니 개념에서 사회를 이해하고 변화시키는 데 핵심적인 정치활동으로 생각한 교육의 광범위한 개념화에 대한 탐구가 필요하다고 주장한다. 그람시는 학교와 교회가 고용한 사람들의 수와 그들이 조종하는 이데올로기적 자료의 측면뿐만 아니라, 무엇보다도 일반 대중과 지배계급 출신의 유기적 지식인들 사이의 간격을 줄여 줄 수 있기 때문에 모든 나라의 주요한 문화적 조직임을 강조한다. 이런 면에서 의식의 통제는 생산력의 통제만큼 또는 그 이상의 정치적 투쟁의 영역에 속한다. 이것은 학문하는 이론가들을 위한 추상적 과정이 아니다. 따라서 학교 문화, 교수 담론과 실천 사이의 관계를 검토하고, 지배가 학교를 통해 어떻게 영향을 미치는지를 비판적으로 분석해야 한다.

그람시는 교육적-형성적 작업educational-formative work을 동질적 문화 센터의 과업으로 구상한다.Coben, 2002: 274 합의는 항상 진행 중인 작업이고, 학생은 자기 신념의 상충된 성격을 다양한 수준에서 인식할 수 있다. 여기에 교육의 해방적 가능성이 있고, 이는 학교 문화를 분석하고 비판적 교육학을 구축하는 데 기여할 수 있는 열쇠이다. 학교는 비판적 공간으로서 지배 블록의 세계관을 드러낼 수 있는 대항 헤게모니 교육을 위한 잠재적인 장소가 될 수 있다.

그람시는 어른들이 특히 사춘기 이전의 아이들과 학생들의 교육에 무관심한 것을 비판한다. 그는 아이들이 문제를 일으키지 않으면서 어른들과 더 많은 시간을 보내기 때문에 그다지 '훈육'이 필요하지 않은 것 같다고 말한다. 그런데 사춘기와 청소년기가 되면 문제가 나타나기 시작하는데, 이때가 되어야 성인은 걱정하고 개입하기 시작한다. 하지만 더 이상 시간이 없으며 문제를 피할 방법이 없다. 사춘기 이전에 수행되어야 할 예방을 하지 않았기 때문이다. 전통적인 예수회 학교의 편협한 독단주의를 거부하지만, 자기규율과 학교규율은 필요하다고 말한다. 그람시는 아내와 친척에게 보낸 편지에 기록된 가정교육(인간의 미래를 위한 기본적 자질인 의지력, 규율, 그리고 일에 대한 사랑)에 대해 큰 관심을 보인다. 그람시가 관찰한 바로는 사회환경의 확산적/발산적 사고를 방해하는 교육과정 때문이다. 가족이 제공하는 교육에 대한 강요와 학교에서의 징계 문제에 대한 우려도 표명한다. 그가 적극적이고 진보적이라고 말하는 '새로운 학교Escola Nova'에 대한 신랄한 비판은 규율을 느슨하게 하고 가르침을 가볍게 했으며, 그것으로 공부 행위를 잘못 특징지었기 때문이다. 그람시에게 공부는 일자리 준비이기에 매우 피곤한 일이기도 했다.

적응은 노력, 성가심, 심지어 고통을 통해 습득한 습관이다. 그리고 그람시는 사람들에게 그것에 대해 교육해야 한다고 주장한다. 즉 교사는 학생들이 실제 작업(손작업)에 필요한 노력, 엄격함, 끈기가 지적 작업의 요구 사항임을 깨닫게 해야 한다. 규율 없이는 몸과 마음의 관계에서 역사적으로 정교하고 축적된 지식을 전유할 수 없으며, 적용 없이는 새로운 세계관을 형성할 수 없다. 그람시에 따르면 '관용'은 다른 사람의 어려움을 이해하고 그에 따라 행동하는 능력이다. 집단에 속한 개인은 집단의 규율 규범에 복종해야 한다. 개인마다 집단의 합의와 다르게 생각할 권리가 있다면, 집단생활은 불가능하다. 관용은 집단을 하나로 묶는 민주적 원칙이지만, 이와 반대로 편협함은 집단을 해체시킨다. 왜냐하면 그것은 지속가능한 합의를 방해하고, 따라서 그것은 도덕적으로 의무적인 행동 규칙이 확립되는 것을 막기 때문이다. 이러한 형태의 편협함은 필연적으로 타협, 불확실성, 사회 유기체의 해체로 이어진다. 관용은 모든 사람이 행동을 준비하는 광범위하고 완전한 토론에 참여하기 때문에 모든 사람이 정치적으로 성장할 수 있도록 한다. 관용이 없으면 토론의 여지가 없고, 결과적으로 집단 구성원들은 행동할 준비가 되어 있지 않아서 쉽게 타협하게 된다. 교사는 환경과 동료 및 성인과의 상호작용을 통해 구축된 아동의 지식을 고려하지 않으면 실패할 수밖에 없다.

지배가 아닌 지도하는 '교육'

1923년 무솔리니 정권은 중대한 교육개혁 조치를 단행했다. 이는 60여 년 전 이탈리아가 통일되고, 1859년 카사티 법령에 의해 피에몬테 교육제도가 도입된 이래 처음 있는 일이다. 교육개혁은 무솔리니 정권하의 교육부 장관이었던 젠틸레가 입안한 것이므로 '젠틸레 교육개혁Riforma Gentile'이라고 명명되었다. 그러나 그 뼈대는 1921년 지올리티 정권하에서 교육부 장관을 지낸 크로체가 작성한 것이었다. 1910년대에 젠틸레와 크로체는 당시의 교육제도를 '교육'이 아니라 '지도'라고 비판한 바 있다.그람시, 2007: 35 크로체와 젠틸레는 초기 시절에는 모두 아동들의 능력을 이끌어 내는 '교육education'이 아닌 지식을 전달하는 '지도instruction'라는 낙인을 찍으며 기존 학교 시스템에 대한 광범위한 비판을 발전시켰다.Gramsci, 2000가: 416 그들의 눈에 비친 당시의 교육은 편협하고, 형식적이며, 하잘것없는 것으로 보였기 때문이다. 특히 그들은 라틴어 문법과 철학, 문학교본 암기를 맹렬히 비판했다. 하지만 그람시는 고전학교와 직업학교를 분리시키는 파시스트 정권의 능력주의 교육체제를 강하게 비판한다. 그람시는 '민주적'이라는 미명 아래에 직업교육을 급속히 확대하는 한편 학생들이 공부해 나가는 데 반드시 필요한 지배dominio/domination가 아닌 '지도istruzione/instruction', 즉 '이끌어 간다dirigente/leading'는 의미의 지적·도덕적 리더십direzione/direction/leadership의 요소를 경시하는 젠틸레 교육개혁을 비판한다.Gramsci, 2000가: 249, 254-257 물론 교육과 전적으로 구분되는 '지도'만을 강조하면 아이들은 전적으로 수동적이고 추상적인 관념의

'기계적 수용기'가 될 수밖에 없다.그람시, 2007: 48[28] 그람시는 학교가 아이를 '빈 서판'이나 '빈 그릇'이 아니라, 태어나는 순간부터 세상에 대한 지식을 쌓는 존재로 생각하도록 한다. 인간을 전체 역사적 형성을 표현하는 사회적 존재로 생각한다면, 우리는 학생이 자신이 속한 시민사회의 관계로부터 분리되어 있다고 볼 수 없으며, 더욱이 무시할 수 없는 것이다. 그람시는 교육과 지도(수업)를 분리시키고, 젠틸레 개혁의 기술훈련이 철학교육이 부재한 정책이라고 비판한다.Coben, 2015: 38-41

또한 인문교육classical education; Jesuitical school[29]과 직업교육vocational education의 분리, 그리고 대학입학으로 연결되지 않는 학교의 계열화streaming/tracking(김나지움, 기술학교, 성직자학교, 전문학교/직업학교) 문제를 지적하였다. 이러한 분화 내지 특화 과정이 명확한 원칙과 충분한 연구, 그리고 신중하게 마련된 계획안이 부재한 상태에서 혼란스럽게 추진되고 있다는 사실과 관련되어 있다.그람시, 2007: 38 그람시는 젠틸레 개혁안이 계급의 분할을 극복하기보다 법적으로 고정되고 고착된 재산/지위재positional good(사회적·문화적 재생산 과정)로 이어질 것이라고 비판하면서 기술적 능력과 정치의식의 결합(육체노동자, 숙련노동자, 피고용자, 엔지니어, 기술 감독자의 협력 필요)을 주창했다.

그람시는 한때는 동지였던 무솔리니 정권의 공교육부 장관Minister of Public Instruction[30]이자, 역동적/능동적 이상주의자actual idealism이면서 파시스트 철학자인 젠틸레[31]를 비판한다. 무솔리니 파시즘 정권 이전에 교육부 장관(1920년)을 지낸 이상주의 철학자 크로체[32]는 그람시의 교육 사

---

28. 프레이리는 이를 받아먹기만 하는 '은행저축식(banking)' 교육이라고 비판했다.
29. 그람시는 사실의 묶음을 습득시키는 예수회 학교(전통적 교육)에서의 지식은 역동적이지 않고 정적/기계적이라고 비판했다.
30. 공교육부 장관은 이후 국가교육 장관(Minister of National Education)으로 바뀌었다. 이 시기는 정권이 젠틸레 개혁의 가장 좋은 측면을 제거하고, 그것의 권위주의적 성향을 강화했던 기간인 이탈리아 학교의 파시스트화의 시작과 일치한다.

고에 가장 큰 영향을 미쳤다. 크로체는 젠틸레의 정신적 내재주의 철학에 대해 본질적으로 철학사적 차원에 동의했다. 그런데 그람시는 크로체 철학에 따라 파시즘 경향을 보인 젠틸레의 이상주의를 강력하게 비판한다. 개인을 국가에 통합시키는 파쇼fasio/bundle/group/union(권위의 상징으로 로마 치안판사들 앞에 놓인 돌출된 도끼를 둘러싼 막대기 다발[33]) 정치집

31. 조반니 젠틸레(Giovanni Gentile, 1875~1944)는 이탈리아의 이상주의 재탄생을 제창한 철학자이며 교육학자이다. 1차 세계대전 이후 이탈리아 파시즘의 이론적 기초를 세운 인물이다. 젠틸레의 파시즘은 우파의 보수주의적이고 절충주의적인 입장과는 '또 다른 이탈리아'의 반부르주아적인 입장과 정신적 이상을 계승했다. 젠틸레의 철학적 기초가 된 파시즘은 개인이 개성의 개념 밖에 있는 의미에서 발견되는 권위와 충성의 궁극적인 위치와 집단의 수용을 받아들인 존재론과 인식론에 뿌리를 두었다. 젠틸레가 교육부 장관을 하는 동안 크로체가 대부분의 내용을 고안한 교육제도 개편안을 실행에 옮기기 위해 두 사람이 협력한 적은 있지만, 이들의 관계는 이탈리아의 통일사회당 대표 자코모 마테오티가 1924년 5월 30일 의회에서 공개적으로 파시스트들을 비난한 뒤 6월 10일 무솔리니가 보낸 암살자에 살해당하는 사건이 벌어지면서 결정적으로 와해되고 말았다. 이어서 1925년에는 서로 다른 입장의 '파시스트 지식인들의 선언'과 '반파시스트 지식인들의 선언'이 잇달아 발표되면서 결국 정치계가 크로체파와 젠틸레파로 양분되는 상황이 벌어졌다.

32. 베네데토 크로체(Benedetto Croce, 1866~1952)는 이탈리아의 자유주의 철학자이며 마르크스주의 비판자이다. 철학과 사학의 동일성을 주창했고, 참다운 인식은 '역사'라고 말했다. "실재하는 것은 정신뿐이고, 현실이란 인간 정신활동의 표현이며, 그 발전과정이 역사다." 역사는 자유의 실현이라는 역사관을 전개하고, 자유주의의 철학적 부흥을 시도했다. 무솔리니에 의한 파시즘 정권 수립 후에도 반(反)파시스트적 언론활동을 중단하지 않았다. 도덕과 용기로 독재정권에 도전하고 패전으로 타락한 국가를 재건하기 위해 혼신의 힘을 기울인 현대 이탈리아의 정신적 지주였다. 2차 세계대전 말기에는 무솔리니 정권에 반항하고, 바돌리오 정권을 도왔다. 파시즘 체제가 무너진 뒤 재건된 자유당에 가입해 국민해방위원회를 지지했으며, 1944년 바돌리오와 보노미 두 내각에 무임소 장관으로 입각했고, 1946년 제헌의회 의원과 상원 의원을 지냈다.

33. 이탈리아어로 파쇼(fascio)가 '연대'를 의미한다는 사실에서 알 수 있듯 파시즘은 처음에 사회주의 색채를 띠었다. 그러나 무솔리니는 1919년 총선 참패를 전후해 재빨리 우익으로 돌변했다. 열병처럼 번져 나가던 붉은 기운에 놀란 지배계급의 입맛에 맞춘 전략이었다. 1차 세계대전 이후 극심한 인플레와 퇴역군인의 실업문제, 빈부 격차와 노동자들의 실질임금 하락은 파시즘이 자랄 수 있는 토양이었다. 좌파는 파시즘의 실체를 미처 파악하지 못한 채 속수무책으로 백색 테러의 희생양이 됐고, 급속히 무너져 갔다.

단을 통해 애국심을 길러 내는 젠틸레의 교육개혁(청소년들의 정치사회화 ('믿어라!, 투쟁하라!, 복종하라!')를 위한 무솔리니의 국가교육은 자유의 최대화가 국가의 최대의 힘으로서 도덕적 힘이라고 생각한다. 파시스트 폭력을 '경찰봉을 든 수도승 철학자'로 미화시키고 자신을 '상주하는 지식인'으로 불렀고, 예속을 가져오는 반자유주의적 전체주의 경향을 보였기 때문이다.Clayton, 2010

젠틸레의 교육개혁은 그람시처럼 백과사전적 지식에의 지나친 집착에 비판적 태도를 보였다. 다만 젠틸레는 크로체와 달리 수업instruction과 교육education의 구분을 미해결 상태로 두지 않았다. 그는 수업의 포기가 아니라 메커니즘의 심각한 억압으로부터 해방되는 수업을 옹호했다. 수업은 전체가 특수한 것에 내재되어 있음을 보여 준다면 교육적이라고 주장하였다. 젠틸레의 교육개혁안은 학생의 뇌가 '실뭉치'처럼 풀어지는 데 도움이 되는 교사에 대한 그람시의 설명과 함께 똑같이 신비화될 수 있다.Clayton, 2010: 70 "교사와 학생은 서로 다른 두 사람이 아니다"라는 젠틸레의 교육학은 "모든 교사는 학생이다. 모든 학생은 교사이다"라며 교사와 학생의 상호성을 강조하는 그람시와 교육관과 동일하다. 가르침과 배움의 순간에서 모든 이원성은 사라진다. 젠틸레의 교수-학습에 대한 더 좋은 은유는 '교감communion'이다. 왜냐하면 그는 교육을 정신적 결합의 행위로 생각했기 때문이다. "부모가 자녀와 결합하고, 주인이 무지렁이와 결합하고, 인간이 서로 결합하여 모든 사람이 한 높이에서 더 높고 더 높은 다른 곳으로 함께 올라갈 수 있도록 하는 사랑의 축복된 작업이다." 교육의 과학적 개념과 고등학교에서의 철학 강의를 중시한 젠틸레는 교육이야말로 이탈리아의 문화와 정신이 도덕적으로 갱생될 수 있는 도구라는 교육관을 표명했다.

지배계급의 헤게모니 장치라는 점에서 학교는 사회 변혁의 출발점이 되기는 어렵다. 학교의 지식인 형성 기능이 국가의 경제적 조건에 조응한다는 점을 주장하고 있다는 점에서 이 또한 경제적 토대가 학교에 미치는 영향과 중요성에 대한 그람시의 인식을 보여 준다. 이는 학교를 사회 변혁의 출발점으로 보기 어렵다는 사실을 간접적으로 시사하는 것이라 할 수 있다. 또한 일부 비판적 교육학자들이 '노동자계급의 유기적 지식인'으로서 교사가 사회 변혁의 주도적 역할을 할 것으로 기대하는 것과는 달리, 그람시는 교사들이 일반적으로 "선도적인 집단이 아니라" "국민 전체의 시민의식 수준"을 반영하는 집단이라고 보았다.

해롤드 엔트위슬Harold Entwistle, 1979은 광범위하고 집중적인 고된 작업을 거친 통찰력 있는 연구를 통해 그람시를 '급진적 정치 브랜드를 위한 보수적(전통적) 학교교육'이라는 역설적 이론을 제창한 사람으로 재조명했다.Morrow & Torres, 2002: 180-181[34] 그람시는 교육의 역할과 본질을 고려한 몇 안 되는 마르크스주의 이론가 중 한 사람이지만, 역설적으로 그의 혁명적·정치적·사회적 이론은 학교교육의 내용과 과정에 대한 그의 '보수적' 접근 방식과 대조를 이룬다. 그람시는 급진적 정치를 위해 보수적 학교교육을 제창했기 때문이다. 그람시는 보수적 학교교육을 통해 고전교육(인문학교)을 재발견하면서 급진적 변혁을 위한 새로운 지식(강력한 지식)의 역할에 주목하였다. 그람시의 급진적 정치이론의 맥락에서 현재 현대 급진적 교육가들을 운동시키는 주제에 대한 그의 처리방식이 독특하다. 진정한 사회적 변혁을 위한 신인문주의 혁명neo-humanist revolution을 추구하고 있기 때문이다.Hill, 2010: 17

우리는 그람시를 흔히 정치적으로 혁명주의자의 모습으로만 보지만, 교육 영역에서는 전통주의자의 모습도 보이고 있다. 현대적 사고의 특징인 파편적 전문화를 거부하는 인문주의적 전통humanist tradition을 따르기

---

34. 그런데 이 해석은 젠틸레의 교육과 이와 관련된 주제를 정당화한 것에 대해 많은 학자들(Apple, 1980; Giroux, 1980; 1988, 1999, 2002; Holly, 1980; Hoare, 1980; Buttigieg, 2002)로부터 정반대의 비판을 받았다.

때문이다. 따라서 고전 인문학/자유교양교육과 현대 기술훈련/과학기술교육 사이의 선택은 양자택일이 아니라 융합되어야 한다.[35] 이를 보수적 프로젝트로 활용한 사람이 문화적 문해력cultural literacy을 적극적으로 주창한 우파적 이론가 허시E. D. Hirsch, 1996[36]다. 반면 지루는 엔트위슬과 허시와는 대조적으로 국가권력의 확립과 재생에서 문화의 정치적·사회적 역할에 대한 그람시의 분석을 진보적 교육자를 위한 중요한 이론적 영역을 개척한 것으로 조명한다.Giroux, 2002

창조적 학교로서 '통일학교' 구상

젠틸레 교육개혁에 따라 직업학교가 득세하고 있는 현상을 비판하면서 그람시는 통일학교scuola unitaria/Unitarian School를 제시한다. 이는 일종의 '활동적 학교active school'이다. 그람시는 보통학교의 최종 단계는 '창조적 학교'가 되어야 한다고 보았다. 그람시는 젠틸레가 제안한, 아이들을 학교에 적극적으로 참여시키고 그들의 생활과 연계시킨 '활동적 학교(몬테소리의 실험과 이를 발전시킨 달톤 교수법)의 낭만주의 교육이 지식과 훈육을 경시했기에 마지막 단계로서 학교교육의 창의적 국면인 '창조적 학교creative school'를 구상했다.Morrow & Torres, 2002: 182-185; Young & Miller, 2016 자유지상주의 이데올로기 성향을 갖는 낭만주의적(루소적) 단계의 '활동적 학교'에 대해 적대적인 것은 아니었지만 비판적이었다. 그람시는 낭만주의

---

35. 이탈리아 학교제도가 학문적(고전적이고 과학적인) 교육과 직접적 목적을 위한 직업 훈련의 분화에 기초하고 있는데, 남부 출신인 그람시는 이런 교육이 북부 지역에 편중되어 있다고 비판한다.

36. 물론 허시는 베넷(Bennett)이나 블룸(Bloom) 같은 정치적 보수주의와는 거리를 두었다. 그런데 허시의 사회정치적 의제는 자유주의적이고 진보적이었으나, 그의 진보적인 사회적 목표는 학교교육의 보수적 형태를 통해 달성될 수 있다고 보았다(Buttigieg, 2002: 129). 허시의 노선은 그람시의 노선을 정치적으로는 진보적이나 교육 차원에서는 보수적으로 해석한 엔트위슬의 관점과 흡사하다. 흔히 이들을 '우파적 그람시주의'로 분류하기도 한다.

교육론이 기계론적이고 엄격한 학교에 대항하여 투쟁한다는 측면들을 지나치게 과장하고 있다고 본 것이다.그람시, 2007: 36 "낡은 학교제도와 대항하여 싸우는 것은 정당한 일이다. 그러나 개혁은 생각처럼 쉬운 일이 아니다. 문제는 훌륭한 교육과정이 아니라 사람이며, 더욱이 실제로 활동하고 있는 사람인 교사가 아니라 그들이 맺고 있는 복잡한 사회적 총체성이다."그람시, 2007: 36

그래서 활동적 학교의 최고 단계로서 복잡한 사회적 총체성을 이해하고 학습하는 '창조적 학교'를 제시한 것이다. 그람시에게 창조는 무언가를 새롭게 발명하는 것을 의미하는 것이 아니다. 그에게 창조는 다른 사람의 조력 없이 '스스로' 진리를 발견하는 것을 의미한다. 이러한 점에서 창조적 학교는 발명가 혹은 발견자로서의 학교나 학생을 '발명가' 혹은 '발견자'로 길러 내는 학교를 의미하는 것이 아니다. 오히려 창조적 학교는 학생의 자생적·자율적 노력을 통한 학습이 이루어지는 학교를 말한다.그람시, 2007: 46 창조적 학교는 교사의 자상한 지도와 학생의 자발적·자율적 노력이 결합한 것이다.Coben, 2015: 39-40 그것은 방법의 숙달을 의미하며, 어떤 경우든지 새로운 진리를 발견할 수 있는 지적 성숙 단계에 들어섰음을 의미한다. 더욱이 이 단계에서 기본적인 학문 활동은 세미나 활동, 도서관, 실험실 등을 통해 이루어지는데, 그 과정에서 전문적 성격의 유기적인(혁명적인) 자료들이 축적될 것이다. 그리되면 사회의 문화 조직 전체에 반영되어 문화의 변화를 초래하고 거기에 새로운 내용을 채워 주게 될 것이며, 사회생활 전체가 새로운 관계(질서)로 들어서게 되는 것이다.

그람시는 통일학교가 "육체노동(기술적, 산업적)을 위한 능력의 개발과 지적 노동에 필요한 능력을 개발시키는 것 사이의 올바른 균형을 유지하도록 해 줄 것"이라고 구상하고 있다.그람시, 1999b: 39 유의할 것은 그람시가 보통학교를 '인문적 형태의 학교'라고 규정할 때, '인문적'이라는 것은 과거의 인문주의적이라는 의미에서 사용된 것이 아니라, 광범한 의미에서 사용되고 있다는 점이다.곽태진, 2017 그람시가 전통적 인문주의의 가치를 인정하기는 하지만, 이를 새로운 대안적 학교의 지향점으로 삼은 것은 아니었다는 말이다.

그런데 여기에서 유념할 점은 그람시의 보통학교론이 제기되고 있는 맥락이다. 보통학교는 그람시가 바람직한 학교의 모습으로 상정한 대안적 학교이다. 그람시가 대안적 학교의 모습으로 제시한 '보통학교'[37]는 바로 이런 새로운 사회에서 운영됨으로써, 문화적 상부구조를 새롭게 구성할 수 있게 되는 것이다. 사회 변혁 이후에 학교교육을 통해 문화를 재구성하는 것은 새로운 사회를 건설하는 데에 매우 중요한 작업이 될 것이다. 왜냐하면, 문화적 요소를 비롯한 상부구조적 요인이 의식적인 노력 없이 저절로 변화할 것을 기대하기는 어렵기 때문이다. 그리고 또 하나 주목해야 할 것은 그는 보통학교가 오늘날 바로 실현 가능한 것이 아니라는 점을 인정하고 있다는 점이다. 이러한 입장은 다음 구절에서 잘 드러나고 있다. "보통학교의 출현은, 학교는 물론 사회생활 전체에서 지적 활동과 산업적 활동 사이의 새로운 관계가 시작되었다는 것을 의미한다. 따라서 이 종합적인 교육 원리가 문화 조직 전체에 반영되어 문화의 변화를 초래하고 거기에 새로운 내용을 채워 주게 될 것이다."Gramsci, 1971: 33 이는 보통학교가 새로운 사회적 관계를 그 전제 조건으로 하고 있음을 시사한다. 특히, 지적 활동과 산업적 활동 사이의 관계는 경제적 생산관계를 기반에 두고 있다는 점에서, '새로운 관계의 시작'은 새로운 생산관계의 출현을 의미하는 것으로 해석될 수 있다. 그람시에게 보통학교는 새로운 사회에서 출현하여, 그 원리가 확산됨을 통해 문화 전반의 변화를 이끌게 될 것이었다. 그람시 사상 체계에서 "새로운 학교제도의 제도적 전제로서 보

---

37. 그람시는 1단계(무사심의 인문교육)에서 시작하여 창의성과 도야 준비를 하는 2단계로서 보편성과 실용성을 결합한 교과를 배우는 과정에서 논리적, 예술적, 심리적 경험을 통해 자신도 모르게 지속적인 자의식 없이 얻어질 것으로 보았다.

통학교는 국가적 교육과제에 완전히 다른 의미가 부여되고 그것을 급격하게 고양시킨다는 것을 전제한다. 이렇게 보았을 때 보통학교는 사회 변혁 이후에 필요한 문화적 혁신을 수행하는 '새로운 사회'의 학교라고 할 수 있을 것이다.

이러한 이해는 근본적으로 학교를 헤게모니 장치라고 보았던 그람시의 입장에 부합하는 것이기도 하다. 학교는 근본적으로 지배계급의 헤게모니 장치라는 그람시의 입장에서 보았을 때, 피지배계급이 국가적 차원에서 새로운 유형의 학교를 운영하는 것은 불가능하다. 그람시가 제시하는 보통학교 역시 국가의 예산으로 운영되는 공식적 학교 제도이다. 그람시가 제시한 보통학교는 인문교육을 우위에 놓으면서 소수의 지배계급 자녀들에게만 인문교육의 기회를 주는 한편 대부분의 피지배계급 자녀들에게는 직업교육만으로 충분하다는 전통적 생각에 반대하고 있다. 이는 또한 학교가 단지 사회의 생산과 연계되기만 하면 된다고 생각하는 순수한 자유주의자들의 견해와도 다른 것이다. 이 새로운 학교에서는 "기술교육과 인본주의적 역사 인식이 하나로 통합"되고 있는 것이다.캐러벨, 1985: 215 옛 학교에서는 라틴어와 그리스어 문법과 함께 관련된 문학과 정치사에 대해 공부하는 것이 교육의 기본 원리였다. 그것은 아테네와 로마로 상징되는 인문주의적 이상humanistic ideal이 사회 전체에 널리 퍼져 있었을 뿐 아니라 국민생활의 본질적인 요소였기 때문이다. 근대 유럽의 문명이라는 문화적 소산을 흡수하고 그에 동화됨으로써 인격을 형성하고 개성을 내면적으로 발달시키는 데 실질적인 관심이 있었던 것이다.그람시, 2007: 50-52 물론 그람시는 라틴어와 그리스어 문법 수업의 기계적 반복 훈련과 강압과 같은 형식주의와 독단주의 및 무미건조한 수업, 그리고 주술적인 요소가 많은 '죽은 언어'에 대해서는 비판적이었다.Gramsci, 2000가: 314-318 그람시의 학교 일반에 대한 견해와 보통학교에 대한 글에 드러나고 있는 바를 고려할 때, 이러한 보통학교는 인류의 보편적 이익을 위해 복무

할 수 있는 노동자계급과 그 동맹세력들이 운영하고 통제하는 사회 변혁 이후의 새로운 사회에서 등장 가능한 것이라고 할 수 있다. 보통학교는 사회 변혁 이후에 새로운 사회의 문화적 변화를 이끌어 가는 중요한 역할을 하게 된다. 다시 말해 그람시의 보통학교 구상은 일부 비판적 교육학자들의 해석과는 달리, 자본주의 사회를 사회주의 사회로 전환시키기 위한 것이 아니라 사회 변혁 이후 사회주의 사회의 문화적 발전을 위한 것이었다.

보통학교를 보충하는 진보적/해방적 요소가 가미된 국민적 프로젝트로서 구상한 '창조적 학교'는 이성과 감성의 통합, 행동과 성찰의 통합, 이론(지적 작업)과 실천(행동)의 통합, 그리고 학교와 생활 간의 통합을 지향하는 비판적 의식 고양을 위한 '민중학교' 또는 '민중대학università popolare/popular university'의 성격도 갖는다.Gramsci, 2000가: 64-67; Ledwith, 2010: 101[38] 또한 그람시는 직업학교의 범위가 제한적(명백히 공리적)이라고 느꼈고, 그렇게 어린 나이에 '아이들의 미래를 담보로' 하는 특정 직업을 향해 프로그램된 '작은 괴물을 만드는 인큐베이터'로 작동하기에 노동계급에게는 일종의 폭력이라고 비판한다. 단순한 수동적 소비자/생산자가 아니라 사회적 행위자로서 인간 발달(사회적 리더십, 광범위한 문화적 발달, 비판적 문화력, 비판적 상상력)에 도움이 되도록 하며, 사회적 활동을 통해 어느 정도의 성숙, 지적·실천적 실천성을 위한 역량, 그리고 지향과 창발의 자율성을 갖도록 해야 한다.

그람시는 1923년 이후 전문적 직업학교specialized vocational school의 꾸준한 성장과 다양화에 주목하고, 젠틸레 교육개혁의 구성 요소가 민주주

---

38. 그람시는 토리노 지역의 공장평의회 활동을 하면서 〈전진〉(1916)에 기고한 글에서 지식의 조작을 전달하는 교조적 교육이 아니라, 형성의 과정으로서 해방의 행위를 위한 '민중대학'을 주창했다. 공장평의회에서 학교는 공적 활동의 가장 중요하고 본질적 요소이다(Gramsci, 2000가: 64-69).

의에 미치는 함의를 탐구했다. 그람시는 젠틸레 교육개혁이 민주적이라는 인상을 주지만, 실제로는 사회적 불평등을 재생산하고 계급 분화를 강화한다고 주장한다.Gramsci, 2000가: 318-319 전통적인 지식인 가정의 자녀들이 학교에서 누리는 이점에 대한 그람시의 우려가 여전히 타당하다면, 새로운 입학 구조가 고전적 고등학교ginnasio, liceo에 들어가는 방식과 민주화에 실제로 어떤 영향을 미쳤는지를 살펴보는 것이 좋을 것이다. 그람시는 더 나은 문화로의 발전을 위해, 교육과 생산 세계의 결합을 위해, 그리고 인간의 생산적 역량을 상품화하는 자본주의 교육을 극복하기 위해 육체노동과 정신노동을 결합한 종합기술교육polytechnical education을 요청하였다.

그람시는 기술교육을 폄하하기는커녕 정치 분야의 최고 수뇌부가 생산 문제에 친숙할 수 있게 하는 균형점으로서 오히려 기술교육을 강조한다. 전문가를 요구하는 새로운 사회를 피할 수 없다고 해도, 자본주의적 노동 분화가 폐기될 가능성을 예측하지 못했다고 해도, 그람시는 교육을 받기 시작할 때부터 현대식 '능력별 학습편성'으로 아이들의 운명을 미리 결정하지 말아야 한다. 공립학교에 관한 그람시의 소신은 대표자뿐 아니라 대중도 민주주의에서 동등하게 중요한 책임을 지는 것이 민주정치와 사회철학이라는 자신의 사상도 드러낸다.

그람시는 가톨릭 예수회 학교의 고전주의 교육이 지나치게 권위주의 교육이라고 비판하면서도 독단적이고 기계적인 교육으로 전락하지 않는 인문교육/의식적 지향과 억제되지 않는 자유(루소의 보헤미안적·아나키즘적 태도)로 양분되지 않는 창조성을 제안한다. 그람시는 인문학적 인격 형성을 위한 교양교육을 통해 육체적 또는 기술적/산업적으로 일하는/노동하는 능력과 균형을 이루는 교육개혁안을 제시하였다. 교육이란 자발성 spontaneità/spontaneity과 의식적 지향/리더십direzione consapevole/conscious direction의 균형, 자유(자율성)와 권위(훈육/도야) 사이의 방법론적 선택의 균형을 추구하였다. 포드주의[39]와 미국주의를 넘어 자유와 필연성의 긴장을 극복할 수 있는 인문적 방법으로 여길 수 있는 사회성으로서 사회주의(문화적 활동을 통해 획득되는 정치적·경제적 조직과 지식과 의지)Gramsci, 2000가: 64-67와 소비에트주의 성격을 갖는 산업주의를 제창한다.

양식을 창조해 내는 '형성적 교육'

그람시는 헤게모니를 위한 사회계급 사이의 투쟁을 교육의 기본 요소로 삼고 있다. 사회주의 사회 건설을 불가능하게 하고, 권력을 장악하고, 상식을 강화하고, 사회적 존재를 고정시키고, 새로운 질서를 만드는 것을 방해하는 예수회 교육은 현존 질서의 변화에 기여하는 것이 아니라 유지에 기여하기 때문이다. 그람시는 형성적becoming/formative 인간 본성(잠재력)을 구현하는 노동이 되기 위해 인간의 자기 본질을 확인하는 자기창조/자기생산과 사회적 생산을 위한 새로운 교육/학교로서 인문교육과 기술교육의 결합을 주창하였다. 공작인homo faber과 이성인homo sapiens은 분리될 수 없는 것이다. 단순히 직업학교의 증가는 전통적인 사회적 차별을 영속화시키는 경향을 갖는다.그람시, 2007: 55 따라서 직업교육과 전문교

---

39. '포드주의'는 그람시의 또 다른 독창성을 보여 주는 개념이다. 1910년대 미국에서 등장한 자본주의 생산방식인 포드주의는 대량생산과 대량소비를 가능하게 함으로써 노동계급이 계급적 자의식을 상실하는 결과를 가져온다고 그람시는 분석했다. 그람시는 자본의 새로운 사회적 작동 방식인 '포드주의'와 그 결과 마르크스주의 이론과 정치를 최신 상태로 끌어올려야 하는 요구 사항에 대한 통찰력을 보였다. 한마디로 '과학적 관리' 방식의 도입이 노동자계급운동에 미치는 영향에 주목했다. 과학적 관리는 이러한 종류의 생산 합리화가 소련에서 매우 찬미되던 시기에 미국인 테일러가 창안한 것이다. 그람시가 주조한 개념들은 오늘날 널리 쓰이는 것에서 볼 수 있듯, 그의 이론과 사상은 1970~80년대 서구 지식사회와 정치사회를 뒤흔들었다. 그러한 '미국주의'가 때로는 테일러식의 '시간연구'나 '동작연구' 등을 통해 생산과 작업을 기계화(정신노동의 과학적 조직화)하려고 하는 한편, 고임금과 금주법 등을 통해 노동자의 생활방식을 '합리화'함으로써 새로운 인간 유형을 만들어 내려 한다는 점을 예리하게 포착한다. 아마도 나중에 뉴딜이나 케인스주의로 진행될 국가의 적극적 개입 정책을 이처럼 강제와 동의의 융합이란 관점에서 포착하고 있는 셈이다. 이것은 일찍이 그람시가 매우 예언적인 통찰력을 갖고 있었음을 보여 준다.

육이 기능주의적인 것으로 전락하지 않도록 하는 형성적/변혁적 성격을 갖도록 해야 한다. 기술 변화가 급격하게 진행되는 상황 속에서 세분화된 직업교육-육체노동을 주로 하는-을 극복하려면 '상식'을 '양식'으로 변화시켜야 하는데, 이를 위해 모든 사람을 위한 공통교육으로 수준 높은 인문교육을 필요로 한다. 보수적 교육/고전적 인문교육에서 급진적 정치(사회정의, 평등, 포용, 연대를 위한 '강력한 지식powerful knowledge')로 나아갈 수 있는 요소를 발견해야 한다.Mayo, 2015: 94, 105 사회혁명을 지향하는 교육 프로그램이 부족한 조건에서 공립학교가 직업기술교육에 굴종하는 상황이라면, 새로운 개념의 지식인을 길러 낼 수 있는 전제 조건은 공립학교의 교과과정에서 '형성적 교육formative education' 또는 형성적 학교 formative school를 지향하도록 바꾸는 개혁 투쟁을 하는 것이다. 상식을 양식으로 전환/대체시키는 교육을 통해 상식 속에 잠재하고 있는 해방적 요소를 도출해야 한다. 학교에서 아이들이 배운 과학사상을 통해 사물의 세계societas retum로 진입시키고, 민속의 환경에서 받아들인 세계 및 자연에 대한 주술적 관념들과 싸워야 한다.Gramsci, 2000가: 311; 그람시, 2007: 47 이러한 전통적 세계관의 모든 찌꺼기와의 싸움을 통해 형성된 양식을 가진 유기적 지식인이 많아져야 국가(통합국가)와 시민사회(문명사회)의 공존이 가능할 것이다.

5) 성인교육의 해방적 역할

그람시는 급진적 성인교육의 재개념화에 상당한 기여를 했다.Holst, 2002: 103-115 성인교육은 국가의 상대적 독립 영역인 시민사회(모든 영역의 사회적 삶)의 중요한 역할을 담당한다.

그람시가 교육 개념을 광범하게 설정하고 있다는 것은 투옥 이전의 저작에서부터 드러나고 있다. 그람시는 교육 개념을 매우 넓은 의미로 사용하고 있다. "모든 헤게모니적 관계는 필연적으로 교육적 관계"라는 그람시의 표현에서 단적으로 드러나듯이, 그람시의 교육 개념은 학교교육의 범위를 훨씬 넘어서는 것이다. 그렇다고 해서 그람시가 비형식 교육에만 관심을 둔 것은 아니었다. 그는 학교를 시민사회의 주요 조직 가운데 하나로 여겼을 뿐만 아니라, 학교에 대한 구체적인 논의들도 상당수 남기고 있다. 그람시는 광범한 교육 개념을 통해 인간 의식의 형성과 변화를 포착하고자 했던 것이다.

인간의 요구 및 사실의 직접성을 격하했다기보다, 단순한 사실의 전달을 차단하며 학교교육이 '교육적'이면서도 '형성적'이기를 요구했다. 그람시는 공립학교가 직업교육과 전문교육보다 전통적 인문학 교육인 형성적 교육formative education을 중시해야 한다고 역설한다.아로노위츠, 2014: 228-229 프레이리도 그람시처럼 훈련보다 '형성formation/formazione/formação'이라는 말을 중시한다.Freire, 2007: 12, 38 오늘날 그람시의 '형성적 교육학'은 상식(기존의 전통적 지식/고전Great Books)에서 양식(대안적 세계관을 가진 유기적 지식인)으로 변화시키는 장기혁명의 과제를 안고 있다.

그람시는 노동자들에 의한 자주적 공장 통제 조직인 공장평의회의 의의를 설명하는 신문 기고문 「노동조합과 평의회」에서 평의회가 노동자들 사이의 '상호 교육에 가장 적절한 기관'이라고 주장한다. 교육에 대한 이러한 이해는 그람시가 초기부터 교육을 인간의식의 형성과 변화에 대한 전반적 활동으로 이해했다는 것을 보여 주는 부분이다. 이러한 교육 개념은 오늘날 교육학에서 말하는 '비형식 교육' 개념에 가깝다고 할 수 있다.

교육은 사회적 적응과 변혁의 과정이 동시에 이루어진다. 동의의 기반으로서 관념, 실천 및 욕구에 영향을 미치려면 광범위한 교육적 노력이 필요하다. 그람시의 복잡한 사상에 입문하는 것은 쉽지 않지만, 그람시의 교육사상은 학교교육, 성인교육, 민중교육, 노동자교육, 문화연구, 비판적 교육학, 다문화교육 및 현대 사회에서 지식인의 역할을 포함한 광범위한 주제를 다룬다. 교육과정의 사회학, 학교문화와 일상생활의 명백한 불연

속성, 교육에서의 문맹퇴치 및 언어 문제, 교육 제공에서 국가의 역할, 엘리트 양성 및 지식인의 역할, 교육에서 권위와 자발성의 상대적 기능, 그리고 이들과 다른 정치적 이데올로기, 특히 전체주의 교육 및 신자유주의 교육정책과 싸워 나가야 하는 정치적 과제를 안고 있다.

육체노동자, 숙련노동자, 행정직, 엔지니어, 기술감독자 등과 협력하고 전체 노동체계에서 분리될 수 없는 산업화 과정의 통일이 요구된다. 이런 관점은 공장평의회 활동을 통해 얻어진 결론이다. 하위주변계층의 성원을 위한 교육이 필요하다. 산업노동자를 위한 교육(노동자교육), 즉 일터에서의 지식을 필요로 한다. 이는 사회의 작동을 더 이해하도록 하는 것이다. 평생에 걸쳐 정치적/교육적 활동에 참여(일터민주주의)하고, 노동자는 전체 생산체제에 대한 지식(경제와 행정 기술 등)을 공유해야 한다. 그래야 기계가 아닌 인간이 될 수 있다.Gramsci, 2000가: 62-64

상식의 역사적, 이데올로기적, 그리고 정치적 특징, 그리고 양식의 헤게모니적 모든 관계가 필연적으로 '교육적 관계'라는 그람시의 견해는 그의 교육이론에 대한 편협하고 형식적인 해석을 학교교육에만 적용하지 않고, 더 넓은 성인교육의 영역으로 확장한다.[40] 그람시가 구상한 '교육적 정치 educative politics'의 이론과 실천은 오늘날의 성인교육자들에게 무한한 암시를 준다.Coben, 2015: 49-50 교육적 현상으로 인식되는 헤게모니는 공식교육(학습의 제도적 형식)과 비공식교육(학습의 비제도적 형식) 등 모두를 위한 연구가 필요하다고 보았다. 이러한 관점은 헤메모니의 구성을 교육적 행위로 탐구하도록 한다.

그람시는 지식체계와 이론적 통찰을 제공하는 성인교육자(유기적 지식인)와 학습자(대중)의 변증적/대화적 관계(상호 교육적 관계)를 통해 양자를 결속시키고 있다. 그람시는 성인의 문화적 형성을 위해 어른들이 체계

---

40. 오늘날 교육의 영역은 형식교육(공식교육)과 비형식교육(학교밖 교육, 성인교육/평생교육) 그리고 무형식교육(홈스쿨링, 자연적 교육) 논의로 확산되었다.

적이고 효과적인 반인종차별적 행동을 창조하는 열쇠를 교육과 문화 형성에서 찾는다. 그람시의 '교육 국가educative state' 개념은 국가 형성을 구별하고 기관과 국가 간의 관계를 분석하도록 한다.Coben, 2015: 128 이것은 특히 많은 나라의 성인교육과의 관계에서 중요하다. 그람시는 성인교육을 준-자율적 기관이나 상대적으로 독립적인 기관으로 위치시킨다. 그람시의 교육사상이 지향하는 것은 개혁 자체가 아니라 국가와 시민사회의 모든 기관에 새로운 사회규범을 정착시키는 일이다.아로노위츠, 2014: 229-230 성인의 문화적 형성을 위한 교육은 지적/도덕적 개혁을 성취할 수 있는 핵심적 요소이다. 따라서 지적·도덕적 혁신의 달성은 성인교육의 장기적 과제를 동반하고 있다.

6) 그람시의 실천철학과 변혁적 교육학

그람시는 투옥 이전의 신문 기고문과 투옥 이후의 수고手稿를 통해 다양한 분야에 걸쳐 방대한 사상을 전개했다. 그는 정치와 경제 분야에만 몰두한 것이 아니라, 문학, 예술, 철학에 대해서도 지대한 관심을 드러냈다. 교육도 그람시가 관심을 기울인 분야 가운데 하나였다. 물론 그람시는 마르크스주의적 입장을 바탕으로 교육을 포함한 다양한 분야들을 정치 및 경제와의 관계 속에서 이해했다.

그람시는 철학을 이론 체제와 전문가의 저술에 남겨 주지 않고, 모든 사람들의 것으로 확대했다.Musté, 2021: 282 하나의 철학이 지식인 집단들의 협소한 한계로부터 벗어나 하나의 세계관으로 대중 속에 널리 퍼져 뿌리 내리며, 끊임없이 새로운 지적 탁월성으로 보강하여 되살아나야 한다고 주장한다.그람시, 2000다: 261 그람시는 철학을 정치교육으로 간주함으로써 사회가 본래부터 교육적인 것이며, 철학은 사회활동의 본질적인 일부분이며, 또한 정치적 변화는 유기적 지식인과 일반 대중 사이의 변증법적 상호작용이라는 측면에서 꽤 유효적절하게 기술되는 것임을 입증하려고 했다.아담슨, 1986: 241 철학적 이성으로 가는 이행은 필연적으로 지식인-대중의 변증법과 연결되어 있다. 그래서 그람시는 모든 사람이 철학자라고 주장했다. 그에게 철학은 진정한 도덕적 개혁을 생성할 수 있는 매개체이다. 철학은 종교[41]나 상식이 될 수 없는 '지적 질서'이다.그람시, 2007: 164 종교는 파편화된 상식이다. 철학은 종교나 상식에 대한 '비판'이며 '대치물'이다. 이 점에서 철학은 상식과 대립되는 뜻에서의 '양식'과 일치한다.그람시, 2007: 164 이데올로기적 블록 내에서 철학은 하위주변주체의 세계 개념에 가장 큰 영향을 미친다. 그는 대중 종교를 '비철학자들의 철학', 즉 보통 사람들의 도덕적 개체성이 발달하는 다양한 사회적·문화적 환경에 의해 무비판적으로 흡수되는 세계관으로 묘사되는 '상식'[42]과 동일시한다.Borg & Mayo, 2002: 90

윤리적-정치적 역사에서 도출된 실천철학philosophy of praxis(실천에 기반한 철학)'[43]은 기본적으로 마르크스와 엥겔스, 레닌, 그리고 크로체의 사상에 기반하고 있다.Gramsci, 2000가: 195; 그람시, 2000다: 325, 주 95 기존의 역사유물론을 넘어 실천철학으로의 대이동을 예고한 혁명적 사상가의 면모를 보여 준다.Musté, 2021: 203-208, 279-313 이론과 실천, 의식과 행동, 그리고 인간과 산업의 강고한 관계성을 조성하고자 한다. 이론과 실천 사이에 존재해야 하는 대중과 지식인 사이에 통일적 일치성을 보일 때, 철학적 사상이나 조직의 견고함 또는 문화적 집중 사이의 유기성을 갖는다. 즉 지식인들이 대중에게 유기적이었다면, 그들이 실천 활동을 통해 대중이 제기한 원칙과 문제들을 정교화하고 통일화한다면 그들은 하나의 사회문화적

---

41. 그람시에게서 '종교'는 파편화된 상식의 요소에 지나지 않는다.
42. '상식'은 보통 사람들의 도덕적 개성을 발달시키는 사회적/문화적 환경에 의해 무비판적으로 흡수된 세계에 대한 파편화되고 왜곡되고 모순된 개념/신념/가치/규범이다.
43. 칼 마르크스의 유명한 "철학자는 세상을 단지 여러 가지로 해석해 왔다. 하지만 더 중요한 것은 세상을 변화시키는 것이다"라는 말은 생각과 감정, 사고와 열정의 관계를 논한 '포이어바흐 테제'로부터 빌려 왔다. 사회를 인식하는 것도 중요하지만 변화시키는 것이 더 중요하다는 '실천론'을 강조한 것이다.

공동체를 이룰 것이다.

실천철학은 교조적이지도 않고 관조적이지도 않은 태도를 견지하며 상식을 넘어서고자 한다. 인식론과 존재론이 결합된 실천철학은 이론과 실천의 통일로 이해될 수 있다. 사회를 분열시키는 모순에 대한 의식적 표현을 하는 실천철학을 통해 양식의 요소를 함유한 상식을 구분해 내고 그 상식과 대조되는 철학을 획득하고자 한다. 신-휴머니즘이라고도 불리는 실천철학은 루터교와 칼뱅주의가 우월한 문화superior culture와 문명civilta/civilization으로 발전하기 이전에 거쳤던 것과 유사한 정교화 과정을 거쳐야 한다.Mayo, 2008: 54; Mayo, 2010: 33 실천철학은 상식을 양식으로 변혁시킬 수 있도록 하고, 지적·도덕적 개혁의 토대를 제공하기 위해 정교함이 용납된다. 실천철학은 크로체가 주창한 분기점과는 대조적으로 지식인과 대중을 하나의 역사적 블록과 함께 결합하는 철학이 되도록 기획되었다. 초기에 크로체[44]로부터 영감을 받은 이탈리아의 헤겔주의 전통에 바탕을 둔 그람시의 실천철학은 마르크스의 이론적 범주에 의해 함의된 사회적 행동의 '주체적 차원'에 민감성을 보이면서 발전되었다.Morrow & Torres, 1995: 249-250 그람시의 정치는 이론(명시적 철학)과 실천(암묵적 철학) 사이에 존재하는 세계에 대한 개념과 그에 상응하는 행동규범의 통합을 추구한다.Musté, 2021: 284

헤겔의 의식철학(있음과 없음의 변증, 실재에 대한 의식의 형성)과 마르크스의 변증법(하부구조/경제구조와 상부구조/주어진 사회적·경제적 구조의 이데올로기/인간의 의지)의 관계[45]에 뿌리를 둔 그람시의 '실천철학(앎

---

44. 그람시는 크로체가 마르크스의 역사적 유물론이 일종의 중세적 신학, 그리고 칸트 이전의, 그리고 데카르트 이전의 철학으로 되돌아가는 특징을 보인다며 그의 정치적 편견을 비판하고 있다(그람시, 2000다: 261).
45. '변증법적 유물론'에서 세상의 모든 현상은 하나의 현상이 다른 현상에 영향을 미치면서 관련되어 있고, 현상은 기계적이지 않은 운동을 하면서 상호작용하고 상호 의존적인데, 이 운동은 반성을 특징짓는 그들 사이의 상호작용의 결과이다.

과 있음의 변증, 인간의 본질 및 존재, 인간성의 완전한 역사화/절대적 역사주의/절대적 세속화/사고의 지상화'은 프레이리의 '실천교육학pedagogy of praxis'으로 발전했다.Mayo, 2013: 52-62; Mayo, 2015: 143[46] 행동-성찰-변혁적 행동 사이의 관계는 순차적이 아니라 변증적이다. 의식과 행동의 끊임없는 변증법으로서의 인간 행위인 프락시스는 역사적 현실과 투쟁하는 그람시의 사상과 접목되어 변혁적·혁명적 실천/역사적 실천으로 발전한다.

이론과 실천의 결합인 '프락시스(이론적 실천)'[47] 개념은 칸트, 헤겔, 마르크스, 그람시를 거쳐 프레이리에게 전달된다. 그람시에 따르면 인간은 실천적 행동을 통해 세상을 알게 되므로 철학이 실천에서 분리될 수 없다. 연결되지 않은 상태에서의 철학은 사색/관조와 추측에만 남을 것이다. 실천 없는 관조는 공허하기만 하고, 이론 없는 행동은 무모한 망동으로 빠질 수 있다.

실용적인 효율성을 철학을 검증하는 기준으로 사용하는 그람시처럼, 비고츠키도 심리학을 검증하는 기준으로 '실천'을 이용한다. 비고츠키에게 실천은 '이론의 최고 판단자'이며, 진리의 기준이다. 세상의 모든 지식은 항상 이론과 실천 사이의 변증법적 운동인 '실천'에 의해 인간 자신에 의해 생산되므로 이 지식은 '변혁적'이다. 그러므로 인간은 실천을 통해 인간의 고유한 기능과 기술을 개발하고, 다른 사람들과 관계를 맺으며, 지식을 생산하고, 사회와 역사를 건설한다. 프락시스를 통한 세계경험과 세계읽기 그리고 세계변화와 세계참여는 대화 관계에서 대극적 모순에 맞서는 방향으로 나아갈 수 있는 절차적 도구를 제공한다. 그것은 변혁적 행동에 맞춰진 성찰에 참여하기 위해 자신의 행동 세계로부터 비판

---

46. 프레이리는 칠레 망명 중 그람시를 자신의 생각에 절대적 영향을 미친 사람으로 인식하고 있다. 그람시 사상은 프레이리(민중교육/의식화교육)에게 영향을 미쳤다.
47. 이론과 실천의 긴장은 그리스 철학의 근원을 따라 거슬러 올라간다. 'praxis'라는 말은 그리스어에서 '행동한다' 또는 '행한다'는 뜻을 갖는다.

적 거리를 확보하는 수단이 된다.

사회적 맥락으로부터 분리된 주체의 과도한 추상화는 소외를 유발할 위험이 있다. 인간의 능동적 잠재력에 대한 의식/의식화 요청/인간 본질의 역사화(행동하는 역사)를 강조한다. 탈-상품화/탈-물신화를 통해 새로운 마음의 형태로서 의식과 의지를 확장시키고자 한다.[Hill, 2010: 18] 세계에 대한 상식적 반응(오래된 규범성)과 추상화의 취약성에 대한 비판적 의식 고양을 필요로 한다.[Hill, 2010: 11] 실천철학은 대중의 새로운 계층과 동적인 유대를 가지고, 그들을 보다 나은 문화생활로 계속적으로 고양시키려고 한다.[그람시, 2007: 257]

그람시는 비판적 교육학critical pedagogy[48]을 넘어 변혁적 교육학 transformative pedagogy으로 나아갔다. 변혁적 교육학은 '외적 질서의 변화'뿐만 아니라, 통합 체제의 조직적 조건으로서 '내적 잠재력의 구현'에 목표를 둔다.[Davydov, 2007: 42-44] 따라서 개인적 활동과 집단적 활동을 유기적으로 그리고 변증적으로 통합시켜 나간다. 프레이리는 그람시처럼 학습자가 스스로 이데올로기적·물리적 실천의 장애물을 폭로하는 비판뿐만

---

48. 네오-그람시주의자로 분류되는 애플은 "학교는 문화적·이념적 헤게모니의 전수자이며, 선택의 전통이며, 문화의 통합자이다. 그러나 학교제도는 현존하는 지배문화의 주요한 배분자일 뿐 아니라, 경제적으로도 중요한 의미를 갖는다. 지배문화에 적합한 의미와 가치관을 가르침으로써 현존하는 경제적·문화적 체제와는 다른 체제의 존재 가능성을 생각할 수 없는 사람을 만든다"(Apple, 1985: 18)라고 주장한다. 비판적 교육학자들이 대체로 공유하는 아홉 가지 주요 기본 원리는 ① 문화정치학, ② 정치경제학, ③ 지식의 역사성, ④ 변증법적 이론, ⑤ 이데올로기와 비판, ⑥ 헤게모니, ⑦ 저항과 대항 헤게모니, ⑧ 프락시스(이론과 실천의 결합), ⑨ 대화와 의식화이다(Darder, Baltodano & Torres, 2003: 10~16). 이 가운데 특히 '비판적 교육학'을 기존의 '재생산론'과 결정적으로 구분 짓는 것은 마지막 세 가지 요소, 즉 저항의 가능성을 인정하는 것과 이를 가능하게 하는 조건의 탐구, 그리고 의식화 및 실천에 대한 강조라고 할 수 있다. 일반적으로 비판적 교육학이란 다양한 수준에서 복잡하게 얽혀 있는 권력과 사회·문화·경제적 불평등이 형식적·비형식적 교육에서 어떻게 나타나고, 어떻게 쟁점화되는가를 분명히 하는 교육학을 말한다. 그런데 비판적 교육학은 마치 '부유하는 기표'처럼 다양한 의미로 사용되기 때문에, 이런 일반적 설명으로는 그 구체적 의미를 파악하기 어렵다. 비판적 교육학은 단일 학파를 지칭하기보다는 다양한 분파를 일괄해 통칭하는 경우가 많다.

아니라, 가능성과 대안을 제시하는 '변혁적 교육학'을 제시했다.심성보, 2022: 502 그람시는 인간의 개념과 실재를 더 완전한 인간이 되고자 하는 계속적 투쟁이 일어나는 역동적 과정으로 이해했다. 인간의 진보적 발전을 위한 인간화 과정에 대한 역동적 인식은 자아의(개별적) 변혁과 사회의(사회경제적) 변혁을 위한 혁명에 중요한 함의를 갖는다.Allman, 2007: 267-268 진정한 혁명은 양자의 동시적 변혁을 요구한다. 인간의 형성에 비판적이고 창조적으로 참여하는 인간화 투쟁은 인간의 적극적 발전을 위한 새로운 가능성을 창조한다. 그래서 그람시는 구조/체제와 행위주체를 분리시키지 않았다. 그람시에게 정치적·문화적 활동은 사회(체제)와 인격(자아)의 동시적 변혁으로 나아간다.

인간은 언제나 동일하지 않다. 일(작업/노동)은 세상과 자기 자신에 대한 시각을 수정하기 때문이다. 이론과 실천 사이의 상호작용에 대한 필요성을 강화함으로써 그람시나 비고츠키도 이론의 가치를 축소시키지 않으면서 주어진 사회적 관계를 변화시키는 지식은 요구에 부응하는 지식임을 분명히 한다. 인간을 역사적·사회적 존재로 보는 그람시와 비고츠키는 주어진 사회적 관계를 변화시키는 지식은 구체적인 사회적 요구에 응답하는 지식으로서 실천 내에서, 그리고 실천을 통해 생산되는 지식이라는 점을 명백히 밝힌다.Weber, 1998[49] 힘 있는 지식을 강조하는 영은 그람시의 통일학교/공통학교처럼 전통적(보수적/학문 중심) 교육과 진보적(아동 중심/자발성) 교육 사이에서 합리적 균형을 이루고자 한다.Young, 2013 영의 전략적 기획은 실천을 교육적·헤게모니 관계가 공고화되는 '시민사회civil society'에 위치시키고 있다.

---

49. 비고츠키는 다음과 같은 측면에서 최대한 동의한다. 집단적, 역사적-문화적, 개인 및 주관적 주체로 간주되는 인간관, 인격의 역사적 결정, 인간 발달의 과정에서 생물학적 성장과 학습의 중요성, 교육을 통한 심리 발달을 지도할 수 있는 가능성, 인간의 개별적 개발을 위한 촉진자 및 안내자로서의 교육, 교육과 문화의 해방적 역할 등이다(Weber, 1998).

마르크스와 마찬가지로 그람시와 비고츠키는 실천을 기초로 삼고, 진리의 기준이자 지식의 생산자라고 보았다.Weber, 1998[50] 신비고츠키주의자들은 사회적 실천을 구체적 개인의 '활동(실제의 세계에서 인간이 지닌 힘의 실제적 움직임)'[51], 그리고 이를 다시 그람시가 포착한 '상식'과 연결시킨다.Colucci, 2007: 156-161 활동이론에서 활동 체계는 다성성multi-voicedness, 다의성polysemy, 다형성polymorphism으로 이루어진 것이다. 왜냐하면 활동 체계의 구성원들은 제각기 사회적 노동 분업에 따른 상이한 위치에 놓여 있으며, 문화역사적 차원에서 볼 때 각기 다른 식으로 사회화된 사람들이기 때문에 이들 사이에는 긴장 또는 모순이 항상 존재한다.

모순을 해결하기 위한 동기는 활동 체계가 더욱 창의적인 해결책을 찾도록 유도하고 주체들에게 무엇을 더 학습해야 하는지에 대해 생각할 기회를 주는 것이다. 적응보다 모순을 파악하고 이를 해결해 가는 과정을 거쳐 주체들의 사고가 확장된다. 그람시는 비고츠키의 문화역사적 활동이론처럼 실천 속에서의 학습을 중시한다. 확장적 학습에서 모순이 중요한 이유는 활동 체계에서 '자발성'을 중시하기 때문이다. 여기에서 그람시는 비고츠키처럼 자발성을 중시하면서도 그것이 자유방임으로 흐르지 않도록 하기 위해 '의도성'과 '지도성'을 끌어들였다. 신비고츠키주의자인 엥게스트롬은 기존 활동체계(상식)와 새로 등장하는 새로운 활동체계(양식)

---

50. 그람시는 사회주의 건설 이전의 이탈리아에서 혁명을 준비하는 '실천', 비고츠키는 사회주의 국가 건설 이후의 러시아 사회에서 혁명을 완성하고자 하는 '실천'에 초점을 맞추고 있다.

51. 2세대 비고츠키주의자로 불리는 레온티에프(Leont'ev, 1978; 1981)는 활동(activity)과 행위(action)를 구분해서 사용했다. '행위'는 일시적으로 일어나며, 그것이 언제 시작해서 언제 끝나는지가 비교적 명확한 것이 반면, '활동'은 보다 긴 사회역사적 시간을 가지는 조직이나 제도의 형식 속에서 일어난다. '활동'은 중장기적으로 이루어지며, '행동'은 단기적으로 일어난다. 레온티에프는 인간의 활동이 항상 목표와 동기를 가지고 있음을 강조하였다. 3세대 비고츠키주의자로 불리는 엥게스트롬은 이러한 관점을 이어받아 '활동이론'을 창안했다. 엥게스트롬은 공동체의 사회적 매개를 규칙과 노동분업의 측면에서 바라봄으로써 비고츠키와 레온티에프의 이론을 계승·발전시켜 나갔다.

사이의 거리가 바로 '활동의 근접발달영역zone of proximal development of the activity'[52]이라고 보았다. 여기에서 새로운 '틈새'가 열리는 것이다.

그람시는 지식인의 철학과 대중의 종교를 분리시킨 크로체와 달리 역사적 블록 형성에서 상식과 양식을 용접시키는 실천철학을 제시했다. 프레이리도 그람시 사상을 이어받아 상식과 양식을 구분하고, 상식을 극복하기 위해 비판적 사고의 고양, 즉 '의식화'를 강조한다.Shor & Freire, 1988: 106 새로운 양식은 대중의 일상적 의식(상식)이 되어야 한다. 이 가운데에서도 모순적인 부분, 즉 지배 이데올로기의 한계가 드러나고 있는 부분이 교육의 출발점이다. 이는 맹목적 주입이 아니라 오랜 설득의 과정 속에서 이루어지는 것이다.몰리뉴, 2003: 224~225 상식과 양식의 이러한 관계를 고려했을 때, 대중에 대한 '의식화 교육'의 출발점은 대중의 일상적 의식, 즉 상식으로 출발해야 하고, 이를 다시 양식으로 끌어올려야 한다. 그래야 새로운 사회질서가 탄생할 수 있다. 프레이리는 공통적 의식(상식)과 철학적 의식을 이원화하지 않는다. 일상적 상식과 더욱 고차적 철학 사이의 연결은 '정치'를 통한 보장이 이루어져야 한다. 이는 상식의 양식으로의 전환이 교육 주체로서 정당의 과제라는 것을 시사한다.

그람시 교육사상의 급진적 성격은 비판적 성찰과 실천은 물론이고 문화와 권력의 연계를 절묘하게 이해한 데 있다. 그의 교육이론은 소비에트 교육 모델처럼 '선동적'이지 않았다. 이 점에서 듀이의 비판적 실용주의critical pragmatism와 일치하는 부분이 있고Apitasch, 2002: 301, 프레이리의 '정치적 의식화political conscientization'를 강조한 유기적 지식인으로 길러내는 성인교육론과도 비견된다.Morrow & Torres, 2002: 184 사회적·경제적·정

---

52. 이는 비고츠키의 인지적 근접발달영역 개념을 활동체계로 확장한 것이라고 할 수 있다. 이러한 확장은 비고츠키를 지나치게 개인주의 심리학으로 가두려는 흐름을 넘어 문화역사적 측면으로 비고츠키주의 교육이론의 발전에 기여한다는 점에서 큰 의의를 찾을 수 있다.

치적 변화를 야기하는 유기적 지식인(혁명가)의 역할은 교육적인 것이기에 그람시에게 정치과 교육은 통합적인 것이다.^{Coben, 2015: 122}

그람시와 프레이리의 미묘한 차이

그람시와 프레이리는 "교육은 정치적이다"라고 생각한다. 그람시는 "헤게모니의 모든 관계는 반드시 교육적 관계"라고 주장하면서 교육의 유의미한 과정을 학교교육을 넘어 성인교육으로 그 범위를 확장한다. 프레이리의 경우는 특히 세계화가 더욱 강고해지면서 현재의 비판과 함께 대안/희망/유토피아(더욱 사회적으로 정의로운 관계)로서 문화적 정치와 대안적 교육학을 요청한다.^{Mayo, 2015: 119} 그람시가 교육을 헤게모니—사회적 현실의 모든 측면이 단일 계급에 의해 지배되거나 지원되는 사회적 조건/교육적 관계의 앙상블—의 전체적 과정에 두었다면, 프레이리의 기본적 명제는 교육이 "언제나 모든 교사는 학생이고, 모든 학생은 또한 교사이다"라고 주장할 경우에 힘겨운 훈육의 요청을 포기하지 않았다. 두 사람 모두 일생에 걸쳐 목격한 자본주의 내의 발전을 어느 정도 인정한다. 다만 자본주의의 과잉생산의 문제점을 인식한 두 사람은 자본주의의 재조직화를 요청한다.[53]

그람시와 프레이리의 관계는 교사-학생의 역동성과 연관이 있다. 그람시의 '통일학교/공통학교'와 프레이리의 '은행저축식 교육/문제제기식 교육'은 극명한 대조를 이룬다. 이러한 관점은 교육을 도구적 차원으로 보면서 철학적, 역사적, 사회적 기초가 결여된 단지 기술적 능력 문제(합리적 해결책의 일부)로 환원하여 교육과 정치를 분리시키고자 하는 신자유주의 접근과는 대조를 이룬다. 프레이리는 그람시와 달리 특정의 운영 방

---

53. 그람시는 테일러이즘과 포디즘과 과학적 관리를 '노동자의 기계화'와 '훈련된 원숭이'라고 표현했고(Gramsci, 2000가: 294-296, 304), 프레이리의 경우는 자본주의 발전이 신자유주의로 질주하고 있다고 비판했다.

식 및 방법론과 밀접하게 관련되어 있다. 교육적 과정에 대하여 상대적으로 제한적인 개념을 따르는 프레이리는 그람시보다는 교육을 더욱 협소하고 특별하게 본다. 프레이리는 국가를 교육자로 보지 않고, 정당은 교육적 과정에서 반드시 필요한 것은 아니라고 보았다.Coben, 2015: 135 그람시와 프레이리는 교육과 국가 사이의 관계에 대한 개념에서 공통된 것이 별로 없다. 그런 이유는 국가 그 자체의 개념에 대한 중요한 차이점에서 비롯된 것이다. 프레이리는 정부의 태도가 해방을 위한 교육의 가능성과 큰 관련이 있다고 보지만, 국가 개념을 별로 설명하지 않는다.Freire, 1978: 110-117 결국 프레이리는 서로 다른 국가 형태나 정치적으로 복잡한 정부와 관련하여 정치적, 교육적 전략을 명료화하지 않았다. 이것은 교육이론 자체에서 예외일 수 없는 것이지만, 교육을 정치적으로 보는 사람에게는 이상한 누락이라고 할 수 있다. 이렇게 보면 프레이리는 노동자당PT이 지휘하는 교육감직을 수행하면서 그람시가 못다 이룬 사회운동(장외정치)과 국가기관(제도정치)의 협치, 즉 '이중의 교육정치'를 성공적으로 수행함으로써 감옥에서 일찍 생을 마감한 그람시를 브라질에서 부활시켰다.

3. 그람시 교육사상의 현재적 의미

그람시는 교육이론과 실천을 포함한 여러 분야에 막대한 영향을 미친 20세기의 주요 사회 및 정치 이론가 중 한 사람으로서 우리에게 많은 지침(가르침)을 제시한다. 그람시의 사유를 역사의 맥락 속에서 놓고 그의 사유 형식을 이끈 '무한한 흔적들'을 탐구할 필요가 있다. 그람시는 "사건, 사유, 텍스트와 행위를 역사적 맥락 안에서 연구해야 한다"라고 강조했다. 그람시 자신의 특별한 역사적 맥락과 그 도전에서 벗어나 단순히 전용될 수는 없을 것이다. "정치적·지적 맥락 안에서 위치시키는 것이 가장 긴급한 철학적 행위이다."" 비판 작업의 출발점은 네 안에 무한한 흔적을 남긴 역사적 과정의 산물인 '자기 자신을 아는 것'이다."Gramsci, 1971 그람시는 과거에 대한 지성의 비관주의를 극복하기 위해 미래를 위한 의지의 낙관주의를 신뢰한다.Coben, 2015: 48 이렇게 그람시의 문화적 비판은 '지성'으로 현실을 비판하더라도 '의지'로 미래를 낙관하는 것을 멈추지 않아야 세상을 바꿀 수 있다고 보았고, 자신의 혁명적 실천에서 파생된 다양한 이론적 통찰을 위해 참조가 될 수 있는 원천적 자료를 몸소 제공했다고 할 수 있다.

그람시의 수감생활 이전의 실천 활동과 수감생활 속에서의 도전적 상상력 그리고 이후의 그람시 사상의 발전을 19세기 말에서 20세기 초기에 이르는 이탈리아 그리고 유럽의 폭넓은 정치적 발전이라는 맥락에서 논의할 필요가 있다. 이 논의는 교육의 변화를 포함한 정치적·지적 변화의 거대서사를 종합적으로 다루는 일이기도 하다. 따라서 그람시의 사상적 발전을 종합적으로 파악하는 것은 모든 지적·문화적 형성 과정에 관여하는 것으로 개인의 차원을 넘어 구조와 체제, 인간 행위 능력, 그리고 우연적 사건들 사이의 상호작용을 이해하는 방식이기도 할 것이다.존스, 2022: 31-32 그람시가 상기시키고 있듯이, 국가를 쟁취하고 변화시키기 위해서는 사회를 쟁취하고 변화시키는 것이 필요하다.Teodoro, 2007: 95 '헤게모니의 모든 관계는 반드시 교육적 관계다'라는 그람시의 관점은 교육과 정치의 강한 연결고리를 만들어 세상을 변화시키는 교육적 리더십educational leadership을 요청한다.Pizzolato & Holst, 2017; Stevenson, 2023 교육에서 진보적 가치(자유, 평등, 사회정의, 평화, 연대)의 유산을 함께 공유하고자 하는 뜻 있는 사람들에게 있어 가장 큰 도전은 제도적 실험을 하면서 정치적 행동을 위한 가능성의 공간과 시간에 가치를 두면서 인간 및 인류의 미래에 대한 희망의 교육학을 일상적으로 지원할 수 있는 새로운 상식, 즉 양식을 재건하는 일일 것이다.

참고문헌

| 1차 문헌 |

그람시, A. 조형준 옮김(1992).『그람시와 함께 읽는 문화: 대중문화/언어학/저널리즘』.
　새물결.
_____. 김종법 옮김(2004).『남부 문제에 대한 몇가지 주제들 외』. 책세상.
_____. 박상진 옮김(2005).『대중문학론』. 책세상.
_____. 유지연 옮김(2013).『생쥐와 산』. 계수나무.
_____. 김종법 옮김(2016).『나는 무관심을 증오한다: 그람시 산문선』. 바다.
Gramsci, A.(1971). *Selection from Prison Notebooks*. Hoare, Q. & Smith, G.
　N.(trans.). International Publishers.
_____ 이상훈 옮김(1986).『그람시의 옥중수고 Ⅰ』. 거름.
_____ 이상훈 옮김(1993/2007).『그람시의 옥중수고 2』. 거름.
Gramsci, A.(2000가). *An Antonio Gramsci Reader*. Forgacs, D.(eds.). New York
　University Press.
그람시, A. 리처드 벨라미 엮음. 김현우·장석준 옮김(2020나).『안토니오 그람시 옥중
　수고 이전』. 갈무리.
그람시, A. 린 로너 엮음. 양희정 옮김(2000다).『감옥에서 보낸 편지』. 민음사.

| 2차 문헌 |

곽태진(2017).「그람시 사상에 나타난 사회변혁과 교육의 관계」.『마르크스주의연구』,
　14(3), 66-97.
그루피, L. 최광열 옮김(1986).『그람시의 헤게모니론』. 전예원.
김민호(1991).「Antonio Gramsci의 교육론」. 제주대학교 Resository.https://oak.
　jejunu.ac.kr/handle/2020.oak/9024
김종법(2015a).『그람시의 군주론: 그람시, 마키아벨리를 읽다』. 바다.
_____(2015b).『그람시와 한국 지배계급 분석』. 바다.
김현우(2017).『안토니오 그람시: 옥중수고와 혁명의 순교자』. 살림.
몰리뉴, J. 최일봉·이수현 옮김(2013).『마르크스주의와 정당』. 책갈피.
무페, S. 장상철·이기웅 옮김(1992).「그람시에 있어서 헤게모니와 이데올로기」. S. 무
　페 엮음.『그람시와 마르크스주의 이론』. 녹두.
벨라미, R. & 쉐흐터, D. 윤민재 옮김(1996).『그람시와 민족국가: 그람시의 사상과 이

탈리아 정치사의 조명』. 사회문화연구소.

배병삼(1991). 「낯선 상황의 열린 사상가 그람시: 탄생 백주년 맞은 안토니오 그람시의 사상과 학문」. *The Korean publishing journal*, 90: 24-25.

보그, K. 강문구 옮김(2001). 『다시 그람시에게로』. 한울.

보콕, R. 이항순 옮김(1986). 『그람시 헤게모니의 사회이론』. 학문과 사상사.

손호철(2020). 『물속에 쓴 이름들: 마키아벨리에서 그람시까지』. 이매진.

사쑨, A. S. 최우길 옮김(1984). 『그람시와 혁명전략』. 녹두.

성열관(2019). 「엥게스트롬의 문화역사적 활동이론과 교육」. 이윤미 외. 『비판적 실천을 위한 교육학』. 살림터.

시몬, S. 김주환 옮김(1985). 『그람시의 정치사상』. 청사.

심성보(2022). 『프레이리에게 묻는다: 파울루 프레이리 교육학의 사상적 뿌리』. 살림터.

아담슨, W. L. 권순홍 옮김(1986). 『헤게모니와 혁명: 그람시의 정치이론과 문화이론』. 학민사.

아로노위츠, S. 오수원 옮김(2014). 『교육은 혁명의 미래다』. 이매진.

알튀세르, L. 배세진 옮김(2018). 『무엇을 할 것인가?: 그람시를 읽는 두 가지 방식』. 오월의봄.

앤더스, P., 보그스, C. 외. 김현우 외 편역(1995). 『안토니오 그람시의 단층들』. 갈무리.

이건만(2009). 「그람시의 헤게모니와 의식의 실천」. 『교육과 사회사상의 변천』. 원미사.

이성철(2009). 『안토니오 그람시와 문화정치의 지형학: 일상생활의 사회학적 조망을 위하여』. 호밀밭.

임혁백(2000). 「그람시의 헤게모니와 대항 헤게모니」. 안청시·정진영 엮음. 『현대 정치경제학의 주요 이론가들』. 아카넷.

존스, S. 최영석 옮김(2022). 『안토니오 그람시: 비범한 헤게모니』. 엘피.

졸, J. 이종은 옮김(1984). 『그람시 그 비판적 연구』. 까치.

카노이, M. 김태일·이재석 옮김(1985). 『국가와 정치이론』. 한울.

카라벨, J. 임영일 옮김(1985). 「그람시와 지식인 문제」. 임영일 편저. 『국가, 계급, 헤게모니』. 풀빛.

크리언, K. 김우영 옮김(2004). 『그람시·문화·인류학』. 길.

푸트남, R. 안청시 외 옮김(2000). 『사회적 자본과 민주주의: 이탈리아 지방자치와 시민적 전통』. 박영사.

페미아, J. 임영일 옮김(1985). 「그람시 사상에 있어서 헤게모니와 의식」. 임영일 편저. 『국가, 계급, 헤게모니』. 풀빛.

피오리, J. 김종법 옮김(2004). 『안토니오 그람시』. 이매진.

홀럽, R. 정철수 외 옮김(2000). 『그람시의 여백: 맑스주의와 포스트모더니즘을 넘어』. 이후.

애플, M. 박부권·이혜영 옮김(1985). 『교육과 이데올로기』. 한길사.

애플, M. 웨인 오우(2011). 「비판적 교육학의 정치, 이론, 현실」. M. 애플·G. 위티·나가오 아키오 편. 『비판적 교육학과 공교육의 미래』. 원미사.

Allman, P.(2007). The Making of Humanity: the Pivotal Role of Dialectical Thinking in Humanization and the Concomitant Struggle for Self and Social Transformation. A. Green, G. Rikowski & H. Radauntz(eds.). *Renewing Dialogues in Marxism and Education*. Palgrave/Macmillan.

Anderson, P.(1976). *Considerations on Western Marxism*. Verso Books.

Apitasch, U.(2002). Gramsci and the Current Debate on Multicultural Education'. C. Borg, J. Buttigieg & P. Mayo(eds.). *Gramsci and Education*. Roman & Littlefield.

Apple, M. W.(2012). *Can Education Change Society?*. 강희룡·김선우·박원순·이형빈 옮김(2014). 『교육은 사회를 바꿀 수 있을까?: 또 다른 교육 더 나은 세상』. 살림터.

Aronowitz, S.(2002). Gramsci's Theory of Education: Schooling and Beyond. C. Borg, J. Buttigieg & P. Mayo(eds.). *Gramsci and Education*. Roman & Littlefield.

Allman, P.(2002). Antonio Gramsci's Contributions to Radical Adult Education. C. Borg, J. Buttigieg & P. Mayo(eds.). *Gramsci and Education*. Roman & Littlefield.

Borg, C. & Mayo, P.(2002). Gramsci and the Utilitarian School: Paradoxes and Possibilities. C. Borg, J. Buttigieg & P. Mayo(2002). *Gramsci and Education*. Roman & Littlefield.

Buci-Glucksman, C.(1980). *Gramsci and the State*. Lawrence and Wishart.

Buttigieg, J.(2002). Education, the Role of Intellectuals, and Democracy: A Gramscian Reflection. C. Borg, J. Buttigieg & P. Mayo(2002). *Gramsci and Education*. Roman & Littlefield.

Clayton, T.(2010). Introducing Giovanni Gentile, the Philosopher of Fascism. P. Mayo(ed.). *Gramsci and Educational Thought*. Wiley-Blackwell.

Coben, D. C.(2002). Metaphors for an Educative Politics: Common Sense, Good Sense, and Educating Adults. C. Borg, J. Buttigieg & P. Mayo(eds.). *Gramsci and Education*. Roman & Littlefield.

Coben, D. C.(2015). *Radical Heroes: Gramsci, Freire and the Politics of Adult Education*. Routledge.

Colucci, F. P.(2007). The Relevance to Psychology of Antonio Gramsci's Ideas

on Activity and Common Sense. Y. EngestrÖm, R. Miettinen & Ä. R-L.
Punam(eds.). *Perspectives on Activity Theory.* Cambridge.

Dainotto, R. M. & Jameson, F.(eds.)(2020). *Gramsci in the World.* Duke
University Press.

Darder, A., Baltodano, M. & Torres, R. D.(eds.)(2003). *The Critical Pedagogy
Reader.* Routledge/Falmer.

Davydov, V. V.(2007). The Content and Unsolved Problems of Activity Theory.
Y. Engeström, R. Miettinen & Ä. R-L. Punam(eds.). *Perspectives on Activity
Theory.* Cambridge.

Entwistle, H(1979). *Antonio Gramsci: Conservative Schooling for Radical
Politics.* Routledge & K. Paul.

Fontana, B.(2002). Hegemony and Rhetoric: Political Education in Gramsci.
C. Borg, C. Buttigieg & P. Mayo(eds.). *Gramsci and Education.* Roman &
Littlefield.

Forgacs, D.(2000). Glossary of Key Terms. Forgacs, D.(eds.)(2000). *An Antonio
Gramsci Reader.* New York University Press.

Freire, P.(1998). *Pedagogy of Freedom: Ethics, Democracy, and Civic Courage.*
Rowman & Littlefield.

Giroux, H. A.(2002). Rethinking Cultural Politics and Radical Pedagogy in the
Work of Antonio Gramsci. C. Borg, J. Buttigieg & P. Mayo(eds.). *Gramsci
and Education.* Roman & Littlefield.

Gross, J.(2011). Education and Hegemony: The Influence of Antonio Gramsci.
B. Levinson(ed.). *Beyond Critique; Exploring Critical Social Theories and
Education.* Paradigm.

Heider, F.(1958). *The Psychology of Interpersonal Relations.* Wiley.

Hill, D. J.(2010). A Brief Commentary on the Hegelian-Marxist Origins of
Gramsci's Philosophy of Praxis. P. Mayo(ed.). *Gramsci and Educational
Thought.* Wiley-Blackwell.

Hill, D. J.(2007). *Hegemony and Education: Gramsci, Post-Marxism, and
Radical Democracy Revisited.* Lexington Books.

Hirsch, E. D.(1996). *The Schools We Need: And Why We Don't Have Them.*
Bantam Doubleday Dell Publishing Group.

Holst, J. D. *Social Movements, Civil Society and Radical Movement.* Bergin &
Garvey.

Ives, P.(2004). *Language & Hegemony in Gramsci.* Pluto.

Ives, P.(2010). Global English, Hegemony and Education: Lessons from

Gramsci. P. Mayo(ed.). *Gramsci and Educational Thought*. Wiley-Blackwell.

Ledwith, M.(2010). Antonio Gramsci and Feminism: The Elusive Nature of Power. P. Mayo(ed.). *Gramsci and Educational Thought*. Wiley-Blackwell.

Mayo, P.(2008). Antonio Gramsci and Paulo Freire: Some Connections and Contrasts. C. A. Torres & P. Noguera(eds.). *Social Justice Education for Teachers: Paulo Freire and the Possible Dream*. Sense.

_____(2010). Antonio Gramsci and his Relevance to the Education of Adults. P. Mayo(ed.). *Gramsci and Educational Thought*. Wiley-Blackwell.

_____(2013). The Gramscian Influence. R. Lake & T. Kress. *Paulo Freire's International Roots: Towards Historicity in Praxis*. Bloomsbury.

_____(2015). *Hegemony and Education under Neoliberalism: Insight from Neoliberalism*. Routledge.

Morgan, W. J.(2002). Antonio Gramsci and Raymond Williams: Workers, Intellectuals, and Adult Education. C. Borg, J. Buttigieg & P. Mayo(eds.). *Gramsci and Education*. Roman & Littlefield.

Morrow, R. A. & Torres, C. A.(1995). The Gramsci and Education: Technical Competence versus Political Consciousness. R. A. Morrow & C. A. Torres. *Social Theory and Education: A Critique of Theories of Social and Cultural Reproduction*. Suny.

Motta, S. C.(2014가). Pedagogizing the Political and Politicizing Pedagogy. S. C. Motta & M. Cole(eds.). *Constructing Twenty-First Century Socialism in Latin America: The Role of Radical Education*. Palgrave/Macmillan.

_____(2014나). Decolonization in Praxis: Critical Educations, Student Movements, and Feminist Pedagogies in Colombia. S. C. Motta & M. Cole(eds.). *Constructing Twenty-First Century Socialism in Latin America: The Role of Radical Education*. Palgrave/Macmillan.

Musté, M,(2021). *Marxism and Philosophy of Praxis: An Italian Perspective from Labriola to Gramsci*. Palgrave/macmillan.

Pizzolato, N. & Holst, H. J.(eds.)(2017). *Antonio Gramsci: A Pedagogy to Change the World*. Springer Nature.

Smet, B. D.(2015). *A Dialectical Pedagogy of Revolt: Gramsci, Vygotsky, and the Egyptian Revolution*. Haymarket.

Stevenson, H.(2023). *Educational Leadership and Antonio Gramsci: The Organising of Ideas. Routledge*.

Teodoro, A.(2007). Educational Politics and the Sense of Possibility: A Contribution to Democratic Education in a Progressive Age. C. A. Torres & A.

Teodoro(eds.). *Critique and Utopia: New Development in the Sociology of Education in the Twenty-First Century.* Rowman/Littlefield.

Young, M. & Miller, J.(2016). *Curriculum, and the Specialization of Knowledge: Studies in the Sociology of Education.* Routledge.

Weber, S. W.(1998). *Gramsci E Vygotsky: Na Educação Para Os Excluídos.* Universidade Federal De Santa Catarina. Thesis oai:repositorio.ufsc. br:123456789/77359.

6장

이반 일리치:
탈학교론, 생태사회와 학습사회

박홍규

1. 학교를 그만둔다고 문제가 해결될까?

꽤 오랫동안 이반 일리치를 연구한 미국의 인디언 교육학자 조엘 스프링은 18년째 학교에 다닌 러시아정교 사제가 어느 날 아침 자신이 학교제도를 벗어나 살 수 없었다고 깨닫자 바로 학교를 그만두었다는 이야기를 한다.박홍규, 2023 18년이라면 초·중·고에 대학, 대학원까지 2년을 다닌 기간을 더한 정도인데, 18년 만에 자신이 학교제도의 포로였음을 깨닫고 그만두었다니 좀 멍청한 자라는 생각이 든다. 그런 깨달음이야 한국에서는 소위 중2병을 앓는다는 시기, 또는 그보다 훨씬 더 일찍 깨닫게 되지 않을까? 여하튼 그는 신부이니 그렇게 그만두어도 먹고사는 걸 걱정할 필요가 없겠지만, 우리나라의 대학원 졸업자라면 그렇게 그만둘 수는 없다. 대체로 다시 3년 이상의 박사과정을 밟아야 할 것이고, 그 뒤 박사학위를 따도 취직이 안 되어 절망할 수 있을 것이고, 결국은 20여 년 이상의 학교 공부와 무관한 직업을 택하기도 할 것이다. 나는 20여 년 만에 박사학위를 받고 시간강사 20여 년을 지냈으나 먹고살 길이 막막하여 나이 오십이 넘어 공인중개사 시험을 치러 부동산 거래에 종사하는 사람을 보았다.

이반 일리치도 사제였다. 그는 박사학위를 세 개나 땄지만, 사제이니 취직 걱정은 없었다. 이런저런 활동을 하다가 44세에 『학교 없는 사회』라는 책을 써서 학교를 없애자고 주장해 세상을 놀라게 했다. 그가 언제부터 그런 생각을 했는지는 정확하게 알 수 없다. 그가 학교를 비판한 내용은 학교가 거짓 성공 신화를 만든다는 점이었다. 학교에 가야 인간이 되고, 일류 대학을 다니면 더 나은 인간이 되고, 4년을 다닌 대학이 그 뒤 인생을 결정한다는 것이었다. 이러한 거짓 성공 신화는 교회나 성당이나 절에 열심히 다니면 천당에 간다는 것과 같았다. 그래서 사제인 일리치가 『학교 없는 사회』라는 책을 쓸 수 있었다. 물론 '종교 없는 사회'부터 썼어야 옳았는지 모른다. 그러나 그것이 가능할까? 믿음만이 중요하므로 믿음의 집이나 형식(의식)을 모두 없애야 한다고 할 수 있을까? 일리치도 성당에서 미사를 하고 예수의 피와 살이라며 포도주와 빵을 신자들에게 나누어 주었고, 신자들을 그런 그를 우러러보지 않았을까?

일리치는 박사학위를 세 개나 따고 열몇 개의 외국어를 유창하게 할 정도였으니 학교 실패자는커녕 대성공자였다. 반면 내가 학교가 없어졌으면 좋겠다고 생각한 것은 시골 초등학교에서 놀다가 도시 중학교에 들어가서 초등학교와 달리 중학교가 시험지옥임을 알고서였다. 나는 그 지옥이 싫었고 결국은 그 뒤 여러 시험에 실패했다. 어쩌다가 요행으로 시골 대학의 법학부에서 20여 년 동안 근무하면서 매년 입학시험을 치를 때부터 학생들이 판검사가 되기 위해 지원하고 졸업 때까지 그 일념으로 공부한다는 말을 들었다. 그러나 그들 중 판검사가 되는 비율은 1%도 안 되고 나머지 99%는 대부분 법과는 무관한 직업을 택했다. 그런 실정이기에 나는 학생들에게 사법고시 준비를 하지 말라고 했지만, 학생들은 물론 동료 교수들도 그런 나를 싫어했다. 법학부 교과과정이 사법시험 중심이어서 어쩔 수 없는 측면도 있었다. 나는 결국 법학부를 그만두고 교양학부로 옮겨 10년간 학과 구분 없이 모든 학생에게 '법과 예술' 등의 교양과목을 가르치다가 퇴직했다. 그 마지막 10년은 나에게 가장 행복한 시간이었으나, 학생들에게도 그러했을지는 의문이다. 수업에 토론식, 대화식,

문제제기식 등의 여러 가지 방법을 사용하고 시험 대신 글쓰기로 채점을 해 보았지만 나도, 학생들도 만족스럽지 못했다.

이런 법학 교육을 개선한답시고 전국의 법학부 중에서 몇 개를 미국 식 로스쿨로 바꾸었다. 그러나 로스쿨은 여전히 변호사 시험 중심이어서 교육 자체가 바뀌지는 않았고, 학생들만 소위 일류대 출신 중심으로 바 뀌고 등록금이 엄청나게 비싸 부유층 자제들로 바뀌었다. 3년 대학원 과 정 수료 후 법률가가 되는 비율은 반 정도로 높아졌지만 나머지 반은 여 전히 법률가가 되지 못한다. 결국 법학부 중에서 사법시험 합격률이 높은 학교 졸업생에게만 법률가가 되도록 하는 것과 같은 꼴이 되었다. 나는 로스쿨에 반대해 그 교수가 되는 것을 거부하고, 법학부 교육을 개혁하자 고 주장했지만, 법학부를 없애자고는 하지 못했다. 법률가나 법도 비판했 지만 그것들을 없애자고는 하지 못했다. 일리치라면 법학부는 물론 법률 가나 법도 없애자고 주장했을까?

일리치를 존경한 나는 그의 가르침을 나 자신의 삶과 일치시키지 못한 실패자이다. 그러나 여전히 의문은 남아 있다. 가령 다음과 같은 것들이 다. 앞의 신부처럼 학교교육의 문제점을 깨닫고 학교를 그만둔다고 해서 문제가 해결될까? 학교가 스스로 문을 닫는 일은 없겠지만, 코로나19로 문을 닫게 되었다고 해서 문제가 해결될까? 홈스쿨링이나 언스쿨링 등이 학교교육을 중심으로 짜인 학교교육 체제를 벗어날 수 있을까? 결국은 검정고시나 입학시험, 취직시험 등에서 자유로울 수 없지 않을까? 그런 시험을 끝없이 요구하는 세상을 그냥 두고 교육을 바꿀 수 있을까? 그런 시험과 무관한 순수한 의미의 평생교육이라면 모르되, 어떤 시험과도 무 관한 공부가 가능할까? 평생교육이라는 것도 사주팔자를 가르치거나 커 피 제조법을 가르치는 것이면 무슨 의미를 지닐까? 등등.

일리치나 스프링 등은 학교가 없어지면 모든 사람의 창조적 에너지 가 해방되고 사회의 유연성이 증진되리라고 하지만박홍규, 2023, 과연 학교가 없었던 19세기 이전 사회의 사람들이 모두 그러했을까? 그래서 19세기 이전으로 돌아가자는 것일까? 그 전의 소농사회가 이상일 수 있을까? 아무리 좋다고 해도 그 과거로 돌아갈 수 있을까? 일리치의 '탈학교론'은 1970년대 남미의 학교교육을 분석해 나온 것이므로 그것을 그대로 우리 현실에 작용하기란 쉽지 않다. 또 일리치가 탈학교 이후의 교육기관으로 '국제문화자료센터Center for Intercultural Documentation, CIDOC'를 만든 것은 아니지만 그것을 대안 대학으로 보는 사람들이 많고, 그런 것을 만들어 운영하면 된다고 하면서 대학 밖의 대안 연구기관을 그런 것으로 보는 경향이 있다. 그것이 시험과 무관한 순수한 의미의 평생교육기관으로서는 충분할 것이지만, 학교를 대체하는 것일 수 있는지는 의문이다.

2. 일리치를 찾아서

2019년 6월, 이반 일리치가 자란 동네를 찾아갔다. 그곳 크로아티아의 서부, 아드리아해 연안의 달마티아는 여전히 시골 내음이 났다. 일리치의 아버지 집이 있었던 스플리트는 옛 로마 황제의 궁전이 남아 있는 세계유산으로 유명한 관광지이니 약간 복작거렸지만, 조부모의 집이 있었던 브라치섬은 조용하기 짝이 없었다. 일리치와 비슷하게 생긴 (또는 그렇게 생각된) 그곳 사람들에게 그를 아느냐고 물어보았다. 당연히 알리라고 생각했는데 아무도 몰랐다. 내 발음에 문제가 있는가 싶어 철자를 적어 보여 주어도 모른다고 했다. 몇 년 전, 그가 만년을 지내고 죽어 묻힌 독일 브레멘에서 만난 독일인들도 그를 몰랐다. 2002년 12월에 그가 죽은 브레멘에는 독일인도 아닌 가톨릭 신자를 위한 무덤이 없어서, 특별히 요청해서 교외에 있는 성 요한 교회 뒷마당의 공동묘지에 겨우 묻힐 수 있었다. 대부분의 무덤에는 돌로 된 묘비가 있지만 그의 묘소 중앙에 세워진 나무로 만든 십자가에는 그의 이름과 생몰 연도만 새겨져 있다. 그곳 사람들에게 일리치에 대해 물어보았지만 아무도 몰랐다.

일리치는 1926년 오스트리아 빈에서 태어났지만 얼룩 반점 개 달마티안의 원산지인, 소박한 동유럽 발칸반도의 달마티아에서 성장했다. 그곳에서 보낸 어린 시절을 평생 잊지 못하고 그 후의 생애를 망명으로 생각한 일리치에게 그곳은 소박한 자율의 삶과 생각의 기본이 되었다. 아직도 시골인 동유럽 출신의 비주류 사상가들이 서유럽 주류의 사상을 전복하는 이단의 혁명은 일리치의 경우에도 분명하게 나타난다. 그가 생애의 후반을 보낸 브레멘은 독일에서 가장 진보적인 도시로 녹색당이 처음 의회에 진출한 곳이기도 하다. 브레멘대학교도 독일에서 가장 진보적인 대학으로 유명한데, 일리치는 그곳에서 강의를 했다. 그러나 그 대학교에서 사람들에게 그에 대해 물어보아도 아무도 몰랐다. 한국식으로 말해 시간강사에 불과한 탓이었을까? 일리치가 1961년부터 1976년까지 15년을 살았던 멕시코의 쿠에르나바카에서도 나는 그를 아는 사람을 만나지 못했다. 그는 잊힌 사람처럼 보였다. 물론 내가 만난 사람들은 극소수였다. 내가 만난 사람들 아무도 일치리를 몰라 처음에는 섭섭했고 이상하게 생각되었지만, 시간이 지나면서 어쩌면 모르는 게 당연하다고도 생각되었다.

달마티아에서 돌아와 몇 달이 지나 인도에 갔다. 간디의 생가를 비롯해 그가 살았고 죽었던 곳을 찾아다녔는데, 일리치도 그중 한 아쉬람에 다녀갔었고, 그 뒤 그 아쉬람에 대한 글을 남겼다. 그 아쉬람 사람들은 일리치를 기억했다. 그리고 그들에게 내가 오래전부터 간디의 으뜸 수제자가 일리치라고 생각했다고 말했더니 그들도 정말 그렇다고 했다. 일리치는 간디를 읽었다고 하거나 그의 사상에 대해 언급한 적은 없지만, 나는 지금도 그렇게 믿고 있다.

인도에서 돌아온 2020년 벽두에 터진 코로나19라는 전염병으로 인해 갑자기 전 세계의 학교가 문을 닫았다. 학교가 없어진 것은 아니지만 그곳은 버려진 창고처럼 방치되고 학생과 교사는 학교를 떠나 집에서 컴퓨터로 수업을 해야 했다. 그래서 50년 전인 1971년에 이반 일리치가 쓴 『학교 없는 사회』가 오는 듯 착각하게 했다. 일리치가 학교 없는 사회에서 제기한 공부망이 바로 온라인 수업이라고 말하며 그를 예언자 취급하는 사람들도 있었다. 그러나 일리치는 오프라인 수업을 학교에서 집으로 옮긴 것에 불과한 온라인 수업을 공부망이라고 말한 적이 없다. 또한 일리치는 전염병 등의 외부 요인으로 그런 사회가 오리라고 말한 것은 아니고, 그 반대로 우리 스스로 그런 사회를 만들어야 한다고 역설했으니 일리치의 말과는 역시 다른 상황이었다. 하지만 앞으로도 이런 상황은 계속될 수 있다고 전망되는 만큼, 그가 말한 것에 관심을 가질 필요가 있다. 일리치가 주장하듯 우리가 '학교 없는 사회'를 스스로 만든 것은 아니지만, 어쩔 수 없이 그렇게 된 사회에서 어떻게 살아야 하는지에 대한 힌트를 그에게서 얻을 수 있을지 모른다. 가령 앞으로 교육을 어떻게 할 것인가 하는 구체적인 문제를 비롯하여 우리 사회를 어떻게 바꾸어야 할 것인가 등이다. 군대 막사나 공장 건물이나 교도소 건물과 같이 항상 학교를 끔찍한 곳이라고 여겨 온 나는, 시골 폐교가 박물관이나 미술관, 문학관 등으로 바뀌는 것에 호감을 느꼈었다. 일리치는 학교를 없앤 뒤에 그곳을 어떻게 바꿀 것이냐에 대해 말하지는 않았지만, 그가 학교를 대신하는 공부망으로 말한 그런 곳으로 바뀐다면 일리치도 반대하지는 않았을 것이다.

일리치는 학교와 달리 병원이나 자동차를 없애야 한다고 주장하지는 않았지만 그것들에도 문제가 많다고 비판했다. 즉 교육을 받을수록 어리석어지고, 치료할수록 병이 늘며, 속도가 빠를수록 더 느려진다는 역생산성을 주장했다. 그가 비판한 의료제도의 문제점이 코로나19로 인해 나타난 것은 아니지만, 코로나19로 인해 선진국의 의료제도에 문제가 많다는 점도 분명히 드러났다. 특히 공적 의료보험제도가 없는 미국이 그러했다. 확진자와 사망자가 세계 최고의 의료 수준을 자랑하는 미국에서 가장 많았다. 이 글을 쓰는 2022년 7월 8일 기준으로 미국의 확진자 수는 약 9,000만 명, 사망자 수는 100만 명을 넘었고, 발생률은 27%를 넘는다. 그 발생률은 인도의 9배에 이른다.

이러한 현상을 보고 미국에 대한 한국인의 숭배 열기가 줄어들 것으로 예상되기도 했으나, 2022년 한국에는 미국을 숭배하는 우익 정권이 들어섰고, 그 어떤 정권보다도 친미적인 행태를 보이고 있다. 그 우익 정권은 서울법대 내지 서울대라는 한국 학교 계급 체계의 최정상 출신들이 중심인 점에서 『학교 없는 사회』의 취지와는 정반대이지만, 동시에 일리치가 쓴 『병원이 병을 만든다Medical Nemesis』나 『행복은 자전거를 타고 온다Energy and Equity』와 같은 책들의 취지와도 완벽하게 반하는 세상이 되었다. 물론 이러한 반동은 2022년 정권에 의해 정점을 이루기는 했지만, 그 전의 정권들도 일리치가 주장한 것과는 철저히 반대되었다.

정권만이 아니라 한국 사회, 한국인들이 그랬다. 한국은 세상에 유례없는 학교종교, 병원종교, 자가용종교라는 사이비 종교의 신들인 학교신, 병원신, 자가용신이 지배하는 곳이고, 한국인들은 대부분 그 신실한 맹목적 교도들이다. 1세기 전까지는 일부 특권 지배계급(양반)이 그러했지만, 계급이 무너진 일제강점기 이후에는 전 국민이 그렇다. 그 밖에도 신들은 흘러넘친다. 당장 생각나는 것만 해도 아파트신, 백화점신, 셰프먹방신, 서울대신, 재벌신, 미국신, 패키지신, 텔레비전신, 핸드폰신, 컴퓨터신, 아이티신, 다이어트신, 스타신, 헬스신… 개인 각자에게는 더 특별한 신들이 있을 것이다, 가령 일부 여성에게는 성형외과 의사가 신이리라. 또는 강남 성형외과 의사 누구이리라.

그런데 세계적 수준의 의료를 자랑한다는 한국의 코로나19 발생률은 미국보다 높은 36%를 넘나든다(단, 치명률은 0.1%). 한국보다 높은 나라는 프랑스 49%, 스위스 44%, 네덜란드 48%, 체코 37% 정도이고, 그 밖에는 대체로 한국보다 낮다. 즉 그리스 36%, 독일 35%, 영국 34%, 이탈리아 32%, 스페인 28%로 미국보다 높지만, 한국보다는 낮다. 이처럼 소위 선진국은 7%대인 일본을 빼고는 모두 높다. 코로나19의 진원지라고 하는 중국은 발생률이 0.01%를 조금 넘고 북한은 아예 통계에 나오지 않는다. 전 세계에서는 확진자가 5억 명이고, 사망자는 637만 명을 넘고 치명률은 1.14%이다.

코로나19의 발생 배경이 생태환경의 파괴이고 그 요인이 세계화, 도시화, 집단적 가축 사육 등에 있다는 것은 상식이지만, 지난 2년간 그 어느 것도 개선되긴커녕 도리어 더욱 강화되었는지도 모른다(세계화 중에서 여행은 줄었겠지만 인터넷을 통한 상업 등의 세계화는 전혀 줄지 않았다). 그렇다면 코로나19와 같은 전염병은 더욱 많이 생겨날 것이고, 그 확진율이나 사망률도 더 높아질 것이고, 더욱더 극단적인 사태로까지 나아갈지 모른다. 인류는 언제쯤 생태환경의 파괴를 멈출 것인가? 지금 당장 멈추어야 하지 않는가? 이 글에서는 이미 반세기 전에 그런 주장을 한 일리치가 누구이고, 그가 『학교 없는 사회』를 비롯한 여러 책에서 무슨 말을 했으며, 그것이 지금 우리에게 무슨 의미가 있는지를 밝혀 보려 한다.

3. 이반 일리치는 누구인가?

『이반 일리치의 죽음』이라는 톨스토이의 소설이 있는데, 그 소설 속의 일리치와 이 글에서 말하는 일리치는 전혀 다른 사람이다. 그런데 1978년 그의 책으로 처음 번역된 『탈학교 사회』는 영어식 발음인 이반 일리치로 표기되었으나, 나는 이반 일리히라고 표기했다. 그가 오스트리아 출신 사제로 오스트리아에서 자랐고 생애 후반도 주로 독일에서 보내다가 죽었으니 독일어식 발음대로 표기하는 것이 옳다고 한 독일어권 외국인 사제들의 의견에 따른 것이었다. 위에서 소개한 달마티아나 브레멘, 멕시코에서도 그렇게 발음했다. 그러나 그 뒤 오랫동안 우리나라에서는 일리치냐 일리히냐 하는 논쟁이 있었다. 외국인의 인명을 표기하는 경우 여러 가지 표기 방법이 있는데, 유독 일리치의 경우 표기를 둘러싸고 논의가 시끄러웠다. 그런 논의가 귀찮아 요즘은 나도 대세에 따라 일리치라고 표기한다. 이 글에서도 그렇게 표기하지만 표기 방법은 옳고 그른 게 아님을 분명히 밝혀 둔다.

이반 일리치는 1926년 오스트리아 빈에서 태어났다. 아버지는 가톨릭을 믿는 크로아티아인 토목기사였고 어머니는 포르투갈계 유대인이었다. 빈에서 소년 일리치는 프로이트의 손을 잡고 산보하면서 정신분석학에 대한 이야기를 듣기도 했다. 1941년, 15세 때 그는 유대 혈통이라는 이유로 어머니와 두 명의 어린 형제자매와 함께 나치에서 탈출하여 이탈리아로 이주했다. 그는 어린 시절부터 반나치 저항운동에 참여했다. 일리치는 피렌체대학교에서 생물학을 공부하고 신부가 되기 위해 로마 바티칸 그레고리안대학교에서 신학과 철학을 공부했다. 그 뒤 오스트리아의 잘츠부르크대학교에서 역사학을 공부해 아널드 토인비에 대한 논문으로 박사학위를 땄다. 1951년 가톨릭 사제로 서품되어 뉴욕에서 목회 일을 했다. 그의 폭넓은 지식과 십여 개의 언어에 능통한 언어능력이 인정되어 바티칸의 국제부에 들어갔으나 곧 사퇴하고, 1951년 미국으로 가서 뉴욕 중심가 아일랜드-푸에르토리코 교구에서 신부로 일했다. 일리치는 원래 아일랜드인들이 중심이었던 그 교구에 푸에르토리코 이주민들이 대량으로 들어오자 생긴 문화 변용에 대해 주목하고 미국 문화와 히스패닉 문화의 중개자이자 교육가로 활동했다.

1956년부터 1960년까지 푸에르토리코에 있는 가톨릭대학교Pontificia Universidad Católica의 부총장을 역임했으나 산아제한에 반대하는 지사 후보자에게 투표하지 않도록 요구한 가톨릭 측과 대립하여 부총장직을 사임하고 도보로 남미를 횡단하였다. 이어 1961년부터 멕시코 쿠에르나바카에 '국제문화자료센터'를 설립했다. CIDOC는 미국, 캐나다, 유럽에서 온 수백 명의 선교사를 훈련시켰으나 그곳을 방문한 파울로 프레이리, 폴 굿맨, 에리히 프롬, 수전 손탁, 피터 버거, 존 홀트, 앙드레 고르, 조너선 코졸 및 조엘 스프링 등과의 교류로 더욱 유명했다. 그 교류의 결과가 교회, 교육『학교 없는 사회』, 1971, 교통『행복은 자전거를 타고 온다』, 1974, 의학『병원이 병을 만든다』, 1976, 노동『유용한 실업에 대한 권리 및 그 직업적 적』, 1978, 『그림자 노동』, 1981 등에 대한 비판이었다. 즉 학교가 공부를 방해하며, 자동차는 지속가능하지 않고 낭비이며 움직이지 못하게 하고, 현대 의학은 사람들을 병들게 하고, 사법 제도는 범죄를 발생시킨다는 등이다.

그러한 제도 비판의 기본은 로마가톨릭교회에 대한 비판이었다. 교회 비판이 학교 비판, 병원 비판, 교통 비판 등으로 이어진 것이다. 교회 비판은 자율적인 청빈과 무권력, 비폭력을 주장한 예수의 가르침이 초기 기독교도인 바울로부터 로마국교화와 중세 및 근대의 정경유착에 의한 사치와 권력화, 폭력화로 철저히 왜곡된 교회에 대한 비판이었다. 마찬가지로 배움과 건강과 이동에 대한 자율적 능력이 학교와 병원과 교통에 의해 타율화되어 왜곡되었다는 것이 일리치의 비판이었다. 한국에서는 일리치의 제도 비판이 가톨릭 비판에서 비롯된다는 점이 무시(또는 은폐)되는 경향이 있지만, 이는 그에 대한 올바른 이해가 아니다. 가톨릭 측에서도 공식적으로는 일리치를 무시(또는 은폐)한다. 일리치는 1968년에 로마가톨릭에 의해 종교재판에 가까운 심문을 받았고, 결국 1969년 초 '정치적인 부도덕'을 이유로 사제직을 박탈당했다.

일리치는 1976년 CIDOC의 문을 닫고 중세 연구, 특히 근대가 형성된 12세기 연구에 몰두했다. 그 뒤로 그는 주로 쿠에르나바카, 펜실베이니아주립대학교, 브레멘대학교 사이를 끊임없이 왕래하면서 중세사를 중심으로 한 저술 및 강의 활동을 했으나 1970년대 저술과 같은 충격을 던지지는 못하고 오랫동안 잊혔다. 그러나 1978년 노동의 환상을 비판한『누가 나를 쓸모없게 만드는가』, 1981년 여성 노동을 분석한『그림자 노동』, 1982년 여성문제를 다룬『젠더』, 1985년 물질의 역사성을 다룬『H_2O와 망각의 강』, 1988년 독서 능력을 다룬『ABC와 민중 지성의 알파벳화』, 1992년 상식과 진보를 비판한『과거의 거울에 비추어』, 1993년 지식이 책으로 획득되는 기원을 다룬『텍스트의 포도밭』등은 1970년대의 계몽적 저술을 심화시킨 것으로 보아야 한다. 안타깝게도 1992년 암에 걸려서 한쪽 뺨에 자라는 커다란 혹이 주는 고통에 시달렸다. 그는 일을 못하게 한다는 이유로 진통제를 대량 투여하는 치료를 거부하고, 스스로 만든 아편 가루를 먹으면서 10년간 일하다가 2002년 독일 브레멘에서 76살에 숨졌다.

그의 공식 직함은 신부나 교수였지만, 교수로서는 물론이고 신부로서도 권위주의나 형식주의와는 담을 쌓은 자유인이었다. 죽기 몇 년 전 브레멘시로부터 평화상을 받았을 때 그는 수상식장의 화려한 분위기에 대한 묘사로 수상 소감을 시작했다가 그가 브레멘에 갈 때마다 묵었던 친구 집의 소박하고 개방된 분위기, 누구나 초대받는 스파게티와 포도주의 파티, 밤늦게까지 이어지는 활발한 토론, 사람들이 자유롭게 오가거나 멋대로 잠을 자기도 하는 우정과 환대의 묘사로 바꾸어 갔다.

그는 어려서부터 세상을 떠돌며 모든 권위와 제도에 저항하는 삶을 살았다. 청빈한 생활 속에서 무한한 자유와 평등만이 지배하는 대화를 통해 사람들과 함께하는 삶을 살았다. 어린 시절 이후로 집이 없었기 때문에 일리치는 자신을 가리켜 기독교인 순례자이고 방랑하는 유대인이자 편력자라고 했다. 일리치는 근대국가를 무너뜨리고자 했던 유토피아적 아나키스트 지식인, 극단주의자이자 급진주의자, 좌파 자유지상주의자로 일컬어졌다. 그는 또한 가난한 사람들을 위한 연대와 억압받는 사람들의 정치적·사회적 해방을 강조하는 해방신학과 관련이 있다. 반면에 자유 시장 자유주의자들은 또한 그의 아이디어를 학교 선택과 바우처를 장려하는 데 사용했지만 이는 일리치를 오해한 것에 불과하다. 일리치는 자신을 아나키스트라고 언급한 적이 없지만 20세기 중반 좌파 아나키스트 집단의 주요 인물, 특히 1964년에 『잘못된 강제 교육*Compulsory Mis-education*』을 출판한 폴 굿맨Paul Goodman, 1911~1972, 그리고 『아이들은 왜 실패하는가*How Children Fail*』[1964]와 『아이들은 어떻게 배우는가*How Children Learn*』[1967] 등을 출판한 존 홀트John Holt, 1923~1985와 같은 언스쿨링 옹호자들과 밀접하게 연관되어 있다. 마찬가지로 그는 스스로를 해방신학자라고 부르지 않았지만 멘데스 아르세오Mendez Arceo, 구스타보 구티에레즈 Gustavo Gutierrez, 후안 루이스 세군도Juan Luis Segundo, 에우데르 카마라 Hélder Càmara 및 카밀로 토레스Camilo Torres를 포함한 해방신학 운동과도 관련이 있다.

일리치는 평생 현대 산업사회에 대한 고정관념을 파괴하고자 한 사상가였다. 학교는 교육 장애물이고, 병원은 건강에 장애물이며, 근대화가 빈곤을 없애기는커녕 빈곤을 근대화하고, 국가 교육에 의해 국민의 언어능력은 쇠퇴한다고 주장했다. 이러한 근본적 비판으로부터 일리치는 환대문화hospitality culture를 제창했다. 이는 시험 문화가 지배하는 대학과는 반대되는 것으로, 누구나 자유롭고 평등하게 참여하는 친구 집의 토론문화에서 비롯되는 것이었다. 이 글이 그런 토론의 소재가 되기를 빈다.

일리치는 제도철학자가 아니라 자율의 사상가이자 행동인, 지극히 세밀하게 분화된 제도학문의 한 분야를 담당하는 학자가 아니라 자신이 필요하다고 생각하는 주제라면 그것에 대한 모든 학문의 접근을 검토하고서 자신만의 생각이 있을 때만 그것을 발표한 진정한 의미의 독창적인 학자, 게다가 소위 학문적 글쓰기에 전혀 연연하지 않고 유머와 시적인 비유까지도 자유롭게 구사한 참된 글쓰기의 문인이었다. 그는 참으로 보기드문, 특히 우리 사회에서는 더욱더 보기 힘든 전인적, 르네상스적 인간임이 틀림없다.

특히 교육 분야에서 일리치는 교육 시스템의 대안을 모색하는 데 관심이 있는 학자들과 실무자들에 의해 오늘날에도 여전히 논의되고 있으며, 많은 사람이 그를 20세기의 주요 '혁명적' 교육자 중 한 명으로 간주한다. 일리치가 의무교육을 비난하는 이단적인 행위를 저지른 것에 대해 교육계는 '침묵'(즉, 교육 담론에서 배제되어 크게 잊힌)했다는 평가도 있으나, 이 글을 쓰는 2022년 7월 8일, 구글에서 '이반 일리치'를 검색한 결과 125만 건의 결과가 나왔는데, 그중 절반이 지난 10년 동안 인용된 것이다. 마찬가지로 『학교 없는 사회』를 검색하면 16만 건의 결과가 생성되었으며 이 인용의 약 절반도 지난 10년 동안의 것이다.

이는 일리치가 과거의 어떤 순간에 교육 담론에서 소외되었을 수 있지만, 그의 작업에 대한 새로운 관심이 생겨났음을 시사한다. 더욱이 코로나19와 전 세계의 갑작스러운 휴교 상황에서 많은 관찰자가 일리치, 특히 『학교 없는 사회』의 아이디어를 재발견하고 있다. 그러나 이러한 경향이 범세계적인 것이기는 하지만, 한국에서는 반드시 그렇다고 할 수 없기에 이 글을 쓴다. 나는 1987년에 『병원이 병을 만든다』를 번역하는 것을 시작으로 35년 동안 일리치 책을 다섯 권 번역하고 해설하는 글들을 썼으나, 그사이 한국은 일리치가 주장한 바와는 거꾸로 가고 있다. 그 전부터 그랬고, 앞으로도 그럴지 모른다. 게다가 열심히 그의 책을 번역하고 해설했지만, 그의 책을 번역한 적도 없고 제대로 공부한 적도 없는 자들이 내가 한 번역을 엉터리라고 욕하며 내가 한 해설을 멋대로 표절하여 자기주장인 양 떠들어 대는 소리를 듣고 살았다. 그래서 선구자 역할을 한 것으로 만족하고, 더 이상 일리치에 대해 쓰는 것을 무섭고 허무하게 생각했지만, 다시 용기를 내어 이 글을 쓴다.

4. 생태사회

1) 『깨달음의 혁명』

일리치가 쓴 최초의 책인 『깨달음의 혁명Celebration of Awareness』('자각의 축제'로도 번역됨)은 논문집인 만큼 넓고 체계적으로 고찰한 것이 아니고 이후의 일리치 사상과 반드시 일치하지도 않으나, 학교·교회·폭력·기술 원조 등 다양한 과제에 걸쳐 제도, 제도의 집행, 제도체계 그 자체가 갖는 인간성 파괴의 측면을 논하고, 오늘의 생활을 문화적으로 혁명함에 따라 내일의 사회를 이룰 수 있다는 자각을 축하하고 있는 점에서 여전히 참신한 의의를 지닌다. 그 부제가 '제도혁명에의 요청A Call for Institutional Revolution'인 만큼 이 책은 일리치 초기의 문화혁명 사상을 간결하게 보여 준다.

『깨달음의 혁명』에 포함된, 1970년에 쓴 「계획화된 빈곤: 기술 원조의 최종 결과」는 일리치의 기술 비판에 대한 최초의 글이다. 그는 서양식 교육이나 병원, 자가용은 제3세계에 필요하지 않은데도 그 노예가 됐고 이를 발전이라고 생각한다고 비판했다. "바람직한 교육이란 인간 잠재력의 새로운 차원을 자각할 수 있게 하고, 자신의 창조력을 활용하여 인간 생활을 보다 나은 형태로 증진하는 것"169쪽이라고 보는 일리치는 강제적 학교화의 철폐와 30세 미만자에 대한 매년 1~2개월씩의 교육을 주장하고 자가용 대신 버스, 병원 대신 안전한 식수 제공 시설 등을 제안했다.

이러한 일리치의 주장은 『자각의 축제』의 마지막 글인 「문화 혁명 헌장」에서 더욱 구체적으로 나타난다. 그는 먼저 당시 남미에서 주장된 종속이론 등이 제국주의를 반대하고 민족주의를 주장한 점에 대해 그것이 해결책이 아니라고 본다.

일리치는 특히 부익부 빈익빈이라는 양극화 현상을 지적한다. "현대의 빈곤은 산업주의적 중산계층의 이데올로기에 영합하는 세계 시장의 부산물이다."179쪽 이러한 범세계적인 개발 정책이 폭력화되는 것은 "자본주의자들의 사악한 의도나 공산주의자들의 이념적 경직성에 의한 것이 아니라, 산업주의의 초기 시대에 발전된 산업주의적 제도와 복지 제도의 부산물을 사람들이 근원적으로 용인할 수 없는 점에서 비롯됐다."180쪽 이러한 현실에서 일리치는 발전과 단순한 정치 혁명을 대신하는 문화 혁명을 제창한다. 그 목적이 "공적, 사적 현실의 변용"180쪽에 있기 때문이다.

그러나 여기서 일리치가 말하는 문화 혁명이란, 고상한 야만인의 권력 확보를 주장하는 기계파괴 운동과도 다르다. 문화 혁명은 기계에 반대하는 것이 아니라, 제품의 설계와 유통의 개혁을 주장하기 때문이다. 또 문화 혁명은, 전면적으로 조작된 소비의 길을 추구하는 중간 기술 예찬과도 다르다. 일리치는 문화 혁명을 위해 무엇보다도 비학교화를 위해 노력해야 한다고 주장하며 이는 미국 수정 헌법 1조에서 국가화된 교육을 규정하지 않은 것과 같다고 본다. 그리고 이를 위해서는 교육에 근거한 고용이나 투표 등의 차별을 금지하는 법률이 필요하다고 본다. 또 시민 각자가 학교 교육비를 평등하게 분배를 받고 이를 확인하며 그것이 분배되지 않은 경우 고소할 권리가 보장돼야 한다고 주장한다. 이러한 주장은 뒤에 『학교 없는 사회』에서 더욱 상세히 고찰됐다.

2) 『절제의 사회』

『절제의 사회』는 일리치가 1973년에 낸 책이다. 그 앞에 『학교 없는 사회』1971가 나왔지만 『절제의 사회』가 『학교 없는 사회』나 그 뒤에 나온 『병원 없는 사회』와 『행복은 자전거를 타고 온다』와 함께 일리치의 3대 산업주의 비판서의 총론이다. 그 절제란 산업주의 사회의 절제 없는 '생산성'에 대립한다. 즉 그것은 도구에 대한 기술적 용어다. 그러나 그것은 중남미의 비산업주의적인 생존을 배경으로 한 토속사회 따위를 말하는 것이 아니다.

이 책의 원제인 'Tools for Conviviality'에서 conviviality는 종래 '공생'이나 '공생공락'으로 번역됐다. '공생'이란 일반적으로 '공동의 운명 아래같은 장소에서 함께 삶' 또는 생물학이나 생태학적으로 '두 종류의 생물이 서로 이익을 주고받으며 함께 생활하는 일'을 뜻한다. 그러나 일리치는 convivial이 사람이 아니라 도구에 사용되는 말이라고 분명히 못 박으며 이에 대응되어 사람에게 사용하는 말을 '절제'라고 한다.5쪽

절제의 사회에서는 산업주의가 추구하는 생산적인 것이 최고의 덕이 아니다. 인간 사이의 자율적이고 창조적인 상호 교환이 중심이다. 그러한 상호 교환을 하는 개인이 다른 개인으로서의 타인의 자유를 침해하지 않는 고립된 자유를 누리는, 인간 고유의 윤리 가치가 존중되는 사회를 형성한다. 그러므로 어디까지나 중점은 개인의 자율이다. 연대나 상호친화 따위보다도 개인이 존중된다. 일리치는 이러한 비전에서 회복 불가능의 상태로까지 무한 성장하고 있는 현대 사회의 산업주의적 생산 양식을 대체할 수 있는, 그 성장에 대한 다원적인 한계 설정과 그 정치적 전복을 내용으로 한 절제의 사회를 제창했다.

절제의 사회를 실현하는 데 불가결한 것은 '도구 수단에 대한 한계 설정'이다. 즉 일리치는 단순히 학교, 병원, 자가용을 없애자고 주장하는 것이 아니다. 산업주의 사회의 여러 제도가 도구를 지나치게 발전시키고 확대했기 때문에 인간의 자율성이 마비당하고 타인에 대한 의존이 증대되면, 필요를 충족시키는 대량 소비가 지구의 유한성을 파국으로 몰아넣도록 소모한다고 지적한다. 따라서 산업주의 사회에서 절제의 사회로 전환하기 위해 '과학' 숭배를 비신화화하고, 일상 언어를 회복하며, 법적 조치를 회복해야 한다고 하는 세 가지 차원에서 도구를 고찰한다. 그리고 그러한 도구 사용에서의 정치적 전복을 논의한다. 무엇보다도 인상적인 것은, 일리치가 현 인류의 3분의 2가 현대의 산업 시대를 경험하는 것을 회피하는 것이 지금이라도 가능하다고 믿고 있다는 사실이다.

문제는 제도와 도구를 좋은 것과 나쁜 것으로 구별하는 것이 아니라 그 자체의 권력성을 비판해야 한다는 점이다. 교사라는 직업과 교육이라는 행위, 또는 의사라는 직업과 의료라는 행위 그 자체의 권력성을 무시하는 한 좋은 교육이나 의료나 교통은 관리사회의 질서 유지에 봉사할 뿐이다. 따라서 권력적 지배가 자유, 자치, 자연의 사회로 돌아감이 본질이다.

일리치는 마르크스를 비롯한 기존의 사회주의 이론은 물론 현실 사회주의도 산업주의라는 점에서는 자본주의와 마찬가지라고 비판한다. 이는 물질만을 중시하는 것이 아니라, 학교나 병원이나 사회보장제도와 같은 정신적 가치를 제도화하는 광의의 산업주의까지 포함한다. 따라서 현대 서양의 문명 자체에 대한 비판이다. 그 주류인 자본주의는 물론 그것에 반대한 사회주의도 일리치의 경우 산업주의라는 점에서는 다름이 없다.

그러나 그가 현대 서양 문명 자체를 부정하는 것이 아님을 주의해야 한다. 특히 자유와 자치 및 자연에 대한 존중은 서양 문명 자체를 부정한 것이 아니다. 이 책에서 일리치가 비판하는 시대는 20세기 산업주의 시대에 집중돼 있다. 물론 그전부터 그 뿌리는 형성됐지만 특히 문제가 된 것은 20세기다.

그는 산업주의에 반대하지만 그렇다고 해서 경제 성장이나 기술 발전을 무조건 부정하고 원시 사회로 돌아가자고 하는 반문명론자나 공업을 비롯한 현대 산업 자체를 부정하고 전근대 농촌 사회로 돌아가자고 한 순수한 농촌주의자가 아니라, 현대 문명의 성장에는 일정한 한계가 있음을 주장하고 그 한계를 넘으면 문명 자체를 파괴할 수도 있으니 제발 그러지 말고 '절제'하자고 했다.

그는 산업화에는 한계가 있고 그 중요한 제도인 병원, 학교, 자동차 등에도 한계가 있다고 보았다. 물론 그는 그 제도의 기본 가치인 건강, 교육, 교통 자체를 부정한 것은 아니다. 그 가치가 제도화되는 것 자체를 부정한 것도 아니다. 그가 문제 삼은 것은 그 제도화의 한계다. 건강을 위한 최소한의 의료는 필요하지만 그 정도를 넘어 과도한 의료화는 안 된다고 본 것이다. 마찬가지로 교육을 위한 최소한의 네트워크는 필요하지만 의무교육은 안 된다고 본 것이다. 마찬가지로 교통을 위한 최소한의 대중교통은 필요하지만 자가용의 대중화는 안 된다고 본 것이다.

3)『행복은 자전거를 타고 온다』

교통에 관한 책인 1973년의 『에너지와 공정Energy and Equity』을 나는 『행복은 자전거를 타고 온다』라는 제목으로 번역해 1990년에 냈다. 이 제목은 책 앞에 나오는 '사회주의는 자전거를 타고 온다'라는 말을 바꾼 것이었다. 이 책을 내고자 한 이유는 당시 한국에 자가용 붐이 불었기 때문이었다. 나는 그 3년 전에 『병원이 병을 만든다』를 번역했는데 이 역시 당시 한국에 건강 붐, 병원 붐이 불었기 때문이었다. 무분별하게 이는 붐을 경계하기 위해 그 책들을 번역했다. 그러나 그런 붐은 지금도 여전하다. 따라서 지금도 그 책들을 검토할 필요가 있다.

『행복은 자전거를 타고 온다』는 본래 프랑스의 〈르몽드〉지에 불어로 쓴 글이었는데 그 글은 "에너지 위기는 착각이다"라는 말로 시작한다. 일리치는 이 책에서 에너지의 양적인 확대와 발전이 생산을 향상시키고, 생활을 산업화시키고, 물질적인 풍요함을 이룩하여 인간을 행복하게 하리라는 것은 산업주의 사회의 신화이며 오류라고 주장한다. 곧 그것은 사회적 공정에 반하는 것이라고 비판한다. 그리고 교통을 예로 들어 속도를 패러다임으로 하여 에너지-소비의 한계를 설정할 필요가 있다는 논의를 펼친다.

일리치는 대량의 에너지 소비는 필연적으로 자연환경을 파괴할 뿐만 아니라 사회적 환경, 나아가 인간의 자유와 자율적 능력까지도 파괴한다고 주장한다. 곧 높은 에너지 소비가 환경을 오염시키기 때문이 아니라,

설령 오염이 없는 에너지가 발견된다고 하여도 한계를 넘는 에너지 사용은 인간을 정치적 불능으로 만들고 절제의 사회를 위한 조건들을 제약하기 때문이라는 것이다. 이는 발전·성장·진보라는 가치에 대한 도전으로 논의된다.

그에 의하면 "깨끗하고 풍부한 에너지가 사회의 병폐를 치유할 수 있는 만병통치약이라고 하는 통념은 정치적 오류에 근거하고 있다".14쪽 "설령 무공해 에너지를 확보할 수 있고 그것이 풍부하게 존재한다고 하여도, 대량으로 에너지를 사용하는 것은 육체적으로 아무런 피해를 끼치지 않으나, 정신적으로는 사람들을 노예화시키는 마약과 같은 작용을 사회에 미치게 된다."15쪽

일리치에 의하면 "사람들은 본래 자신의 발로 충분히 움직일 수 있다".28쪽 "자신의 발로 걷고 있는 사람들은 약간의 차이가 있으나 기본적으로 평등하다."29쪽 그러나 "기계가 각 승객에게 일정한 이상의 마력을 가할 수 있게 된 순간부터 이 산업은 인간 사이의 불평등을 낳았고. 인간의 이동성을 산업적으로 규정된 도로망에 얽어맸으며, 미증유의 심각한 시간의 결핍을 낳았다."30~31쪽 가령 산업사회 이후 모든 사회에서는 일어나 있는 시간의 22% 이상을 수송에 소비하게 되었다. 그것은 집에서 차고에 가는 시간, 차 속의 대기 시간, 교통사고로 병원에서 보내는 시간, 음주운전의 결과 경·검·법원에 출두하는 시간, 차량 구입 대금을 벌기 위해 일하는 시간, 세금을 내기 위해 일하는 시간 등을 포함한다. 시간당 수송 거리는 현대 사회가 미개 사회보다 뛰어나나, 미개인의 5% 수송 시간보다 4배 이상인 22%라는 시간에 5% 정도 빨리 간다는 것이 얼마나 바보 같은 짓인가!

이와 같이 일리치는 『에너지와 공정』에서 에너지 소비가 일정한 한계를 넘게 되면 인간의 자율성을 마비시킨다고 주장했다. 가령 자동차가 이동을 독점해 생활공간을 왜곡하고 생활시간을 결핍상태로 만들어 걷기라

는 자율행위가 자본 집중으로 상실당하기 때문에 규제가 필요하다는 것이었다. 마찬가지로 텔레비전은 인간의 말하기라는 고유성을 뺏는다고 보았다. 따라서 일리치는 차의 최고 속도에 대하여 매우 엄격한 한계를 설정해야 비로소 처음으로 모터로 움직이는 자동차와 자전거에 볼베어링을 사용하는 사람들을 차별하지 않고 달리게 한다고 생각하게 되었다.

5. 학습사회

1) 학교 사회의 문제점

일리치는 1968년 에버렛 라이머가 조직한 교육의 대안에 관한 세미나를 위해 『학교 없는 사회』를 썼다. 이 책은 '학교를 없애야 하는 이유', '학교 현상학', '진보의 의례화', '제도 스펙트럼', '부조리한 일관성', '공부망', '에피메테우스적 인간의 부활'이라는 7개의 장으로 구성되어 있다. 『학교 없는 사회』는 출간 즉시 광범위한 관심을 받았다.

이 책은 교육개혁론의 차원으로 오해받기도 했으나, 사회적 제도화 등의 차원이 아니라 '여러 서비스 가치의 제도화'의 차원에서, 곧 '신화=물신화'의 차원에서 학교는 아무런 존재 근거도 없는 것임을 폭로했다. 즉 학교교육이란 필연적으로 사회 계급을 낙인찍고 소비자를 양산하는 것에 불과하므로 스스로 배우는 고유한 능력을 키워 주는 상호 교류의 전달 과정이 학교를 대신해야 한다고 주장했다.

그는 그런 전달 과정이 12세기까지 존속했으나 대학이 출현함과 함께 무너졌다고 분석했다. 소비가 중심적 생활양식이 된 산업주의 사회에서 소비자의 의식만이 아니라 행위까지를 규제하는 제도화가 편성되었다는 것이다. 그곳에서는 '교육'이 사회생활의 기본적인 필요로 나타난다. 곧 '교육을 제도화하는' 학교 사회는 '공부한다'고 하는 인간의 자율적인 양식을, 교육의 '필요'로 바꿔 놓음에 따라 서비스 제도로서의 '가르치는' 행위가 교육=상품을 제도적으로 산출하고 '제도화된 가치'를 산업적으로 부가하는 것이다. 이러한 구조를 명백히 밝히고자 한 점에서 이 책은 비학교화론이라고 하는 교육개혁론이 아니라 서비스 제도의 본질을 묘사한 최초의 책이라고 할 수 있다.

여기서 주의할 것은 일리치의 비판은 동서·남북(사회주의-자본주의, 선진국-후진국) 모든 사회에 미친다는 점이다. 예컨대 대학진학률에서 공산당 관료의 자녀가 미국의 특수 계층 출신 자녀의 3배 이상 높았다는 점을 그는 지적했다. 또 카스트로의 쿠바와 고문 독재의 브라질 교육 문제를 비교 연구한 뒤에 의도는 전혀 달랐으나 학교화의 결과는 같았다고 밝혔다. 또 하나 중요한 점은 『학교 없는 사회』의 출간 뒤에 학교 외의 교육도 파괴적일 수 있음을 인정했다는 것이다. 예컨대 텔레비전 등이 그렇다.

일리치에 의하면 학교는 교육에 이용할 수 있는 자금, 사람, 선의를 독점할 뿐만 아니라 학교 이외의 다른 사회제도에 대해서는 교육에 관여하지 못하도록 한다. 노동, 여가 활동, 정치 활동, 도시 생활, 그리고 가정생활까지도 교육의 수단이 되는 것을 정지당하고, 그것에 필요한 습관이나 지식을 가르치는 것까지 학교에 맡기고 있다. 그 결과 가르치는 것과 배우는 것의 혼동, 진급과 상급반 진학의 혼동, 면허와 능력의 혼동이 생겨난다. 나아가 인간의 상상력도 학교화되고, 가치 대신에 제도에 의한 서비스를 받는 것이 수용된다.

이러한 전도 현상은 병원 치료와 건강의 혼동, 사회복지 사업과 사회생활 개선의 혼동, 경찰 보호와 생활 안전의 혼동, 군사력 균형과 국가 안전의 혼동, 악착같이 일하는 것과 생산 활동의 혼동 등을 낳았고, "건강, 공부, 위엄, 독립, 창조라는 가치는 그런 가치의 실현에 봉사한다고 주장하는 제도 활동과 같은 것으로 오해되고 말았다." 이것이 바로 '가치의 제도화'다.

이러한 '가치의 제도화'에 의해 학교는 모든 사회를 두 영역으로 구별한다. 곧 특정 시간대, 특정 방법, 특정 조치와 배려, 그리고 특정 전문 직업은 학술적이거나 교육적이라고 간주되고, 다른 것은 그렇지 않은 것으로 구별된다는 것이다. 이러한 제도적 배려에 의존하는 정도가 높으면 높을수록 인간은 자신의 잠재적인 능력과 혼자서 무엇인가 할 수 있는 능력을 고갈당하게 된다.

일리치는 학교를 위한 투자의 증가와 확대는 국가적 차원이나 세계적 차원에서 학교의 파괴성을 강화했다고 비판한다. 그에 의하면 학교의 교사는 다른 제도의 감독자보다 더욱 많은 권력을 가지고 학생들에게 행사하며 아이들은 각종 수용소 속에서 보호 조항의 적용을 받는 것마저 박탈당하고 있다. 학교가 고객으로 필요로 하는 인간은 자주성도, 스스로의 의지로 성장하고자 하는 동기도 갖지 못하게 하고 스스로의 힘으로 성장하는 것을 포기하게 하여 정신적 자살을 강요한다.

그러한 학교의 기능은 계급화다. 현대 사회에서 개인의 사회적 지위는 학교에서의 성공에 의한다. 학교에서 수여하는 각종 학위는 이력서 위에서 영원한 가격표가 된다. 학교는 계층 상승의 유일한 길이라고 믿게 하며, 자본주의적인 상하 질서로 사람들을 몰아넣는다. 학교는 저소득층 사람을 포함한 대부분의 사람들에게 계층 상승의 기회를 주지 않으며 기존의 계층 구조를 그대로 존속시킨다.

그러나 본래 인간의 대부분의 공부는 자력으로 하는 것이며 학교 밖에서 행해진다. 곧 교사의 개입 없이 학교 밖에서 말하고 생각하고 사랑하고 느끼고 놀고 일하는 것에 대해 배운다. 따라서 공부는 교육 결과라고 하는 공리에 입각하며, 실생활과 떨어진 형태의 지식 중심의 주입식 교육은 아동의 흥미를 고려하지 않으므로 아동의 자연적인 공부 능력과 건전한 성장 능력을 방해하며 질식시킨다.

이러한 학교에 의존하는 상황을 타파하기 위하여 인간과 환경 사이에 새로운 양식의 교육적 환경을 만들어 낼 필요가 있고, 그것을 위해서는 성장에 대한 태도, 공부에 유효한 도구, 그리고 일상생활의 질과 구조가 동시에 변혁되어야 한다고 일리치는 주장한다. 그 구체적인 형태로서 아동의 자발적인 공부를 가능하게 하도록 사물, 모범, 동료 및 연장자라는 네 가지 공부 자원의 이용을 촉진하는 '기회망opportunity web'을 구축할 것을 제안한다.

일리치는 훌륭한 교육제도란 세 가지 목적을 가져야 한다고 주장했다.

첫째, 학습에 대한 의욕만 있다면 누구든 삶의 어느 시기에도 연령에 상관없이 교육에 필요한 수단이나 교재를 이용할 수 있어야 한다.

둘째, 자기가 알고 있는 일을 타인과 더불어 나누어 가지고자 하는 사람과 그 지식을 배우고자 하는 다른 사람을 연결해 주어야 한다.

셋째, 공중에게 문제 제기를 하고자 하는 모든 이들에게 그것을 위한 기회를 부여해 주어야 한다.

학교를 대체하기 위해 그는 공부, 공유 및 돌봄의 기회를 높이기 위해 공부망이라는 대안 시스템을 권장한다. 대부분의 공부는 교육의 결과가 아니라 의미 있는 환경에서의 적극적인 참여 결과라고 주장한 그는 듀이처럼 대부분의 사람이 경험과 협력을 통해 가장 잘 배운다고 믿었다. 흥미롭게도 일리치는 '공부망' 또는 '공부 네트워크'의 생성에 대한 제안에서 수십 년 동안 교육제도 외부의 사람과 지식을 연결하는 컴퓨터와 전화의 가능성을 예상했다. 1970년대에 일리치가 제기한 아이디어는 교육계에서 열띤 토론의 주제였다. 먼저 교육제도를 옹호하는 쪽과 비판하는 쪽이 논쟁하고, 이어 학교를 비판하는 사람들 중 디스쿨링 주장에 동의하는 사람들과 학교 시스템의 민주화가 가능하다고 믿는 사람들 사이에서 논쟁이 나타났다. 오늘날 코로나19가 학교 폐쇄에 미치는 영향과 홈스쿨링Homeschooling, 언스쿨링Unschooling, 마이크로스쿨링Microschooling 등의 최근 성장으로 일리치의 아이디어가 좌우 교육계에서 다시 논의되고 있다. 이는 주로 미국에서 나타난 것이지만, 한국을 비롯한 다른 여러 나라에서도 볼 수 있는 현상이다. 이하 필자의 능력 부족으로 인해 미국을 중심으로 하여 설명한다.

2) 탈학교론에 대한 비판

1971년 『학교 없는 사회』가 출판된 이후 그것이 실질적인 의미가 없는 비현실적인 유토피아라는 비판을 위시하여 많은 비판이 쏟아졌다. 그러한 논쟁은 『탈학교 논쟁*After Deschooling, What?*』이라는 제목의 책으로 엮여 나와 우리나라에서도 번역되었다. 그러나 여전히 대부분의 사람은 학교를 자비로운 제도로 인식했으며 일리치가 주장한 것처럼 문제의 중심 주인공이 아니라 세계의 많은 문제에 대한 해결책의 일부로 학교를 인식했다.

특히 교육자들에게는 그의 제안을 수락하는 것이 자신의 직업을 포기하고 일종의 '자살'을 저지르도록 요구하기 때문에 전문 교육자로서의 자신의 정체성에 도전하는 것으로 받아들여졌다. 마르크스주의자들은 일리치가 교육에 초점을 맞추고 자본주의의 경제적·사회적·정치적 구조, 특히 생산수단의 소유권에 거의 관심을 기울이지 않는다고 비판했다. 신마르크스주의자들은 학교는 헤게모니 프로젝트와 반헤게모니 프로젝트가 종종 공존하는 모순적인 제도이며, 학교는 모든 한계에도 불구하고 여전히 가능성의 장소라고 주장했다. 커뮤니티주의자(공동체주의)들은 공부망이라는 일리치의 제안을 지지하면서도 현대성 억압, 특히 농민운동, 도시 집단 및 토착 조직에 맞서 투쟁하는 풀뿌리 그룹의 맥락에서 비판했다.

1990년대 들어서는 신자유주의의 대세 속에서 디스쿨링은 교육의 시장화에 투항하는 것이라는 비판이 제기되었다. 즉 공교육의 재정 확대가 학교제도를 강화시키므로 중단되어야 한다는 디스쿨링의 주장은 신자유주의의 교육재정 감축 노선과 일치한다는 비판이었다. 실제로 자유 시장

자유주의자들은 일리치의 정책 제안에서 자신들에게 영감을 주는 요소를 발견했다. 특히 밀턴 프리드먼Milton Friedman의 교육 바우처에 대한 아이디어, 좀 더 최근에는 사립학교 등록금 및 수수료, 온라인 공부, 사교육, 고등교육 비용 및 기타 승인된 맞춤형 공부 서비스 및 자료를 포함한 다양한 교육적 선택인 ESAeducation savings accounts가 그렇다. ESA는 학교를 넘어 교육 선택을 확장하고 부모에게 광범위한 교육 옵션에서 선택하여 자녀에게 가장 적합한 것을 결정할 수 있는 권한을 주기 때문에 ESA 옹호자들은 일리치가 그의 열렬한 지지를 제공했을 것이라고 주장했다. 그러나 그들은 일리치가 신자유주의 정책과 교육에 대한 소비주의적, 개인주의적, 경쟁적 접근에 반대했다는 것을 몰랐거나 알고서도 일부러 모르는 척했다. 그들은 또한 공부망에 대한 일리치의 제안이 공동체적 교육 및 절제의 사회에 기반을 두고 있다는 점을 생략한다.

일리치 자신이 여러 차례 이 책의 주요 아이디어를 재검토했다. 그의 첫 번째 후회는 책의 제목과 독자들 사이에서 발생한 혼란과 관련이 있다. 매우 빨리 그는 자신의 입장을 명확히 하기 위해 두 개의 논평을 발표했는데, 첫 번째는 1971년 6월 〈새터데이 리뷰Saturday Review〉에 발표한 「대안 학교Alternative of Schooling」에 실렸고, 곧이어 「탈학교 이후 무엇을?After Deschooling, What?」이 1971년 9월 〈소셜 폴리시Social Policy〉 저널에 발표되었다.『탈학교 논쟁』에 실림 그 글에서 그는 자신의 책 제목이 많은 사람에게 계몽에 대한 반역처럼 들릴 수 있음을 인정했으며, 그것이 "학교에서 지워지고 있는" 계몽 자체이고 디스쿨링은 "인간 해방을 위한 모든 운동의 뿌리"가 될 것이라고 주장했다.Illich, 1971: 24, 47 그는 또한 자신의 의도가 학교교육을 끝내는 것이 아니라 교육을 해방하고, 즉 국가에서 해방하고 통제를 사회적으로 조직된 풀뿌리 운동으로 옮기는 것이라고 설명했다. 그는 1992년에 나온 『이반 일리치와 나눈 대화』에서 "학교를 없애고 싶지 않았다"고 분명히 밝혔고Cayley, Ivan Illich in Conversation, 64쪽에서 ^{재인용}, 1995년에 나온 『우리의 삶을 디스쿨링하다*Deschooling Our Lives*』 M. Hern(ed.), p. vii 서문에서는 학교교육에 대한 자신의 비판이 일부 사람들이 그 제도의 의도하지 않은 해로운 영향에 대해 생각하고 반성을 하고 대안을 추구하는 데 도움이 되길 바란다고 말했지만, 동시에 그는 자신의 견해가 나이브하고 자신이 '헛다리를 짚었다'는 것을 깨닫기 시작했다.

3) 일리치와 프레이리

일리치와 프레이리는 사회의 민주화를 위한 교육제도의 잠재적 역할에 대한 동의와 불일치를 포함하여 교육에 관해 흥미로운 토론을 했다. 우선, 둘 다 기존의 교육제도에 매우 비판적이었다. 두 사람 모두 전통적인 학교의 관료적 구조와 관행을 비판하고, 교육 시스템이 학생 소외를 낳는 데 동의하며, 교육이 창의성과 자율성을 촉진해야 한다는 데 일치한, 자유를 중시한 열렬한 휴머니스트였다.

그러나 그들은 학교의 반민주적 성격을 교정하기 위한 제안에선 의견을 달리했다. 일리치는 학교 시스템의 민주화 가능성에 대한 희망을 거의 갖지 못하고 학교 시스템의 해체를 요구한 반면, 프레이리는 더 광범위한 사회 민주화 프로그램의 일부로 학교 시스템을 민주화할 것을 제안했다. 프레이리는 또한 일리치가 도구(제도)와 교육 시스템의 이데올로기적 방향을 결합했다고 주장했다. 프레이리에게 학교는 사회제도며 따라서 개혁의 대상이 될 수 있다. 실제로 그는 일리치가 자신의 책에서 설명한 학교의 문제를 인정하고 사회적 불평등을 재생산하는 교육 시스템의 역할을 알고 있었지만 학교는 여전히 가난한 사람들을 위한 몇 안 되는 상향 이동 수단 중 하나라고 주장했다. 더욱이 일리치는 학교를 단일하고 관료적이며 상환할 수 없는 제도로 그렸지만 프레이리는 학교를 갈등이 발생하고 변화가 발생할 수 있는 역사적 및 사회적 제도로 간주했다. 따라서 프레이리에게 진보적 개혁가의 임무는 학교를 완전히 없애는 것이 아니라 학교를 더 민주적이고 포용적이며 적절하고 즐겁게 만드는 것이었다.

또한 프레이리는 디스쿨링 제안에 대해 두 가지 문제점을 지적했다. 첫째는, 공부망에 참여하기 위한 전제 조건과 관련된 것이다. 하나의 과목을 공부하고, 컴퓨터에서 정보에 접근하고, 공부 친구를 찾거나, 전문가와 의사소통을 하기 위해 공부하는 사람은 컴퓨터에 접근할 수 있어야 하며 수용 가능한 수리 및 읽고 쓰기 능력을 포함하여 일부 기본 수준의 교육을 받아야 한다. 프레이리에게 그러한 공부망 제안은 사회에 존재하는 다양한 수준의 문화적, 사회적, 경제적 자본을 인식하지 못하는 것이다. 이것은 공부망의 실제 작동과 관련되어 프레이리가 비판한 두 번째 문제와 연결된다. 즉, 프레이리는 보편적인 공교육을 포기하고 공부 활동을 비공식적인 사회적 상호작용에 맡김으로써 모델이 더 유리한 사회 집단에 유리하게 편향되었다고 주장했다.

공부망 모델의 세 번째 문제는 나중에 우르술라 즈브제니아크Ursula Zbrzeźniak가 『교육과 정치에서의 평등과 해방Equality and emancipation in education and politics』2017에서 논의한 것으로, 그녀는 일리치 제안의 혁명적 측면과 보수적 측면 사이의 긴장을 언급했다. 그녀는 일리치가 공부망을 민주적, 평등주의적, 콘비비얼적 제도로 개념화했지만, 동시에 숙달이라는 오래된 개념과 숙달자(마스터)가 과정의 중심에 있는 지식 이전의 전통적인 모델을 유지했다고 주장한다.

공부망에 대한 네 번째이자 마지막 관심사는, 그것이 시간이 지남에 따라 학교의 동일한 패턴에 빠지고 결국 출석 및 성적과 같은 문제를 해결하기 위해 동일한 관료적 성격을 취할 수 있다는 것이다.

1974년 프레이리와 벌인 논쟁에서 프레이리가 자유와 해방의 실천으로서의 교육과 사육과 조종의 교육, 즉 은행형 교육을 구별하고 전자의 교육을 주장했을 때 일리치는 교육이란 말 자체의 사용을 그만두자고 제안하며 교육이란 전 세계 민중을 유치하게 만드는 현대 제도라고 했다. 그가 『학교 없는 사회』에서 교육의 대안으로 주장한 공부망이란 것도 교육이나 학교라고 보는 사람도 있으나 적어도 이는 현대적인 의미의 교육은 아니다. 여하튼 나는 일리치에 의하든 프레이리에 의하든 우리 교육에 대해서는 긍정할 점이 하나도 없다는 점만은 분명하다고 믿는다.

4) 학교 없는 사회와 코로나19: 원격 공부, 홈스쿨링, 마이크로스쿨링 및 언스쿨링

50년 동안 일리치의 책을 읽은 많은 독자는 주요 전제에 대한 공감이나 불일치와 관계없이 사회를 대규모로 디스쿨링하자는 제안이 헛된 꿈이라고 믿었다. 그러다가 2020년 갑자기 100년 만에 가장 큰 전염병이 크게 유행하는 한가운데서 전 세계 대부분의 학교가 문을 닫았고 수백만 명의 어린이가 집에서 공부하기 시작했다.

여기서 일리치가 제안한 사회의 디스쿨링이 마침내 정책 설계를 통해서가 아니라 지난 20년 동안 정보 통신 기술(ICT)의 확산과 2020년의 바이러스를 통해 일어났다고 주장하는 사람들이 나타났다. 이들은 코로나19가 일리치의 기본 요구 사항, 예측 및 권장 사항의 대부분을 충족했다고 주장한다. 그러나 이들 중 많은 사람이 놓치고 있는 것은 그것이 일리치가 공식화한 방식과 정확히 일치하지 않는다는 점이다. 일리치는 협력적이고 대화적인 방식으로 공동으로 조직된 새로운 교육적 접근을 주장했다. 반면 오늘날 미국에서 목격되고 있는 것은 기존의 (대면) 학교에 대한 대안으로 이미 성장하고 있던 원격 공부, 홈스쿨링, 마이크로스쿨링 및 언스쿨링 등이다.

가. 원격 공부

원격 공부는 통신 연구로 시작된 이래 1세기 이상, 그리고 나중에는 라디오와 텔레비전을 통해 사용되어 온 원격 교육 방식의 최신 방식이다.

원격 공부는 본질적으로 비동시발생적asynchronous이지만 인터넷에 크게 의존하며 교사와 학생, 학생과 학생 간의 동시발생적 상호작용을 허용한다. 20세기의 원격 교육이 주로 성인과 고등교육을 중심으로 이루어졌다면, 21세기의 원격 교육은 특히 현재의 공중 보건 위기의 결과로 어린이와 청소년에게 그 범위가 확대되었다. 여기서 원격 공부는 기존 학교 수업의 확장으로 교사가 제공하는 자료, 내용 및 지도로 수행된다. 비록 아이들이 학교에 물리적으로 다니지 않더라도, 학교는 여전히 표준에 기반한 커리큘럼을 처방하고, 학생을 위한 주간 일정을 구성하고, 성취를 인증하는 과정의 중심에 있다.

인터넷을 통한 원격 공부의 동시발생적 차원으로 인해 학생들은 교사와 다른 학생들을 화면에서 볼 수 있다. 이 공부 모델은 온라인 지시 회의 공간을 제공하는 다양한 기술 커뮤니케이션 플랫폼에 의존하며 그 지시는 종종 비디오, 모듈, 토론 게시판 및 학생 프레젠테이션을 통해 전달된다. 책임과 성적을 추적하고 가족과 의사소통하기 위해 교사는 다른 포털을 사용한다. 코로나19에 대응하여 원격 공부 모델이 급증했다. 학교가 원격 공부로 이동함에 따라 장치 및 광대역 접근성을 해결하는 데 어려움을 겪었고 인터넷 회사는 더 많은 공공 핫스팟, 저렴한 요금, 심지어 저소득 지역 전반에 걸쳐 개방형 연결을 제공하기 위해 학교 및 커뮤니티와 협력해야 했다. 오늘날 원격 공부는 정규 교육 전달의 일반적인 통로가 되었으며 학생, 가족, 교직원의 안전을 보호하는 데 중요한 기여를 했다. 그러나 몇 가지 예외를 제외하고 원격 공부는 대면 교육이 제공하거나 의무화한 것에서 크게 혁신되지 않았다.

나. 홈스쿨링

홈스쿨링 환경에서 부모는 자녀 교육의 위치를 제어하지만 여전히 규정된 커리큘럼, 교과서, 학년 할당에 의해 안내된다. 부모는 교사보다 더 많은 자율성을 갖고 보충 자료와 개인화된 공부 경험을 추가할 수 있지만 교실에서 교사처럼 행동한다. 홈스쿨 모델 내에서 공부하는 학생들은 종종 수업과 과제 사이에 더 많은 시간과 속도를 할당할 수 있다. 이 모델에서 홈스쿨링을 받은 학생들은 교실 환경에서 동료들과 덜 접촉하지만 때때로 현장 공부 및 유사한 비공식 공부 기회를 위해 다른 홈스쿨링 학생들과 합류한다. 미국에서는 현재 약 200만 명의 어린이(전체 12학년까지의 인구 중 3.5%)가 홈스쿨링을 받고 있으며 그 수는 2021년까지 천만 명에 이를 것으로 예상된다. 전염병의 여파로 많은 가정에서 엄격한 학교 후원 원격 공부 모델 대신 홈스쿨링 모델을 선택했다. 팬데믹 기간에 가족 작업 일정과 요구 사항을 고려하여 홈스쿨 모델을 통해 학생과 가족은 유연한 공부 기회와 일정을 만들 수 있다.

그러나 비판적 관점에서 홈스쿨링은 민주주의에 해로운 영향을 미치는 세 가지 주요 단점이 있다. 첫째, 홈스쿨링에는 학생의 공부 경험과 다양한 공부 기회를 육성하는 가정 기반 시설이 필요하다. 따라서 사회의 문화적, 사회적, 경제적 자본의 상당한 비대칭을 고려할 때 홈스쿨링은 교육 불평등을 강화하는 데 기여할 수 있다. 둘째, 홈스쿨링에서 아이들은 다른 가치 체계를 접하지 않고 가정의 가치, 습관 및 신념만 알고 있다. 이것은 학습자를 무수한 문화, 교육학 및 신념 체계에 노출시키는 공간으로서의 공부망이라는 일리치의 개념과 반대된다. 셋째, 홈스쿨링은 또래와의 사교 및 사회적·정서적 공부를 위한 제한된 기회를 제공하며 그룹 작업과 협력을 희생시키면서 개인주의적 접근을 강화할 수 있다.

다. 마이크로스쿨링

2010년경에 시작된 최근의 현상인 마이크로스쿨링은 홈스쿨링과 사립학교의 합성이다. 이 모델은 현재 많은 지역에서 팬데믹 포드pandemic pods 또는 공부 포드learning pods라고 불리는 것을 조직하는 온라인 그룹과 함께 전염병 상황에서 번창했다. 전통적인 학교 시스템에 대한 대안을 찾고 있는 같은 생각을 하는 소규모 학부모 그룹에 의해 4~12명의 학생이 모이는 과거의 원룸 학교를 재창조한 것으로 간주할 수 있다. 전용 공간이 없으며 일반적으로 홈 로테이션으로 작동한다. 마이크로스쿨은 교사(예: 공인 교사)를 고용하거나 학부모가 협동 모드에서 교사로 교체할 수 있다. 마이크로스쿨은 홈스쿨링을 믿지만 동료와의 상호작용의 가치를 높이 평가하거나 작업 일정으로 인해 홈스쿨링 요구를 관리할 충분한 시간이 없는 부모에게 대안을 제공한다. 커리큘럼은 일반적으로 지역 교육제도에서 파생되지만 추가 자료로 보완될 수 있다.

팬데믹 기간에 마이크로스쿨 수는 클러스터 모델과 일치하기 때문에 크게 증가하여 가족 간의 노출을 최소화하면서 학생들에게 사회화 및 공부 경험을 허용했다. 2020년에는 파트너 가족, 커리큘럼 및 교사 고용의 조정을 포함하여 마이크로스쿨 또는 포드를 조직하는 데 도움을 제공하는 온라인 회사가 유입되었다. 홈스쿨링과 마찬가지로 마이크로스쿨링 모델은 자원(시간과 돈), 공간(집에서 충분히 모이는 공간), 주제 제공의 한계로 인해 많은 가족이 포드에 참여할 수 없기 때문에 민주주의에 부정적인 영향을 미칠 수 있다. 지식(자격을 갖춘 교사를 가르치거나 고용하기 위해). 더욱이, 마이크로스쿨링 모델은 동일한 사회경제적 그룹에 속한 가족을 한데 모으는 경향이 있으므로 그룹 외 상호작용에 대한 교류 기회는 제한된다.

라. 언스쿨링

언스쿨링은 가정이 공식 커리큘럼에 거의 의존하지 않고 학생들이 무엇을, 언제, 어떻게, 왜 배우고 싶은지 선택하는 홈스쿨링에 대한 특별한 접근 방식이다. 언스쿨링은 아이들이 천성적으로 호기심이 많고 열정적으로 그들의 관심을 따를 것이라는 가정을 전제로 한다. 몬테소리 접근 방식과 유사하게 언스쿨링은 아동 주도 공부를 촉진하고 부모는 커리큘럼 선택 및 교육 과정에서 뒷자리에 앉는다. 일부 가족은 요리, 정원 가꾸기, 쇼핑과 같은 일상 업무를 공부 기회로 받아들인다. 다른 모드에서는 비디오, 블로그 및 모듈을 제공하는 사이트 또는 특정 주제를 중심으로 한 리소스(예: 내셔널지오그래픽)를 제공하는 사이트의 형태로 온라인 공부를 통해 주제를 탐색한다. 미국에서는 홈스쿨링 가정의 약 20%가 공식 커리큘럼에 거의 또는 전혀 의존하지 않고 비공식 '언스쿨링' 접근 방식을 사용하는 것으로 추정된다.

학교 폐쇄 기간에 일부 가족의 경우 기본적으로 언스쿨링 접근 방식을 채택했다. 일부 성인은 집 밖에서 일해야 했기 때문에 많은 어린이가 자신의 창의성과 온라인 공부 및 오락 선택에 맡겨졌다. 원하는 공부 목표 또는 전체 교육자에 대한 약간의 안내와 촉진된 노출이 없으면 창의성, 문제 해결, 비판적 사고, 탐색적 공부에 대한 노출 등과 같은 언스쿨링의 전반적인 목표가 도태된다. 이러한 임시 상황에도 불구하고 네 가지 모델(원격 공부, 홈스쿨링, 마이크로스쿨링 및 언스쿨링) 중에서 언스쿨링이 일리치가 『학교 없는 사회』에서 개발한 아이디어와 이데올로기적 유사성을 갖는 모델이라고 주장할 수 있다. 언스쿨링은 원래 일리치의 가까운 동료인 존 홀트가 개발했다. 홀트는 쿠에르나바카Cuernavaca의 CIDOC에서 그를 여러 번 방문하여 학교교육에 대한 비판적 접근 방식과 대안 모델 설계에 대한 오리엔테이션을 공유했다. 그러나 홀트는 그들에게 뚜렷한 임무가 있다고 믿었다. 그는 일리치를 환상의 예언자로, 자신을 일리치의 비전을 현실로 변환할 수 있는 능력을 갖춘 실용적인 전술가로 보았다.

홀트는 1970년대에 디스쿨링이라는 용어가 많은 사람에게 너무 급진적으로 인식된다는 것을 깨닫고 '언스쿨링'이라는 용어를 만들었다. 그는 언스쿨링을 디스쿨링을 향한 전략적 단계로 개념화했다. 언스쿨링은 아이들을 학교에서 데려가는 것이고 디스쿨링은 학교를 강제하지 않는 학교로 만들기 위해 법률과 정책을 변경하는 것을 말한다. 홀트Growing Without Schooling 1, 1977에게 언스쿨링은 사회 개혁과 사회 변화에 관한 것이며, 이와 관련하여 언스쿨링은 모든 연령대의 사람들이 배우고 함께 살 수 있는 공간을 만들거나 회수해야 한다고 주장했다. 듀이Dewey, 린드먼 Lindeman, 일리치, 홀트 등의 아이디어에 따라 현대의 언스쿨링 학생들은 교육이 삶과 동일선상에 있어야 한다고 주장하며 교육 활동과 비교육 활동을 인위적으로 분리하는 것을 거부한다.

언스쿨링은 디스쿨링 사회에 대한 일리치의 아이디어와 공부망 제안에 가장 가까운 관행일 수 있지만 몇 가지 문제가 제기될 수 있다. 첫째, 언스쿨링이 원래 지역사회와 세계에서 공부로 개념화되었지만 실제로는 종종 홈스쿨링으로 나타난다는 것이다. 이러한 점에서 우리는 언스쿨링에서 홈스쿨링에 대해 제기된 몇 가지 비판을 발견할 수 있다. 그중에는 다른 아이들(특히 다른 사회경제적 그룹, 문화 및 배경을 가진 아이들)과의 사회화를 위한 상대적으로 부족한 기회, 엘리트주의의 위험[많은 부모가 경험, 지식 및 자원(장치 및 연결 포함)이 없기 때문에 아이들이 자신의 이익을 추구하도록 지도], 또한 아이들은 성인 생활에 매우 유용한 많은 교과 과정 내용을 놓칠 수 있다.

6. 새로운 교육사상의 모색과 일리치

많은 국가가 여전히 코로나19로 인해 휘청거리거나 앞으로 2차 또는 3차 물결이 예상되는 상황에서 이러한 모델의 확장 및 변동이 예상된다. 그러나 팬데믹 기간에 학교와 가족이 채택한 다양한 공부 모델은 아직 일리치의 디스쿨링 개요를 이행하지 못했다.

언스쿨링을 제외하고 이러한 모델은 학교 건물에서 교수-공부 프로세스를 제거했을 수 있지만 인증에 대한 강조와 교육 경험을 제공하기 위해 표준화된 커리큘럼 및 기술에 대한 의존에 반드시 도전하는 것은 아니다. 물론 기술이 본질적으로 좋거나 나쁜 것은 아니다. 일리치가 『학교 없는 사회』에서 경고했듯이 기술은 "독립성과 공부 또는 관료주의와 교육"77쪽을 촉진할 수 있다. 학교는 공부 자원의 문지기가 되어서는 안 되지만 많은 가정, 특히 저소득층은 지침, 장치 및 연결을 위해 학교에 의존한다. 앞에서 논의된 모델(일부 언스쿨링 방식 제외)은 여전히 어떤 형태로든 형식화된 공부 목표를 고수한다. 왜냐하면 학생들은 자격 증명을 위해 통과해야 하는 국가의 표준화된 시험 정책에 구속되기 때문이다. 대부분의 경우 이러한 모델에서 인증된 개인은 공부 콘텐츠를 제공하고 학생들에게 교육적 경험을 제공하여 지식의 은행을 유지하고Freire, 1970 졸업장 또는 자격 증명에 대한 조건부로 지식을 흡수한다. 또래와 다양한 공부 기회가 없으면 사회적 상호작용의 흡수와 민주화 전략의 제한도 발생한다. 이러한 각각의 공부 모델은 디스쿨링에 대한 일리치의 일부 비전과 어느 정도 유사하게 보이지만 사실은 많은 차이를 보인다.

50년 전에 글을 쓰면서 일리치는 전통적인 학교 시스템에 대한 이러한 모든 대안을 예측할 수 없었다. 그가 오늘날 살아 있다면 이러한 대안 모델에 대해 그가 무엇을 말할지 아는 것은 흥미로울 것이다. 일시적인 유행인가, 아니면 규모와 인기가 계속해서 성장할 것인가? 더 중요한 것은 규범적 관점에서 볼 때 그가 상상했던 공부망에 한 발짝 더 다가가는 것인가, 아니면 한 발짝 떨어져 있는 것인가? 더 민주적이고 평등한 사회에 기여할까, 아니면 불평등을 강화할까? 학생들이 다양한 아이디어를 들을 수 있는 가능성이 제한되어 있는 젊은 세대에 자신의 문화적, 정치적 가치를 주입하는 가족의 사회적 영향은 무엇일까? 이러한 경험에서 비롯된 이러한 새로운 관행이 향후 공부 및 교육의 개념을 재개념화할 수 있을까?

우리는 이러한 새로운 대안(특히 언스쿨링) 중 일부가 자율적 개발과 참여하는 학생의 권한 부여에 긍정적으로 기여할 수 있다고 제안하지만, 동시에 우리는 그들이 다음으로 이해되는 집단적 해방 프로젝트를 손상시킬 수 있음을 인정한다. 기회의 재분배와 사회적, 경제적, 문화적 목표의 갱신을 통해 좀 더 공정하고 숙고적이며 평등하고 민주적인 사회를 구축할 수 있다. 대안 모델은 확실히 이 프로젝트에 에너지, 창의성 및 혁신을 가져올 수 있으며, 특히 불평등을 강화하는 신자유주의 시장 논리가 아닌 해방적 접근 방식에 의해 인도되는 경우 장려하고 축하해야 한다. 그러나 해방 프로젝트에는 민주적이고 포용적인 공교육 시스템과 혁신적인 교육 모델도 필요하다.

끝으로 우리는 해방적인 사회 교육 프로젝트가 두 가지 동시 작업을 포함해야 한다고 주장한다. 첫 번째 과제는 협력 공부망, 학교교육 해제 관행 및 기타 협력 준비와 같은 학교 시스템 외부의 창의적인 예시적 실험의 개발을 육성하는 것이다. 두 번째 과제는 더욱 높은 수준의 평등, 자유 및 참여를 촉진하기 위해 대화식, 학생 중심 및 프로젝트 기반 교육학적 접근 방식을 더 잘 구현하고 교육제도 및 교육 시스템을 민주화하는 것이다. 사회적 혼란의 이 순간은 우리에게 더 평등한 사회와 교육 시스템을 상상할 기회를 제공하고, 가능한 범위에서 원하는 미래를 가져오기 위해 의미 있는 행동을 취할 수 있게 할지 모른다.

에리히 프롬은 일리치 사상을 근원적 휴머니즘이라고 불렀다. 일리치가 쿠에르나바카에 살았을 때 프롬도 이웃 동네에 살았기 때문에 두 사람은 매우 친했다. 당시 가장 급진적인 사상가 중 한 사람이었던 프롬은 일리치가 학교를 신화를 창출하는 의례라고 말하자, 충격을 받아 그를 만나려 하지 않았을 정도로 일리치의 사상은 급진적이고 근원적이었다. 그의 『학교 없는 사회』는 학교를 지옥처럼 지낸 루저인 나에게 잃어버린 청춘의 정당성을 회복해 주었기에 기꺼이 번역했으나, 지금도 우리는 학교

에 대한 과도한 믿음이 지배하는 세상에 살고 있다. 그보다 먼저 1980년
대에 번역한 『행복은 자전거를 타고 온다』, 『병원이 병을 만든다』, 『그림
자 노동』, 『절제의 사회』도 아직 우리와는 거리가 멀다.

　제3세계의 고유 문화와 중세적 자연법 사상 위에서 현대 문명을 비판
한 일리치는 학교에서 교통, 의료, 성, 노동에 이르는 일상생활의 제자리
돌려놓기, 즉 교육과 문화, 의료와 교통, 자연과 환경, 성과 언어, 학문과
예술 등 모든 분야에서의 개인의 자율을 주장하며 국가, 자본 및 전문가
들의 지배에 철저히 반대했다. 그의 사상은 정치, 사법, 관료, 군대, 공장,
기업 따위의 수많은 제도, 나아가 현대 문명 전반에 걸친 비판으로 이어
지고 실천되어야 한다. 그것은 추상적인 거대 이론이 아니라, 구체적인 생
활의 제도화된 오류를 극복하고 반드시 회복해야 할 우리의 소박한 자율
과 자족의 삶 그 자체를 강조한다는 점에서 더욱 중요하다.

　일리치는 20세기를 인간을 불구로 만드는 전문가의 시대라고 했다. 그
런 전문가의 머릿속에서 나온 화려한 이데올로기나 유토피아가 아니라,
우리 일반 시민 각자의 생활을 스스로 근원적으로 바꾸어 보려는 작고
소박한 희망이 더 중요하다. 권력이나 자본과 거리를 두는 것은 물론, 도
시나 아파트, 학교나 병원, 골프나 헬스, 자가용이나 방송, 외식이나 먹방,
핸드폰이나 인터넷 등등 지금 우리를 지배하는 허위의 주류적 일상과 거
리를 두는 저항이 필요한 시대에 이반 일리치는 나의 영원한 스승이다.
그러나 그를 존경하는 만큼 그에 대한 의문도 여전히 크다.

참고문헌

박홍규(2023). 『소박한 자율의 사상가, 이반 일리치』. 살림터.

이반 일리치(1970). *Celebration of Awareness*. 허택 옮김(2018). 『깨달음의 혁명』. 사월의책.

_____(1971). *Deschooling Society*. 박홍규 옮김(2009). 『학교 없는 사회』. 생각의나무.

_____(1973). *Tools for Conviviality*. 박홍규 옮김(2009). 『절제의 사회』. 생각의나무.

_____(1974). *Medical Nemesis*. 박홍규 옮김(2004). 『병원이 병을 만든다』. 미토.

_____(1974). *Energy and Equity*. 박홍규 옮김(2004). 『행복은 자전거를 타고 온다』. 미토.

일리치 외(1984). 김광환 옮김. 『탈학교논쟁』. 한마당.

이반 일리치·데이비드 케일리(1992). *Ivan Illich in Conversation*. 권루시안 옮김(2010). 『이반 일리치와 나눈 대화』. 물레.

Illich, I.(1971). "After Deschooling, What?" in *Social Policy*.

Freire, P.(1970). *Pedagogy of the Oppressed*. Myra Berman Ramos(trans.). Herder and Herder.

7장

레프 비고츠키:
문화역사적 심리학, 정신도구 그리고 교육[1]

이성우

1. 비고츠키의 삶과 죽음

비고츠키는 1896년 제정 러시아의 오르샤(벨라루스의 소도시)에서 태어났다. 부모님은 중산층의 유대인이었는데, 비고츠키는 교사 출신의 어머니로부터는 지적으로나 정서적으로 선한 영향을 받았고 은행원이었던 아버지로부터는 사회적 모순에 저항하는 정신을 배웠다. 당시 러시아에서는 유대인에 대한 박해가 심했다. 대중들 사이에 유대인에 대한 악감정이 팽배해 있었고 심지어 당국에서 그것을 부추기기까지 했다. 이런 사회적 분위기 속에서 폭도들이 유대인 집안을 쑥대밭으로 만드는 난동을 벌이곤 했는데, 비고츠키의 아버지는 이들로부터 주민들을 지키는 일에 앞장섰다. 어린 시절에 겪은 사회적 차별에 대한 뼈저린 경험과 대의를 위해 자기 몸을 아끼지 않는 아버지의 올곧은 실천 정신은 훗날 비고츠키의 삶에 깊은 영향을 끼쳤다.

김나지움을 졸업한 뒤 비고츠키는 모스크바대학교 법학과에 입학했다. 이 대학에는 유대인의 입학 정원이 전체 학생의 3퍼센트로 제한되어 있었고 그것도 추첨을 통해 뽑았는데 비고츠키는 운 좋게 합격했다. 당시 유대인은 안정적인 직업이라 할 공무원이 될 수 없었기에 부모님은 비고

---

1. 이 글은 2023년 2월에 발간한 필자의 책 『철학이 있는 교실살이』의 내용을 이 책의 성격에 맞게 수정·보완한 것이다.

츠키에게 의사의 길을 권했다. 비고츠키는 의학을 공부하다가 적성에 맞지 않았는지 한 달 뒤에 법학으로 방향을 틀었다. 하지만 이 자유로운 영혼을 지닌 천재에게는 의학도 법학도 흥미를 끌지 못했다. 비고츠키는 문학[2]을 비롯한 다양한 학문 분야를 섭렵하며 왕성한 지적 욕구를 채우다가 마침내 심리학에 천착해 갔다. 심리학자로서 초창기에 그가 파고든 영역은 손상학(장애학)이었는데, 이러한 의외성은 그가 성장기에 유대인으로서 겪은 사회적 불평등으로 인한 아픔이 그늘진 곳에 있는 사회적 약자에 대한 관심으로 연결된 결과로 보인다.

1917년, 인류 역사에 커다란 지각 변동을 일으킨 러시아 혁명이 일어났을 때 차르 체제하에서 신음하던 피억압 민중들에게 커다란 축복이었지만, 21세의 청년 비고츠키에게는 특히 남다른 감흥으로 다가왔다. 그 각별한 정서를 비고츠키는 러시아 혁명에 관한 유명한 르포르타주 『세계를 뒤흔든 열흘Ten Days That Shook the World』[3]에 대한 평론을 통해 남겼다.Van Der Veer, 2011: 30

혁명 후 변혁적인 사회문화적 분위기에 힘입어 청년 비고츠키는 마르크스주의에 경도되어 갔다. 마르크스주의에 관한 소양은 일취월장했고 급기야 비고츠키는 자신의 표현으로 '심리학의 자본론' 짓기를 필생의 과업으로 삼았다. 그 결실로 맺어진 것이 바로 비고츠키의 유작이자 최대 역작인 『생각과 말Thinking And Speech』이다.

---

2. 청소년기에 비고츠키는 연극에 깊은 흥미를 품었다. 그는 셰익스피어의 햄릿을 주제로 석사학위를 받았다.

3. 미국의 진보적인 언론작가 존 리드가 1919년에 지은 책으로, 러시아 혁명을 목격한 사람이 쓴 최고의 작품으로 평가되고 있다. 당시만 해도 미국의 지적 풍토는 좌파적 색채가 강했고 사회적 분위기도 노동운동이 활발히 일어나는 가운데 진보적 기운이 들끓었다. 그러던 것이 1950년대에 매카시즘의 광기가 몰아치면서 점점 우경화되어 오늘에 이르고 있다. 황당하게도 러시아 혁명을 찬양한 이 책은 스탈린 시대에 금서로 몰렸다. 후술하겠지만 비고츠키의 때 이른 죽음은 지식인에 대한 스탈린의 편향된 광기와 무관하지 않다.

비고츠키는 자신을 신생 사회주의사회 건설을 위해 이론과 실천 양면에서 기여하고자 하는 철저한 마르크스주의 사상가로 규정했다. 하지만 스탈린 독재 정권은 비고츠키가 피아제를 비롯한 서방 학자들과 소통한다는 이유로 부르주아 학문의 영향을 받아 소비에트의 사상을 타락시켰다는 죄목을 들어 재판에 회부했다. 1934년, 비고츠키는 이 숙청 재판에의 변론을 고심하던 와중에 결핵으로 사망했다.

37세로 요절한 탓에 '심리학계의 모차르트'로 불리는 이 천재 심리학자는 살아서는 본국에서 반동주의자로 몰려 인정받지 못했고, 죽어서는 또 마르크스주의자라는 이유로 서방 세계에서 외면받았다. 1962년 비고츠키의 주저『사고와 언어Thought And Language』[4]가 영어로 번역될 때만 해도 별 관심을 얻지 못하다가 1978년에『마인드 인 소사이어티Mind in Society』를 계기로 서구 학계에서 비고츠키 붐이 일기 시작했다. 국내에서는 오랜 반공주의의 유산으로 인해 자유롭지 못한 지적 분위기 탓인지 아직도 이 천재 심리학자에 대한 학문적 관심이 형성되고 있지 않은 실정이다.

2. 구성주의 논쟁

비고츠키 하면 흔히 '사회적 구성주의'나 '근접발달영역ZPD'이라는 키워드를 떠올리곤 한다. 비고츠키를 구성주의자로 규정하는 것은 논란의 여지가 있으며, ZPD가 비고츠키의 중요한 개념인 것은 맞지만 이것이 비고츠키 이론의 전부는 아니다. 이 글에선 많은 사람이 간과하고 있는 비

---

4. 비고츠키의 이 책은 그가 세상을 떠난 1934년에 출간되었다. 그 뒤 영문판으로는 1962년에『사고와 언어』라는 제목으로 출간되었다가, 1987년에 다시『생각과 말』이라는 제목으로 별도의 영문 번역서가 출간되었다. 두 책은 역자도 다르고 책의 분량도 다르다. 한글판 또한 서로 다른 역자에 의해 각각『사고와 언어』와『생각과 말』이라는 제목으로 출간되어 있다.

고츠키 이론의 핵심 개념인 매개mediation와 정신도구psychological tools를 중심으로 논하고자 한다. 그에 앞서 심리학의 발전사를 살펴볼 필요를 느낀다.

비고츠키 시대 심리학계의 동향

19세기까지만 하더라도 인간 정신(심리)의 작동에 대한 고찰은 철학자의 몫이었다. "나는 생각한다. 고로 나는 존재한다"의 데카르트에서 그 단초를 엿볼 수 있고, 그 후 로크와 흄 등의 경험론자들과 칸트의 선험주의가 경합을 벌였다. 각각 철학적 유물론과 관념론으로 대비되지만, 이들은 공히 "인간에 대한 과학적 연구는 오직 인간의 육체에만 적용될 수 있다"는 인식의 한계를 지니고 있었다. 그러다가 19세기 들어 자연과학계에서 전기를 이룬 세 가지 발견이 있었는데, 공교롭게도 이 세 가지는 모두 1860년에 책으로 나왔다. 다윈의 『종의 발견』, 페흐너의 『정신물리학』, 세체노프의 『뇌의 반사작용』이 그것이다.Cole & Scribner, 2010: 6 이들의 저서가 준 엄청난 충격은 "인간이 동물과 다르지 않다"는 것이다. 이들의 성과는 심리학이라는 새로운 학문을 탄생시켰다. 이로부터 인간 정신psyche에 관한 연구는 철학에서 심리학psychology으로 넘어갔다.

최초의 심리학은 분트에 의해 내관주의introspectionism로 시작되었다. 이것은 피험자가 자기 내면의 생각이나 감정을 스스로 관찰한 것을 토대로 심리학적 의미를 도출하는 방법을 취한다. 하지만 이 기법의 부정확성과 모호한 개념에 불만을 품은 미국과 러시아의 학자들은 다른 길을 모색했다. 이들은 인간 내면의 의식이 아닌 직접적으로 관찰 가능한 외적인 행동을 심리학의 연구 대상으로 삼아야 한다고 주장했다. 이에 세체노프의 연구를 기반으로 만들어진 파블로프의 조건반사 이론을 필두로 행동주의심리학의 시대가 열렸다. 비고츠키가 등장했을 때의 유럽 심리학계의 상황이 그러했다.Cole & Scribner, 2010: 8

비고츠키와 피아제

물질이냐 정신이냐? 사상사의 발전은 물질적인 부분과 정신적인 부분 가운데 어느 것을 더 중요하게 여기는가 하는 두 관점의 치열한 대립으로 점철되어 왔다. 주지하다시피 물질적인 요소를 중요시하는 입장이 유물론이고 정신적인 요소를 중요시하는 것이 관념론이다. 유념할 것은 유물론에서 유唯가 '오직'이라는 뜻이기 때문에 유물론자들은 모두 물질만을 중요시한다고 생각하기 쉬운 점이다. 유물론 내에서 물질적인 면을 절대시하는 입장은 따로 있으니 '기계적 유물론mechanical materialism'이라 일컫는 부류이다. 심리학에서는 인간과 동물이 조금도 다를 바가 없다는 입장을 취하는 행동주의가 기계적 유물론에 해당한다.

우리의 주인공 비고츠키는 철학적 유물론의 입장이지만 기계적 유물론은 거부한다. 그래서 행동주의와는 일정한 거리를 두긴 하지만, 그렇다고 이를 완전히 배격하지는 않는다. 요컨대, 인간과 동물 사이에 질적인 차이는 있되 기본적으로 이 둘은 크게 다르지 않다는 것이 비고츠키의 관점이라 하겠다.

한편, 유기체가 외부 자극에 수동적으로 반응하는 것이 아니라 적극적으로 구성해 간다는 피아제의 주장에 비고츠키는 동의했다. 다만 피아제가 아동이 독자적으로 구성한다고 주장한 반면, 비고츠키는 다른 사람과의 상호작용이 매우 중요하다고 보았다.

이렇듯 비고츠키의 이론은 행동주의와 그 대립 지점에 있는 구성주의 둘 다와 공통점과 차이점을 동시에 지닌 특징이 있다. 다음 그림은 학습이 일어나는 메커니즘에 대한 행동주의와 피아제의 구성주의의 모형을 비교해서 나타낸 것이다. 여기서 S는 자극stimulus, R은 반응response, O는 유기체organism를 뜻한다.

학습이 이루어지는 원리를 설명하는 이들 모형을 교실 상황에 비추어 살펴보자. 행동주의에서는 학습자가 외부 자극(교사의 설명, 교과서 내용)

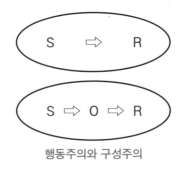

행동주의와 구성주의

을 수동적으로 받아들이는 반면, 구성주의에서는 독자적으로 구성한다. 여기서 '독자적으로independently'에 피아제의 방점이 있다는 사실이 중요하다. 1990년대 김영삼 정부 때 도입된 7차 교육과정의 철학적 배경이 피아제의 구성주의인데, 이 '독자적으로 구성'이란 말 때문에 우리 교단에서 교사의 역할을 최소화하는 것이 강조되어 오고 있다.

반면, 비고츠키적 관점에서는 교사의 역할이 절대적으로 중요하다. 이러한 차이에 근거하여 피아제와 비고츠키를 각각 개인적 구성주의자와 사회적 구성주의자로 분류하고 있음은 주지의 사실이다. 하지만 교육을 바라보는 두 사람의 관점에서 보듯, '개인적'과 '사회적' 사이의 거리는 단순한 수식어의 차이가 아니라 양자의 본질적인 차이라 할 성질이기에 두 사상가를 똑같이 구성주의자로 '퉁 치기'에는 무리가 있을 것 같다.

그런가 하면, 구성주의의 본질이 행동주의의 대립물의 성격을 띠는 데 반해, 비고츠키는 인간과 동물이 똑같은 진화의 연속선상에 있는 것으로 보는 행동주의의 기본 가정을 공유하는Bodrova & Leong, 2013: 73 점에서도 구성주의자로 분류하기 어려운 면이 있다. 또한 학습자의 인적 특성(인지 역량, 의지, 호기심)을 중시하는 피아제와 달리 환경적 요인(인적·물적 환경)의 중요성을 강조하는 점에서 비고츠키의 스탠스는 구성주의보다는 행동주의에 훨씬 가깝다. 사실 교실에서든 온라인상에서든, 미성숙한 아동이든 성인이든, 절대다수의 학습자들은 지식을 획득할 때 독자적으로 구성하기보다는 교수자(교사, 유튜버)의 영향을 지대하게 받는 법이다. 이런 맥락에서, 교사의 존재 이유를 무의미하게 만드는 피아제의 구성주의와 교사의 중요성을 강조하는 비고츠키의 이론이 극명한 대조를 보이는 점이 특히 우리 현장 교사들에게 각별한 함의를 지닌다 하겠다.

더욱이, 비고츠키의 이론은 시종 피아제의 이론에 대한 반론을 통해 발전해 갔다는 점도 생각하지 않을 수 없다. 비고츠키의 가장 중요한 저작인 『생각과 말』은 처음부터 끝까지 피아제의 관점에 대한 반박으로 논지를 펼친다. 이런 점에서, 자신을 구성주의자로 규정하는 것을 비고츠키가 알면 지하에서 벌떡 일어날 것이다.

그렇다고 비고츠키가 구성주의와 거리가 멀다는 것은 아니다. 내가 문제시하는 부분은 비고츠키 이론의 본질적 측면에 관한 것이다. 무릇 모형이라는 것은 어떤 이론 체계의 정수를 도식화한 것이다. 그런데 비고츠키는 피아제의 구성주의 모형과는 성격이 완전히 다른 독자적인 모형을 제시했다.

매개 모형

19세기에 심리학이 탄생한 이후 오랫동안 '습득 모형acquisition model'이 학습 기제를 설명하는 지배적인 이론으로 자리해 왔다. 행동주의에서 아동은 흡사 빈 그릇처럼 교사가 채워 주는 지식을 수동적으로 습득하는 존재였다. 반대로 구성주의에서 아동은 주체적인 학습자가 되어 독자적으로 지식을 습득했다. 하지만 이 두 습득 모형은 점차 한계에 봉착해 갔다. 아동은 주어진 정보를 수동적으로 받아들이기만 하는 존재가 아니라는 것이 밝혀졌다. 그리고 아동의 독자적인 탐구 행위를 강조함으로써 오개념 형성의 위험이나 학교 교육의 중요성을 간과하는 오류에 대한 비판이 일기 시작했다. 그리하여 훗날 습득 모형은 매개 모형mediation model로 대체되었는데 그 단초를 제공한 것이 비고츠키의 모형이다.Kozulin, A., 2003: 16-17

이중자극 모형

비고츠키는 외부 자극에 반응하여 학습을 꾀하는 인간 유기체의 특수성을 설명하는 위의 모형을 제시했다. 이 모형에서 학습자는 두 경로를 통해 자극에 반응한다. 하나는 자극에 직접적으로 반응하는 것(S-R)이고 다른 하나는 보조물(X)에 매개된 반응(S-X-R)이다. 보조물 또한 자극이기 때문에 학습자는 두 가지 자극에 이중적으로 반응하는 것이다. 그래서 비고츠키는 자신의 모형을 '이중자극 모형'이라 이름 지었다.

반응(R)은 학습을 의미한다. 학습이 이루어지는 두 경로 S-R과 S-X-R의 차이를 '무엇을 기억하는 학습'의 경우를 예로 들면, 전자는 머리로 그냥 기억하는 것이고 후자는 메모장에 적어서 기억하는 것이다. 비고츠키는 전자를 선천적natural 기억, 후자를 매개된mediated[5] 기억으로 구분했다. 선천적 기억(S-R)은 동물과 인간 모두에게 해당하지만, 매개된 기억(S-X-R)은 오직 인간의 몫이라는 것을 통찰해 낸 것이 비고츠키의 위업이라 하겠다. 인지심리학의 새로운 지평을 연 이중자극 모형 속에 비고츠키 이론이 집약되어 있기에, 비고츠키 이론의 성격에 대한 규명은 당연히 여기에 초점을 맞추어야 한다.

이중자극 모형에서 메모장에 해당하는 것이 보조물(X)인데, 보조물aid

---

5. 매개(mediation)는 비고츠키 심리학에서 매우 중요한 개념이다. 비고츠키 이론을 처음 접하시는 분들은 매개된(mediated)'이란 표현에 적응이 잘 안 될 것이다. 이것은 '~를 활용하는' 또는 '~의 도움을 받은'이란 뜻이다. 이를테면, '도구에 매개된'은 '도구를 활용한', '교사에 매개된'은 '교사의 도움을 받은'이란 의미이다. 비고츠키는 매개를 가르침(instruction)과 동의어로 보았다(Karpov, 2017: 49).

은 말 그대로 학습을 돕는 장치이다. 보조물은 인간이 고안해서 만든 인공물인데, 비고츠키는 여기에 문화적 산물이라는 의미를 부여했다. 또한 이것은 역사적 산물이기도 하다. 인간 역사의 발전에 따라 이 문화적 산물의 수준이 달리 발전해 왔기 때문이다. 같은 시대라도 문화적으로 낙후된 사회와 문명사회에서 만들어진 인공물의 수준이 다르다. 그리고 같은 문화권에서도 시대에 따라 그것의 수준이 다르다. 요컨대 인간의 정신 작용을 돕는 보조물의 수준은 공간(문화권)과 시간(시대)이라는 두 축에 따라 결정된다 하겠다.

정리하면, 비고츠키는 이중자극 모형을 통해 동물과 구별되는 인간 특유의 학습 기제를 S-X-R이라는 정식으로 설명했다. 비고츠키 이론이 압축된 이 정식에서 핵심이 보조물(X)인데, 이것은 문화라는 씨줄과 역사라는 날줄로 직조된 산물이다. 그래서 비고츠키의 후학들은 스승의 이론 체계를 문화역사 심리학cultural-historical psychology이라 이름 지었다. 비고츠키를 사회적 구성주의자로 분류하는 것이 틀린 것은 아니지만, 핵심적 성격을 비껴가는 점에서 적절한 호명은 아니다. 비고츠키 심리학은 문화역사주의로 일컫는 것이 올바른 용어법terminology이다.

3. 정신도구

용어의 문제

'정신도구'라는 용어에 해당하는 원어는 'psychological tool'이다. 이에 대해 국내 비고츠키 연구자들은 대부분 '심리(적) 도구'라는 용어로 옮겨 쓰고 있다. 라틴어 어근 psych-는 영혼, 정신이란 뜻인데, 우리말로 psychology는 심리학, psychoanalysis는 정신분석(학)으로 명명하고 있다. 하지만 우리말에서 '심리'와 '정신'은 적잖은 뉘앙스의 차이가 있기 때문에, psychological이라는 단어를 어떻게 옮길 것인가 하는 문제는 중요하다. 이를테면 '범죄 심리'라고 하지 '범죄 정신'이라 일컫지 않으며, 지적 장애를 뜻하는 표현으로 '정신 지체'라고 하지 '심리 지체'라 하지 않는다.

비고츠키 심리학은 개인의 심리 상태나 정신병리의 문제가 아닌 인지 발달의 문제를 다루는 성격이기 때문에, psychological은 심리(적)이 아닌 정신(적)으로 옮기는 것이 맞는다고 본다. 이런 논거에서 이 글에서는 psychological tool을 '정신도구'로 쓰고자 한다. 참고로, 영어판 비고츠키 문헌에서 'psychological'과 'mental'은 같은 의미로 쓰고 있다. 이를테면 '고등정신기능'을 어떤 책에선 'higher mental function', 다른 책에선 'higher psychological function'이라 쓴다. 그런데 한글 번역서에선 전자를 '고등정신기능' 후자를 '고등심리기능'이라 옮기곤 하는데, 이건 난센스가 아닌가 싶다.

정신도구

활동이론 모형

위의 도식은 비고츠키의 제자이자 동료인 레온티에프A. Leontiev가 제시한 활동이론 모형이다. 레온티에프의 모형은 모형을 구성하는 요소의 명칭과 모양만 다를 뿐 내용적으로 비고츠키의 모형과 동일하다. 이중자극 모형을 180도 회전시키면 위의 모형이 된다. 학습의 주체와 대상은 이중자극 모형에서 R과 S에 해당한다. 주목할 것은, 이중자극 모형에서 보조물(X)에 해당하는 것이 레온티에프의 모형에서는 매개체mediator 혹은 도구tools로 표기되어 있는 점이다.

위의 모형에서 보듯, 비고츠키 심리학에서 보조물은 문맥에 따라 매개체 또는 정신도구라고 일컫는데, 이 글에서는 정신도구로 통일해 쓰기로 한다. 비고츠키는 정신도구의 예로 언어, 글, 다양한 수와 연산법, 기억술, 대수적 상징, 예술 작품, 도식, 다이어그램, 지도, 청사진, 여러 가지 기호 등을 들었지만C. Ratner et al., 2020: 255, 이 밖에도 정신과정[6]을 돕는 모든 것들은 정신도구로 볼 수 있겠다.

비고츠키는 정신도구의 의의와 중요성을 기술도구technical tools에 빗대어 설명했다. 기술도구의 발달이 인간의 육체노동을 진전시켰듯이, 정신도구가 인간의 정신노동, 즉 정신과정을 진전시켰다는 것이다.

선천적 정신과정 　　　　정신도구에 매개된 정신과정

기술도구와 정신도구

---

6. 정신과정(mental process)이란 정신기능(mental function)과 같은 의미로 쓰이는 용어로, 지각, 기억, 사고, 의지, 정서 등을 포함한 개인의 정신 작용과 관련된 모든 것을 뜻한다. 언어 사용이나 문제 해결, 추상적 사고와 같은 고차원적인 정신과정은 특별히 인지과정(cognitive process)이라 일컫는다.

땅 파는 일을 할 때 인류는 처음에 맨손을 이용하다가 삽이나 곡괭이 그리고 포클레인이라는 도구를 사용하면서 점점 일을 효율적으로 할 수 있게 되었다. 마찬가지로 신체가 아닌 머리를 쓰는 정신과정에서는 정신 도구를 활용하면 목적을 쉽게 달성할 수 있다. 이를테면 여행 일정을 기억하기 위해 수첩에 적어 두거나 스마트폰의 앱을 이용하는 것이다.

머리가 좋은 사람은 메모하지 않고 그냥 기억할 수도 있다. 이 경우는 비고츠키 혹은 레온티에프의 모형에서 학습 주체가 학습 대상을 직접적으로 인식하는 경로(S-R)로서 선천적 기억 역량이다. 정신과정에서 선천적 기억력은 육체노동에서 원시인이 맨손으로 땅 파는 것에 비유된다. 원시인의 손아귀 힘은 현대인을 훨씬 능가하겠지만, 맨손으로 땅 파는 일의 효율성은 삽이나 포클레인을 이용하는 작업에 비할 바가 못 된다. 마찬가지로, 선천적 기억력이 아무리 뛰어난들 문자로 기록하는 것보다 나을 수 없다.

비고츠키의 천재성은 바로 이 자명한 이치를 정신도구라는 개념으로 포착하여 동물과 구별되는 인간 정신과정의 특수성을 발견해 낸 것에 있다. 앞에서 살펴봤듯이, 19세기 말에 심리학이 탄생한 뒤 비고츠키가 등장할 때까지의 지적 분위기는 만물의 영장인 인간도 동물과 다를 바가 없다는 행동주의심리학이 우위를 점하고 있었다. 이에 존엄한 인간 존재의 탁월성을 신봉해온 관념론자들이 논리적 반발을 못 하고 발을 동동 구르고 있을 무렵, 혜성같이 나타나 행동주의의 아성을 무너뜨린 스타가 비고츠키라 하겠다.

레온티에프와 루리아의 실험

비고츠키의 정신도구 개념은 교육의 가능성이란 차원에서 매우 중요한 시사점을 제공한다. 흔히 우리는 어떤 학생이 공부를 잘하고 못하는 것이 머리 좋고 나쁨에 달렸다고 생각한다. 개인의 지적 역량은 유전적 요인에 의해 결정된다는 것이다. 교육의 가능성이란 환경적 요인이 유전적인 한계를 얼마나 상쇄할 수 있는가 하는 문제로 환원된다고 하겠는데, 이와 관련하여 비고츠키의 제자이자 동료인 레온티에프와 루리아가 의미심장한 실험 결과를 남겼다.

1931년, 레온티에프는 4세부터 28세까지 다양한 연령대의 피험자를 대상으로 선천적 기억력(1차 실험)과 정신도구에 매개된 기억력(2차 실험)을 알아보는 실험을 했다. 피험자에게 15개의 낱말(연극, 삽, 소원, 행복 등)을 소리 내어 읽어 준 뒤 기억하고 회상하게 하는 실험인데, 1차와 달리 2차에서는 여러 가지 그림 카드를 제공하여 정신도구로 활용할 수 있게 했다. 이 실험의 결과에서 나이가 가장 어린 집단(4~5세)과 가장 많은 집단(성인)의 회상 능력은 1차 실험과 2차 실험 사이에 별반 차이가 없었다. 그 이유는 너무 어린 아동은 정신도구를 활용할 수 없었고, 반대로 성인은 외적 정신도구가 필요치 않았기 때문이다. 이 실험에서 유의미한 결과는 7~12세 아동 집단에서 나왔다. 카드를 사용한 2차 실험에서 이들의 회상 결과는 1차 때에 비해 무려 93%가 늘었다(1차 때의 평균은 6.75개, 2차 때는 12.03개). 앞의 두 집단과 달리 이 연령대의 아동들에게는 정신도구가 기억력을 매개하는 데 중요한 영향을 미친 것이다.

레온티에프의 실험은 인간의 기억력이 발달해 가는 방향에 관한 비고츠키의 주장을 입증해 주었다. 이는 레온티에프가 자신의 실험 결과에 대해 '발달의 평행사변형'이란 이름으로 나타낸 그래프에서 실감 나게 확인할 수 있다.

그래프에서 실선과 점선이 평행사변형 모양으로 대칭을 이루고 있다. 4~5세 단계에서 정신도구를 활용할 때와 하지 않을 때 둘 다 낮게 나온 것은 이 연령대 아동의 기억력이 선천적인 수준에 머물러 있음을 의미한다. 그리고 7~12세 아동기에서는 외적 정신도구(카드)의 도움을 받아 높은 수준의 기억력을 보였고, 성인기에 이르러서는 외적 정신도구가 필요

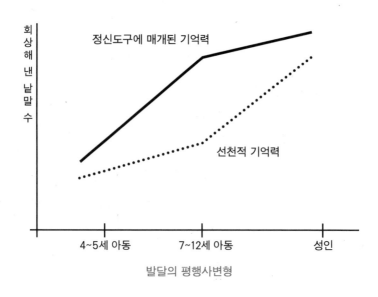

발달의 평행사변형

가 없을 정도로 내적 정신도구(암기력)가 내면화되어 있었다. 따라서 이 그래프는 "기억력의 발달이 선천적인 기억에서 출발하여 외적 정신도구에 매개된 기억(외적으로 매개된 기억)을 경유하여 내적 정신도구에 의해 매개된 기억(내적으로 매개된 기억)으로 나아간다"는 비고츠키의 주장을 그대로 보여 준다.

5년 뒤, 루리아도 5~7세와 11~13세의 쌍둥이 집단을 대상으로 레온티에프와 비슷한 두 차례의 실험을 했다. 두 집단에는 같은 수의 일란성쌍둥이와 이란성쌍둥이를 배치했다. 아동의 선천적인 기억 역량은 상당 부분 유전에 의해 결정되는데, 형(언니)과 동생 사이의 역량의 유사성 면에서 일란성쌍둥이가 이란성쌍둥이보다 훨씬 높을 것이라는 전제하에서 이렇게 배치한 것이다.

1차 실험은 9개의 도형을 보여 준 다음 나중에 34개의 도형 가운데서 그 9개를 찾아내도록 했다. 시각적 분별력을 평가하는 이 실험에서는 정신도구를 사용하지 않기 때문에 아이들의 기억은 선천적 역량에만 의존한다. 실험 결과, 두 집단 모두 일란성쌍둥이가 이란성쌍둥이보다 3배 더 유사한 결과를 보였다. 한편, 정신도구를 활용하여 주어진 낱말을 회상하는 2차 실험에서는 5~7세 아동 집단과 11~13세 아동 집단 사이에 유의미한 차이가 있었다. 5~7세 아동 집단에서는 일란성쌍둥이가 이란성쌍둥이보다 2.3배 더 비슷하게 나타났지만, 11~13세 아동 집단에서는 형(언니)과 동생의 기억 역량의 유사성이 일란성쌍둥이와 이란성쌍둥이 사이에 별 차이가 없었다. 발달의 평행사변형에 비춰 볼 때, 5~7세 아동의 정신과정은 선천적 기억력에만 의존하는 단계에 있었지만, 11~13세 아동은 정신도구를 활용할 수 있었기 때문에 이런 결과가 나온 것이다. 루리아의 실험 결과 또한 "선천적 기억과 달리 고등정신과정으로서의 기억은 유전에 의해 결정되는 것이 아니라 매개의 결과"라는 비고츠키의 주장을 입증해 준다.

문화적 발달의 보편발생법칙

선천적 기억력은 동물과 인간 모두에게 해당하지만, 문화적 산물인 정신도구에 매개된 기억력은 인간에게 고유한 고등정신기능이다. 비고츠키에 따르면, 선천적 기억력과 고등정신기능 기억력의 발달은 그 기원이 다르며, 상이한 메커니즘과 상이한 발달법칙을 따른다. 비고츠키의 이 언명은 시쳇말로 '머리 나쁜' 아이도 효율적인 교육적 처방을 통해 얼마든지 정신기능이 향상될 수 있음을 일러 준다.

이를 입증하기 위해 레온티에프는 앞의 실험에서 선천적 기억력 단계에 있는 4~5세 아동을 대상으로 낱말을 기억할 때 정신도구(카드)를 활용하는 방법을 가르쳤다. 그 뒤 앞의 2차 실험을 다시 실시한 결과, 외적으로 매개된 기억력에서도 상당한 진전이 있었을 뿐만 아니라 내적으로 매개된 기억력도 향상된 것으로 드러났다. 이 같은 결과는 "기억력의 발달이 외적으로 매개된 기억력에서 내적으로 매개된 기억력으로 나아간다"는 비고츠키의 주장과 일맥상통한다.

개인의 정신과정을 돕는 정신도구의 역할에서 '외적 매개'와 '내적 매개'의 차이에 대해 간략히 설명하면, '5+3=8'이라는 연산 문제를 풀 때 손가락이나 바둑알을 이용하는 것이 외적 매개이고 암산으로 푸는 것이 내적 매개이다. 유념할 것은, 1) 내적 매개는 반드시 외적 매개 단계를 거쳐 가능하다는 것과 2) 외적으로 매개된 정신과정의 발달은 내적으로 매개된 정신과정의 발달을 견인하는 것이다. 비고츠키는 이를 문화적 발달의 보편발생법칙the general genetic law of cultural development이라 명명하면서 다음과 같이 서술했다.

> 아동의 문화적 발달 국면에서 어떠한 기능(정신과정)도 두 차례 혹은 두 차원으로 나타난다. 첫 번째는 사회적 차원에서, 그 다음에는 정신적 차원에서 나타난다. 처음, 그 기능은 개인 간 정신적inter-psychological 범주로서 나타난다. 그러고는 아동 내면에서 개인 내 정신적intra-psychological 범주로 나타난다.Vygotsky, 1981: 163

이 한 문단 속에 비고츠키 이론이 압축되어 있다고 해도 지나친 말이 아닐 것이다. 우선, '문화적 발달의 보편발생'이란 명명부터 낱낱이 뜯어 보자.

'문화적 발달'에서 문화는 정신도구가 문화적(인공적) 산물인 것과 관계 있다. '문화적 발달'이란 "정신도구에 매개된 고등정신기능의 발달"이란 의미로 이해된다. 그리고 '보편발생'에서 보편은 모든 경우에 적용되는 법칙이란 의미로서, 비고츠키의 첫 번째 문장에서 "어떠한 (기능도)"라는 표현이 이를 말한다. '발생'이란 용어는 비고츠키 문헌에서 자주 언급되는데, 'genetic(발생적)'이란 말은 'developmental(발달적)'과 같은 의미이다. 위의 글에서는 '나타난다appear'라는 표현이 발생과 관계있다.

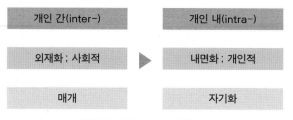

어떠한 정신기능도 두 단계, 두 차원을 걸쳐 이루어짐

개인 간(inter-)	개인 내(intra-)
외재화 ; 사회적	내면화 ; 개인적
매개	자기화

문화적 발달의 보편발생법칙

위의 그림은 비고츠키의 원문의 내용을 압축해서 나타낸 PPT 슬라이드 화면이다. "어떠한 정신기능도 반드시 두 단계, 두 차례를 거치며 이루어진다"는 비고츠키의 말은 그림에서 왼쪽 열의 속성들이 오른쪽 열의 속성들로 옮아가는 것을 의미한다.

1열의 (개인 간, 개인 내)는 "개인 간 정신적 범주에서 개인 내 정신적 범주로 발전해 간다"는 문장을 축약했다. 성인의 머릿속에 있는 정신도구의 사용법이 성인의 매개를 통해 아동의 머릿속으로 전달된다는 뜻이다. 비고츠키에 따르면, 아동이 정신도구를 처음 접할 때 자기 혼자의 힘으로 그 사용법을 터득하는 것이 아니라, 반드시 성인의 도움(매개)을 통해서만 그렇게 된다. 이러한 비고츠키의 관점은 피아제와 현격한 대조를 보인다. 아동이 독자적인 탐구 결과로 새로운 정신과정을 발전시킨다고 본 피아제와 달리, 비고츠키는 인류 문화의 산물인 정신도구는 문화의 대리인이 아동에게 가르침으로써 익힐 수 있다고 주장했다.Karpov, 2017: 31

2열의 (외재화/사회적, 내면화/개인적)에서 (외재화, 내면화)의 대립쌍에 주목하자. 외재화exteriorization는 바깥으로 드러내 눈에 보이게 하는 것을 말한다. 비고츠키는 모든 정신도구는 아동에게 외적인 형태로 제시되어야 한다고 했다. 성인[7]이 아동에게 정신도구의 사용을 시범 보이고 아동이 이를 따라 하면서 자신의 정신 속에 내면화된다. 비고츠키는 '외적인external'이란 말을 '사회적social'과 동의어로 간주했다. 정리하면, (외재화, 내면화), (사회적, 개인적), (개인 간, 개인 내) 이 세 대립쌍은 서로 조응한다.

3열은, 왼쪽 활동과 오른쪽 활동의 성격을 한 낱말로 규정하면 (매개, 자기화)가 된다. 유념할 것은 왼쪽의 매개, 즉 개인 간에 이루어지는 매개는 성인에 의한 매개로 '교수instruction'의 의미이다. 개인 내에서도 정신도구에 매개된 행위가 일어나니, 앞서 살펴본 외적 매개와 내적 매개이다. 아동이 성인으로부터 배운 정신도구의 이용 방법을 내면화internalization하여 자기 스스로 이 도구를 능수능란하게 활용하게 될 때 자기화 appropriation가 이루어진 것이다.

4. 교실 속의 비고츠키

정신도구를 통한 학습 부진 학생 매개하기

아동의 지적 발달에 관한 비고츠키의 테제와 이를 입증하는 레온티에프와 루리아의 실험 결과는 훈련을 통해 타고난 정신과정의 한계를 극복할 수 있다는 점에서 '교육의 가능성'을 일깨워 준다. 개인적으로, 나의 교직 삶에서 비고츠키를 알고 난 뒤 학습 부진아를 바라보는 관점과 교수법에 일대 혁신이 이루어졌다고 말하겠다. 예전에는 부진아를 지도할 때 몇 번 시도하다 안 통하는 것을 보고 답답해하거나 '애는 안 되겠다!'는 생각으로 포기하는 일이 많았다. 비고츠키를 알고 나니 그건 아이의 문제가 아니라 나의 문제였다.

사진은 우리 반 아이들(초3)에게 영어 단어를 읽고 쓰는 방법(파닉스)

---

7. 매개가 꼭 성인에 의해서만 이루어지는 것은 아니다. 일상 속에서 아이들은 또래를 통해 더 많이 배운다. 이 글에서는 매개가 이루어지는 전형적인 관계로서 성인-아동을 일컬었다.

b	c	d	f	g	h	j	k	l		m	n	p	q	r	s
ㅂ	ㄱ ㅆ	ㄷ	f ㅍ	ㄱ	ㅎ	ㅈ	ㄱ	ㄹㄹ ㄹ		ㅁ	ㄴ	ㅍ	ㄱ	ㄹ	ㅅ

th [θ] [ð]	ch	sh	a		e	i		o		u
ㅆ ㄷ	ㅊ	ㅅ	ㅐ ㅏ	ㅔ ㅣ	ㅣ ㅣ	ㅏ ㅗ	ㅓ	ㅜ

skin dig kick bit dip mill
ㅅㅋㅣㄴ ㄷㅣㄱ ㅋㅣㅋ ㅂㅣㅌ ㅍㅣㅍ ㅁㅣㄹ
스킨 딕 킥 빝 딮 밀

hen pet leg jam hat bad
헤ㄴ ㅍㅔㅌ ㄹㅔㄱ ㅈㅐㅁ ㅎㅐㅌ ㅂㅐㄷ
헨 펱 레 잼 핻 뱁

파닉스 학습 매개

을 지도한 내용이다. 사진에서 윗부분은 내 나름으로 제작한 발음기호표이다. 음성학적 차원에서 이런 지도 방식이 옳은가 하는 문제는 논외로 치자. 이 한글 발음 표기는 학생들이 쉽게 활용하게끔 외적 형태의 정신도구로 제시한 것이다. 내 경험으로, 이 도구와 함께 음성 언어로 교사의 발음이 보완되면 아이들은 'z' 발음을 [지]가 아닌 [z]로 정확히 따라 한다.

예전에는 영어식 발음 기호를 가르치고 학생들에게 외우게 한 뒤 주어진 낱말을 바로 읽게 했다. 이렇게 하면 정신과정이 더딘 아이들은 못 따라올뿐더러 보통의 아이들도 발전 속도가 더디다. 대신, 정신도구를 활용해서 cat이라는 단어 밑에 한글로 [ㅋ+ㅐ+ㅌ]을 적은 다음 한글을 읽게 하면 누구나 쉽게 문제를 해결한다. 이 과정이 거듭되면 어느 순간 도약('배움의 공동체' 용어로 jump)이 일어나 외적 정신도구 없이 머리로 읽을 수 있게 된다. 나는 아이들에게 위의 사진처럼 한글로 적어 읽는 방법을 '필산', 표를 안 보고 머리로 읽는 방법을 '암산'이라 일컬어 준다. '13-8=5'라는 문제를 처음에는 공책에 적어 10을 빌려 온 표시를 해서 풀다가 나중에는 암산으로 바로 푸는 이치를 차용한 용어법이다. 필산법과 암산법은 비고츠키의 개념으로 외적 매개와 내적 매개[8]에 해당한다.

인간 의식의 소우주로서의 개념어

인간은 도구의 발명에 힘입어 원시 상태에서 벗어나 문명의 길을 갈 수 있었는데, 기술도구가 물질적 삶을 발전시켰듯이 정신도구는 정신과정을 발전시켜 왔다는 가정에서 비고츠키의 이론이 출발했다고 했다. 그리고 그 고갱이를 이루는 것이 정신도구였다. 인간이 발명한 수많은 정신도구 가운데 으뜸은 말할 것도 없이 언어(말)이다. 관련하여, 『생각과 말』에서 비고츠키는 다음과 같은 멋진 문장을 남겼다. 하나의 낱말은 인간 의식의 소우주다A word is microcosm of human consciousness.

"이슬 속에 우주가 있다"는 말처럼 어떤 작은 한 부분이 전체의 본질적인 성격을 표상하는 경우가 있다. "하나의 낱말이 인간 의식의 소우주"라는 것은 개인이 구사하는 낱말은 그 사람의 정신세계의 깊이를 대변한다는 의미이다. 이처럼 비고츠키는 인간 사고의 발달에서 언어가 절대적으로 중요하다고 봤다. 언어와 사고가 만나면 언어는 지성적인 면모를 띠고 사고는 언어적이 되는데, 비고츠키는 이 상태를 '언어적 사고verbal thought'라 일컬었다. "언어가 지성적이 된다" 함은 어떤 낱말에 대한 개념을 갖게 된 것을 말한다. 아동이 어떤 낱말을 개념 없이 엉뚱하게 구사하는 경우는 아직 언어적 사고에 도달하지 못한 것이다. '사고가 언어적이 된다'는 것은 그 낱말에 대한 개념을 품게 되면서 그것과 관련한 자신의

---

8. 3+2=5라는 간단한 연산 문제를 우리는 '계산'이라는 정신과정을 거치지 않고 바로 해결하는 것처럼 생각한다. 사실은, 유아기에 손가락 세 개와 손가락 두 개를 합쳐 다섯을 계산할 때의 외적으로 매개된 정신도구가 어느 순간에 이르러 내적 정신도구로 내면화된 것이다. 우리가 새로운 전자기기, 이를테면 휴대폰을 처음 사용할 때는 매뉴얼을 보고 하나하나 따라 하다가 익숙해지면 물 마시거나 숨 쉬듯이 자연스럽게 사용할 수 있게 된다. 이럴 때 우리는 '매뉴얼이 더 이상 필요 없어졌다'라고 생각한다. 매뉴얼이 필요 없게 된 것이 아니라, 우리의 정신과정을 외적으로 매개하던 매뉴얼이 내적으로 매개된 것이다.

생각을 말 또는 글로 풀어낼 수 있게 된 것을 뜻한다.

언어라는 정신도구에 힘입어 사고가 발전하는 '언어적 사고'에 이르면 아동의 의식세계에선 새로운 지평이 열린다. 이때 그 언어(낱말)는 인간 의식의 소우주로 기능한다. 아동이 습득하는 낱말 가운데 지적으로나 정서적으로 소우주의 깊이와 폭을 한층 심화하는 것들이 있다. 편의상 이 낱말들을 '개념어'라 일컫겠다. 개념어들에 대한 아동의 의식이 '언어적 사고' 단계에 이르도록 교사는 특단의 교수법을 강구할 필요가 있다. 이 개념어들을 정신도구로 삼아 교사는 학생들의 지적 성장과 정서적 성장을 매개하여 더 나은 수업, 덜 스트레스 받는 교사-학생 관계를 영위해 갈 수 있다.

개념어에 대한 언어적 사고가 이루어지기 위해서는 일단 개념어들을 아이들이 자주 접하게 해야 한다. 이런 취지로 내가 고안한 나름의 교수법이 '개념어 노출'이다. 아이들의 지적 성장이나 행동 수정에서 정신도구로 요긴하게 쓰일 30여 개의 낱말(개념어)을 코팅하여 낱말 카드를 만든 뒤 몇 개씩 칠판 오른쪽에 붙여 놓고 수시로 의미를 각인시킨다. 그 가운데 이 글에서 설명할 2개 낱말을 사진에 담았다.

개념어

인과관계

색연필이나 연필을 사용하다가 심이 부러져서 바닥에 떨어질 때 그것을 방치해서 교실 바닥이 지저분해지는 경우가 많다. 초등 교실은 물론이고 중등학교에서도 흔히 볼 수 있을 것이다. 연필이나 색연필 심은 눈에 잘 보이지 않기 때문에 떨어뜨린 사람이 바로 줍지 않으면 다른 누군가가 그것을 밟거나 의자 밑에 숨어들어 의자를 끄는 과정에서 바닥이 엉망진창이 된다. 그로 인해 교사와 학생집단이 받는 스트레스도 엄청나다. 이른바 기본 생활습관의 문제인데, 저학년 교실에서 이런 행태를 보이는 아이들의 공통점이 있다. 정신과정이 박약한 아이들이다. 이 아이들은 자신의 행위가 가져올 결과에 대한 분별력을 지니고 있지 않다. 이 아이들의 의식 속에는 어떤 개념이 자리하고 있지 않은 것이다. '인과관계'라는 이름의 개념이다.

'인과관계'라는 개념어는 "행위자가 어떤 행동을 하면 이러저러한 결과가 빚어진다"는 내용의 개념이 압축된 형태의 기호로 제시된 것이다. 즉, 낱말은 개념을 표상하는 것이다. 이러저러한 긴 내용을 지닌 개념에 비해 간단한 형태로 그것을 표상하는 낱말은 인간의 의식 속에 자리하기 쉬운 이점이 있다. 피아제는 아동의 어휘력을 개념이 형성된 뒤에 생겨나는 부산물로 봤지만, 비고츠키는 낱말이 개념 형성을 견인할 수 있다고 봤다. 교사가 의도적으로 '인과관계'라는 개념어를 자주 노출시켜 주고 교실 생활에서 이 개념을 적용할 상황이 발생할 때마다 그 의미를 짚어 주면 정신과정이 낮은 아동의 의식 속에도 인과관계라는 소우주가 자리하게 된다. 그럴 경우 교실공동체에 불쾌감과 혼란 그리고 분열을 가져오는 이 일탈 행위가 줄어든다.

마을공동체에서도 생활 쓰레기를 아무렇게 버려 동네를 지저분하게 만들며 이웃들의 눈살을 찌푸리게 하는 사람들이 있다. 흔히 이런 사람을 '개념 없다'고 일컫는다. 나는 이런 사람들의 정신세계 속에 인과관계라는 개념어가 제대로 자리하고 있지 않을 것이라 생각한다. 교실의 아이든 마을의 어른이든 사실 나쁜 사람은 잘 없다. 무지한 사람이 있을 뿐이다. 인성과 지성은 나란히 간다. 그리고 지성의 근간은 인간 의식의 소우주로서의 낱말이다.

차선

숙제 검사를 하는데 평소 숙제를 잘해 오는 예진이가 "샘, 어제 제가 깜빡하고 수학책을 챙기지 않아서 숙제를 못 했어요. 죄송해유^^"라고 한다. 이때 제시하는 낱말카드가 '차선'이다. 5학년인 우리 반에서 이 낱말 뜻을 아는 아이가 한 명도 없었다. 차선은 최선이라는 개념과 연관 지어 설명하면 쉽게 이해한다. '차선'이라는 선택지가 왜 중요한지 교통사고를 들어 설명해 준다. 사람이 사고를 당하면 누구나 당황하는 것, 당황하는 탓에 2차 사고로 이어져 사망을 비롯한 더 큰 피해를 본다는 것, 교통사고는 나지 않는 게 최선이지만 만약 나게 되면 더 큰 피해를 줄이기 위해 2차 사고가 안 나도록 차선의 노력을 기울여야 한다는 것을 말해 준다. 나아가, 예진이가 수학책이 없는 것을 알았을 때 난감했을 것 같은데 "그럴 때는 그냥 포기하지 말고 친구에게 카톡으로 교과서 문제 사진을 찍어 보내 달라고 한 다음 공책에 문제를 풀어 숙제를 하는 '차선책'을 생각할 수 있었다"는 충고를 해 준다.

'차선'이라는 그리 어렵지 않은 낱말을 아무도 모르는 것은 아이들이 삶 속에서 이 말을 만난 적이 없고 따라서 사용한 적도 없음을 말해 준다. 정신과정의 발달 단계상 초등학생들은 '이것 아니면 저것'이란 식의 이분법적 사고를 잘 못 벗어난다. 선악의 문제에서 선하지 않은 것은 곧 악이라 생각한다. 예진이의 경우도, 숙제거리를 못 챙겨 왔으니 숙제를 못 한다고만 판단한 것이다. 따라서 '차선'이라는 의식의 소우주에 힘입어 아이들은 대안적인 무엇을 모색하는 사고의 유연성을 품게 된다. 하나의 낱말이 인간의식의 소우주로서 의의를 지니는 것은 그 새로운 낱말로 인해 아이들의 삶의 지평이 확장되기 때문이다.

자기조절-타인조절

2017년, 새 학교로 옮긴 첫해에 3학년 담임을 맡았다. 2003년에 3학년을 담임한 뒤로 아주 오랜만에 다시 맡게 되었는데, 아이들과의 교실살이에서 무척 애를 먹었다. 3학년답게 장난과 다툼이 무척 심했다. 처음엔 적이 별난 아이들을 잘못 만났다 싶었다. 하지만 이것은 아이들의 인성과 결부된 문제는 아니었다. 이 아이들이 교사를 힘들게 하는 요체는 무지에 기인했다.

처음 한 달 정도는 이 사실을 몰랐다. 그러던 어느 날 점심 먹고 5교시 수업 시작할 때였다. 수업 시작종이 친 뒤 몇 분이 흘렀는데도 아이들이 계속 왁자지껄 떠들면서 도무지 공부할 생각을 하지 않는 것이었다. 내가 바빠서 다른 일에 정신 팔려 있는 것도 아니고 계속 자기네를 주시하는 상황임에도 전혀 아랑곳없이 떠드는 것이 기도 안 찼다. 개중에는 심상치 않은 분위기를 파악하고서 민망한 표정으로 내 눈치를 살피는 아이들도 있었지만, 대세는 여전히 혼란스러운 상황을 즐기는 편이었다. 대관절 이런 상황이 언제까지 지속될 것인지 계속 지켜보고 싶었지만, 수업 시작 후 10분이 흐르도록 자정自淨의 기미가 보이지 않아 결국 내가 나서서 분위기를 수습했다.

이 해프닝은 내가 초3이라는 신인류('호모초삼사피엔스'라 명명하겠다)를 이해하는 중요한 계기가 되었다. 수업 종이 쳤고 또 교사가 뻔히 보고 있는 상황에서도 계속 왁자지껄 떠들어 대는 아이들의 행태는 분명 심각한 일탈로 볼 수 있다. 예전 같았으면 '이런 버르장머리 없는 녀석들이 다 있나?' 하는 생각으로 불호령을 내렸을 것이다. 하지만 인내심을 갖고 오랜 시간 지켜본바, 교사를 당혹스럽게 만든 아이들 행위의 기저에 어떤 악의는 없어 보였다.

비고츠키는 유기체의 정신기능을 하등정신기능lower psychological function과 고등정신기능higher psychological function으로 구분했다. 하등정신기능은 동물과 인간 모두에게 있는 것이고 고등정신기능은 인간에게만 있다. 하등정신기능과 고등정신기능은 몇 가지 측면에서 차이를 보이는데, 아동 발달과 관련하여 비고츠키가 가장 중요하게 생각한 것이 주의 집중 형태이다. 동물이나 낮은 수준의 정신발달 단계에 있는 아동은 반응적 주의집중reactive attention을 보이는데, 이는 외부의 환경적 자극에 영향을 받는 주의집중이다. 수업 중에 교실에 나비 한 마리가 날아들 때 아이들의 주의력이 교사의 설명이 아닌 나비에게로 집중되는 경우가 반응적 주의집중이다. 반면, 그런 돌발 사태에 휩쓸리지 않고 꿋꿋하게 교사의 설명에 귀 기울이는 경우는 자발적 주의집중voluntary attention에 해당한다.

반응적 주의집중을 보이는 아이는 외부 자극에 지배를 받는 반면, 자발적 주의집중력을 지닌 아이는 자기 정신과정의 주인이다. 전자와 후자는 각각 하등정신기능과 고등정신기능의 소유자로 구별된다. 양자의 차이는 그대로 아이들 그릇의 차이로 환원된다고 봐도 좋을 것이다. 발달 수준이 하등정신과정에 머물러 있는 아이들은 학습 능력이 낮은 것은 물론, 주의가 산만하고 타인에 대한 공감 능력이 부족하여 이런저런 말썽을 일으킬 가능성이 많다. 앞서 언급한 호모초삼사피엔스들이 그러했다.

학생의 건강한 성장과 교실의 행복을 위해 교사는 아이들이 자기 정신과정의 주인이 되게끔 인도해야 한다. 이런 면에서 위와 같은 혼란 상황에서 교사가 차임벨 따위로 주의를 집중시키는 것은 바람직하지 않다. 아이들 스스로 주의집중을 하게 해야 한다. 물론, 호모초삼사피엔스에게 이 일은 쉽지 않다. 하지만 또래 집단 내에서 고등정신기능, 즉 자발적 주의집중력을 지닌 아이들이 그렇지 않은 아이들을 매개하여 학급 전체의 분위기를 쉽게 환기시킬 수 있다. 비고츠키는 정신기능이 개인 사이에 공유될 수 있다 했는데, 여기서 파생되는 개념이 자기조절self-regulation과 타인조절other-regulation이다. 이 개념을 활용하여 나의 교실살이에서 나름 효율적으로 실천한 사례를 소개해 보겠다.

먼저, 조금 전의 교실 상황의 심각성에 대한 문제의식을 나눈다. 그리고 교사와 학생이 즐겁게 가르치고 배우는 행복한 교실을 만들기 위한 덕목으로서 자기조절의 중요성을 각인시킨다. 그런 다음, '자기조절'과 '타인조절'이라는 개념어가 적힌 낱말 카드를 아이들 눈에 잘 띄는 교실 전면에 붙여 놓고 아이들에게 이 개념을 가르친다. 아이들의 눈높이에서, 문자 그대로 '자기 스스로를 조절하기'와 '다른 친구를 조절해 주기' 정도로 설명하면 쉽게 이해한다. 그리고 수업 상황에서 누구든 교실 분위기에 문제의식을 품은 사람이 반 친구들 향해 "자기조절 합시다!"라고 외치면, 다른 친구들은 이 외침이 끝남과 동시에 손뼉을 두 번 치며 화답하면서 흐트러진 수업 분위기를 바로 잡는다는 내용의 약속을 한다. 이 외침과 반응의 리듬 구조는 초등 교실에서 주의집중 방법으로 흔히 쓰는 '박수 세 번!'과 같다. 즉, "박수 세 번-짝짝짝"처럼 "자기조절 합시다-짝짝"의 형식이다.

리듬 구조는 '박수 세 번!'과 같지만, '자기조절 합시다!'는 교육적 의의 면에서 중대한 차이가 있다. '박수 세 번'을 통한 주의집중은 교사에 의한 조절이지만, '자기조절 합시다!'는 또래에 의한 조절이다. 둘 다 타인에 의한 조절이긴 마찬가지지만, 수직적 관계와 수평적 관계에 있는 타인이라는 점에서 양자는 큰 차이가 있다. 수직적 관계에서는 모든 아이가 교사의 조절에 수동적으로 반응할 뿐이지만, 수평적 관계에서는 아이들에게 자율성이 부여되기 때문에 서로서로 적극적으로 조절해 간다. 처음에는 정신과정이 발달한 아이들이 그렇지 않은 아이들을 조절하지만, 나중에는 모두가 모두를 향한 타인조절이 이루어진다. 아이들 특유의 인정욕구에 추동되어 서로 먼저 "자기조절 합시다!"를 외치려는 통에 교사가 입댈 일이 없을 정도로 수업 분위기의 환기가 잘 이루어진다. 물론, 이것으로 호모초삼사피엔스들의 자기조절 역량이 전반적으로 발전되었다고 볼 수는 없다. 하지만 처음에는 교사가 빤히 쳐다보는 상황에서도 마구 떠들어 대던 아이들이 자기 정신과정의 주인이 되어 적극적으로 집단의 주의집중을 주도해 가는 모습은 분명 의미 있는 발전이라 하겠다.

자기조절은 인간 정신의 발달에서 가장 중요하고 어려운 과업이다. 자신의 감정이나 의지를 스스로 조절하려면 우선 무엇이 문제인지에 대한 인식이 요구된다. 이는 자신을 들여다보는 메타인지 능력이 요구되기 때문에 아동은 물론 성인에게도 쉽지 않다. 다행히 인간은 자기 눈에 든 들보는 보지 못하지만 남의 눈에 든 티끌은 잘 볼 수 있기 때문에, 자기조절은 못 해도 타인조절은 잘할 수 있다. 교육적으로 중요한 점은, 타인조절이 자기조절로 향하는 중요한 경로로 작용하는 것이다.

타인조절이 자기조절로 연결되는 이치를 학습 상황에서도 유용하게 활용할 수 있다. 이를테면 받아쓰기 테스트한 뒤에 급우가 쓴 문장 가운데 맞춤법이 잘못된 것을 찾아 바르게 고쳐 보라고 하면 의외로 많은 아이가 과업을 잘 수행한다. 놀라운 것은 급우의 오류를 바로잡아 주는 아이가 평소에 자신도 똑같은 오류를 범하는 점이다. 더 놀라운 것은 급우의 오류를 바로잡아 준 뒤로는 자신의 오류도 바로잡아 가는 것이다.

옛날 우리 조상들은 마을을 지키는 수호신으로 천하대장군과 지하대장군이라는 장승을 마을 입구에 세워 놓았다. 우리 교실에도 학생의 성

장을 돕고 학급의 행복을 지켜 주는 수호신으로 자기조절과 타인조절이라는 상징물이 있다. 이 매개체를 붙여 놓은 뒤로 호모초삼사피엔스들이 보다 인간다운 모습으로 발전했고 나의 교실살이도 덜 힘들어졌다. 이 매개체, 아니 수호신 덕분에 아이들도 좀 더 성숙해지고 교사도 스트레스를 덜 받으면서 교실공동체의 행복을 지켜 오고 있다고 말하겠다.

36년째 접어들고 있는 나의 교직 생애는 비고츠키를 알기 전과 알게 된 후로 극명하게 나뉜다. 비고츠키를 알고 나서 교육과 학생을 제대로 이해할 수 있었다. 학생들이 어려워하는 지식을 쉽게 이해하도록 가르칠 수 있게 되었고, 교실공동체의 평화와 질서를 해치는 꾸러기들에게 화를 덜 내고 온유한 리더십으로 다가갈 수 있었다. 비고츠키의 통찰은 교실 내에서 특히 그늘진 곳에 있는 아이들, 성서적 표현으로 '길 잃은 양들'에게 희망을 선사해 주는 점이 나를 전율케 했다. 주옥같은 그의 개념과 테제들을 접했을 때 캄캄한 어둠 속에서 한줄기 서광을 만난 것처럼 가슴이 벅찼다. 정말이지 "인간의 기억력이 선천적 기억력에서 외적으로 매개된 기억력을 거쳐 내적으로 매개된 기억력으로 발전해 간다"는 비고츠키의 메시지는 타고난 머리가 나빠서 공부에 자신감을 갖지 못하는 학생이나 그런 학생을 가르치는 교사에게 축복이 아닐 수 없다. 나는 어떠한 발달 단계에 있는 아동도 근접발달영역ZPD에 맞는 적절한 정신도구를 제공하면 학습 부진의 문제를 대부분 해결할 수 있다고 믿는다. 무릇 가르친다는 것은 교사가 학생에게 적절한 정신도구를 제공하고 그 이용 방법을 매개해 주는 것을 뜻하리라!

참고문헌

진보교육연구소비고츠키교육학실천연구모임(2015). 『관계의 교육학, 비고츠키』. 살림터.

Bodrova, E. & Leong, D. J.(2007). *Tools of the Mind: The Vygotskian Approach to Early Childhood Education*. 박은혜·신은수 옮김(2013). 『정신의 도구』. 이화여자대학교출판부.

Cole, M. & Scribner, S.(1978). Introduction. L. S. Vygotsky. *Mind in Society*. 정회욱 옮김(2010). 『마인드 인 소사이어티』. 학이시습.

Karpov, Y. V.(2009). *The Neo-Vygotskian Approach to Child Development*. 실천교육교사번역팀(2017). 『비고츠키 교육학』. 살림터.

Kozulin, A.(2003). Psychological Tools and Mediated Learning. A. Kozulin(ed.). *Vygotsky's Educational Theory in Cultural Context*, 15-35.

Pass, S.(2004). *Parallel Paths to Constructivism: Jean Piaget And Lev Vygotsky*. Information Age Publishing.

Ratner, C. et al.(2017). *Vygotsky And Marx*. 이성우 옮김(2020). 『비고츠키와 마르크스』. 살림터.

Van Der Veer, R.(2011). *Lev Vygotsky*. Continuum.

Vygotsky, L. S.(1981). The Genesis of Higher Mental Function. J. V. Wertsch (ed.). *The Concept of Activity in Soviet Psychology*, 162-179.

_____(1987). *Thinking And Speech*. 배희철·김용호 옮김(2011). 『생각과 말』. 살림터.

Wertsch, J. V.(2007). Mediation. H. Daniel(ed.). *The Cambridge Companion to Vygotsky*, 178-192.

8장

에마뉘엘 레비나스: 무한으로서의 책임과 응답하는 말하기[1]

이소영

1. 레비나스의 삶, 그리고 주체와 타자

레비나스Emmanuel Levinas, 1906~1995는 리투아니아의 유대인 가정에서 태어났으며, 히브리 성서와 탈무드뿐 아니라 도스토옙스키와 같은 러시아 문학도 즐겨 읽었다. 또한 일찍이 프랑스에서 유학하면서 후설과 하이데거와 같은 독일 철학을 공부했고 그들의 현상학을 가장 먼저 프랑스에 소개하기도 했다. 이후에는 프랑스 국적을 얻어 생을 마칠 때까지 프랑스에서 활동했다. 그가 품었던 철학적 질문들은 이러한 여러 문화적, 지적 경험들과 밀접하게 연결되어 있는데, 특히 2차 세계대전과 홀로코스트는 그의 사상에 중요한 영향을 미친다. 당시에 그는 나치 정권하에 부모와 형제들을 잃었으며, 그 자신도 통역 군인으로 참전하여 전쟁 포로가 되었으나 오히려 군인 신분이었기에 살아남을 수 있었다. 이러한 경험들을 바탕으로 그는 윤리적인 삶, 타인과의 관계에 대한 보다 근원적인 질문을 품게 되었을 것이다.

---

1. 이 글은 아래와 같은 필자의 선행 연구물을 일부 활용하여 수정·보완하고 재구성한 것이다. 「역량담론과 '책임'의 문제: 레비나스와 불가능성 개념을 중심으로」(2023), 『교육철학연구』, 45(2), 101-131; 「현대 철학이 건네는 책임의 의미」(2022), 『교육의 사회적 책임: 미래교육의 대안적 접근』; 「지식의 문제: 시를 읽다, 묻어진 기억을 읽다」(2020), 『교육철학연구』, 42(4), 93-116; 'Ethics is an Optics': Ethical Practicality and the Exposure of Teaching(2019), *Journal of Philosophy of Education*, 53(1), 145-163.

두 차례의 세계대전과 홀로코스트는 레비나스를 비롯한 여러 철학자들에게 근대적 사유를 되짚어 보게 하는 계기를 제공했으며, 이로써 합리적 주체를 도덕적 주체와 동일시했던 기존의 가정이 재검토되기 시작했다. 레비나스는 윤리성 결여의 원인을 합리성의 부족에서 찾기에는 불충분하다고 보면서 기존의 사유 방식 자체를 문제 삼는다. 그동안 서양 전통 철학에서 타자[2]와의 관계를 중요한 사유의 대상으로 삼지 않은 것, 그리고 주체는 타자와의 관계 안에서만 존재한다는 점을 간과해 온 것이 더 근본적인 문제라고 본 것이다. 그리고 이러한 문제의식에서 출발하여 윤리적 주체를 새롭게 상상하고자 한다. 그가 드러내 보인 중요한 지점은 주체는 오직 타자와의 관계를 통해서만 주체가 될 수 있다는 점이다. 이는 우리가 타자와 뗄 수 없이 항상, 그리고 이미 연결된 존재임을 의미하며, 더 나아가 타자에 대한 우리의 근원적인 책임을 가리킨다. 만약 자신의 바깥에 열려 있지 않다면, 즉 타인에게 열려 있지 않다면 우리는 주체가 될 수조차 없다는 것이다.

실제로 우리는 누군가의 말을 듣는 것으로 시작해 사람이 된다. 누구든 타자와의 관계 속에서 누군가의 손길을 받고 그에게 응답함으로써 인간으로서 성장한다. 누구와도 접촉하지 않은 채로 성장한 늑대 아이의 모습을 한번 상상해 보자. 그가 자신을 둘러싸고 있는 주변의 사물이나 자연환경을 경험하고 인식하는 방식은, 언어를 매개로 하며 특정 관습들이 통용되는 공동체 안에서 성장한 사람이 그것을 인식하는 방식과는 분명 다를 것이며 늑대 아이의 경험을 우리가 일반적으로 생각하는 '인간적'인 것이라고 말하기는 어려울 것이다. 하나의 공동체 안에서 통용되는 문화와 관습을 공유하며 그 안에서 살아갈 수 있는 것도 나를 그 안으로 초

---

2. 여기서 타자라 하면 내가 아닌 다른 사람, 타인을 생각하면 된다. 우리는 아무리 가까운 사람이라도 타인을 온전히 이해할 수 없으며 이러한 의미에서 모든 사람은 절대적 타자이다.

대한 타자가 있었기 때문이다. 이를 염두에 둔다면 타자의 말, 타자의 흔적이 아주 처음부터 나를 구성해 온 것이라고 볼 수 있다. 즉, 나는 아주 처음부터 타자를 향해 있었다. 그렇다면 현상학적으로도 타자와의 윤리적 관계가 주체에 선행한다.

이처럼 우리의 삶을 조금만 주의 깊게 들여다보면 '나'라는 존재는 사실은 내가 아닌 것으로 이루어져 있음을 알 수 있다. 내가 지금 향유하고 즐기는 것들, 나에게 양분이 되는 것들도 나의 바깥에 있으며 나의 사유를 가능하게 하는 언어와 문화 등도 마찬가지다. 내가 태어나기 전부터 이미 존재한 언어도 타자가 있기에 내가 빌릴 수 있었던 것이며, 이렇게 타자와의 관계를 통해서만 가능한 것들을 배제한 자유로운 주체는 없다. 세계가 지금의 모습으로 의미 있게 나에게 나타나는 것도 타자를 통하지 않고서는 불가능하다. 주체를 이해하는 이러한 방식은 그동안 서양 전통 철학에서 주체가 이해되어 온 지배적인 방식을 뒤집는 것이기도 하다. 예를 들어 데카르트의 주체는 의심의 끝을 따라 단단한 주체의 기반을 찾아낸다. 내가 지금 글을 읽고 있는 것이 혹시 꿈은 아닌지, 혹시 악마가 날 속이고 있는 것은 아닌지 알 방법이 없지만, 이를 하나씩 의심해 나가다 보면 적어도 내가 지금 계속해서 의심하고 있다는 바로 그 사실 하나만은 분명하다는 것이다. 이 의심하는 주체, 사유하는 주체가 근대적 주체의 기반이 된다. 데카르트의 '나는 생각한다, 고로 존재한다'의 주체는 홀로 자립하여 사유하며 그를 기반으로 타자와 추가적인 관계를 맺는다. 그러나 레비나스에 따르면 이것은 그저 환상에 불과하다. 홀로 굳게 선 합리적이고 이성적이며 타자로부터 자유로운 주체는 애초에 불가능하기 때문이다. 레비나스는 이러한 주체에 앞서는 타인이 있다는 것, 주체를 가능하게 하는 타자가 먼저 있었다는 것을 보이고자 한다. '나'는 이미, 그리고 항상 타자와의 관계에 기대어 있는 존재라는 사실을 깨닫는 것이 윤리적 주체로 서는 출발점이다.

따라서 레비나스에게 책임은 자유로운 주체가 이차적으로 타인과 관계를 맺으면서 생기거나 요구되는 무엇과는 거리가 멀다. 오히려 주체의 '자유' 그 자체를 의문시하는 데에서 윤리적 사유가 시작한다고 본다. 그에 따르면 주체는 오직 타자를 통해서만, 타자와의 관계를 통해서만 주체가 되며 이 같은 의미에서 타자에게 빚지지 않은 온전히 자유로운 주체는 없다. 레비나스[1974]는 저서『존재와 다르게: 본질의 저편』을 여는 말로 파스칼의 다음 문구를 인용한다. "'… 태양이 비추는 바로 그곳이 내 자리이다.' 전 세계의 수탈은 이렇게 시작되었다." 레비나스는 태양 아래 그 자리가 정말 나의 자리인지, 내가 차지하고 있는 따뜻한 볕이 혹시 다른 누군가의 자리를 빼앗은 결과는 아닌지 묻는다. 그리고 나는 과연 존재할 권리가 있는지를 재차 물으면서 주체의 자유와 권리를 시험한다. 나의 존재만으로도 누군가에게 폭력이 될 수 있음을 깨달을 때 나의 존재는 그 자체로 부끄러움의 이유가 된다. 이러한 감각은 법적 책임이나 인과적 관계 따위를 넘어선 책임을 인식하게 하며, 내가 정말 무고한지, 책임으로부터 온전히 자유롭다고 할 수 있는지를 질문하게 한다. 중요한 것은 나의 자유로부터 오는 힘, 도덕적 선택을 할 수 있는 힘 등이 아니라, 오히려 나의 자유를 의심하고 타자 없이는 나의 자유도 없다는 것을 인식하는 일이다.

　이는 단순히 타자에 의존적이며 '능동성'이 결여된 피동적인 주체를 의미하는 것이 아니다. 오히려 주체가 가장 능동적인 순간에도 그 바탕에는 타자가 있다는 것이며 이러한 우리 경험의 수동적 측면이 그동안 외면되어 왔다는 것이다. 우리는 이미 항상 타자와의 관계 안에, 윤리적 요청 안에 있으며 이러한 사실은 주체의 구조 자체를 '책임'으로서 밝혀낸다. 주체는 밖을 향해 끊임없이 열리고 깨어져야만 새로워질 수 있으며 단단한 지반이 무너지는 경험은 자유롭고 온전한 주체가 가능하다는 환상에서 벗어나게 해 준다. 이것이 곧 동일성을 가능하게 하면서 동시에 그를 시험하는 무한이 작동하는 방식이다. 그리고 이 무한은 어떤 추상적 개념에 불과한 것이 아니다. 레비나스의 '얼굴' 개념을 통해 이에 대해 계속해서 논의해 보겠다.

2. 타자의 얼굴

레비나스의 철학이 최종적으로 향하는 지점은 무한으로서의 타자, 그리고 타자에 대한 무한한 책임이다. 타자란 무엇인지 타자성이란 무엇인지를 레비나스의 '타자의 얼굴' 개념을 통해서 좀 더 자세히 살펴보자.

우리는 때로는 편의를 위해, 또 때로는 나의 두려움을 극복하기 위한 수단으로 타인들을 범주화하고 분류한다. 낯설고 이해할 수 없는 대상은 쉽게 우리를 불안하고 두렵게 만들기 때문이다. 그러나 사실 타자는, 즉 모든 사람은 언제나 내가 이해할 수 있는 개념이나 범주를 넘어서는 존재이다. 이를 설명하기 위해 레비나스는 우리에게 '타자의 얼굴'을 보아야 한다고 말한다. 여기서 누군가의 얼굴을 본다는 것은 얼굴이라는 외적인 모습을 통해 어떤 정보를 얻으라는 뜻이 아니다. 즉 인종이나 성별, 생김새 등을 통해 그 사람을 알아 가라는 뜻이 아니라는 점에 유의해야 한다. 오히려 그는 "얼굴을 본다는 것은 그의 눈 색깔조차 보지 않는 것"이라고 말하고 있다. 물론 그가 이때 염두에 두고 있는 것은 눈 색깔이 다양한 서양인의 경우일 것이나 그가 의미하는 바를 짐작하기는 어렵지 않다. 누군가의 얼굴을 볼 때 우리는 의식적, 무의식적으로 여러 가지 정보를 흡수한다. 눈 색깔뿐만 아니라, 인종, 성별, 나이, 장애 등에 대한 정보를 얻기도 하고 심지어는 외모를 보고 직업, 사회경제적 지위, 학력, 성적 지향 등을 지레짐작하기도 한다. 레비나스는 바로 이러한 우리의 일상적인 습관을 돌이켜 보게끔 한다. 타자의 얼굴은 결코 지식이나 지각의 대상이 아님을 우리에게 주지시키고자 하는 것이다. 만약 누군가의 얼굴이 단순히 내가 정보를 수집할 수 있는 대상으로서의 이미지에 불과한 무엇으로 생각된다면 그를 바라보는 나의 행위를 통해 그는 사물로 전락할 것이다. 이때 타자는 일종의 표상으로 환원되면서 손쉽게 이해할 수 있는 대상이 된다. 그리고 레비나스에 따르면 이것은 타자를 흡수하는 비윤리적인 앎의 방식이자 '전체성으로서의 사유'이다.

전체성으로서의 사유는 나와 다른 것을 배제하거나 흡수해 버린다. 레비나스가 보기에 이러한 사유는 세계에 대한 앎을 이해하는 특정 방식을 바탕으로 하는데, 여기에는 합리적이고 근대적인 주체가 객체로서의 대상을 흡수하는 힘을 앎과 동일시한 근대 계몽주의 철학 사상의 영향이 있다. 계몽주의Enlightenment는 그 어원에서도 드러나듯이 빛으로 일깨운다는 의미를 함축한다. 서양 전통 철학에서 이성의 힘은 줄곧 빛의 힘과 동일시되어 왔는데 이는 플라톤2005의 『국가』에 서술된 '동굴의 비유'에서도 발견할 수 있다. 평생을 동굴 안 어둠 속에서 인위적인 불빛에 의해 만들어진 그림자를 진리라고 생각하고 살아가던 죄수는 마침내 동굴 밖 태양 아래에서 사물들의 참모습을 알게 된다. 이때 태양은 곧 이데아이며 보편적 진리이다.7권 514a-517c 이러한 '빛'의 이미지와 함께 '시각'이라는 감각이 앎에서 우위를 점유하게 되었다. 더불어 근대 과학기술이 발달하면서 인간 이성이 가진 힘에 대한 자신감이 급속히 상승했고 이는 자만심으로 이어져 이성의 힘으로 세계와 그 안의 사물들, 그리고 심지어 타인까지도 마치 밝은 빛 아래에서 들추어내듯이 명명백백하게 알 수 있다는 환상을 심어 주기에 이르렀다. 레비나스는 이러한 빛의 지평에서 타자는 얼굴을 잃어버리고 단순 이해의 대상이 되어 버린다고 말한다.

레비나스는 서양철학에서 지배적으로 나타나는 이러한 사유 방식이 홀로코스트 참상의 윤리적 책임으로부터 자유롭지 못하다고 본다. 그에 따르면 윤리적 사유는 타자가 나의 이해를 벗어나는 절대적인 타자임을 인정하는 것에서 시작한다. 이는 타자를 분류하고 설명하며 해체와 해부의 방식으로 흡수해 버리는 태도와 대조된다. 그는 이러한 사유를 '전체성으로서의 사유'와 대비시키면서 '무한으로서의 사유'라고 이름한다. 무한으로서의 사유는 타자를 온전히 아는 것이 불가능하다는 점을 받아들이는 지점에서 시작된다. 타자는 결코 나의 사전 지식이나 개념으로 환원될 수 없고 언제나 나의 이해를 넘어선다는 점에서 그 자체로서 무한인 것이다.

레비나스가 얼굴은 항상 "그것에 대해 내가 가지고 있는 관념을 넘어선다"라고 말하는 것도 이러한 맥락에서다. 타자를 샅샅이 뜯어보는 방식으로 완벽히 이해하는 것은 불가능하다. 오히려 타자는 한 걸음 다가가면 다시 한 걸음 멀어지며, 알면 알수록 더 알고 싶어지는 그러한 신비로운 존재이다. 또한 사람은 사물과 달리 항상 무언가가 되는 과정 가운데에 있으며 끊임없이 움직이고 변화하며 성장한다. 따라서 한 사람은 단순히 그 사람이 지닌 한두 가지 특성이나 정체성으로 설명되거나 정의될 수 없다. 우리가 누군가를 이제는 완전히 파악했다고 자신하는 순간 그 사람은 또다시 새로운 면모를 보이곤 할 것이다. 모든 사람은 결코 무엇에도 흡수될 수 없는 '타자성'을 지닌 존재로서 특정 범주에 갇혀 버리지 않기 위해 저항한다. 이러한 점들을 염두에 둔다면 누군가를 대할 때 우리에게 필요한 것은 일종의 겸허함이다. 나는 타자를 결코 완벽하게 이해할 수 없으며 타자는 결코 앎의 대상으로 환원될 수 없다는 인식이 윤리적 관계의 바탕이다.

3. 응답하는 말하기

레비나스에 따르면 타자의 얼굴은 나를 호명한다. 얼굴이 단순히 시각적 대상이 아니라 '말하는' 얼굴이 되는 순간이다. 그리고 나는 그 명령에 응답하도록 단독자로 세워진다. 이를 이해하기 위해 타자를 보는 방식과 관련하여 두 가지 예시를 살펴보도록 하겠다.

1) 기게스의 반지

레비나스[1961]는 플라톤의 『국가』에서 기게스의 예화를 가지고 온다. 착한 양치기 기게스는 어느 날 반지를 낀 사람을 투명인간으로 만들어 주는 마법의 반지를 가지게 된다. 그는 이를 무엇이든 자유롭게 할 수 있는 기회로 삼아 온갖 법과 질서를 어기며, 더 나아가 왕이 되기를 꿈꾼다. 욕망에 이끌린 그는 결국에 왕비를 겁탈하고 왕을 죽여 스스로 왕의 자리에 오른다. 이 예화에서 기게스는 타자와의 관계에 참여하지 않으며 주변의 일과도 관계하지 않는 '보기'의 방식을 취하고 있다. 그는 자신을 감추고 남들에게 절대 자신을 드러내거나 알리지 않으려 한다. 자기를 내보이지 않는 비밀스러움을 간직한 채 타인의 손길을 거부한다. 그는 전적으로 독립적으로 존재하며, 따라서 자유롭다. 이때 관계를 맺지 않음에서 오는 자유는 결국 책임이 없다는 것, 즉 책임으로부터의 자유를 의미한다. 주체는 그저 관망자의 위치에서 세계를 관조할 뿐이며 세계는 주체로부터 완전히 분리된 추상적 존재로 드러난다. 이를 두고 관음증적인 '보기'의 방식이라고도 할 수 있을 것이다. 레비나스의 관점에서 볼 때 기게스는 그저 구경꾼에 불과하며 진정한 의미에서의 주체라고 할 수 없다. 앞서 살펴보았듯이 타인과 전혀 연루되지 않은 자유로운 인간이라는 것은 그저 환상에 불과하며 타인의 손길을 거치지 않고 주체가 되는 일은 불가능하기 때문이다. 기게스의 이야기가 실현해 낸 '자유'의 환상은 우리가 책임을 부정하는 방식을 보여 줄 뿐이다. 따라서 레비나스에 의하면 "처벌받지 않은 모든 범죄"의 가능성이 타자의 존재를 부정하는 바로 여기에, 적극적으로 책임을 부정하는 '보기'의 방식에 있다.

2) 오셀로와 데스데모나

다음으로 살펴볼 것은 셰익스피어[1603]의 작품 『오셀로』이다. 오셀로는 아내 데스데모나를 사랑하지만, 자신이 백인이 아닌 무어인이라는 이유로 열등감을 가지고 있다. 그리고 그의 심복 이아고는 이러한 점을 파고들어 데스데모나에 대한 오셀로의 의심을 부추긴다. 결국 오셀로는 데스데모나가 부정을 저지르고 있다는 망상에 집착하게 된다. 이아고의 말에 따라 그는 데스데모나의 부정을 증명하는 '눈에 보이는' 증거를 찾으려 하지만 모든 의심을 불식시키는 그러한 증거는 존재하지 않는다. 명백한 증거를 찾고자 하는 시도는 그의 의심을 심화시킬 뿐이다. 여기서 눈에 보이는 증거에 대한 그의 집착은 그가 타자를 통제하고 소유하려 한다는 점을 암시한다. 누군가에 대한 믿음은 눈에 보이는 확실한 증거에 의한 것이 아니며 그러한 증거를 찾는 일은 사실상 불가능하기 때문이다. 중요한 것은 오셀로가 명확한 무언가를 보기 원하면서 정작 데스데모나의 말에는 전혀 귀를 기울이지 않는다는 점이다. 그는 데스데모나가 아름답고 완벽하고 이상적인 신부라고 생각하지만 그의 시선 아래 데스데모나는 그저 인형과도 같은 대상에 불과할 뿐이다. 그는 그녀에게 결코 스스로를 드러내지 않으며 그녀의 이야기와 목소리는 그에게 닿지 않는다. 그리고 마침내 그녀의 타자성을 견디지 못한 오셀로는 베개로 그녀를 질식시켜 죽음에 이르게 한다.

기게스와 오셀로는 공통적으로 타자에게 노출되거나 타자의 영향을 받기를 거부한다. 여기에 타자와의 관계를 부정하는 특정 양식의 '보기'가 암시되어 있다. 우리가 일상적으로 타자와 만나는 경우를 살펴보면 문제는 더 분명해진다. 위에서 살펴본 두 가지 경우에서와는 달리 우리가 실제로 다른 누군가와 관계를 맺을 때 우리는 단지 그 사람을 보기만 하지는 않는다. 나 자신을 노출해야 할 뿐 아니라 상대방의 말에 귀 기울이고 그에게 응답한다. 타자의 얼굴은 말하는 얼굴이 되고 이때 나의 눈은 "듣는 눈"이 된다. 누군가의 이야기를 들을 때 우리는 정보를 수집하는 방식으로 그를 주시하지 않으며, 오히려 그의 목소리를 통해서 그를 본다고 하는 것이 적합할 것이다. 이처럼 타인과의 관계에서 중요한 부분은 타인의 말을 듣고 그 말에 응답하는 과정이다. 타자의 말은 나에게 응답을 요구한다. 기게스가 부정하고 오셀로가 외면해 버렸던 것은 바로 이러한 타자의 존재 그 자체이다.

듣는 일은 사실 보는 일보다 더 수동적이다. 눈을 감듯이 귀를 닫아 버리기는 어려우며 시야를 조절하듯이 듣는 범위를 쉽게 조절할 수도 없다. 말은 기본적으로 나에게 건네지는 것, 나에게 다가오는 어떤 것이다. 얼굴을 본다는 것은 나에게 건네지는 타자의 표현에 주의를 기울이는 것이며 이는 주체를 변화시킨다. 타자를 동일성으로 흡수하는 게 아니라 오히려 타자로 하여금 나를 변화시키도록 하는 것이다. 그러기에 레비나스에 따르면 언어는 그 자체로서 윤리적이다. 언어는 타자의 얼굴을 전제로 한다. 언제나 '누군가'의 언어, 혹은 '누군가'를 전제로 한 언어이며, 보편적이고 추상적인 것으로서의 언어는 사실상 존재하지 않는다. 따라서 언어는 본질적으로 '호명'이고 '호격'이다. 누군가를 부르고 그에게 말을 건넨다. 그리고 타자의 말을 마주한 나는 '자유로운 주체'라는 환상 안에 머물 것이 아니라 닫힌 공간을 깨고 나와 언제나 타자를 향해 몇 번이고 부서지고 열려야만 한다. 이 단순한 사실을 잊는다면 우리는 응답하라며 우리를 불러 세우는 타자의 언어에 귀를 닫고 그를 외면하게 될 것이다. 레비나스에게 타자는 이처럼 언어로, 말 건넴으로 오며, 신조차도 타인을 통해, 그리고 타인의 언어를 통해서 온다. 따라서 "언어의 본질은 선함"이며, "우정이고 환대"이다.

레비나스의 목소리를 직접 들어 보자. 그는 대표 저서인 『전체성과 무한』에 다음과 같이 쓴다.

타자를 알고자 하는 그리고 타자에 가닿고자 하는 지망은 타인과의 관계 속에서 성취되며, 이 타인과의 관계는 언어의 관계 속으로 스며드는데, 언어에서 본질적인 것은 호명이고 호격이다. 우리가 타자를 호명하자마자 타자는 자신의 이질성 속에서 스스로를 유지하고 스스로를 확증한다. 비록 우리가 말을 건넬 수 없다고 타자에게 말하기 위해서, 타자를 병든 자로 분류하기 위해서, 사형선고를 알리기 위해서 타자를 부르는 경우라 하더라도 그렇다. 사로잡히고 상처 입고 폭행당하는 바로 그때 타자는 '존중받는다'. 불린 자는 내가 이해하는 그 무엇이 아니다. 타자는 범주에 속하지 않는다. 타자는 내가 말을 건네는 자다. 그는 자신을 지시할 따름이다. 타자는 어떤 본질을 가지지 않는다

Levinas, 1961/김도형 외 옮김, 2018: 89

타자에게 말을 거는 순간 우리는 그를 적어도 나와 같은 사람으로 이미 존중하고 있다. 누군가에게 사형선고를 내릴 때조차도 사물이나 동물을 대하는 것과는 다를 것이다. 그렇게 우리는 타자를 부른다. 타자는 고정된 본질을 가지고 있지 않으며 특정 범주나 개념으로 설명될 수도 없다. 즉, 나의 이해로 결코 환원될 수 없다. 누군가를 밝은 태양 아래 속속들이 들추어내듯이 파악하는 일은 불가능하며, 한 사람을 알아 가기 위해서는 매번 그를 새롭게 만나야만 한다. 이는 그의 이야기에 주의를 기울이며 무한히 다가가는 방식으로만 가능해지는 종류의 앎이다. 이렇게 레비나스 철학을 통해 우리는 계몽주의 전통 아래에서 앎의 상징이었던 '빛'과 시각의 감각에서 '소리'와 청각의 감각으로 건너왔다.[3]

재차 강조하자면 레비나스는 우리가 주체가 되는 방식을 이야기하고

---

3. 시각에서 청각으로의 감각의 전환에 초점을 두고 레비나스를 논의하는 글로 Standish & Williams(2015) 참조.

있다. 타인과의 관계를 통해서만 주체의 형성은 가능하다는 것이다. 우리는 이미, 그리고 항상 타자에게 응답하는 존재이고 이것이 우리 주체를 '책임'의 주체로 구성한다. 책임을 의미하는 영어 단어인 responsibility는 그 안에 응답response할 수 있는 능력ability, 즉 response-ability의 의미를 담고 있는 것처럼 보인다. 타인에게 응답하면서 주체가 된 나는 이미 구조적으로 책임의 주체이다.

4. 불가능성과 비대칭성

타자는 내가 소유하거나 이해할 수 없는 '무한'이라는 의미에서 우리는 이미 불가능성의 개념에 가까워졌다. 레비나스에게 책임은 불가능성으로서만 가능한데 그에 따르면 책임은 결코 완수할 수 없는 무엇이기 때문이다. 타인에게 응답할수록 나의 책임은 오히려 더 깊어지기만 한다. 언뜻 낯설게 들릴지 모르는 이 말의 의미를 이해하기 위해 레비나스의 영향을 받은 철학자 자크 데리다Jacques Derrida를 살펴보는 것이 도움이 된다.

데리다[1991]는 '선물'이라는 개념을 통해 불가능성의 의미를 설명한다. 그는 선물이라는 개념 그 자체가 불가능성을 향하고 있다고 제안하면서 우리에게 묻는다. 순수한 선물은 가능한가? 진실로 순수한 선물이라면 어떤 식으로든 선물에 대한 대가를 받아서는 안 될 것이다. 그런데 우리가 선물을 주고받는 양상들을 떠올려 보면 순수한 선물은 불가능해 보인다. 아주 어린 아이에게 선물을 주었을 때도 우리는 그 대가로 기쁜 마음을 얻는다. 아이가 좋아하는 모습이 나에게 즐거움이 된다. 무기명으로 하는 자선 행위에도 알게 모르게 모종의 만족감과 뿌듯함이 마음에 스며드는 것을 막기 어렵다. 더구나 선물을 일상적으로 주고받는 경우라면, 상대방이 준 선물에 비추어 생각해 봤을 때 내 선물의 가격이 적당한지를 비롯한 많은 것들을 계산하게 될 것이다. 누군가에게 받은 선물은 일종의 빚이 되고 어떤 식으로든 보답해야 할 무엇이 된다. 이처럼 선물의 순수성을 위협하는 것들이 항상 존재한다. 데리다가 순수한 선물이 불가능하다고 할 때 그는 선물이 마치 한 방향으로 가는 것처럼 보이지만 사실은 어떤 식으로든 항상 보답이 있으며 상호적 관계 안에 있다는 점을 지적하는 것이다. 순수한 선물이라면 모든 경제적 교환 관계를 벗어나야 하며 어떤 종류의 보답에 대한 기대도 없어야만 할 텐데 이런 선물은 사실상 불가능하다. 혹은 데리다의 말처럼 주는 사람과 받는 사람 모두 선물을 선물로 인식하지 않는다면 가능할지도 모르겠으나, 그렇다면 그것을 선물이라 할 이유 또한 없지 않은가?

여기서 데리다는 우리에게 선물은 순수할 수 없기에 아무 의미가 없다고 말하고 있는 것이 아니다. 오히려 그가 말하려는 바는 그럼에도 불구하고, 순수한 선물은 불가능함에도 불구하고, 우리는 선물을 해야만 한다는 것이다. 선물을 주고받는 문화는 우리의 삶의 중요한 부분을 차지하고 있으며 우리가 단순히 거부할 수 없는 무엇이기도 하다. 그리고 어쩌면 이것이 우리의 삶이 사실은 단순히 교환과 상호성에 바탕을 두고 있지 않다는 점, 우리의 삶은 그런 식으로 정리되지 않는다는 점을 보여 주는 것이 아닐까? 불가능성에 다다르고자 하는 시도 그 자체가 우리를 단순한 교환 경제에서 끌어내며 그 순간이 우리를 더 인간답게 한다. 단순한 생존으로서의 삶에 균열을 낸다. 이것은 나로부터 출발해서 다시 나에게로 돌아오는 원을 그리는 순환의 움직임이 아니라, 되돌아올 것이라는 기대 없이 나로부터 떠나는 움직임, 온전히 타자를 향하는 움직임이다. 주체의 바깥을 향하는 이러한 움직임이 경제적인 사고에 틈을 내고, 그가 무한으로서의 사유에 열려 있게끔 한다.

선물의 경우와 비슷하게 데리다는 무조건적 환대와 조건적 환대를 비교한다. 모든 타자를 조건 없이 환영하여 받아들이는 무조건적인 환대는 현실적으로 불가능하다. 낯선 사람들을 나의 집으로 초대해서 모든 것을 다 내어주다가는 환대를 가능하게 하는 최소한의 조건마저도 잃어버리게 될 것이다. 그럼에도 불구하고 무조건적인 환대는 우리에게 일종의 방향을 제시하는 무엇으로서의 역할을 한다. 우리가 일상에서, 혹은 정치적 상황에서 어떤 선택을 하고 결정을 내릴 때 무조건적인 환대는 우리의 선택의 지표로, 우리가 최종적으로 지향하는 바로써 존재할 수 있다. '조금 더 환대할 수는 없을까, 내 것을 조금 더 내어놓을 수는 없을까' 질문하게끔 한다. 이것이 채울 수 없는 책임, 성취 불가능한 책임이 우리를 이끄는 방식이다. 불가능성은 주체의 한계와 유한성에 대한 인식을 가능하게 하는 동시에 타자를 환대하는 윤리적 사유를 준비시킨다.

레비나스에 따르자면 '책임을 충분히 다한' 지점은 없다. 우리가 책임을 다했다고 말하는 경우를 한번 떠올려 보자. 어떤 문제가 닥쳤을 때 절차적으로 주어진 일을 성실히 수행했다면 아마도 법적 책임을 면하게 될 것이다. 나에게 주어진 업무 이상을 요구받을 때 그것은 내 책임 범위가 아니라고 말할 수도 있다. 그러나 이러한 경우들과는 달리 단순히 완수했다고 말하기 어려운 종류의 책임이 있다. 교사로서 학생에게, 자녀로서 부모에게, 혹은 부모로서 자녀에게 책임을 다했다고 말할 때의 모습을 떠올려 본다면, '나는 책임을 완수했다, 더 이상 남은 책임은 없다'며 스스로 만족하는 태도에서 느껴지는 어색함을 상상해 볼 수 있을 것이다. 물론 교사로서 주어진 업무를 끝냈으니, 정해진 시수만큼 수업을 했으니, 주어진 기간 안에 성적 처리를 끝냈으니, 절차에 맞게 교실에서 발생한 사고를 처리했으니 책임을 다했다고 할 수도 있을 것이다. 그러나 레비나스가 우리를 이끌고 가는 곳은 바로 이를 넘어서는 지점이다. 그곳에 더 근원적인 의미에서의 책임, 계산 불가능한 책임이 있다는 것이다. 그는 '조금만 더'라며 고군분투하는 교사의 모습에서 책무성으로 환원될 수 없는 교사의 책임, 책임으로서 실존하는 교사를 볼 것이다.

레비나스는 보편법칙이나 규칙을 제시하지도 않으며 모든 상황에서 통용되는 일관된 실천 방안을 주지도 않는다. 이것이 레비나스 철학을 대하는 사람들, 현장에서 매 순간 문제들에 맞닥뜨리는 교사들을 고민하게끔 한다. 때로는 자칫 교사에게만 무거운 짐을 지우는 것처럼 보이기도 한다. 그러나 우리는 레비나스를 통해 오히려 교사의 일상적 경험과 어려움, 특히 교사의 책임이 그가 학생들에게 응답하고 그들에게 무언가를 내어 보이는 과정 안에 구조적으로 박혀 있다는 점에서 오는 어려움에 주목할 수 있다. 그 어려움의 순간들이 바로 윤리적 결정의 순간들이며, 윤리는 이처럼 삶의 순간에, 특히 가르치고 배우는 매 순간에 있다. 실제로 자신이 하는 일에 가치를 느끼고 진지하게 숙고하는 많은 교사가 마음에 일종의 부채감을 품고 있으며 이는 그저 덜어 버리거나 떨쳐 낼 수 있는 종류의 것이 아니다. 해결해야 할 심리적이거나 기술적인 '문제'도 아니다. 오히려 우선시되어야 할 것은 이러한 교사들이 이미 하고 있는 일을, 그리고 그들의 실존적 불안과 윤리적 어려움을 긍정하는 일이다. '효율성'과 '책무성'이라는 이름으로 교사의 일이 세분화되고 수치화될 때 가르치는 일의 중심에 있는 이러한 면모는 가려진다. 책임이 정량화되고 계산될 때, 즉각적으로 가시화되지 않는 교사의 책임과 노력은 보이지 않는다. 책임을 자신의 것으로 안고 살아가는 많은 교사가 이렇게 관료적 통제라는 벽을 마주한다. 필요한 것은, 모든 것을 정량화하고 가르치는 일을 기계적인 것으로 환원하는 교사 배제 교육과정의 정신이 아니라, 교사에 대한 신뢰이다. 교사의 일은 언제나 계산 가능한 일련의 책무들을 완수하는 것 이상이기 때문이다.

레비나스의 책임을 이해할 때 중요한 또 하나의 면모는 비대칭성이다. 나에게서 출발하되 나에게로 되돌아오는 원을 완성하지 않고 바깥으로만 향하는 움직임을 상기시켜 보자. 그에 따르면 책임은 이처럼 "나로부터 타자에게로" 오직 "한 방향"으로만 흐른다. 중요한 것은 '타자에 대한 나의 책임'이며, '나에 대한 타자의 책임'을 생각하는 것은 나의 몫이 아니다. 이는 누군가에게 선물을 건네면서 답례를 기대하지 않는 마음과 닮아 있다. 상호성을 전제하지 않으며 다시 주체의 자리로 돌아오지 않음으로써 순환 경제의 고리를 깬다.[4] 이때 책임은 시혜성이나 호혜성을 바탕으로 하지 않으며 사회적 계약에 의한 것도 아니다. 순수한 선물은 불가능하다는 것을 인정하면서도, 그럼에도 불구하고, 혹은 그렇기 때문에 그 불가능에 무한히 다가가려는 자세이다. 그리고 이 불가능성은 나를 무력화하는 것이 아니라 나의 삶의 태도와 방향을 제시하는 지표가 된다. 즉 우리가 그것을 향해 나아가게끔 하는 하나의 지향점이 된다. 이때 끊임없이 나아가는 움직임 그 자체가 목적이며, 이는 오히려 성공한다면-목적지에 다다라서 멈춘다면- 죽어 버리는 움직임이다.

5. 교사의 책임

레비나스는 위에서 설명한 종류의 책임을 인식하기 위해 교사가 특별히 어떠한 기술이나 역량을 익혀야 한다고 말하지는 않을 것이다. 오히려 그는 교사는 이미 책임의 주체로서 존재한다고 말한다. 이러한 책임은 교사가 존재하는 방식 안에 이미, 그리고 항상 있다는 것이다. 특히나 교사는 항상 스스로를 전면에 내세우는 직업이다. 스스로를 드러내 보이는 데에는 두려움과 불안이 동반된다. 많은 교사들이 학기 초에 웃지 말라거나 감정을 학생들에게 내보이지 말라고 서로 조언하는 데에는 이러한 두려움으로부터 자신을 지키기 위한 목적이 크다. 그러나 바로 그러한 두려움을 마주하여 자신을 드러내고 상대에게 말을 건네고 생각을 전하며

---

4. 이것이 레비나스가 자신과 마틴 부버(Martin Buber)의 차이를 말하는 이유이다. 레비나스는 부버의 철학이 여전히 상호성을 바탕으로 하고 있다고 본다.

상대방의 반응을 살피는 대화의 과정 안에 책임이 구조적으로 박혀 있다. 상대의 말을 듣고 거기에 내 말을 보태고 때로는 방향을 트는 그 모든 대화의 과정이 서로에게 책임 있게 응답하는 과정인 것이다. 이를 염두에 둔다면 가르치고 배우는 일 그 자체가 이미 윤리적인 관계를 바탕으로 한다는 점을 알 수 있다. 교사 또한 안전하게 보호받고 싶고 상처받고 싶지 않은 마음이 있으며, 대화에 참여하고 스스로를 노출하는 것은 늘 어느 정도의 위험을 감수하는 일이다. 그가 가지는 책임의 무게는 때로는 거칠고 흐릿한 생각들, 연약하고 다듬어지지 않은 웅성거림 안에 들어가서 함께 이야기를 나누는 것에 있으며, 그 안에서 자신을 내어놓고 드러내는 것은 큰 용기가 필요하다. 이러한 과정은 취약한 자아를 드러내고 자신을 보호하던 껍데기를 깨는 것이기도 하다. 실제로 교사는 거의 매 순간 학생들의 이야기를 듣고 그에 응답할 것인지, 그들과 대화에 함께 참여할 것인지 결정해야 한다. 그리고 많은 교사들이 위험을 감수하고 학생들에게 먼저 다가간다. 그 위험을 감수하는 자체가 타자를 환대하는 일이다. 앞서 언급한 바 있듯이 이때 교사의 어려움은 단순히 해결되어야 하거나 해결될 수 있는 종류의 문제가 아니며 오히려 교사가 실존하는 방식의 일부다. 때로 우리는 주어진 규칙과 절차에 의지함으로써 이 같은 어려움의 순간을 외면하고 회피하기도 한다. 그러나 아무런 고민도 불안도 없이 절차대로만 진행하는 교사를 떠올려 보자. 그가 아무리 완벽해 보일지라도 레비나스라면 그곳에는 어떤 윤리적 책임이나 결정도 없다고 할 것이다.

또한 학생 한 명 한 명은 다문화 가정, ADHD, 난독증, 한 부모 자녀 등의 범주로 손쉽게 분류되거나 정의될 수 없다. 그들을 각기 개별적이고 고유한 타자로서 인정하는 일이 가르치는 일의 중심에 있어야만 한다. 애초에 타자와의 관계없이는 가르치고 배우는 일 그 자체가 불가능함은 물론이다. 그러나 우리는 많은 경우 하나의 속성으로 타인을 규정하거나 내가 겪지 않은 사건을 나의 경험의 잣대로 판단한다. 우리의 이러한 습관적인 사유에 때때로 제동을 걸기 위해서 타자는 결코 인식의 대상으로 납작하게 환원될 수 없다는 점을 끊임없이 상기할 필요가 있다. 레비나스는 윤리가 어떤 체계적인 시스템 구축이나 추상적인 딜레마의 해결이 아니라 내 주변을 돌아보고 살피는 일상적인 순간들에 대한 것임을 보인다. 윤리학을 추상적인 차원에서 끌고 내려와서 우리의 삶의 면면들을 들여다보고 이해할 수 있도록 돕고자 한다. 그의 철학을 바탕으로 교사와 학생이 교실에서 경험하는 관계들에 대해서, 또 가르치고 배우는 일에 대해서도 새로운 시선으로 살펴볼 수 있을 것이다.

레비나스에 따르면 가르친다는 것은 타자의 표현을 환영하는 일이며 이는 타자로부터 나의 능력을 넘어서는 것을 받아들이는 일이다. 따라서 가르친다는 것은 곧 배우는 일이기도 하다. 타자는 나의 바깥에서 와서 늘 하던 대로 생각하려는 관성을 깨고 사유의 안일함과 나태함을 나무란다. 때로는 찌르고 깨뜨리는 날카로운 말로 기존의 질서를 허물고 흔들어 틈을 낸다. 필요한 것은 완성된 것처럼 보였던 기존의 세계가 다시금 깨어지는 경험이다. 그리고 그러한 경험을 공유하고 거기에서부터만 시작할 수 있는 또 다른 이야기를 기대하는 열린 대화의 장이 요청된다. 타자의 언어와 만남으로써만 우리는 가르치고 배운다. 타자와 끊임없이 만나는 가운데 생성되는 '나'를 지켜보고 거기서 의미를 만들어 가는 일 자체가 배움의 목적이자 과정이며, 이는 타자와 함께하는 미래를 상상하는 일이기도 하다. 이 과정에서 교사의 책임은 실로 더 무거운데 자신의 책임을 인식하는 것에서 그치지 않고 학생이 타인과의 관계를 인식할 수 있도록 그 가능성을 열어 주어야 하기 때문이다. 교사는 단단한 주체의 기반을 시험하고 완결된 것처럼 보였던 기존의 이야기에 또 다른 서사를 더한다. 새로운 서사가 만들어지는 것을 학생들과 함께 목격하고 또 만들어 간다. 그리고 그 바탕에는 타자성을 삭제하지 않는 앎의 자세가 있다.

레비나스에게 중요한 것은 무한으로서의 사유이다. 책임 있는 사유는 이성의 힘으로 대상을 파악하고 포섭하려 하지 않는다. 중요한 것은 내가 결코 이해할 수 없는 부분, 즉 타자성을 인정하고 보존하는 일이다. 그렇다면 이것은 주체의 지적 성장이나 역량 너머를 향할 것이며, '할 수 있음'보다는 오히려 '할 수 없음'-다할 수 없는 책임, 나의 의식으로는 포섭할 수 없는 타자-을 인정하는 일과 관계될 것이다. 무한으로서의 사유를 위해서 우리는 좀 더 겸허한 자세로 쉽사리 고정되거나 일반화될 수 없는 대상, 즉 타자성을 지닌 주제와 대상에 주의를 기울일 필요가 있다. 또한 무엇을 안다는 게 명제적 지식이나 방법적 지식, 심지어 정보로 좁게 여겨지는 경향에 대해서도 주의할 필요가 있다. 이 배경에는 사유하는 일 자체를 대상을 통제하고 지배하는 행위로 여기는 태도가 있으며 이러한 태도는 필연적으로 타자성을 사유하는 걸 가로막기 때문이다. 동일성으로서의 사유를 넘어서기 위해서는 우리의 통제 아래에 있지 않고 우리의 선개념과 이해를 넘어서는 대상을 마주하는 경험 그 자체를 중요하게 여길 필요가 있다.

예를 들어 시나 예술 작품을 감상하고 그에 대해 서로의 생각을 나누는 것이 이러한 경험을 위한 하나의 방법이 될 수 있다. 예술 작품에 대한 감상과 판단에는 주어지는 정답이 없다. 정답이 있다고 해도 만들어가는 답들이 있을 뿐이다. 따라서 그들은 우리에게 자신만의 생각과 판단을 요구하며 백과사전에서 찾을 수 없는 지식과 이해를 요구한다. 진정한 의미에서의 감상이라면 교사를 비롯한 누구의 말에도 전적으로 의존해서는 안 될 것이다. 나의 판단에 대한 책임은 오직 나에게 있으며 나의 말에 마음을 담아 말하는 수밖에 없다. 나의 책임 있는 사유를 요구하는 이 같은 대상을 마주하는 경험이 타자를 만나는 윤리적 태도를 준비시킨다. 상투적인 말, 정보로서의 지식, 백과사전적 지식이 담지 못하는 것들과 깊이 있게 관계하는 자세가 우리 일상 언어를 생생하게 하고 새로운 생각들을 불러들이며 닫힌 사고와 질서에 균열을 낼 수 있다.

이러한 이해를 바탕으로 교사는 지식의 사회·경제적 도구화를 경계하고 지식을 그 이상의 것으로 열어 내보일 수 있다. 이는 학생이 배우는 대상(지식)과 고유한 관계를 맺을 기회와 판단의 공간을 열어 주는 일과 다르지 않다. 또한 배우는 일이 명제적 진술을 넘어서는 세계를 만나는 일, 고정된 '의미'를 넘어서는 언어의 무게를 느끼는 일, 그리고 오직 자신만의 말과 감각으로 만나야만 하는 대상들을 책임 있게 마주하는 일의 연장선에 있도록 그 통로를 열어 주는 일이기도 하다. 교육이 역량이나 기술 등의 이름을 붙여 특정 종류의 지식만을 추구할 때 우리가 쉽게 장악할 수 없는 대상들은 교육 밖으로 걸러내진다는 것을 기억할 필요가 있다.

레비나스는 타인은 내가 소모하고 재단할 수 있는 존재가 아님을 보이며 타자를 무한으로 드러낸다. 그리고 이는 불가능성에 대한 인식을 가능하게 한다. 이러한 인식 없이는 주체를 넘어서는 책임을, 자기 자신을 걸고 응답해야만 하는 종류의 책임을 감각할 수 없다. 그러나 지식이 힘이 되고 권력이 될 때 타자의 얼굴을 보기는 어렵다. 주체가 깨어지는 위험을 감수하지 않을 때 책임은 계산이 될 뿐이다. 레비나스와 데리다는 계산을 넘어서는 지점, 법과 계약이 닿지 않는 곳에도 정치적·윤리적 책임이 있으며 엄밀한 의미에서는 오직 그곳에만 책임이 존재한다는 점을 보여 준다. 그곳에서 우리는 주어진 규칙이나 절차에 전적으로 의지하거나 안주할 수 없으며 단독자로서 결단 내려야만 한다. 결단의 순간에 우리가 기댈 곳은 다시 언어-타자의 표현-일 것이다. 중요한 것은 내가 소유하거나 통제할 수 없는, 그렇지만 나에게 건네지는 무언가에 열려 있는 태도이며 그에 응답할 준비를 하는 자세이다. 강조하건대, 이때 불가능성의 감각은 우리를 허무주의로 인도하지 않으며 오히려 끊임없이 나아가게 하는 동력이 된다.

6. 다행이라는 말

시작할 때 언급하였듯이 레비나스가 던지는 질문은 그의 홀로코스트 경험과 무관하지 않다. 두 차례의 세계대전은 그를 비롯한 많은 이들에게 이성적, 합리적 주체와 도덕적 주체를 동일시하는 전제에 대해 다시 생각해 보도록 했다. 홀로코스트가 정말 합리적 주체들의 부족으로, 혹은 우리가 충분히 합리적이지 못했기 때문에 생겨났나? 아니면 레비나스의 말처럼 어디에든 항상, 그리고 이미 존재하며 주체의 근거가 되는 타자와의 윤리적인 관계를 인정하지 못하고 부정한 데에서 비롯되었나? 그는 합리성과 윤리를 동일시하고 윤리를 어떤 총체적인 시스템, 보편적으로 완성되고 완성된 이후에 누구든 따를 수 있는 하나의 시스템으로 생각하는 것은 위험하다고 본다. 시스템은 결코 고정되어서는 안 되고 항상 얼굴을 가진 구체적 존재로서의 개개인을 향해 열려 있어야 하며 그럼으로써 끊임없이 변화해야 하기 때문이다. 또 윤리는 우리가 일상에서 마주하는 매일매일의 어려움과 분리될 수 없으며 우리가 의식적으로 하는 판단뿐 아니라 우리가 의도하지 않은 채로 타인에게 주는 상처도 포함한다.

레비나스는 이와 같이 시스템이 포함할 수 없는 영역에 "선택보다 더 오래된 선함"이 있다고 한다. 우리가 말 건네는 그곳에는 '보편'에 통합될 수 없으며 어떤 하나의 범주로도 환원될 수 없는 개인이 있음을 기억하는 것이 더 근원적인 의미에서의 책임이며, 이것이 시스템의 바탕이 되어야 한다는 뜻일 것이다. 우리는 어떤 의미에서는 과거보다 훨씬 동질적인 집단 안에서 살고 있다. 비슷한 환경에서 자란 사람들이 비슷한 학교와 직장을 가고, 알고리즘은 나와 비슷한 사람들의 의견으로 점철된 세계 안에 나를 묶어 둔다. 의식하지 못한 채로 나와 닮은 사람들 사이에서 안주하기 쉬우며 그 안에서 내가 경험하지 못한 삶에 대한 편협한 이해가 형성되기도 한다. '인덱스 관계'라는 신조어는 관계를 대하는 보다 적극적인 방식의 선택적, 전략적 태도를 보여 주며 인간관계가 보다 노골적인 방식으로 이득과 손해를 계산하는 하나의 거래가 되는 현실을 드러낸다. 가려지는 얼굴들, 들리지 않는 목소리들이 있다는 사실을 망각하기는 점점 더 쉬워진다. 나와 다른 삶을 사는 사람들의 이야기에 귀 기울이고 나의 바깥을 상상하는 일이 어느 때보다도 중요한 이유이다.

천양희[2013] 시인의 「다행이라는 말」을 읽으면서 마치도록 하겠다. 다음은 시의 전문이다.

환승역 계단에서 그녀를 보았다 팔다리가 뒤틀려 온전한 곳이 한 군데도 없어 보이는 그녀와 등에 업힌 아기 그 앞을 지날 때 나는 눈을 감아 버렸다 돈을 건넨 적도 없다 나의 섣부른 동정에 내가 머뭇거려 얼른 그곳을 벗어났다 그래서 더 그녀와 아기가 맘에 걸렸고 어떻게 살아가는지 궁금했는데 어느 늦은 밤 그곳을 지나다 또 그녀를 보았다 놀라운 일이 눈앞에 펼쳐졌다 나는 내 눈을 의심했다 그녀가 바닥에서 먼지를 툭툭 털며 천천히 일어났다 아무 일도 없었다는 듯이 흔들리지도 않았다 자, 집에 가자 등에 업힌 아기에게 백년을 참다 터진 말처럼 입을 열었다 가슴에 얹혀 있던 돌덩이 하나가 쿵, 내려앉았다 놀라워라! 배신감보다 다행이라는 생각이 먼저 들었다 어떻게 그럴 수 있느냐 비난하고 싶지 않았다 멀쩡한 그녀에게 다가가 처음으로 두부 사세요 내 마음을 건넸다 그녀가 자신의 주머니에 내 마음을 받아 넣었다 그녀는 집으로 돌아가 따뜻한 밥을 짓고 국을 끓여 아기에게 먹일 것이다 멀어지는 그녀를 바라보며 생각했다 다행이다 정말 다행이다 뼛속까지 서늘하게 하는 말, 다행이다

환승역 계단에서 팔다리가 뒤틀린 몸으로 아이를 업고 구걸을 하는 여인을 매일 지나치며 "그 앞을 지날 때 나는 눈을 감아 버렸다"고 말하는 시의 화자는 어느 날 늦은 밤 같은 곳을 지나다가 놀라운 광경을 목격한다. 여인이 온전한 몸으로 아무 일 없다는 듯 먼지를 툴툴 털고 일어난 것이다. 화자는 처음으로 돈을 건넨다. 그리고 멀어지는 아이와 여인을 보며 생각한다. "다행이다. 정말 다행이다. 뼛속까지 서늘하게 하는 말, 다행이다." 시의 화자는 딱히 잘못한 것이 없음에도 불구하고 부끄러움이나 죄책감을 느낀 것으로 보인다. 그는 심지어 자신의 섣부른 동정마저 부끄럽다 여겨 언뜻 돈을 건네지도 못한다. 시의 화자가 여인이 성한 몸으로 일어서는 것을 보았을 때 그는 자신의 마음을 무겁게 한 그녀의 팔다리가 건강하다는 것에 안도하지만 그마저도 "서늘"하다. 다행이라고 생각하는 화자의 마음에 어떤 석연찮음이 남은 것일까. 무겁던 마음의 짐을 덜고 자신도 모르게 책임으로부터의 자유를 느낀 바로 그 순간이 서늘하게 다가온 것은 아니었을까. 쉽게 답을 주지 않는 시의 문장이 나로 하여금 질문을 던지게 하고 곰곰이 생각하게끔 한다. 내 마음에 흔적을 남기고 순간에 머물게 한다. 여기에 시의 언어가 일상의 언어에 틈을 내고 경계를 흔드는 힘이 있다. 무뎌진 감각을 날카롭게 벼리고 민감하게 한다. 그리고 그곳에서 나는 타자의 언어를 만나 나의 언어를 만들어 간다.

역 앞에서, 지하철 안에서, 누군가의 눈길을 외면하면서 땅바닥만 보거나 괜스레 손에 든 폰을 만지작거린 경험을 생각보다 많은 사람이 공유하고 있을지도 모르겠다. 잘 알지도 못하는 누군가의 얼굴이 마음을 불편하게 하고, 머리는 나의 결백을 주장하지만 왜인지 마음이 무겁고 죄스럽기까지 했던 경험이 나에게도 있다.

레비나스는 이러한 순간들에서 엿볼 수 있는 책임감이 타자와 나의 근원적인 관계를 드러낸다고 할 것이다. 타자는 나의 책임을 상기시키고 명령하는 '얼굴'이며 나의 존재를 뒤흔들고 나의 자유와 안위를 문제 삼는다. 나를 단독자로 불러 세우는 "이방인과 과부와 고아" 앞에서 나는 불편해야만 한다.[5] 그리고 나는 그들에게 빈손으로 갈 수 없다.

레비나스가 인용한 파스칼의 문구를 다시 한번 떠올려 보자. 그는 태양 아래 그 자리가 본래 나의 것이었으며 내가 성취한 것은 온전히 나의 능력의 결과일 뿐 누구에게도 빚진 것 없다고 외치는 주체에게 부끄러움을 촉구한다. 이처럼 자기 보존에만 몰두한 자유롭고 안전한 주체는 깨어져야만 하며 이는 기존의 인식의 틀을 깨는 것을 포함한다. 주체가 깨어지는 사건은 정도의 차이는 있을지라도 고통스러운 일이기도 하다. 만약 들려오는 뉴스의 사건 사고를 외면하고 나와는 무관한 일, 나에게는 책임이 없는 일이라고 생각해 버린다면, 또는 길에서 구걸하는 사람은 나와 관계없다고 단정 지어 버린다면, 시의 화자처럼 부끄러울 일도 죄책감을 느낄 일도 없을 것이다. 그러나 때로는 법이나 인과관계를 넘어서는 연루됨의 감각이 우리를 깨운다. 이는 타자와의 끊을 수 없는 관계이며 갚을 수 없는 빚이다. 타자가 나보다 높은 곳에서 나를 부를 때, 우리는 그에게, 때로는 소리조차 없는 그 목소리에 귀 기울이고 기꺼이 응답하고자 한다. 이처럼 레비나스는 우리가 능숙하게 덮어 두거나 외면하고 다른 감정으로 쉽게 대체해 버리는 죄책감과 수치심에 좀 더 민감해지도록 요청하며 마땅히 부끄러워해야 할 때조차도 부끄러움을 잊어버리고 있는 것은 아닌지 돌이켜 보게끔 한다.

다른 한편으로 시적 화자의 흔들리는 마음은 우리 삶의 면모를 보여준다. 우리의 삶은 흔들릴 수밖에 없고 아무리 정교한 법과 절차와 체계를 세우더라도 그것들은 성근 그물과 같아서 삶을 다 담아내지 못한다. 오히려 우리를 인간답게 하며 윤리적 주체로 세우는 것은 외면하고 싶은 책임을 몇 번이고 다시 마주하려 애쓰는 그 흔들림의 순간들이다. 레비나

---

5. "이방인과 과부와 고아"가 오늘날 누구를 지칭할 수 있을지도 생각해 볼 문제이다.

스의 철학과 불가능성의 언어는 체계화하고 적용할 수 있는 무엇을 쉬이 내어주지는 않는다. 그러나 쉽게 규정되거나 상용화될 수 없다는 점이 무용함이나 무기력함을 의미하는 것은 아니다. 경제 논리에 잠식되지 않고 그에 대항하는 언어, 경제적 순환의 고리를 간헐적으로라도 끊는 언어가 가지는 힘이 있다. 시장의 논리와 경제적 효용으로 교육을 말하는 일이 자연스러워진 오늘날 시의 언어와 같이 우리의 마음을 흔드는 말들이 필요하다. 레비나스의 언어 또한 이와 같은 의미에서 교육적 논의를 확장하는 데 시사하는 바가 있을 것이다.

이소영(2020).「지식의 문제: 시를 읽다, 묻어진 기억을 읽다」.『교육철학연구』, 42(4), 93-116.

_____(2022).「현대 철학이 건네는 책임의 의미」. 이상수 외(2022).『교육의 사회적 책임: 미래교육의 대안적 접근』. 학지사.

_____(2023).「역량담론과 '책임'의 문제: 레비나스와 불가능성 개념을 중심으로」.『교육철학연구』, 45(2), 101-131.

천양희(2013).「다행이라는 말」.『단추를 채우면서』(한국 대표 명시선 100). 시인생각.

Lee, S.(2019). 'Ethics is an Optics': Ethical Practicality and the Exposure of Teaching. *Journal of Philosophy of Education*, 53(1), 145-163.

Levinas, E.(1961). *Totalité et infini: Essai sur l'extériorité*. La Haye: Martinus Nijhoff.

_____(1961). *Totalité et infini: Essai sur l'extériorité*. 김도형·문성원·손영창 옮김(2018).『전체성과 무한: 외재성에 대한 에세이』. 그린비.

_____(1974). *Autrement qu'être ou au-delà de l'essence*. La Haye: Martinus Nijhoff.

_____(1985). *Ethics and Infinity: Conversations with Philippe Nemo*. Pittsburgh, PA: Duquesne University Press.

Plato. 박종현 옮김(2005).『플라톤의 국가·정체』. 서광사.

Shakespeare, W.(2015). *Othello*. T. McAlindon(ed.). UK: Penguin Classics.

Standish, P. & Williams, E.(2015). Sound not Light: Levinas and the Elements of Thought. *Educational Philosophy and Theory*, 48(4), 360-373.

9장

자크 랑시에르:
무지한 스승, 지적 해방과 평등주의 교육

신병현

1. 하나의 의견으로서 『무지한 스승』 읽기

프랑스 철학자 자크 랑시에르Jacques Rancière는 『무지한 스승』이란 책에서 "한 무지한 자가 다른 무지한 자에게 자신이 알지 못하는 것을 가르칠수 있고, 모든 이는 지적인 능력에서 평등하며," "교육제도를 통한 지도가아닌" '가르치는 자'와 '배우는 자' 모두의 지적 해방이 필요하다는 매우이질적인 교육론을 소개하고 있다. 이 책에서 랑시에르는 조제프 자코토Joseph Jacotot의 스캔들적이고 역사적인 교육 실천을 "보편적 가르침"으로소개하였다. 그는 이 책에서 기존의 엘리트주의적이고 계몽주의적인 교육론의 전통에 매우 비판적이고 이질적인, 그리고 평등주의적이고 해방적인교육론을 펼쳐 보였다.

'무지한 스승'이란 제목이 주는 강렬한 인상 때문에 이 책은 대중적으로 크게 주목을 끌었다. 어떻게 보면 이 책에서 말하는 교육은 우리가 이미 다 아는 내용이고, 일상 속에서 주위 사람들이 실천하고 있는 당연한상식이고 우리 모두 겪은 이야기를 담고 있다고 할 수 있을지 모른다. 랑시에르에 따르자면, 조선의 명필가 한석봉 선생의 '무지한' 어머니를 거론하지 않더라도, 우리는 잠재적으로 '무지한 스승'이다. 우리의 어머니나가족, 공동체 구성원이나 그들의 어떤 기능을 대신할 수 있는 모든 것들도 그러한 스승일 수 있다.

많은 이들의 관심은 대체로 다음과 같이 실용적인 목적에서 출발했을 것으로 추측된다. "이 책이 교육 실천의 질적인 변화에 도움이 되지 않을까?" "우리들의 교육에 대한 고민을 해결하는 데 도움이 될 수 있지 않을까?" "망가질 대로 망가진 학교의 공교육을 보완하는 새로운 방법으로 이용할 수는 없을까?" "공교육이 어렵다면 대안교육이나 평생교육을 위한 다양한 장소들에서는 이용할 수 있지 않을까?" "돈 없고 시간도 없는 무지한 부모들이 자녀들을 교육할 수 있는 놀랍고도 유용한 가르침의 방법이 아닐까?" 필자도 처음에는 단지 노동자 문화연구의 관심에서 보편적 가르침의 실천적 효용성을 검토하고자 이 책을 접했다. 결론적으로 말하자면 이 책의 내용은 제한적인 범위 내에서 보편적 가르침을 도구로 이용할 수 있겠지만, 아쉽게도 기존 교육 체계나 실천에 쉽게 끼워질 수 있는 만능의 부품은 아닌 것 같다.

이 책을 읽고 난 독후감의 핵심은 이 책이 무겁고 논쟁적이며 과거의 실천을 성찰하게 하는 매우 특이한 텍스트라는 것이었다. 이 책은 여러 관점에서 각각 다르게 읽힐 수 있는 다양체적인 면모를 잘 갖추고 있어서, 조명하는 각도에 따라 전혀 다른 면모를 드러낼 수도 있는 보석과 같은 텍스트로 생각되었다. 이러한 점에서 필자의 『무지한 스승』 읽기는 누구나가 각자 어떤 측면에 초점을 두고 접근하는 무수한 『무지한 스승』 읽기 중 하나였고, 필자 나름의 관심에 기초한 번역이며 의견이었다.[1] 필자의 무지한 스승 읽기는 랑시에르에 관한 글 중에서 이윤미 교수[2019]가 '프라이데이 세미나' 결과를 엮어 출간한 책인 『비판적 실천을 위한 교육학』에 실린 「랑시에르와 지적 해방을 위한 평등주의 교육」에 가장 상세하게

---

1. 랑시에르의 교육론과 관련된 필자의 글들은 다음과 같다. 신병현, 「랑시에르와 지적 해방을 위한 평등주의 교육」, 이윤미 외(2019), 『비판적 교육 실천을 위한 교육학』, 살림터, 330-364; 신병현(2014), 「비고츠키와 랑시에르: 교육문화운동의 새로운 패러다임을 찾아서」, 『문화연구』, 3(1), 73-114; 신병현(2018), 「기호-기술 환경 변화에 따른 기호작용의 문화정치적 쟁점에 대하여」, 『경제와사회』, 117(1), 106-145.

정리되어 있다. 여기서는 '교육사상시민학교'의 강좌를 위해 그 글을 읽기 쉽게 재정리하여 교육 실천에 관한 하나의 얘깃거리로 소개하고자 한다.

2. 자크 랑시에르

자크 랑시에르는 매우 흥미로운 이력을 지닌 학자다. 에티엔 발리바르 E. Balibar, 알랭 바디우A. Badiou, 니코스 풀랑차스N. Poulantzas 등과 더불어 한국에 비교적 널리 알려진 포스트-알튀세리언post-Althusserian 정치철학자인 그는 1940년 알제리에서 태어났고 파리고등사범학교를 졸업했다. 1965년에 루이 알튀세르L. Althusser는 제자들과 함께 『자본론 읽기 Reading Capital』를 출간했는데, 그 작업에 랑시에르도 참여해서 물신주의에 관해 글을 썼다. 그 후 그는 진보 교육과 사회제도의 혁명에도 불구하고 여전히 정신노동과 육체노동의 분할, 위계와 불평등 구조가 재생산되었던 혁명 운동의 역사에 주목했다. 특히 그는 지적 해방과 평등주의에 주목했고, 이러한 관심은 최근까지도 정치철학, 미학비평, 교육철학 장르에서 활발한 글쓰기로 이어지고 있다.신병현, 2019: 331

랑시에르는 프랑스 68혁명 때 마오주의 학생활동가로 운동에 참여했고, 가르치고 배우는 것을 체험했다. 당시에 열성적인 학생활동가들은 진보적인 교수들을 이론주의 또는 변화를 위한 실천 없이 해석만 한다고 비판하며 충돌한 적이 있다. 문화혁명과 학생 대중의 봉기를 강조하면서, 1969년에 쓴 이데올로기에 관한 글에서 그는 "혁명 이론 없는 혁명 실천은 없다"는 스승 알튀세르가 인용한 레닌의 말을 뒤집어, "혁명 실천과 단절된다면, 혁명 이론은 모두 그 반대로 전화할 수밖에 없다"라고 신랄하게 비판하여 커다란 스캔들을 일으켰다. 나아가 진보적 학자들의 이론주의와 엘리트주의를 비판하는 『알튀세르의 교훈』1974을 출간했다.Rancière,

1974; 신병현, 2019: 344

랑시에르는 그 후 19세기 프랑스혁명기의 문서고를 파헤쳐서 실제 당시의 노동자들이 어떤 정체성을 지니고 일상을 살았는지 밝혀내고자 했다. 그는 혁명 당시의 노동자들이 단순히 철학자나 엘리트 지식인들의 이론화와 사유 대상이 아닌, 한 명의 평등한 인간으로서 희망과 의지, 지적 열정을 갖고 이성적으로 사유하면서 새로운 시대를 살아가고자 했음을 밝혀냈다. 그는 철학과 실천 운동에서 엘리트들에 의해 왜곡되고 신비화된 노동자의 이미지를 전복시키고자 했고, 평등주의적인 지적 해방의 새로운 가능성을 탐구했다.Rancière, 1997; 1983

교육에서의 평등에 관해 그가 18세기 조제프 자코토의 보편적 가르침에 보였던 관심의 초점은 근본적으로 지적인 평등과 모든 제도 및 사회 간의 대립 관계에 있었다. 지적인 평등을 실질적으로 전제하고 인정하지 않은 가운데, 불평등에서 출발하고 전개되는 사회체제의 정당화 논리와 관련된 교육정책들, 그리고 대중의 지적인 향상과 불평등의 축소를 지향하는 계몽적 교육들은 모두 실패할 수밖에 없다는 것이다.신병현, 2019

그는 다수의 저서를 통해서 지적 해방과 평등주의에 관련된 정치철학을 펼쳤는데, 우리나라에도 많은 책이 번역되어 출간되었다.[2] 그의 저서에 관한 이러한 관심은 아마 그가 최근 한국 사회의 변화를 이해하는 하나의 유용한 프레임을 제공했기 때문이라 볼 수 있다. 우리 사회는 그동안 정치경제적으로 빠르게 변화를 겪었고, 이에 따라 과거에는 볼 수 없었던 새로운 사회적 경관이 형성되고 또 변화하고 있다.Rancière, 2000 이에 따라 소외되거나 배제된 몫이 없는 사람들(노동자, 비정규직 노동자, 이주노동자, 기타 다양한 소수자 등)이 스스로를 드러내기 위해 목소리를 내는 사회적·정치적 분출이 잦아졌다. 랑시에르는 이와 같이 기존의 가치에 따른

---

2. 랑시에르 인터뷰집을 보면 그의 저작들과 관련된 당시의 이슈들을 잘 볼 수 있다(랑시에르, 2009, 박영욱 옮김, 2020).

치안과 일치의 질서를 깨뜨리는 불화의 상태, 배제된 자들이 스스로를 드러내며 평등과 해방을 추구하는 것을 정치라고 보았다.^{Rancière, 1990; 1995} 이런 점에서 그동안 우리 사회에서 배제된 사람들의 분출이 많았지만 그들을 이론적 사유의 대상으로만 보았던 점을 성찰하게 하고, 지적 해방과 평등주의에 기초한 새로운 정치철학의 지평을 여는 데 그의 정치철학이 도움이 될 수 있다고 보았기에, 그의 저서들이 주목받았을 것이다. 『무지한 스승』은 교육에 관한 저서이긴 하지만, 사실 다른 저서들과 마찬가지로 평등과 해방의 정치에 반하는 엘리트주의와 이론주의에 대한 우회적이고, 은유적인 비판이다.[3]

3. 무지한 스승과 보편적 가르침

> "무지한 자도 다른 무지한 자를 가르칠 수 있다."
> "설명에 의존하는 교육은 바보 만들기 교육에 불과하다."
>
> ―자크 랑시에르의 『무지한 스승』에서

랑시에르의 위와 같은 언표들은 기존 교육학과는 매우 이질적인 생각을 담고 있다. 스승 또는 선생은 원래 아이들을 유식하고, 유능하게 성장하도록 가르침을 주는 역할을 하는 학식이 높은 사람일 텐데, 랑시에르는 그것을 정면으로 부정하기 때문이다. 그러나 그의 이러한 생각은 우리가 일상에서 늘 겪는 가르침과 배움의 경험에 비추어 보면 그리 생소하다 할

---

3. 그 외에 평등주의와 해방에 관련된 저서로 『미학과 무의식』(2001), 『영화의 우화』(2001), 『이미지의 운명』(2003), 『해방된 관객』(2008) 등 다수가 있고, 편역을 한 인터뷰 모음집 『자크 랑시에르와의 대화』(2020)와 한국에서 편집하여 번역한 글모음집 『문학의 정치』(2009)가 있다.

것이 없다. 어둠 속에서도 떡을 '예술적으로' 잘 썰어서 아들을 깨우쳤던 조선 명필가 한석봉 선생의 어머니를 비롯한 우리의 어머니들, 친지, 친구들과 같은 공동체 성원들은 일상 속에서 우리에게 수많은 가르침을 주고 있지 않은가?

아이들은 대부분 스스로 모국어를 말하고 알아들을 정도로 배운다. 아이들은 누구의 설명 없이 자율적으로 말을 배우고 주위 사람들과의 일상적인 관계 속에서 그 옳고 그른 사용법을 검증한다. 그런데 이 아이들이 학교에 들어가면 설명 없이는 배우지 못하는 수동적이고 의존적인 학생이 되어 버리는 역설이 발생한다. 유능한 학습자인 아이가 의존적인 바보로 변하는 역설의 현장이 제도화된 교육현장인 것이다.

왜 그럴까? 랑시에르는 그 근저에서 가르침과 관련된 어떤 허구적인 원리와 통념이 작용하고 있기 때문이라고 본다.Rancière, 2008a 거기에는 '바보 만들기' 원리에 기초한 교육 질서, 즉 설명하는 자master explicator(설명자)의 질서가 작동하기 때문이라는 것이다.신병현, 2019: 344 랑시에르는 설명자의 질서는 기존의 사회적·정치적 불평등의 질서를 합리화하는 가르침의 질서라고 본다. 『무지한 스승』에서 그는 설명자의 질서와 자코토 선생의 '보편적 가르침'을 대질시킴으로써 설명자 질서의 허구적 성격을 폭로했다. 68혁명 시기 대학을 점거하여 동료들과 함께 가르침과 배움의 실천을 경험했던 랑시에르와 학생활동가들은 제도화된 대학교육은 지배이념을 주입하고 불평등한 위계적 사회질서를 정당화하는 장치로 간주하여 거부했다. 또한 우리의 일상적인 학습 체험에 비추어 보면 제도 교육 속의 경험은 좌절과 거부의 역설적인 성격을 띠는 경우가 많을 것이다.

1) 무지한 스승 조제프 자코토의 보편적 가르침 실험

랑시에르가 자세히 검토했던 자코토 선생은 18세기 말 프랑스 디종 출생으로 교사, 교수, 변호사, 장교, 국회의원을 역임했다. 그는 정치적 격동기에 벨기에로 망명했는데, 그곳에서도 정치적인 이유로 네덜란드어를 모르면서 대학에서 프랑스어를 강의해야 했다. 거기서 자코토 선생은 페늘롱이 쓴 『텔레마코스의 모험』의 프랑스어-네덜란드어 대조 번역판 교재를 활용하여 프랑스어 교육에 성공했다. 자코토 선생은 통역을 통해 학생들이 익힌 것을 반복해서 읽고 외우라고 시켰다. 이후 학생들에게 그들이 읽은 내용에 대해 생각하는 바를 프랑스어로 쓰라고 주문했는데, 학생들은 단어와 문법을 이해했고, 단어의 조합을 통해 문장을 만들 수 있었고, 나아가 글과 시를 지을 수 있게 되었다.Rancière, 2008a: 14-19

네덜란드어에 '무지한' 프랑스 출신 스승 자코토는 프랑스어에 '무지한' 학생들에게 프랑스어를 자유롭게 구사할 수 있도록 가르쳤다. 이때 학생들에게 자코토 스승의 설명은 필요 없었다. 그것은 가르치는 방법으로 매우 이질적인 접근법이었는데, 랑시에르의 이에 대한 해석이 매우 흥미롭다.

2) 설명하는 스승의 바보 만들기 질서

랑시에르는 설명하지 않은 자코토 선생의 가르침과 설명하는 스승을 대립시킨다. 그는 자코토 선생이 실험한 가르침을 '보편적 가르침'이라 불렀다. 그 가르침의 목적은 지적인 해방이고, 방법의 요체는 지적으로 평등한 사람들 사이의 지능과 의지와 정념의 동학에 있다고 보았다. 이 가르침은 기존 교육론의 가르침과 기본 전제와 목적 및 방법에서 매우 다르다. 그것은 위계적인 관계 속에서 스승이 학생에게 지식을 주입하고 그것을 앵무새처럼 되풀이하도록 하는 것과 다르며, 중요한 것, 부수적인 것, 원리, 결론을 체계적으로 구별할 수 있도록 설명하는 가르침과도 다르다.신병현, 2019: 333 대부분의 교육론에서는 스승의 설명과 지도는 필수적이라고 당연히 전제된다. 그 목적은 지식 전달과 수준 향상을 통해서, 사회적 용도에 맞게 체계적으로 취향과 판단력을 형성시키는 체제와 제도적인 목적, 즉 과학자, 엘리트 등을 양성하는 목적에 근거하고 있다. 하지만 랑시에르는 그러한 설명의 전제는 허구적인 논리에 기반하며 그 질서는 전복되어야 할 신화라고 본다.Rancière, 2008a: 19; 신병현, 2019: 334

(1) 설명자의 질서에 대한 의문

랑시에르는 설명자의 질서에 대해 의문을 제기한다. 책이 있는데 왜 스승의 설명이 필요한가? 책 속에 들어 있는 인간의 지능과 스승의 설명 속에 들어 있는 인간의 지능은 다른 지능인가? 그리고 우리는 그것들에 다르게 접근해야 할까? 글로 쓴 책보다 말이 더 효과적이기 때문에 설명이 필요하다는 것인가? 왜 어린 시절 모국어를 배울 때처럼 자율적으로 학습하고 검증하는 관계가 더 이상 작동하지 않는 것일까? 과연 우리는 스승이 글이나 책을 통해서가 아니라 말로 설명해 줘야만 새로운 것을 이해할 수 있다는 것인가?Rancière, 2008a: 17; 신병현, 2019: 336 랑시에르는 이렇게 우리가 바로 답할 수 있을 쉬운 질문들로 설명자 중심의 기존 교육 질서를 해체해 버린다. 우리는 이전에 당연시했던 그 설명자 질서가 사실 도저히 받아들이기 어려운 전제들의 허구적인 구성체임을 바로 간파할 수 있다.

랑시에르는 아이가 말하고 알아들을 수 있는 정도로 모국어를 배우는 자율적인 학습과 검증의 시기와 취학하여 아이가 겪는 타율적인 지도와 검증의 시기 사이의 불연속성에 주목하고, 그 역설적 관계를 문제시한다. 즉, 누군가의 설명 없이도 스스로 말을 배웠던 아이가 이제는 설명 없이는 제대로 이해할 수 없고 배울 수 없는 의존적인 아이가 되는 역설을 어떻게 보아야 하는가?

이러한 의문들은 음성언어와 문자, 엘리트와 대중 사이의 관계와 연관된 오래된 철학의 문제들과 관련되어 있다. 그리고 이 의문들에 대한 답변은 보편적 가르침의 세계에서는 모두 '그렇지 않다'이다. 랑시에르는 『철학자와 그의 빈자』,『감각의 분할』,『문학의 정치』와 같은 여러 책에서 이 것들이 모두 특정한 감각적 분할을 야기하는 사회적·정치적 질서, 위계적 질서를 합리화하는 이데올로기적 통념임을 보여 주었다.신병현, 2018; 2019 랑 시에르는 이것들을 보편적 가르침의 실험과 대질시킴으로써, 기존 가르침 의 질서가 디디고 있는 토대의 허구적 성격을 폭로하고, 그것을 '바보 만 들기stultification' 원리에 기초한 교육 질서라고 이름 붙였다.

(2) 설명하는 질서의 정체

랑시에르는 설명자로서 스승의 비밀은 가르친 교과와 지도해야 할 주 체 사이의 '거리를 식별하는 기술'에 있다고 보았다. 즉, 스승은 학생이 배 우는 것과 이해하는 것 사이의 거리를 식별하는 기술을 지닌 자이다. 그 가 하는 일은 거리를 설정하고 없애는 것이다. 그는 말을 통해서 학생들, 즉 여러 정신들을 유식-무식, 성숙-미숙, 유능-무능, 똑똑한 자-바보 같 은 자 등으로 분할하고, 그들의 지능도 역시 열등한 지능과 우월한 지능 을 분할하여 지적인 위계의 세계를 수립하는 사회적으로 권위적인 존재 이다.Rancière, 2008a: 20; 신병현, 2019: 337

이 질서에서는 학생이 모르는 문자나 숫자를 이용해서 배움의 내용과 무지가 설정된다. 또한 이 질서에서는 이것저것 무작위로 담아 넣고 기억 하고 해석하거나 경험과 습관과 욕구를 통해서 알아 가는 것은 열등한 지능을 지닌 보통 사람들의 접근 방식으로 간주된다. 반면 우월한 지능 은 이성에 의해 사물을 인식하고 단순한 것에서 복잡한 것으로, 부분에 서 전체로 체계적으로 나간다고 본다. 그 때문에 우월한 지능을 가진 스 승은 자신의 지식을 학생에 맞추어 전달할 수 있고, 그 결과를 검증할 수 있다는 것이다. 랑시에르는 이처럼 열등한 지능과 우월한 지능을 구별하고 '무능'을 연출함으로써 '열등의 정념', 즉 바보 된 느낌, 열등하다는 느낌을 갖게 만드는 것을 '설명의 원리'라고 부른다.Rancière, 2008a: 20; 신병현, 2019: 337

당연히 설명하는 스승은 설명에 의해 학생들을 이해시킬 수 있는 방법을 고민하고 개선하려고 노력할 것이다. 이처럼 학생들이 이해 못 할지 모른다고 우려하는 가운데 설명하여 이해시키려는 스승에 의해 창출되는 '무능의 연출'을 통해서, 그리고 그로 인해 자신이 무능하고 지적으로 열등하다는 느낌, 즉 '바보 된 느낌'을 갖게 된 학생의 상태를 일컫는 말이 바보 만들기다.

그런데 매우 성실하고 열정적인 스승들도 많다. 그러나 인정받고 선하고 유능하며 열성적인 실력파 스승도 지능을 둘로 나누기하기는 마찬가지다. 그 스승 역시 지적 불평등을 재생산하는 일에 참여하기 때문이다. 성실하고 열성적이고 많은 것을 쉽게 알려 줄 수 있는 그 스승은 지적으로 우월한 진보적인 엘리트들이 몽매한 자들을 점진적으로 계몽시킬 수 있다는 논리, 즉 무지한 학생의 무지를 유식한 스승이 점진적으로 줄임으로써 불평등을 지속적으로 재생산한다는 논리로 번역될 수 있는 논리를 실천하고 있을 뿐이다.신병현, 2019: 338 우리는 여러 유형의 스승을 볼 수 있다.[4] 그런데 평등을 전제한 가운데 지적인 해방을 목적으로 하는 보편적 가르침을 실천하는 스승은 보기 어렵다.

3) 해방하는 스승과 보편적 가르침

자코토의 실험과 우연한 발견은 설명하는 스승의 논리와 바보 만들기 질서에 이질적인 것이었다. 그것의 논리와 질서는 설명하는 스승 중심의 관계와 세계관을 중심으로 이루어지는 가르침과 배움의 그것과는 전혀

---

4. 여러 유형의 스승에 대한 논의로 다음 글을 참고할 것. 신병현(2016), 「푸코의 파르헤지아 개념과 교육론적 함의: 교사의 형상과 대안적 주체화 과정을 중심으로」, 『교육철학연구』, 38(1), 71-102. 이 글에서는 푸코가 소개한 네 가지 스승의 형상, 즉 예언자, 현자, 전문가, 파르헤지스트로서의 스승에 관한 논의를 소개한다. 수사학에 의존하고 사적인 욕심을 추구하는 '전문가'가 득세하는 이 시기에는 단순히 전문가적인 지식을 전수하는 스승만이 아니라, 거기에 더해 용기를 갖고 제자가 주체화하도록 안내하는 파르헤지스트로서의 스승이 요구되는 시기인 듯하다.

다르다. 무지한 스승 자코토가 우연히 발견한 것은 아이들이 스스로 프랑스어를 익혔다는 사실이다. 여기서 스승 자코토가 한 일은 무엇인가?

그는 페늘롱의 텍스트를 주고 학생들을 그대로 두었다. 그는 단지 스승 자신도 모르는 출구를 학생들이 스스로 찾아가도록 명령하였을 뿐, 자신의 지능을 전혀 사용하지 않았다. 따라서 여기서는 바보 만들기의 거리는 존재하지 않는다. 단지 인쇄된 지능과 초심자의 지능, 번역자의 지능 사이의 연결만 있었다. 자코토는 이와 같은 사실로부터 우연히 발견한 것을 학생들도 발견하도록 안내해 준 것이다.

이런 발견은 문장을 만들어 내는 모든 지능은 항상 같은 본성에 속한다는 점에 대한 새로운 인식으로 나간다. 즉, 모든 지능은 평등하고, 문장들을 만들고 이해하고 번역하는 것은 모두 다르지 않은 지능의 작업이라는 것이다. 어떤 텍스트의 이해, 단어나 문장을 이해하는 것은 그에 상응하는 다른 말, 다른 단어나 문장을 사용하는 것이지, 결코 그 이유를 제공하는 것이 아니다. 우리는 그 단어나 문장을 다른 사람이 쓴 것과 본성에서 결코 다르지 않은 문장이나 단어를 통해서 이해하고 번역한다. 곧 이해하는 것은 다른 말, 다른 문장, 다른 언어로 번역하는 것과 다르지 않다는 것이다. 그래서 랑시에르는 배우고 이해하는 것은 번역하는 행위라고 본다. 즉, 스스로 표현하려는 의지와 동일하다는 것이다. 여기서 번역가로서의 행위는 전달되는 말을 분간하여 그에 답하는 지적으로 평등한 인간에 의한 행위이고, 그것은 '평등의 징표' 아래 이루어지는 활동이라는 것이다.Rancière, 2008a: 25-27

(1) 지적 평등이라는 기본 전제

랑시에르는 '지능은 둘로 나뉘지 않는 하나'이며, 모든 사람이 지적으로 평등하다는 점을 강조한다. 사실 이런 전제의 기원을 찾는 것은 어렵지 않은데, 공통감각에 관한 여러 철학자의 사유를 참고할 수 있을 것이다.

아리스토텔레스는 오감을 통한 감각들을 통일시키는 능력인 공통감각이 모든 인간에게 주어진 것이라고 보았다. 데카르트도 이것을 양식良識이라고 불렀는데, 이 양식은 태어날 때부터 평등한 것으로서, 잘 판단하고 참된 것을 거짓된 것으로부터 가려낼 수 있게 하는 이성이다. 데카르트에게 이 능력은 어떤 근거도 필요치 않고 보편적인 것으로 전제된다.서동욱, 1995: 161-163 또한 가다머는 공통감각을 구체적 상황 속에서 바르게 판단할 수 있는 능력, 즉 실천적 지식으로 보았다. 실천적 지식은 공동체를 묶어 주는 전통과 교양을 통해 숙달되는 지식이며, 개별 상황에 적용 가능한 지식, 지성적인 덕과 같은 것, 곧 공통감각이다. 이러한 공통감각을 전제해야만 그것을 개발하는 공동체 차원의 교육이 가능하고 도덕적 시민 공동체도 성립될 수 있다는 것이다.서동욱, 1995: 161-163; 신병현, 2005: 35-36 들뢰즈도 칸트를 해석할 때 인식의 전달 가능성과 보편성의 주관적 조건으로서 공통감각을 말했고, 그것은 곧 상상력, 지성, 이성 등 이질적인 능력들의 조화와 일치이며, 모든 인간 소통의 주관적 조건이라 보았다.신병현, 2005: 36-37 공통감각에 관한 이러한 논의의 중심에 칸트가 자리하고 있다.

칸트는 혁명의 시대에 고전들을 다시 읽으며 새로운 시대를 맞이할 새로운 주체성, 새로운 인간형을 위한 감성론(미학)을 주창했다. 칸트는 개인들이 공통적으로 지닌 감성적 판단의 보편성, 주관적인 것의 객관성을, 허약하고 꾸며진 귀족의 고급문화와 신흥 부르주아 세력의 야만적 충동 간의 분리를 넘어설 수 있는 새로운 공통감각의 가능성, 공통적인 감각공동체를 가능하게 할 조건으로 보았다.신병현, 2005: 35-37 귀족의 궁전을 보수하기 위해 불러온 노동자들도 복도를 통해 펼쳐지는 경관의 아름다움을 무심하게 감상하고 더 좋은 전망을 얻기 위해 작업할 창문의 위치가 어디가 되어야 할지 그려 볼 수 있다. 칸트는 인간의 공통감각인 지성(오성)의 작용에 초점을 두고 경험적 직관으로서 표상(재현)과 이성 사이의 조화와 통일을 사유했다. 그의 비판서들은 인간의 인식과 소통에 관련된 기본 역량으로 감성, 지성, 이성의 조화로운 종합에 대한 비판적 검토였다.

랑시에르는 칸트의 논의를 따라 감각공통체 또는 공통감각을 전제하는 것으로 보인다. 그러한 전제에 따라 랑시에르는 지능은 모든 이의 지능인 것으로서 사회적 지위나 직업에 따라 분할되지 않는 것, 모든 이가 전유하는 하나의 지능이라고 전제했다. 따라서 해방은 바로 이러한 평등한 지능의 전유 과정에 참여하는 것이다.^{신병현, 2019: 337}

(2) 의지의 방법

스승 자코토는 다만 학생들 스스로 자신들의 지능을 쓰도록 명령하였고, 학생들은 스승의 강제하에서 자신들의 지능을 사용하여 책의 지능과 관계 맺게 된다. 랑시에르는 이를 '의지의 방법'이라 불렀다.^{Rancière, 2008a: 29; 신병현, 2019: 339}

랑시에르는 배우고 가르치는 행위에서는 지능과 의지의 기능이 작동하는데, 그 하나는 식자의 기능이고 다른 하나는 스승의 기능이라고 본다. 설명하는 스승의 실천이 이 두 가지 기능으로 묶인 것이고, '무능의 고리'에 학생을 가둔다면, 무지한 스승 자코토의 실천에서 이 기능들은 분리된다. 지능과 의지가 서로에게서 자유롭게 해방된다는 것이다.^{신병현, 2019: 340}

무지한 스승은 책에게 지능의 기능을 맡기고, 자신은 오직 의지를 강제하는 스승의 기능을 통해서, 학생들이 자신의 지능으로 책의 지능과 씨름하는 고리, 즉 '역량의 고리'에 그들을 가두는 역할만 수행하였다는 것이다.^{Rancière, 2008a: 30-34} 상황의 강제가 자코토의 의지에 따른 명령과 지시라는 형태를 띠고 전달되었고, 학생이 여기서 배운 것은 스승의 학식이 아닌 자신들만의 의지에 따라 역량의 고리로 스스로를 가두는 법이었던 것이다.^{신병현, 2019: 340}

(3) 지적인 해방과 보편적 가르침

랑시에르는 지적인 해방은 의지와 의지의 관계와 지능과 지능의 관계가 식별되고, 이 관계의 차이가 인정되고 유지되는 분리라고 말한다. 이 상황에서는 오직 의지의 복종 아래에서 지적인 행위가 이루어지고, 학습자는 자신의 지능에만 복종한다.Rancière, 2008a: 31; 신병현, 2019: 340

보편적 가르침은 "무언가를 혼자의 힘으로, 설명해 주는 스승 없이 배우는" 전래된 학습 방법이다. 이 가르침은 지능과 지능의 복종 관계로부터 가르치는 이와 학습자 모두가 해방되어야 시작된다. 보편적 가르침은 지능에서 평등한 스승 또는 긴요한 상황과 학습자가 의지에서의 복종 관계와 불가피함에 종속된 가운데 이루어지는 가르침과 배움의 관계. 즉, 지적인 평등을 전제하고 지적으로 해방되고 의지에서 복종적인 관계 하에서 개시되는 가르침과 배움의 '방법'인 것이다.신병현, 2019: 340

보편적 가르침은 오랜 역사를 지닌 민중적 지혜의 한 유형이어서, 특정한 사람들을 선별하고 지도하기 위한 사회적이고 제도화된 방법이 아니라, 빈자들에게 알려야 할 '혜택'이었다. 그것은 빈자들도 자신이 모르는 것을 자신의 아이들에게 가르칠 수 있는 '방법', 가난하고 무지해도 스스로 해방만 된다면 자기 아이를 교육할 수 있는 '방법'이다.신병현, 2019: 341

4. 보편적 가르침의 주요 요소들

보편적 가르침은 이론적 체계성을 갖춘 전통주의, 진보주의 등의 교육 방법에는 미달하지만 중요 시기에 소환되는 대안적 해결 '방법'이어서 그러한 접근들과 평행적 관계를 맺으며 공적인 논의의 장에 간헐적으로 소환되기도 한다. 랑시에르의 보편적 가르침을 평등 전제와 해방적 실천, 텍스트라는 전체, 능동의 정념이라는 3개 요소로 특징지어 보았다.

1) 평등 전제와 해방적 실천

보편적 가르침을 한마디로 특징짓자면 그것이 평등의 전제와 그에 따르는 스승과 학습자 모두의 해방이다.

랑시에르는 엘리트와 무지한 자를 분리시키고 무지에 대한 지식과 우열의 정념을 갖게 하는 것은 불평등주의 원리이며, 이는 식자의 기능과 스승의 기능을 결합한 가운데 설명하는 교육자의 실천원리라고 본다. 반면, 평등주의와 해방에 기초한 보편적 가르침의 실천은 식자의 기능과 스승의 기능이 자유롭게 분리되고, 평등을 전제로 한 가운데 시작된다. 보편적 가르침에서 평등은 목적지가 아니라 출발점이다. 인간은 모두 동일한 지적 역량을 가지고 있고, 그 지능의 발현을 통해서 그러한 평등을 입증해 간다는 것이다. 따라서 그것은 가능한 어떤 것, 즉 지능의 평등을 입증해 가기 위한 수행적performative이고 '현동적인actual' 실천의 장을 여는 전제인 것이다.Rancière, 2008a: 142

수행적이고 현동적인 실천을 통해 평등을 입증해 가는 지적 역량은 "사물들 사이의 유사함과 차이를 파악하고 그것을 이미 알고 있는 것들과 연관시킬 수 있는 지능, 즉 주의를 기울이고 연관시키고 비교하는 지적 역량"이다.59, 142 앞서 공통감각을 주목했던 철학자들을 보았듯이, 이것은 인간이면 누구나 갖고 있다. 이것은 예컨대, 책을 쓰거나 읽거나 하는 인간의 활동들 속에서 발현되는 동일한 지적 역량이다.59 책을 쓰거나 책을 읽는 지적 역량은 동일한 지적인 산물이다. 따라서 모든 인간은 지적인 능력에서 평등하다는 것이다.

그런데 평가하고 줄 세우는 공적 교육의 장들에서 볼 수 있듯이, 학습자들 간의 명백한 성취도의 차이는 무엇인가라고 의문을 제기하면서 실제적이지 못한 논의라고 비판할 수 있을 것이다. 그러나 이것이 지능의 평등을 부정하는 증거는 될 수 없다. 랑시에르는 학습 성취의 차이는 지능의 우월이 아닌, 지적 역량의 발현에서의 차이에 따른 것이라고 본다.

즉, 지능을 사용하게 강제하는 의지의 강도 여하에 따라 지능의 발현이 달라진다는 것이다. 개별적인 지적 활동에서의 차이는 지적인 발현에서의 불평등에 기인한다.[61] 누구는 우월한 지능을, 누구는 열등한 지능을 갖고 있는 게 아니라, 그 지적인 역량의 발현에서의 차이, 즉 지능을 사용하게 강제하는 의지의 강도 여하에 따라 지능의 발현 여하도 달라진다는 것이다.

랑시에르의 이러한 평등주의적인 생각은 그의 스승 알튀세르와 그의 제자들 및 대중들의 관계에 대한 반성에 기반한 것으로서, 사회적이고 개인적인 경험에 기초한 사유의 산물이라 할 수 있다. 자코토의 역사적인 사례에 근거한 랑시에르의 성찰 또는 이단적인 앎의 방식과 '과학적인' 앎의 방식의 대당은 또한 지식-육체노동 분업, 엘리트적 위계화, 감각의 분할과 관련된 것이다. 랑시에르는 무지한 스승의 실천을 "시간도 없고, 돈도 없고, 아는 것도 없는 빈자로 하여금 그의 아이들을 지도할 수 있게 해 주는 단순한 방편만은 아니라고" 한다. 그것은 "학식이 더 이상 도움을 주지 않는 곳에서 이성의 순수한 힘들을 해방하는" 실험이었다는 것이다. 인간 모두에게 공통적인 것으로서 '참된 이성'은 "너는 어떻게 생각하니?"와 같은 무지한 스승들의 '인간적인' 질문에서 발현된다. 곧, 배우는 이의 앎과 무지한 스승의 무지가 서로 평등함이 증명되는 곳에서 인간의 이성이 발현된다는 것이다. 이러한 생각은 식자들이나 엘리트들의 제도화된 학자들의 과학과 대비되는 민중들의 과학이 결코 비이성적이거나 어두운 미신이나 신비주의에 기초한 게 아니라는 점과 관련된다. 이것은 또한 프랑스혁명 이후의 감각적 풍경perceptual landscape의 변화와 관련된 것으로서 누구나가 평등하게 이성과 감성을 조화롭게 사용할 수 있는 역량을 지니고 있음에 주목한 것이기도 하다.신병현, 2019: 344-346

보편적 가르침의 핵심이 지적인 해방, 즉 평등한 시선으로 세상을 다르게 보기 시작하는 것을 내용으로 갖는 해방인 것은 바로 이런 맥락에서 그렇다.Rancière, 2008a; 신병현, 2014 인간이 봉건적인 인격적 예속에서 벗어난 평등한 존재로 선언된 혁명기의 세계에서, 감각적 풍경의 변화가 의미하는 것은, 사람들을 위계화하는 지배적이고 제도화된 지식체계와 그것이 합리화하는 질서와는 전혀 다른 인간, 즉 평등한 인간으로서 공유하는 공통감각에 의거해서 동등하게 세상을 볼 수 있게 되었다는 것을 의미한다. 그리고 이에 따라 기존의 사회에서와는 다른 역할 관계 속에서 관계 맺기 시작하게 됨을 의미한다.Rancière, 2008c 이러한 새로운 감각의 분할에 의한 새로운 관계는 '지적인 해방'의 실천으로 드러날 수 있다.신병현, 2014

2) 텍스트라는 전체

스승 자코토의 실험에서처럼, 텍스트는 지적 해방의 물질적 매개물이다. 인간의 활동과 사고는 문화적 수단인 기호나 도구에 의해 물질적으로 매개된다. 우리가 창작한 다양한 예술 작품, 텍스트들, 문화적 표현들은 그것을 만들거나 읽고 감상하는 지능들과 동일한 지적 역량을 담고 있는 물질적 매개물들이다. 랑시에르는 텍스트가 갖는 지적 해방의 물질적 매개물로서의 고유한 기능을 강조한다. 고전 책은 하나의 전체로서 학생이 배워야 할 모든 것들을 연결하는 '중심', '바탕이 되는 고리'가 된다.Rancière, 2008a: 47; 신병현, 2019: 347

보편적 가르침에서 학생은 스스로의 힘으로 모든 것을 보고, 비교하고, 다음과 같은 질문에 답해야 한다. "무엇을 보고 있니? 너는 그것에 대해 어떻게 생각하니? 너는 그것을 가지고 무엇을 하니?" 여기서 "책은 학생의 손에 쥐어진 전체"인 것이다. 전체가 그 책 안에 있으며, 이해해야 할 것은 아무것도 없고, 오직 이야기할 것만 있다는 것이다.Rancière, 2008a: 47; 신병현, 2019: 347

언어의 모든 역량이 한 권의 책 전체 속에 들어 있으므로, 문자, 단어, 문장, 생각들을 조합하는 것을 배우는 것도 역시 책을 만드는 지능과 동일한 지능의 산물을 이용하는 것이다. 문자나 이미지 기호는 사람들 사이의 모든 위계를 부정한다. 언어 기호에 의해 만들어진 모든 작품은 같은 방식으로 이해되고 이용되기 때문이다. 책은 평등한 지능의 증거인 것이다.Rancière, 2008a: 81; 신병현, 2019: 348

3) 능동의 정념

보편적 가르침의 실천에서 스승은 질문하기와 명령하기의 행위를 통해 학생의 지능에 강제적인 상황을 조성한다. 이에 따라 의지와 의지의 관계 속에서 학생의 지능은 스승의 의지에 종속되고, 그럼으로써 보편적 가르침의 역량의 고리가 능동적으로 작동한다.

보편적 가르침의 "너는 어떻게 생각하니?"와 같은 질문하기 방식은 소크라테스적인 문답법과 유사해 보인다. 그러나 랑시에르는 소크라테스주의는 하나의 개선된 바보 만들기 형태에 불과하다고 본다. 소크라테스적인 문답법을 통해 스스로 깨우치도록 하는 방식은 스승에 의존적으로 만들기 때문에 앎의 길은 있어도 해방의 길은 없다. 그것은 무능의 증명을 통한 길이기에 역시 열등의 정념을 연출하는 식자의 방식일 뿐이다.

반면, 우리 이웃이나 부모들은 누구나 아이의 말이나 글에 주의를 기울이기만 한다면 비교하고 구별하고 인식하여 알아보고 질문할 수 있다. 이와 같이 비교하고 식별하여 인간적으로 질문하는 것은 모국어를 배우는 아이가 언어와 기호의 세계로 진입하여 지능을 자율적으로 발휘하도록 강제하는 '진정한' 질문들이다.Rancière, 2008a: 66-67

이처럼 랑시에르는 보편적 가르침에서의 "스승이란 구하는 자가 그 길을 계속 가도록" 유지하기 위해 강제하는 자이다.[72] 스승은 곧 배우는 자로 하여금 계속적으로 경계하기, 즉 새로운 것을 찾는 것에 게을러지거나 부주의에 빠지거나 사회적·이성적 무분별에 굴종하고 열등한 정념에 휩쓸리지 않도록 강제하는 자, 배우는 자가 도처에서 관찰하고 비교하고 조합하고 만들고 어떻게 했는지 주목함으로써 반성적 실천을 강제하는 자인 것이다. 보편적 가르침에서는 의지의 무조건적인 요청으로 나타나는 완고한 스승만이 역설적으로 수동으로부터 능동으로 정념을 정향시킴으로써 지적으로 해방시킬 수 있다는 것이다.신병현, 2019: 349

5. 평등주의 교육론이 제기하는 주요 쟁점들

평등과 해방의 교육론은 기존 교육론에는 이질적인 교육론이다. 그것은 전통주의 교육론이나 진보주의, 비판 교육론 모두의 관심을 끌어 왔지만, 실제는 '사회적 중력'의 작용으로 인해 지속적이고 실질적인 접점을 형성하지는 못했다. 평등과 해방의 교육론은 가르침의 방법이고 공동체들의 문화적 유산으로 전승되어 온 자연적인 방법이다. 랑시에르는 그것이 사회적 방법이나 질서가 아니기 때문에 사회제도로 뿌리내리거나 퍼져 나가지는 못한다고 보았다.Rancière, 2008a: 199-201 이러한 특이성으로 인해 보편적 가르침은 역사적으로 기존의 교육론들과 양가적이거나 평행론적인 관계를 맺어 왔던 것이다. 이러한 양상은 현 시기에도 마찬가지일 듯하다. 하지만 우리가 기존의 시도들이 왜 실패했는지를 생각해 보면, 그로부터 어떤 교훈을 얻을 수도 있을 것이다. 그런 의미에서 여기서는 랑시에르의 교육론과 진보적 교육 실천이나 비판 교육론에 대해 갖는 비판적 함의를 중심으로 살펴본다.

1) 보편적 가르침과 공교육

보편적 가르침은 공교육의 부품으로 활용할 수 있을까? 보편적 가르침을 단지 공교육의 부품으로 간주한다면, 그것은 한편으로 보편적 가르침의 혜택을 너무 협소하게 활용하는 것일 수 있고, 다른 한편으로 그것을 공교육의 장치 속에서 적절하게 기능할 수 있을 정도의 보편성을 지닌 교육 기법으로 과도하게 생각하는 것일 수 있다.

보편적 가르침이 우선 기존의 교육체제를 넘어설 만한 잠재성을 품고 있다는 점에서 그 가치를 너무 협소하게 생각하는 것은 문제일 수 있다. 또한 '사회적인 것들의 중력'은 특정한 학생에 대한 '의지의 강제'를 불가능하게 할 것이므로 공교육체제 속에서 부품으로서 기능하는 데 심각한 곤란을 야기할 것이 분명하다. 따라서 보편적 가르침을 공교육체제의 부품으로 활용하려는 이런 시도들은 평등의 전제가 없다면 실패할 것이라는 점을 강조할 필요가 있다.신병현, 2019: 350

그러므로 우리가 공교육과 보편적 가르침의 접점을 마련하고자 한다면, 무엇보다도 그것을 가능하게 하는 사회 생태적 조건을 검토해야 할 것이다. 그 하나로 텍스트의 전위된displaced 형태로서 공동체의 교육 문화적 장소들을 생각해 볼 수 있다.

첫째로, 랑시에르가 말한 '전체는 전체 속에 있다'는 모나드 원리에 근거해서 보자면, 지능은 예술 작품이나 공동체의 일상적 실천 속에 배태되어 있다.신병현, 2014: 102; 2019: 351 그리고 다양한 공동체들에는 잠재적인 무지한 스승들이 있다. 하지만 전위된 텍스트로서 그러한 전체들이 유효한 교육 장치로 현실화되는 것은 별개의 문제일 것이다. 나아가 그것이 공교육의 장과 긍정적인 관계를 맺을 수 있을지는 의문이다.

과연 교사가 공교육의 장에서 보편적 가르침을 지속적으로 실천할 수 있을 것인가? 알튀세르가 염려했던 이데올로기적 국가 장치ISA로의 포섭과 종속의 위험은 늘 존재한다. 그 실천들은 고립되어 점차 ISA로 동화, 포섭되거나 변질되고 포기될 것이다. 학교 내부와 외부를 횡단하는 비ISA 장소로의 변형 실천이 있어야 할 것이다.

또한 앞서 언급했듯이 '사회적인 것들의 중력'으로 인해 공교육의 질서 하에서 의지의 방법을 적용하는 것은 곤란하다. 평등 전제가 없는 한, 지식의 기능과 스승의 기능의 자유로운 분리와 해방이 가능하지 않을 것이고, 다양한 사회적인 이유들로 인해 능동적인 의지의 복종과 강제는 불가능할 것이기 때문이다.Rancière, 2008a: 199-201 이러한 것들을 가능하게 하는 사회 생태적 조건은 무엇일까? 그리고 그것을 우리 사회에서 실천적으로 마련하는 것은 가능할까? 모두 함께 고민하여 해결책을 모색해 보아야 할 과제이다.

2) 불평등 감소를 위한 진보적 교육개혁 비판

랑시에르의 보편적 가르침 논의는 엘리트주의에 근본적으로 반대하는 입장에서 시작되었다. 그는 '지식-육체노동의 분할'의 모순과 지적 해방의 문제가 우리가 '보고, 듣고, 말하고, 느끼는' 방식에 영향을 미치는 사회적 역할 및 직업적 질서, 곧 기존의 질서 지어진 감각의 분할 체제에서의 변화와 분가분의 관계가 있음을 여러 글에서 밝혔다.[5] 노동자 계급의 해방 그리고 억압과 착취의 불평등 구조로부터 해방된다는 것은 이 세계의 문화적 가치의 토대가 되는 사물들의 질서와 단절하는 것을 의미한다. 여기에는 지식-육체 노동의 분업, 위계구조, 직업적 질서와 그것을 명시적으로 암묵적으로 정당화하는 기호semiotic 및 비기호적 표현 양식들(담론들, 언어와 이미지들)로부터의 단절이 포함될 것이다.[6]

(1) 인식과 재현 방식의 변화

기술 발전, 희소한 사건들, 예술적 창작물, 나아가 직업과 역할 관계에서의 변화는 우리가 주위 세계를 인식하는 방식에서의 변화와 밀접한 관

---

5. 대표적으로 『프롤레타리아의 밤』, 『철학자와 그의 빈자』를 들 수 있다. 이 책들에서 랑시에르는 빈자, 민중, 노동자 등에 대해 엘리트들에 의해 허구적으로 주조된 형상을 기준 삼아 계몽화, 의식화시키고자 했다는 점을 비판했다.
6. 이에 대한 보다 상세한 논의는 신병현(2018), 「기호-기술 환경 변화에 따른 기호작용의 문화정치적 쟁점에 대하여」, 『경제와사회』, 117(1), 106-145.

계가 있다. 이 새로운 감각의 분할로 인해 우리는 새로운 방식으로 보고 느끼게 된다. 이러한 감각의 분할은 우리들의 일상적인 사고와 소통을 위한 기본 역량의 형성에 영향을 미친다. 곧, 공통감각의 변형과 관련되어 있다. 그것은 우리 주위 세계를 당연시하게 하는 일상적 재현 representation 실천의 근본 조건이다. 그것들은 기호 및 언어 공동체에서의 변화와 긴밀하게 관련되어 있다. 이에 대한 면밀한 검토와 고려는 없는 것 같다.신병현, 2018

랑시에르는 프랑스혁명기 문서를 검토하여 오랫동안 당연시해 왔던 '역사적 주체로서' 노동자 형상이 철학자들이나 엘리트들에 의해 주조된 허구적이고 이데올로기적인 형성물이었을 뿐임을 밝혀냈다.Rancière, 2004: 219-227 사회정치적 해방과 혁명의 시대에 만인이 자유롭고 평등하다고 선언된 세계에서 사람들은 결코 엘리트들에 의해 규정되고 주조된 역사적, 사회적, 정치적 존재로서 살아가지 않았다. 그들이 실제로 자유롭고 평등한 것으로 믿고 행동하고 욕망을 추구하는 삶을 사는 이들이었음을 프랑스혁명기 노동자들이 남긴 문서를 통해 확인했다. 실제로 노동자들이 살았던 밤은 다음 날 근로를 위해 휴식을 취해야 하는 밤이 아니라, 시를 짓고 여행과 유토피아를 꿈꾸었던 밤이었다. 진보적 사회 실천에서 빈자, 민중, 노동자 등에 대해 엘리트들에 의해 허구적으로 주조된 형상이 계몽화, 의식화를 위한 재현의 기준이 되었다는 점에 대한 랑시에르의 이러한 비판은 현대 비판적 교육철학의 재현 실천을 반성적으로 돌아보게 한다.신병현, 2019: 353-357

(2) 평등을 전제하지 않고 목적으로 설정한 교육개혁들
비판적 교육 실천 현장들에서도 평등과 자유로움이 강조되긴 하지만, 그것은 교육 실천을 개시하는 전제가 아니라, 그 결과로서 상정되는 경우가 대부분이다. 따라서 진보적 계몽 교육의 목적은 평등과 지적 해

방이 아니라, 불평등의 축소와 지적인 의존 구조의 재생산인 경우가 많다.Tyson, 2012

랑시에르의 논의는 프랑스 진보개혁을 둘러싼 논쟁의 역설적 상황에 비판적으로 개입하는 성격을 띤다. 프랑스에서 좌파의 집권기에 시행되었던 '교육을 통한 불평등의 감소'를 위한 교육개혁 프로그램과 관련된다. 저명한 사회학자인 피에르 부르디외P. Bourdieu의 책들, 대표적으로『구별』과『재생산』이 그 개혁의 이론적 기반이었다. 랑시에르에 의하면, 이 책들의 내용은 피지배계급을 그들의 자리에 위치시키려는 상징폭력에 관한 것이다. 상징적 폭력은 학교에서의 배제의 의례를 매개로 하여, 피지배계급이 사회적으로 적응할 수 없다는 정념을 갖게 하여, 실패에 대한 비난을 자신들 스스로 감내하도록 한다는 것이다. 곧, 성향 체계로서 아비투스habitus를 생산하는 것이 국가기구로서 교육의 기능이라는 것이다.Rancière, 2004: 219-227; 신병현, 2019: 355-356

이로부터 개혁주의자들이 도출했던 프로그램은 학교의 불평등을 줄이는 데 목적을 두었다고 한다. 학교에서는 고급문화의 몫이 감축되고, 저소득층과 다문화 아동들이 더 생활하기 적합하고 보다 흥겨운 내용의 교과과정으로 수정되었다고 한다.Rancière, 2004: 221

그런데 이런 접근은 여러 문화 집단들의 문화적 가치들을 고려하는 것이긴 하지만, 동시에 또 다른 선별된 사람들만이 고급문화의 세련됨에 접할 수 있게 하는 특수한 분할을 야기하는 것과 관련된다. 이것을 둘러싼 논쟁은 동일한 학습 기회를 제공하라는 보수 측의 보편주의 시민교육의 주장과 소수자들의 필요와 방식에 따르는 학습과 문화정치에 기초하는 진보 측 교육론 사이에 이루어졌다. 보수적 보편주의 교육 담론과 진보주의 교육 담론의 기묘한 대립이 형성하는 이러한 역설적인 상황에 바로 랑시에르가 개입한 것이다. 랑시에르는 보수 진보 모두 불평등을 합리화하는 감각의 특정한 분할을 당연시하고 재생산한다고 보았다.Rancière, 2008a;

따라서 랑시에르는 진보주의 교육 정책을 통해서 불평등을 감소하려는 시도는 과녁을 비껴가고 오히려 기존의 감각의 질서나 불평등의 질서를 재생산한다는 점을 비판한 것이다. 불평등을 감축하기 위한 교육에서 이루어지는 불평등한 성향의 재생산이 문제이며, 고급문화의 차별적인 접근의 불평등 구조 역시 무관심하게 되는 문제가 있다는 것이다.

6. 교육 대전환에의 함의

랑시에르는 공적 제도로서 비교적 큰 규모로 이루어지는 보편적 가르침의 교육 실천은 '사회적 중력'으로 인해 실패할 수밖에 없다고 본다. 그럼에도 진보적이고 비판적인 교육의 실천에 관심 있는 이들의 랑시에르의 교육론에 대한 관심은 여전히 크다. 앞서 보편적 가르침의 주요 요소들과 그것들이 제기하는 주요 쟁점들에 대해 살펴보았듯이, 그의 논의는 교육 체제 전체적인 변화를 위한 논의보다는, 보편적 가르침의 주요 요소들을 개별적으로만 고려한다면, 우리 사회 교육의 변화를 위한 실천 방향 모색에 어느 정도는 도움이 될 수 있을 것 같다. 따라서 여기서는 랑시에르의 보편적 가르침 논의가 우리 사회 교육체제 전반의 변화를 위한 논의에 어떠한 함의를 갖는지 생각해 본다.

첫째, 랑시에르는 교육 변화를 위한 실천이 궁극적으로 무엇을 목표로 하는지에 대한 기본적인 전제를 사전에 검토하는 것이 중요하다는 점을 강조했다. 그것은 곧 평등을 전제하고 지적 해방을 목표로 하는가, 불평등의 근본적인 불가피함을 전제하고 그것을 점차 완화해 나가는 것을 목표로 하는가에 대해 검토해야 할 것이다.

랑시에르의 보편적 가르침은 평등의 전제로부터 개시되어 자유롭게 펼

처지는 해방적 교육 실천이다. 그것은 평등을 그 수행적 실천 속에서 지속적으로 입증해 가는 주체화 과정이기도 하다. 따라서 평등은 개인이 갖는 확신에 찬 의견이어야 한다. 보편적 가르침에서는 이러한 평등에 대한 주관적 몰입의 전제가 상황과 의지의 강제하에서 다양한 텍스트들을 매개로 삼아 새로운 역량의 고리를 작동시킴으로써 지적 해방을 가능하게 한다는 점을 강조한다._{신병현, 2019: 359}

비판적 교육 실천 현장들에서도 평등과 자유로움이 강조되긴 하지만, 그것은 교육 실천을 개시하는 전제가 아니라, 그 결과로서 상정되는 경우가 대부분이다. 랑시에르의 평등주의적인 해방적 교육 실천은 기존의 계몽적이고 엘리트 중심의 사회운동 실천들이 비록 비판적 지향성을 보일지라도 지식-육체노동의 분할로 인한 모순을 제대로 의문시하지 못했고, 이것이 이데올로기적 국가 장치로서의 통제 기능을 지속적으로 재생산할 수 있으며, 조직 내적인 차별의 문화를 조장할 수 있다는 것을 명확히 인식한 사유의 산물이다._{신병현, 2019: 360}

둘째로, 랑시에르는 텍스트의 매개 관계를 어떻게 새롭게 구축해 나갈 것인가에 대한 명확한 인식에 기초한 실천이 중요하다는 점을 강조했다.

우리가 보고 듣고 읽고 느끼고 감상하고 비평할 수 있는 것들을 광의로 '텍스트'라고 할 수 있을 것이다. 이 텍스트들은 우리 문화의 지적 역량을 담고 있는 전체들이다. 이 전체들은 우리의 활동과 사고를 매개하는 물질적 매개물들이다. 우리 주위의 무지한 스승들은 이 텍스트들을 매개로 "너는 어떻게 생각하니?"라고 질문하면서 평등한 관계 속에서 지적 해방의 수행적 실천에 참여할 수 있을 것이다.

이러한 점에서 우선 문화적 역량을 담은 좋은 텍스트들에 접할 수 있도록 하는 과제가 있을 것이다. 그런데 정보기술의 발전이 곧바로 좋은 텍스트에 접할 수 있게 하는 것은 아니라는 역설이 있다. 가짜 뉴스들과 수사학으로 치장한 텍스트들이 범람하고 있지만 적절한 기호 해석 역량

에 대한 인식은 부족하다.^{신병현, 2018}

  셋째로, 동시에 이런 상황은 교육을 재현 실천의 측면에서 성찰적으로 검토할 필요성을 제기한다. 교육 실천은 기본적으로 다양한 양식multi-modal의 기호적semiotic 산물들을 매개로 한 상호작용이며 상이한 활동 장르들의 체계를 포함하는 퍼포먼스라 할 수 있다.^{신병현, 2018}

  새로운 교육 방법을 모색하는 많은 참신한 시도들이 있지만, 이것들은 기본적으로 평등주의의 전제에서 출발하지 못하기 때문에, 여전히 '바보 만들기의 원리'에 머문다고 비판받을 수 있다. 예컨대, 능동적인 참여자 중심의 교육을 기획하려는 시도들이나 계몽적 실천들은 기존의 엘리트주의 모델을 근본적으로 넘어서지 못하고 있다는 것이다.^{랑시에르, 2008} 이러한 생각은 의식화하고자 하는 엘리트 주도의 계몽적 기획 모델에 근거한 소통과 교육, 미적 실천들에 대한 비판으로까지 확장될 수 있다. 그러므로 우리가 만약 엘리트주의에 반대하고 지적 해방과 평등주의를 추구하는 비판적 교육론의 관점에 선다면, 우리는 "무대나 단이 설치된 장소에서 여러 사람과 만나는" 방식의 효과에 대해서 의문시해야 할 것이다.^{신병현, 2018: 136} 그러한 곳에서 기획되고, 기대되는 "교육 효과나 의식화에의 효능"에 대한 생각들에 근본적으로 의문을 제기해야만 할 것이다.¹³⁶ 즉, 여러 사람과 만나는 교육적 기획들, 강의와 강연, 그리고 집회 시 무대 위의 공연이나 선동, 대표의 연설 장면 등의 정치적 선전 모델이나 기획들은 과연 엘리트주의 바보 만들기의 교육 실천을 답습하고 있지는 않은가 성찰해 보아야 한다는 것이다.

  마지막으로 우리가 교육현장에서 교사와 학생이 책과 예술 작품을 매개로, 그 결과를 알 수 없긴 하지만 작가 혹은 기획자로서 스승과 관객으로서 학생이 마주하는 것으로 본다면, 그리고 국가 장치의 지배적인 담론들의 영향과 포획 시도에서 벗어나고자 한다면, 해방적인 실천의 지속적인 수행성이 보장되는 조건의 조성이 필요함을 살펴보았다. 따라서 우리는 단순히 국가 장치 내적인 담론과 실천들로부터 거리를 두는 수준을 넘어 전혀 새로운 방향의 실천으로 나갈 수 있게 하는 조직적 실천이 중요하다고 말할 수 있을 것이다. 우선적으로 전체는 전체 속에 있다는 교훈에 따라서 유용한 '텍스트'들을 개발하고 교육 현장을 횡단하는 여러 비국가 장치들을 활용하려는 더욱 적극적인 노력이 필요하다고 말할 수 있을 것이다.

참고문헌

서동욱(1995). 「들뢰즈와 칸트」. 질 들뢰즈. 서동욱 옮김(1995). 『칸트의 비판철학』. 민음사, 149-201.

신병현(2014). 「비고츠키와 랑시에르: 교육문화운동의 새로운 패러다임을 찾아서」. 『문화연구』, 3(1), 73-114.

_____(2016). 「푸코의 파르헤지아 개념과 교육론적 함의: 교사의 형상과 대안적 주체화 과정을 중심으로」. 『교육철학연구』, 38(1), 71-102.

_____(2018). 「기호-기술 환경 변화에 따른 기호작용의 문화정치적 쟁점에 대하여」. 『경제와사회』, 117(1), 106-145.

_____(2019). 「랑시에르와 지적 해방을 위한 평등주의 교육」. 이윤미 외(2019). 『비판적 실천을 위한 교육학』. 살림터, 330-364.

신병현·현광일(2010). 『포스트모던 조직론』. 도서출판다인아트.

Lewis, Tyson E.(2012). *The Aesthetics of Education: Theatre, Curiosity, and Politics in the Work of Jaques Rancière and Paulo Ferire*. N.Y.: Continuum Books.

Rancière, J.(1974). *La leçon d'Althusser*. E. Battista(trans.)(2011). *Althusser's Lesson*. London: Continuum.

_____(1983). *Le Philosophe et ses pauvres*. A. Parker(ed. & trans.)(2004). *The Philosopher and His Poor*. Durham: Duke Univ. Press.

_____(1987). *Le Maitre Ignorant: cinq leçons sur l'émancipation intellectuelle*. 양창렬 옮김(2008a). 『무지한 스승: 지적 해방에 대한 다섯 가지 교훈』. 궁리.

_____(1992). *Aux bords du politique*. 양창렬 옮김(2008b). 『정치적인 것의 가장자리에서』. 길.

_____(1997). *La nuit des prolétaires: Archives du reve ouvrier*. 안준범 옮김(2021). 『프롤레타리아의 밤』. 문학동네.

_____(2000). *Le partage du sensible: esthétique et politique*. 오윤성 옮김(2008c). 『감성의 분할-미학과 정치』. 도서출판b.

_____(2003). *Le destin des images*. 김상운 옮김(2014). 『이미지의 운명』. 현실문화.

_____(2007). *La Politique de la littérature*. 유재홍 옮김(2009). 『문학의 정

치』. 인간사랑.

_____(2008). *Le spectateur émancipé*. 양창렬 옮김(2016).『해방된 관객』. 현실문화.

_____(2009). *Et tant pour les fatigués: Entretiens by Jaques Rancière*. 박영옥 옮김(2020).『자크 랑시에르와의 대화-피곤한 사람들은 어쩔 수 없지!』. 인간사랑.

10장

테오도어 아도르노:
반권위주의 교육, 저항 교육, 그리고 비판 교육

김누리

1. 성숙을 위한 교육

2015년 독일 총리 앙겔라 메르켈은 시리아 난민 100만 명을 받겠다고 선언해 세상을 놀라게 했다. 실제로 그해에 독일은 115만 명의 난민을 받아들였다. 2017년 9월 메르켈 총리는 연방의회 선거에서 승리하여 독일 역사상 최장수 총리가 되었다.

시리아 내전이 촉발한 난민 위기 속에서 유럽 각국 정부가 보인 대응과 비교해 보면 독일 정부의 행보는 참으로 놀랍다 하지 않을 수 없다. 영국과 프랑스의 경우 불과 수만 명의 난민을 받겠다는 정부의 발표에 나라 전체가 거대한 정치적 격랑에 휩쓸리지 않았던가. 영국에서는 '난민 공포'가 유럽연합 탈퇴를 결정한 브렉시트를 초래했고, 프랑스에서는 강경한 반난민 정책을 펴는 극우 파퓰리즘 정당 '국민전선'의 마린 르펜이 대통령 예비선거에서 2위에 올라 결선투표까지 가는 돌풍을 일으켰다. 폴란드, 헝가리 정부의 극단적인 반난민 정책과 네덜란드, 오스트리아 극우 정당의 놀라운 약진도 유럽의 미래에 어두운 그림자를 던지고 있다. 미국 대선에서 공화당의 도널드 트럼프가 대통령으로 당선된 이후 정치 세계에서 정의, 평등, 인권, 인류공영 등의 가치는 찾아보기 어렵게 되었고, '아메리칸 퍼스트'가 상징하듯 오직 국가 간 경쟁과 이익 추구가 모든 것을 결정하는 탐욕의 시대가 열린 것 같다.

독일의 백만 난민 수용은 이런 암울한 세계에 한 줄기 빛과 같은 구실을 했다. 메르켈 총리의 결단도 빛났지만, 엄청난 수의 난민을 받아들인 대다수 독일인의 성숙한 정치의식이 더 눈부셨다. 독일인들은 시리아 난민을 따뜻하게 맞이하는 환영문화Willkommenskultur를 선보였고, 선거에서 자신의 난민 수용을 '잘한 결정'이라고 주장하는 메르켈 총리에게 다시 가장 많은 표를 주었다. 난민 문제로 인해 극우주의 정당인 '독일을 위한 대안AfD'이 전후 최초로 연방의회에 진출하게 됐지만, 독일인의 절대다수가 이 '혐오 정당'을 혐오하고 있다. 백만 난민을 받아들인 정부가 무너지지 않았을 뿐만 아니라, 선거에서 다시 승리하는 것이 과연 어느 나라에서 가능한 일일까? 오로지 경쟁과 실리가 세상의 이치가 되고, 정의나 연대는 냉소의 대상이 되어 버린 탈가치의 시대에 어떻게 이런 정치적 기적이 일어났을까?

이 글은 '백만 난민의 기적'을 낳은 비밀을 추적해 보려는 시도이다. 이 현대판 기적은 1970년대 독일의 교육개혁 이후 탄생한 '신독일인'의 성숙한 정치의식에 기인하며, 이 교육개혁은 무엇보다도 아도르노Theodor Wiesengrund Adorno의 교육 담론에 결정적인 영향을 받았다는 것이 이 글의 중심 가설이다. 역으로 말하면 아도르노가 『성숙을 위한 교육』에서 주장한 교육적 지향들, 즉 민주주의 교육, 이데올로기 비판 교육, 반권위주의 교육, 저항권 교육, 공감 교육, 과거청산 교육 등이 1970년대 교육개혁을 통해 독일의 새로운 교육원리Bildungskanon로 정착되었고, 이런 비판 교육, 공감 교육을 받고 자란 신독일인이 사회의 중심 세력이 되었기에 백만 난민의 기적이 가능했다는 것이다.

이러한 가설을 증명하기 위해 아도르노가 교육에 관심을 갖고 교육 문제에 본격적으로 뛰어들게 되는 과정, 즉 이른바 아도르노의 '교육학적 전환'의 배경을 살핀 후에, 그가 강연과 대담을 통해 피력한 교육사상을 묶은 저서 『성숙을 위한 교육』을 중심으로 아도르노의 교육 담론을 분석하고, 그의 교육사상이 독일의 교육개혁에 어떠한 영향을 미쳤는지를 살펴볼 것이다. 마지막으로 아도르노 교육사상의 현재적 의미와 한국의 교육에 던지는 시사점도 짚어 볼 것이다.

2. 아도르노의 교육학적 전환

"아도르노의 가장 어두운 책"Habermas, 1988: 130이라고 위르겐 하버마스가 평한 『계몽의 변증법』은 그가 얼마나 비관적인 역사관을 지녔는지를 선명하게 보여 준다. '계몽이 곧 신화이자 야만'이라며 계몽의 역사를 비판하고, '계몽 자체의 계몽'을 요구하는 아도르노가 교육과 교육개혁에 관심을 가졌다는 사실은 일견 지극히 모순적으로 보인다.

그러나 현실의 아도르노는 학문 세계의 아도르노만큼 비관적이지는 않았다. 혹은 눈앞에 닥친 절박한 현실이 그에게 순수한 비관주의로의 자기유폐를 허하지 않았을지도 모른다. 아도르노는 사실 전후 독일의 정신적·심리적 폐허 속에서 교육과 교육개혁에 관해 관심을 놓은 적이 없었다. 1949년 망명을 끝내고 귀국한 후 그는 여전히 보수적이고 반동적인 교수들이 대학을 지배하는 현실을 보고 대학 개혁의 필요성을 절감했고, 나치 과거의 청산이 거의 이루어지지 않은 교육계에 대해서도 민주적인 신념을 지닌 새로운 교사 세대를 양성해 교육을 근본적으로 개혁해야 한다고 생각했다.Albrecht, 2000/3: 132

아도르노만 그런 것이 아니었다. 프랑크푸르트학파의 학자들 대다수가 교육개혁의 필요성과 시급성에 공감했다. 다른 망명 학자 집단들이 대부분 전후 독일의 정치적·경제적·사회적 현실을 연구 대상으로 삼은 데 반해, 프랑크푸르트학파는 시종일관 문화 영역에 관심을 가졌고, "나치즘과 대결하는 가장 중요한 수단"Albrecht, 2000/2: 120으로 교육 분야를 중시했다.

특히 정치교육을 통해 사회의 전면적인 민주화를 이루어야 한다는 의식을 아도르노와 호르크하이머를 비롯한 모든 학자가 공유하고 있었다.

과거청산이 이루어지지 않은 교육계를 개혁하고, 정치교육을 통해 사회 민주화를 견인해야 한다는 아도르노의 오랜 구상은 1950년대 말까지는 적극적인 실천으로 옮겨지지는 않았다. 아도르노가 교육적 '실천'에 나서게 된 데에는 특별한 계기가 있었다. 그것은 1959년 12월 24일 쾰른에서 터진 사건이었다. 두 명의 극우 성향 정당의 당원이 새로 문을 연 유대교회를 한밤중에 습격해 나치의 상징과 구호로 훼손한 사건이 벌어졌다. 이 사건 이후 독일에서는 반유대주의적 사건들이 잇달아 발생했고, 국제적으로도 반유대주의 물결이 거세게 퍼져 나갔다. 이러한 극우주의 선동의 파고는 다음 해에 가서야 점차 잦아들었다. 아도르노가 교육학, 특히 정치교육에 관심을 보이게 된 직접적인 계기는 바로 이 '쾰른 사건'이었다. 그런 의미에서 "1959년 크리스마스야말로 서독의 정신적 건국일"Albrecht, 2000/5: 393이라는 주장은 아주 허무맹랑한 것만은 아니다. 그날을 기점으로 아도르노는 -호르크하이머도 함께- 과거청산 문제에 적극적으로 뛰어들었고, 과거청산을 위한 교육의 필요성을 역설하면서 교육개혁을 강력하게 주장하게 되었기 때문이다. 아도르노의 이런 활동은 1970년대에 '새로운 독일'이 탄생하는 데 단단한 밑돌이 되었다.

> 아도르노는 무엇보다, 1959년 말 '하켄크로이츠 낙서 사건'의 결과 공적인 논쟁을 지배하던 '과거청산'이라는 주제를 선취한 최초의 사회학자였다. (…) 호르크하이머와 아도르노는 1960년대 전반기에 과거청산의 가장 중요한 전문가로 진화해 갔다. 이들의 중점적인 테마는 세 가지였다. 첫째는 독일과 유대교, 둘째는 반유대주의와 편견의 사회학, 셋째는 정치교육이었다. 철학, 심리학, 역사학, 사회과학 분야에서 이들과 비견할 정도로 과거

청산 문제에 개입한 그룹이나 개인은 없었다.Albrecht, 2000/4: 235

'과거청산'이라는 관점에서 볼 때 교육 분야는 과거청산을 수행할 주체이기도 했지만, 교육계 자체가 과거청산의 대상이기도 했다. 대학이나 학교는 나치 시대가 종말을 고한 이후에도 달라진 것이 거의 없을 정도로 여전히 과거청산의 무풍지대였다.

국내외적 환경도 아도르노의 과거청산과 교육개혁 노력에 유리한 방향으로 조성되었다. 국외적으로는 소련이 서방의 분열을 노리면서 독일은 나치 청산이 이루어지지 않았다는 선전선동 공세를 펼쳤고, 독일과 서방 연합국 사이에서도 긴장이 높아지면서 신뢰의 위기가 깊어졌다. 이런 상황에서 아데나워는 유대인 집단수용소 방문, 이스라엘과 국교 수립 등 적극적인 정치적·외교적 행보에 나서는 한편, 과거청산 교육을 크게 강화시키지 않을 수 없었다. "과거청산 문제의 방대한 정신적·제도적 교육화"가 이루어졌고, 이런 사회적 분위기가 지속되면서 "과거청산의 내재화가 사회적으로 실현"Albrecht, 2000/5: 394되었다.

이처럼 쾰른 사건을 계기로 '과거청산의 교육화', '과거청산의 내재화'라는 질적 변화가 생겨난 것이다. 과거청산 문제를 교육에서 중요한 주제로 비중 있게 다루게 됨에 따라 독일이 오늘날 모범적인 '과거청산의 나라'가 될 수 있게 된 초석이 놓인 것이다. 이런 성공에 결정적인 계기가 된 것이 쾰른 사건이었고, 이 과정에서 가장 중요한 역할을 한 이가 아도르노였다.

1959년 이후 아도르노의 학문적·정치적 활동을 돌아보면 그에게 '교육학적 전환'이라고 부를 만한 질적인 변화가 있었음을 확인할 수 있다. 전환의 가시적 동기는 앞서 살펴보았듯이 쾰른 사건이었지만, 아도르노가 교육에 집중적인 관심을 기울이게 된 데에는 좀 더 깊은 사상사적 이유가 있다.

아도르노와 교육학의 관계를 돌아보면, 아도르노와 프랑크푸르트학파가 교육학에 미친 영향이 과소평가되어 온 사실이 눈에 띈다. 그것은『계몽의 변증법』이 상징하듯 계몽과 교육에 대한 그의 회의적인 관점 때문이기도 하지만, 아도르노의 비관적인 지적 태도가 교육학의 기본 정조인 낙관주의와 맞지 않았고, 아도르노 편에서도 "사회과학의 교육학화를 사회학의 소비화의 한 양상"Albrecht, 2000/5: 387이라고 부정적으로 보아 왔기 때문이다.

교육에 대한 아도르노의 이런 회의적이고 체념적인 입장은 프랑크푸르트학파의 역사를 돌아보면 예외적이라기보다는 전형적인 현상임을 알 수 있다. "1930~1940년대에 자유주의적인 유대 지식인들이 강한 교육 낙관주의를 견지한 데 반해, 프랑크푸르트학파의 좌파 유대 지식인들은 교육에 대해 비관적 관점을 가졌다. 이는 어두운 파시즘의 과도기 속에서 부르주아 문화는 사라질 것이라는 종말론적 진단에 기인한 태도였다." 전후에 이러한 진단이 틀렸음이 밝혀진 후에야 그들은 "교양이상과 교육이상을 다시 높게 평가하게 된 것"이다. 이들의 "교육적 금욕주의는 결국 마르크스주의적 종말론의 부수적 결과"였다. 이들은 소련의 스탈린주의를 보면서 이러한 종말론과 작별한 이후에 교육적 금욕주의와도 결별하게 된 것이다.Albrecht, 2000/5: 389

요컨대 서구 마르크스주의자들을 각인한 교육적 금욕주의가 폐기되었다는 정신사적 변화와 쾰른 사건으로 조성된 과거청산의 요구라는 정치사적 변화가 겹치면서 1950년대 말에 아도르노에게는 '교육학적 전환'이라고 부를 만한 변화가 생겨난 것이다.

3. 아도르노의 교육 담론

'교육'이라는 말로 내가 생각하는 것은 소위 인간 형성

Menschenformung이 아니다. 어느 누구도 외부로부터 인간을 형성할 권리는 없다. 그렇다고 단순한 지식의 전달도 아니다. 그것은 올바른 의식의 형성이다. 그것은 동시에 분명한 정치적 의미를 지닌다. 교육의 이념은 (…) 정치적으로 요구되는 것이다. 다시 말해 단순히 기능할 뿐만 아니라, 그 개념에 맞게 작동해야하는 민주주의는 성숙한 인간을 요구한다. 실현된 민주주의는 성숙한 자들의 사회로서만 상상할 수 있다.[107][1]

아도르노는 교육이란 '올바른 의식을 형성'하는 것이고, 이는 정치적으로 요구되는 이념이며, 민주주의는 성숙한 인간을 필요로 한다고 주장한다. 그의 교육 이념은 이처럼 출발부터가 민주주의 교육 이념이고 정치교육 이념이다. 아도르노가 교육은 올바른 의식을 가진 성숙한 인간을 길러 내는 것이라고 정의할 때, 그것은 이미 교육이 민주주의 사회의 토대라는 생각을 전제로 하는 것이다. 그는 올바른 교육 없이는 민주주의도 없다고 본다. 이처럼 아도르노의 교육론은 근본적으로 민주주의 교육론인 것이다.

교육의 문제로서의 과거청산

아도르노가 과거청산 문제에 본격적인 관심을 보이기 시작한 것은 앞서 살펴본 것처럼 1959년 퀼른 유대교회 훼손 사건을 겪고 나서부터이다. 그는 과거청산의 의미가 왜곡되는 현상에 대해 개탄한다. "과거청산이라는 말이 의미하는 것은 지나간 것을 진지하게 정리하고, 밝은 의식으로 과거의 미몽을 깨부수는 것이 아니라, 과거에 종결점을 찍고 가능하면 그

---

1. *Theodor W. Adorno: Erziehung zur Mündigkeit, Vorträge und Gespräche mit Hellmut Becker 1959-1969*, hrg. von Gerd Kadelbach, Frankfurt a. M. 2015(1971). 이하 이 책의 인용은 쪽수를 표기하는 것으로 한다.

것 자체를 기억에서 지워 버리는 것이 되었다."[10] 그는 나치즘의 과거를 진지하게 이해하려 하지 않고 의도적으로 망각하려는 경향이 팽배한 1950년대 말의 현실을 겨냥하는 것이다.

아도르노는 독일에서 과거청산은 실패했다고 본다. "나치즘은 살아남았다"는 것이다. "너무나 괴물 같아서 죽음에도 불구하고 죽지 못하는 것의 유령으로 살아 있는지, 애초에 죽지 않은 것인지 알지 못할"[10] 뿐이다. 이러한 인식에서 아도르노는 과거청산 교육을 교육개혁의 핵심 사안으로 삼게 된다.

과거청산 문제와 관련하여 아도르노의 탁월한 점은 바로 나치 과거의 청산 문제를 민주주의의 내재적 문제로 보고 있다는 점이다. "나는 민주주의 '속'에서의 나치즘의 존속이 민주주의에 '반'하는 파쇼적 경향의 존속보다 잠재적으로 더 위험하다고 생각한다."[10] 아도르노는 '민주주의 속의 파시즘', '내 안의 파시즘', '아주 일상적인 파시즘'을 겨냥한다. 파시즘을 민주주의에 반대하는 기구나 조직이 아니라, 민주주의 내에 존재하는 경향이나 성향이라고 보는 것이다. 이런 관점 때문에 아도르노에게 중요한 것은 바로 교육, 특히 정치교육이다. (정치)교육을 통해서만 '민주주의 속의 파시즘'에 올바로 대처할 수 있기 때문이다.

아도르노는 역사의식의 약화가 "사회적으로 자아를 약화시키는 징후"[13]라고 본다. 역사의 소실은 자아의 소실로 이어진다는 이러한 관점은 '민주주의의 최대의 적은 약한 자아'라는 아도르노의 유명한 명제와 결합할 때 새로운 의미지평을 열어 준다. 역사의식의 약화는 기억의 약화를 낳고, 이는 또한 자아의 약화를 낳으며, 이렇게 약화된 자아는 권위 앞에 굴종하는 권위주의적 성격으로 이어져 또 민주주의를 약화시킨다. 하나의 연쇄적 고리가 형성되는 것이다. 역사의식-기억능력-자아형성-민주주의는 연쇄적인 영향 관계에 있다. 여기서 아도르노는 과거청산의 부재가 민주주의에 미치는 악영향을 구조적으로 포착한다.

아도르노는 나치 과거청산 문제의 핵심인 '기억'의 문제를 심리적 방어기제에 기초한 개인의 심리적 억압의 문제로 좁히지 않고, 자본주의의 체제 문제로 확장하는 탁월한 안목을 보여 준다. 그는 2차 세계대전 이후 독일 사회에서 기억이 소멸하는 현상이 퍼져 가는 것을 미국에서 흔히 볼 수 있는 "기억 없는 인간의 경악스런 모습"[13]과 비교하여 설명한다. 즉 기억의 소실은 "자극으로 넘쳐나고, 과잉 자극에 어쩔 줄 모르는 인간의 타락의 산물이거나 반동의 형식이 아니다. 그것은 부르주아적 원리의 진보성과 필연적인 관계를 맺고 있다."[13] '기억 없는 인간'이라는 현대인의 모습은 단순히 과잉 자극 때문에 생긴 것이 아니라, 근본적으로는 자본주의 사회의 진보와 관련이 있다는 것이다. "시민사회는 전면적으로 교환 법칙하에 있고, 교환은 그 본질상 무시간적인 것이다. (…) 회상과 시간과 기억이 진보하는 시민사회 자체에 의해서 일종의 비합리적인 잔여물로서 제거된다. (…) 인간이 기억을 단념하고, 그때그때의 현재적인 것에 적응하는데 짧은 호흡으로 자신을 소진시킨다면, 거기엔 하나의 객관적인 발전법칙이 반영되어 있는 것이다."[13] 기억의 소멸은 자본주의 사회의 객관적인 발전법칙이다. 아도르노는 '과거청산'이라는 문제를 결국은 과거(역사, 기억, 시간)를 대하는 태도의 문제로 보는데, 이때 과거의 개념은 부르주아 사회의 객관적인 발전법칙이라는 넓은 지평에서 조명된다. 과거를 기억하는 문제가 단순히 개인적 윤리의 문제가 아니라, 자본주의 체제의 법칙과도 관련된 문제라는 것이다. 즉 진정한 과거청산, 특히 과거에 대한 기억의 보존은 심리적인 억압과 방어기제라는 주관적 요인 때문만이 아니라, 기억을 '비합리적 잔여물'로 보는 자본주의의 객관적 법칙성 때문에도 쉽지 않은 문제이다.

아도르노는 독일인의 방어심리보다는 자본주의의 일반원리에서 망각의 원인을 찾는다. "정신 병리보다는 일반적인 사회적 상황에서 나치즘에 대한 망각이 설명될 수 있다"[14]는 것이다. 이처럼 독일인들의 심리 상태보다는 자본주의 사회의 메커니즘에서 집단적인 망각 현상의 원인을 찾는 아도르노의 관점은 알렉산더 미처리히가 『슬퍼할 능력의 부재*Die Unfähigkeit zu trauern*』에서 전개한 사회심리학적 설명과 분명한 대비를 이룬다.

아도르노는 망각을 지극히 의식적인 행위로 본다. "기억을 지우는 것은 무의식적 과정의 우위에 대한 의식의 약함보다는 너무도 깨어 있는 의식의 성과"[14]이다. 망각은 의식적 과정이며, 바로 이 '의식적 망각'이 문제이다. 이런 맥락에서 '과거청산'의 문제는 무엇보다도 교육의 문제로 전화된다. 아도르노가 「아우슈비츠 이후의 교육」에서 제기하고 있는 문제도 바로 이것이다. 망각은 의식적인 '일'이기 때문에, 망각에 맞서는 진정한 과거청산을 위해서는 올바른 교육이 필요한 것이다.

아도르노는 나치즘의 과거가 사회심리학적으로 보면 전혀 청산되지 않았다고 본다. 독일인들이 전후에도 심리적으로는 패배를 인정한 적이 없기 때문이다.

> 주관적 측면에 따르면, 즉 인간의 심리 속에서는 나치즘이 집단적 나르시시즘을 고양시켰다. 간단히 말하면 측량할 수 없을 정도의 민족적 허영심을 키운 것이다. (…) 이러한 집단적 나르시시즘은 히틀러 정권의 붕괴를 통해 심각하게 손상을 입었다. 그러한 손상은 단순한 사실성의 영역에서만 일어났다. 개인들은 그것을 의식화하지 못했고, 그럼으로써 그것을 제대로 종결시키지 못했다. 이것이 '청산되지 않는 과거'라는 말이 갖는 사회심리학적 의미이다. (…) 저 동일화와 집단적 나르시시즘은 결코 파괴되지 않았고, 계속 존재한다. 패배는 내적으로는 1918년 이후와 같이 거의 승인되지 않았다.[19]

독일인은 1945년 패전 이후에도, 1918년 1차 세계대전 패전 이후처럼, 심리적으로는 여전히 패배를 인정하지 않고 있다는 것이 아도르노의 판단이다. 바로 그렇기 때문에 과거청산의 문제는 내적 청산, 심리적 청산, 주관적 청산의 문제가 되는 것이다. 요컨대 체제의 변화보다도 인간의 변화가 관건이다. 여기서 아도르노가 과거청산과 관련하여 무엇보다도 교육을 강조하는 이유가 분명히 드러난다.

아도르노는 전후 서독 사회에서 파시즘이 살아남아 있다고 진단하면서, 그 구조적 원인을 심층적으로 분석한다. 아마도 아래 인용문은 서독이 과거청산에 실패한 원인에 대해 제출된 수많은 분석 중에서 가장 빼어난 분석일 것이다.

> 파시즘은 아직도 살아 있다. 자주 인용되는 '과거청산'은 오늘날까지 성공하지 못했고, 그 풍자화, 즉 공허하고 차가운 망각으로 변질되었다. 이것은 파시즘을 배태한 객관적인 사회적 전제들이 계속 존속하고 있다는 데 기인한다. 파시즘은 본질적으로 주관적인 성향에서 도출될 수 없다. 경제적인 질서와 경제적인 조직이 여전히 다수의 사람을 자신들이 아무것도 할 수 없는 기존의 질서에 의존하도록, 미성숙 상태에 남아 있도록 한다. 살고자 하면 그들에게는 기존의 질서에 적응하는 것, 자신을 끼워 맞추는 것 외에는 다른 도리가 없다. 그들은 민주주의의 이념이 호소하는 자율적인 주체성을 지워 버려야 하고, 자기 자신을 포기해야만 자신을 유지할 수 있다. 현혹 연관을 꿰뚫어 보는 것은 그들에게 인식이라는 고통스러운 노력을 요구한다. 삶의 질서, 특히 무엇보다도 총체적 지배를 향해 팽창해 가는 문화산업은 그들이 인식을 얻는 것을 방해한다. 그러한 적응의 필요성, 현존하는 것, 주어진 것, 권력 그 자체와 동일시할 필요성은 전

체주의적 잠재력을 높인다. 그러한 잠재력은 적응에로의 강제 자체가 생산하고 재생산하는 불만과 분노에 의해 강화된다. 현실이 저 자율성, 결국은 민주주의의 개념이 본래 약속한 저 행복의 가능성을 이행하지 않기 때문에 그들은 민주주의에 무관심하고, 내심 민주주의를 증오하는지도 모른다.[22f]

아도르노는 파시즘은 죽지 않았다고 본다. 과거청산에 실패했기 때문이다. 과거청산은 근본적으로 보면 파시즘을 배태한 객관적인 사회적 전제들, 즉 자본주의 체제가 그대로 존속하기 때문에 실패한 것이다. 아도르노는 자본주의가 존재하는 한 파시즘에 대한 근원적 청산은 불가능하다고 판단하는 것 같다. 이 질서 속에서 대중은 자율적인 주체성을 잃고 기존 질서에 적응하고 있다. '포기해야만 유지할 수 있는' 것이 자본주의 하에서의 자아이기 때문이다. 이러한 과정을 꿰뚫어 보려면 인식의 노력이 필요하지만, 문화산업이 그것을 방해한다. 이런 상황에서 전체주의가 다시 등장할 잠재력은 커지고 있다. 대중은 민주주의가 자신들의 행복을 보장해 주지 못한다고 생각하여, 민주주의에 무관심하거나 민주주의를 적대시한다.

파시즘이 살아남은 구조를 아도르노는 단순한 사회심리학적 지평을 훨씬 뛰어넘어 총체적 관점에서 분석한다. 특히 자본주의의 '적응 강제'와 문화산업의 '현혹 연관'이 과거청산 실패의 주요 요인으로 지적되는 대목은 아도르노의 안목이 얼마나 깊고 넓은지를 여실히 보여 준다. 아도르노에게서 근본적인 과거청산은 '강한 자아'를 만드는 것이다. "계몽으로서의 과거청산은 본질적으로 주체에로의 그러한 전환이고, 주체의 자의식과 자아를 강화하는 것이다."[27] 강한 자아를 가진 민주시민이야말로 나치즘의 과거가 반복되는 것을 차단할 가장 확실한 방패이기 때문이다.

아도르노는 아우슈비츠를 독일 교육의 상징으로 만들었다. 독일 교육은 바로 '아우슈비츠 교육'이라고 해도 과언이 아니다. 아우슈비츠가 독일 교육의 방향과 목표를 제시해 주고 있기 때문이다. "더 이상 아우슈비츠가 있어서는 안 된다는 요구는 교육에 보내는 최우선적인 요구이다. 이 요구는 다른 어떤 것보다 우선적인 것이기에 나는 그 이유를 설명할 의무도 필요도 없다고 생각한다. (…) 사람들이 이 요구와 그것이 제기하는 물음들을 그렇게 의식화하지 않는다는 사실은 그 끔찍한 일이 사람들의 마음속에 파고들지 못했다는 사실을 증언한다. 교육 이상에 대한 모든 논의는 아우슈비츠가 반복되어서는 안 된다는 이상에 견주면 아무것도 아니고 보잘것없는 것이다. 그것은 모든 교육이 반대하는 야만이었다."[88] 이렇듯 아도르노는 독일 교육의 최우선 목적은 아우슈비츠의 반복을 막는 것이 되어야 한다고 거듭 강조한다.

그러나 아우슈비츠가 반복될 위험은 상존한다. "야만으로 추락하는 일이 다시 벌어질 위험이 있다는 말들이 오간다. 야만은, 그러한 추락을 조성하는 조건들이 본질적으로 지속되는 한, 계속해서 존재한다. 그것이 가장 무서운 것이다. (…) 프로이트의 통찰력은 실로 문화와 사회학 영역에도 미치고 있는데, 나에게 가장 심오한 통찰로 보이는 것은 문명이 자기 편에서 반문명적인 것을 가져오고 또 그것을 점점 더 강화한다는 통찰이다. 문명화의 원칙 자체에 야만의 싹이 들어 있다면, 그것에 맞서 싸운다는 것은 어떤 절망적인 면을 갖는다."[88] 아도르노의 물음은 절박한 것이다. '문명 속의 야만'이 문명화의 원칙이라면, 어떻게 야만과 싸워야 할까? 나치즘이 문명화의 거역이 아니라 그 결과라는 『계몽의 변증법』의 이러한 핵심적인 인식은 과거청산의 문제를 더욱 어렵게 한다. 바로 이러한 고민에서 '과거청산의 교육'을 추구하는 아도르노 교육 담론의 특수성이 유래한다.

아도르노는 '아우슈비츠의 반복을 막으려면 어떻게 해야 하는가'에 대해 깊은 성찰을 계속한다. 이를 위해서는 우선 아우슈비츠를 예외적인 현상으로 보는 관점을 극복해야 한다. 아우슈비츠는 "진보와 계몽과 소위 증대하는 휴머니즘의 거대한 경향에 비해 고려할 가치가 없는 역사 진행의 일탈 현상"이 아니라 "강력한 사회적 경향의 표현"이다. "민족 말살은 19세기 말부터 많은 나라에서 벌어진 공격적인 민족주의의 부활에 그 뿌리를 두고 있는 것이다."[88f]

아도르노는 아우슈비츠의 반복을 막기 위해 가장 중요한 것이 바로 교육이라고 본다. 그는 '주체로의 전환'을 강조한다. "사람들이 그러한 비행을 저지를 수 있도록 만든 메커니즘을 인식해야 하고, 그들 자신에게 이러한 메커니즘을 보여 주어야 하며, 그 메커니즘에 대한 일반적인 의식을 일깨움으로써 또다시 그렇게 되는 것을 저지하기 위해 노력해야 한다. 죄는 살해당한 자에게 있지 않다. (…) 죄가 있는 것은 오직 아무런 소신 없이 증오와 공격적 분노를 그들에게 쏟아낸 사람들이다. 그러한 무소신은 극복되어야 하고, 사람들은 자기 자신에 대한 성찰을 외부로 돌리지 말아야 한다. 교육은 비판적인 자기성찰을 위한 교육으로서만 의미를 갖는다."[90] 아우슈비츠의 반복을 막으려면 주관적인 측면, 즉 인간의 심리를 변화시켜야 하는데, 이것은 결국 교육의 몫이다.

반권위주의 교육: 강한 자아를 가진 인간

아도르노는 미국 망명 시절 미국의 연구자들과 함께 『권위주의 성격 연구』를 공동 집필하였다. 그는 "잠재적 파시즘을 진단하고, 그 결정요인을 규명하는 것"[Adorno, 1982: 2]을 연구의 과제로 설정하고, "반민주적인 선전에 수용적인 성격구조를 가진, 잠재적인 파시스트 성향의 개인"[Adorno, 1982: 1], 즉 권위주의적 성격을 가진 개인을 중점 연구 대상으로 삼았다. 그는 권위주의적 성격과 파시즘의 관계를 집중적으로 분석하였고, 권위주의적 성격이 파시즘을 강화하는 사회심리학적 토대임을 밝혀냈다. 따라서 아도르노의 '아우슈비츠 교육 담론'에서 권위주의의 문제가 핵심적인 범주에 속하는 것은 우연이 아니다. 아우슈비츠의 반복을 근본적으로 저지하려면 반권위주의 교육을 통해 민주적인 시민을 길러 내야 한다.

아도르노에 따르면 권위주의적 성격은 "정치적, 경제적 기준들과 그리 상관관계가 없다". 오히려 "권력과 무기력의 차원에 대한 사유, 경직성과 무반응, 관습주의, 동조 습성, 자기 신념의 결여 그리고 마지막으로 경험 능력의 전적인 결여 등과 같은 특성들이 권위주의적 성격을 정의한다. 권위주의적 성격은 현실의 권력과 곧장 자신을 동일시한다. 특정한 내용은 상관없다. 근본적으로 권위주의적 성격은 약한 자아를 가지고 있고, 그래서 대용물로서 거대한 집단과의 동일시와 이것을 통한 보호를 필요로 한다".[17] 여기서 권위주의적 성격의 중요한 특성들이 소환된다. 무력감, 경직성, 관습주의, 동조 습성, 무신념, 경험 능력의 결여, 권력과의 동일시, 약한 자아 등이 그것이다.

그러나 아우슈비츠를 낳은 것은 이러한 '옛 권위주의적 성격'이 아니다. 그것은 새로운 유형의 권위주의적 성격이다. "아우슈비츠의 세계에 특징적인 유형은 아마도 새로운 유형일 것이다. 그것은 한편으로는 집단과의 맹목적인 동일시를 뜻하고, 다른 한편으론 히믈러, 회스, 아이히만이 그랬듯이, 대중과 집단을 조작하는 특성을 갖고 있다. (아우슈비츠의) 반복의 위험을 막기 위해 가장 중요한 것은 모든 집단의 맹목적인 우위를 막는 것이고, 집단화의 문제를 드러냄으로써 집단에 대한 저항력을 높이는 것이라고 나는 생각한다".[95] 집단에 대한 맹목적인 동일시와 집단을 조작하는 능력의 제고가 새로운 권위주의적 성격의 핵심적인 특성이다. 바로 이런 이유로 아도르노는 집단에 맞설 수 있는 '강한 자아'를 가진 개인을 길러 내는 것을 파시즘에 대처하는 가장 중요한 전략이자, 민주교육의 핵심이라고 보았던 것이다.

'새로운 유형의 권위주의적 성격'에서 특히 주목해야 할 것은 아도르노가 '조작적 성격manipulativer Charakter'이라고 부른 유형이다. "맹목적으로 자신을 집단 속에 끼워 넣는 사람들은 자기 자신을 이미 물질과 같은 것으로 만들고, 자기 결정하는 존재로서의 자신을 지워 버린다. 다른 사람을 무정형의 대중으로 다루려는 태도도 더해진다. 나는 그렇게 행동하는 사람들을 『권위주의 성격 연구』에서 '조작적 성격'이라고 명명했다."97 그는 회스나 아이히만 같은 자들을 조작적 성격에 속하는 대표적인 인물로 본다.

> 조작적 성격은 조직분노Organisationswut, 직접적인 인간적 경험을 할 능력의 결여, 어떤 종류의 무감정, 과도한 현실주의를 특징으로 한다. 그는 어떤 대가를 치르더라도 소위 광기 어린 것이긴 하지만, 현실정치Realpolitik를 수행하고자 한다. 그는 단 일 초도 세상을 있는 그대로의 세상과 달리 생각하거나 소망하지 않는다. 그는 그러한 행위의 내용과는 상관없이 일을 한다는 의지에 사로잡혀 있다. 행위, 활동, 소위 '효율성' 자체를 그는 하나의 우상으로 만든다. 이러한 유형(의 인간들)은 그 사이에 사람들이 생각하는 것보다 훨씬 더 널리 퍼졌다. 당시에는 단지 몇몇 나치 괴물들이 사례를 보인 일들을 오늘날에는 수많은 사람들에게서 볼 수 있다. (…) 이런 유형의 조작적 성격들을 하나의 정식으로 부른다면, 나는 '사물화된 의식'의 유형이라고 부르겠다. 처음에는 그런 종류의 사람들이 자기 자신을 어느 정도 사물처럼 만들고, 다음에는 이 사람들이, 그런 가능성이 주어지면, 다른 사람들을 사물처럼 만드는 것이다.97f

여기서 아도르노가 말하는 '조작적 성격' 개념은 매우 중요하다. 조작적 성격이 나치 부역자들을 낳았을 뿐만 아니라, 오늘날에도 여전히 '아주 일상적인 파시즘'으로서 널리 퍼져 있기 때문이다. 아도르노는 조작적 성격을 '사물화된 의식' 유형으로 명명함으로써, 이런 성격의 위험이 나치즘의 과거에서뿐만 아니라 자본주의의 '현재'에도 지속되고 있음을 암시한다. 그는 '과거청산'의 부재를 나치 잔재의 모습에서뿐만 아니라 자본주의의 작동원리 자체에서 찾고 있는 것이다. 이는 아도르노의 성찰이 갖는 높은 차원을 현시한다. 이러한 고도로 정교한 비판의식이 68학생 운동 세대에서도 강하게 나타나는 것은 결코 우연이 아니다.

이러한 권위주의 이론, 특히 조작적 성격 개념에 바탕을 두고 아도르노는 반권위주의 교육을 옹호한다. 권위주의적 성격을 극복하고 조작적 성격을 지양하기 위해서는 '강한 자아를 가진 개인'을 길러 내는 것이 관건이다. 그렇다고 아도르노가 전인적 개인 사상과 같은 근대 초기의 낭만적 인간관을 옹호하는 순진한 사상가는 아니다. 그는 변증법의 대가답게 현대 사회에서 개인에게 주어진 가능성과 한계를 냉정하게 혜량하고 있다.

아도르노는 개인화의 중요성을 인식하지만, 동시에 그 한계 또한 분명하게 지적한다. 그는 "반개인주의는 분명 반동적이고 파쇼적이며, 이런 권위주의적 반개인주의에 맞서 싸워야 한다"라고 단언하면서도 동시에 "개인을 위한 교육을 주장할 수는 없다"고 본다. "가장 현실적인 가능성, 즉 노동과정이 특별히 개인적인 속성을 더 이상 요구하지 않는 까닭에 오늘날에는 개인화의 사회적 가능성이 전반적으로 결여되어 있기"[117] 때문이다. 요컨대 반개인주의는 분명 파쇼적이고 반동적이지만, 개인화의 사회적 가능성이 사라지고 있기 때문에 개인을 위한 교육을 요구할 수도 없다는 말이다.

아도르노는 현대 사회에서 개인이 몰락한 한 원인을 이처럼 노동과정의 탈개성화에서 보지만, 다른 한편으론 그보다 근원적인 진단을 감행한다. "오늘날 사회는 비개인화Nichtindividuation에 우선권을 둔다. 즉 함께 하는 것을 우선시한다. 그것과 나란히 자아 형성의 내적 약화가 진행되는

데, 그것은 심리학에서는 '약한 자아Ich-Schwäche'라고 알려져 있는 현상이다. 마지막으로 기억해야 할 것은 개인 자신, 즉 완고하게 자기 자신의 이익만을 주장하는 개인화된, 자기 자신을 어떤 의미에서는 최후의 목적으로 간주하는 인간 자체가 매우 문제적인 무언가가 되었다는 사실이다. 오늘날 개인이 몰락한다면, 그것은 개인 스스로 저지른 일에 대해 보복을 당하는 꼴인 것이다."[118] 여기서 아도르노는 비개인화, 자아의 약화, 이기적 개인주의를 개인의 몰락의 세 원인으로 들고 있다.

이렇게 개인이 몰락한 상황에서 '조화로운 개인'을 꿈꾸는 것은 시대착오적이다. "아직 훔볼트의 머릿속에 살아있던 일종의 조화의 이념, 즉 사회적으로 기능하는 인간과 그 자체로 교양을 갖춘 인간 사이의 조화의 이념은 더 이상 실현될 수 없다. (…) 교육은 이러한 균열을 향해 작업해야 하고, 균열을 땜질하거나 어떤 총체성 이상이나 그런 유사한 헛소리들을 대변하는 대신에 이런 균열 자체를 의식화해야 한다."[118f]

아도르노는 저항하는 개인, 강한 자아를 가진 개인을 성숙한 개인이라고 본다. 그러나 우리 시대가 요구하는 것은 '유연한 자아'이다. "자아와 자아 결속의 어떤 확고함은, 시민적 개인의 모델에서 형상화되어 있듯이, 성숙함의 한 요소이다. 확고한 자아를 길러 내는 대신, 자신을 상시적으로 변화하는 상황에 맞춰 적응시켜야 할 가능성은 오늘날 많은 사례에서 요구되고, 회피할 수 없는 것이다. 이러한 가능성은 우리가 심리학에서 배워서 알고 있는 약한 자아의 현상들과 조화를 이룬다."[143] 강한 자아는 성숙함의 요소이지만, 현대인은 확고한 자아를 강화하는 대신, 상황에 적응하는 '유연한 자아'를 만들어 갈 수밖에 없다. 그 결과 '약한 자아' 현상은 권위주의적 요인에 의해서뿐만 아니라 자본주의적 요인에 의해서도 강화되고 확산된다. 즉 자아를 약화시키는 핵심적인 요인은 권위주의와 자본주의인 것이다.

이런 모순된 상황이기에 진정한 성숙을 위한 교육은 오늘날 '저항 교육'일 수밖에 없다. "성숙을 실제로 구체화할 수 있는 유일인 길은 교육이 모순을 위한 교육, 저항을 위한 교육이 되도록 진력하는 데 있다."[145] 아도르노에게 성숙을 위한 교육은 곧 '저항을 위한 교육'이다. "개인이 저항의 힘의 중심으로서만 살아남을 수 있는"[118] 오늘날 성숙이란 곧 기존의 질서에 대한 순응이 아니라 저항을 의미할 수밖에 없기 때문이다.

정치교육: 저항하는 인간

아도르노의 아우슈비츠 교육론은 근본적으로 정치교육론이다. 더 이상 아우슈비츠의 반복은 허용되어서는 안 된다는 교육에 주어진 최우선적 요구는 결국 정치적인 요구이기 때문이다.

아도르노는 정치교육을 매우 중시했는데, 그것은 무엇보다도 독일 민주주의가 대단히 후진적이라고 보았기 때문이다. "정치적 민주주의 체제가 독일에선 사람들이 실제로 자기 자신의 일로 경험하고, 자기 자신을 정치적 과정의 주체로 인식할 만큼 시민권을 가진 것은 아니다. 민주주의는 여러 체제 중에서 하나의 체제로 여겨진다. 공산주의, 민주주의, 파시즘, 군주정과 같은 견본 카드 사이에서 선택권을 갖는 것처럼 말이다. 민주주의는 인민 자신과 동일시되지 않고, 인민의 성숙의 표현으로 여겨지지 않는다."[15] 독일인들의 민주주의에 대한 인식은 1950년대만 해도 이렇듯 순진한 것이었다. 민주주의는 여러 정치 체제 중의 하나라고 인식되었지, 그것이 '인민의 지배'를 실현하는 형식이거나, 인민의 성숙을 요구하는 체제라는 생각에는 이르지 못한 것이다.

아도르노는 독일 사회에 대해 "인민이 민주주의를 낯설게 느끼는 데에 사회의 자기소외가 반영돼 있다"[16]라고 진단한다. 아도르노는 독일이 처한 이런 후진적 상황을 타개하는 방편으로서 정치교육의 유용성을 높이 평가한다. 그는 독일에서는 "정치 수업을 욕하는 것이 하나의 유행"[24]이 되어 있지만, 정치 수업이 제대로 이루어지면 매우 유용하다고 본다. 이때 정치교육의 핵심은 아우슈비츠를 향해야 한다. "모든 정치교육은 결국 아우슈비츠가 반복되지 못하도록 하는 일에 집중해야 한다"[104]는 것이다.

아도르노가 정치교육에서 특히 강조하는 것은 불의한 권력에 저항하는 능력을 키우는 저항권 교육이다. 물론 아도르노도 교육에 내재한 적응과 저항 사이의 '이중성'을 충분히 의식하고 있다. "교육이 적응을 무시하고, 사람들이 이 세상에서 제 자리를 잡도록 준비시키지 않는다면, 교육은 무력하고 이데올로기적인 것이 될 것이다. 그러나 교육이 거기에만 머물러 '잘 적응한 사람들' 이외에는 다른 아무것도 생산하지 않고, 그럼으로써 기존의 질서가, 그 나쁜 상태 그대로, 유지된다면, 이러한 교육도 마찬가지로 의문스러운 것이다. 이런 의미에서 의식화와 합리성을 지향하는 교육의 개념에는 애초에 이중성이 존재한다."[109] 교육은 적응을 가르치지만, 적응만 가르쳐서는 안 된다. 기존의 질서에 적응하는 능력뿐만 아니라 저항하는 능력도 가르쳐야 한다. 올바른 교육자라면 이러한 적응과 저항의 긴장을 직시해야 한다. 그러나 아도르노가 더 중시하는 것은 적응 교육이 아니라 저항 교육이다. "교육은 이 전면적인 순응주의의 시대에 우선적으로 적응을 강화하는 것보다는 저항을 강화시킬 과제를 갖는다."[110]

아도르노는 젊은 세대의 '과도한 현실주의'를 강하게 비판하는데, 거기엔 무엇보다도 저항이 부재하기 때문이다. "사람들이 살아가는 전체 환경에 의해 순응의 과정이 그렇게 과도하게 강요됨으로써, 사람들은 순응을 이를테면 자기 자신에게 고통스럽게 강제하고, 자기 자신에게 현실주의를 과장하고, 프로이트식으로 말하면, 공격자와 자신을 동일시하지 않을 수 없다. 이러한 과도한 현실주의에 대한 비판은 내게는 물론 이른 유년기에 시작되어야 할 가장 결정적인 교육의 과제 중 하나로 보인다."[110] 젊은 이들이 과도한 현실주의에 빠지지 않도록 하기 위해 이른 유년기부터 저항권 교육을 가르쳐야 한다는 말이다. 이른 시기부터 저항권 교육을 하지 않으면 압도적인 순응주의에 결국 굴복하는 '권위주의적 성격'의 인간이 될 수밖에 없고, 이들이 내비치는 것이 결국은 과장된 현실주의인 것이다.

그러므로 아도르노는 계몽이 사람들을 "순한 양으로 변화시키는 것"에 반대한다. "양처럼 되는 것은 그 자체가 야만의 한 형태일 뿐이다. 그것은 끔찍한 일을 함께 목격하고서 결정적인 순간에는 굴복하려는 마음을 갖는 것을 뜻하기 때문이다."128f 아도르노에게 계몽의 기능은 사람들을 양처럼 길들이는 것이 아니라 사자처럼 저항하는 능력을 길러 주는 것이다.

아도르노가 '분노'를 옹호하는 이유도 여기에 있다. "야만에 대한 투쟁에는, 혹은 야만을 철폐하는 투쟁에는 분노의 계기가 포함된다. 형식적인 휴머니티의 개념에서 출발하는 사람이라면 그 자체를 야만이라고 비난하겠지만 말이다."123 아도르노는 비록 마르쿠제처럼 '폭력'을 변호하지는 않지만, 최소한 '분노'는 옹호하고 있다. 근원적으로 불의한 체제에 연루된 개인들은 야만의 특성으로부터 벗어나기 위해서라도 분노의 능력을 길러야 한다. 아도르노의 이러한 생각이 '저항 교육' 이념의 바탕을 이룬다.

탈야만을 위한 교육: 공감하는 인간

아도르노는 "독일의 탈야만화Entbarbarisierung"를 "가장 중요한 교육 목표"로 제시한다.94 이때 '야만'이라는 개념으로 뜻하는 바를 그는 "고도로 발전된 기술문명의 상황에서 사람들이 놀라울 정도로 형식화되지 않은 방식으로 자신의 문명보다 뒤처져 있다는 것"이라고 정의한다. "사람들은 압도적인 다수가 문명의 개념에 조응하는 형식화Formung를 경험하지 못했을 뿐만 아니라 원시적인 공격 의지, 원시적인 증오, 점잖게 말하면, '파괴본능'에 사로잡혀 있다. 그리고 이러한 파괴본능은 자기 편에서 이러한 문명 전체가 파괴되어 버릴 위험을 고조시키는 데 기여한다. 나는 이것을 저지하는 것이 당연히 아주 긴급한 일이라고 생각하기 때문에, 모든 다른 특별한 교육 이상들은 그 뒤를 따른다고 생각한다."[120] 1968년 4월에 방송된 이 대담에 나타나는 아도르노의 문제의식에는 당시의 위기의식이 고스란히 담겨 있다. 월남전과 끝 모를 군비경쟁, 핵전쟁의 위험 등의 상황을 아도르노는 '문명보다 뒤처진' '야만'의 개념으로 포착하면서 이를 극복할 방안으로 교육의 가능성을 검토하는 것이다.

아도르노는 무엇보다도 독일 교육에서 '야만의 징후'를 본다. "독일의 교육관에서 중요한 구실을 하는 관점들은 이런 것이다. 즉 인간은 결속을 이루어야 한다. 기존의 질서에 순응해야 한다. 어떤 객관적으로 통용되는, 독단적으로 설정된 가치에 자신을 맞추어야 한다." 게다가 독일에서는 "인류 역사상 가장 끔찍한 야만이 폭발했었기"[121] 때문에 탈야만의 교육이 더욱 절실한 것이다.

1960년대 말까지 독일의 교육관은 기존의 질서와 가치에 순응하는 교육이었지, 그것에 비판적으로 맞서는 교육이 아니었다. 그렇기에 아도르노의 문제 제기는 1970년대에 비판적 교육학이 등장하는 단초를 제공하고 있다.

아도르노의 '야만' 개념에서 유의해야 할 점은 그가 이 개념을 문화와 반대되는 개념으로 사용하지 않는다는 사실이다. 오히려 그에게서 문화는 야만의 생산자이다. "교육의 개념 속에는, 또한 바로 소위 교양을 키우는 교육 속에서도 야만적 요소들이, 즉 억압적이고 강제적인 계기들이 존재한다. (…) 바로 이러한 문화의 억압적인 계기들이 그 문화에 내던져진 사람들 속에서 야만을 생산하고 재생산한다."[122] 문화가 모자라서 야만이 생겨나는 것이 아니라, 문화 자체가 야만을 생산하는 것이다. 나아가 아도르노는 현존 체제를 작동시키는 이데올로기를 위험한 야만의 유형으로 본다. "오늘날 위험한 형태의 야만은 질서의 이름으로, 권위의 이름으로, 기존 권력의 이름으로 자행된다"[123]는 것이다.

이처럼 야만이 기성문화의 산물이자 기존 질서의 결과물이라면, 아도르노에게 야만적 현상으로 간주되는 것은 무엇인가. 그가 특히 심각하게 문제시하는 야만의 양상들을 들여다보자.

아도르노는 교육에서의 '경쟁'을 대표적인 '야만 현상'으로 본다. "경쟁은 근본적으로 인간적인 교육에 반하는 원리"로서 "인간적인 형태로 이루어지는 수업은 결코 경쟁 본능을 강화하는 방향으로 나아가지 않는다"라고 단언한다. 경쟁으로 "탈야만화된 인간을 기를 수는 없다"는 것이다. 그는 자신의 성장 과정을 돌아보면서 "소위 경쟁적 충동이 어떤 결정적인 역할을 한 경우를 기억할 수 없다"라고 회고하고, 경쟁이란 "우리의 교육 체제가 여전히 물들어 있는 신화들 중 하나"라고 평가한다.[126] 아도르노는 또한 '팔꿈치'로 상징되는 경쟁의 야만성을 강하게 비판한다. "사람들에게서 팔꿈치를 사용하는 습관을 없애야 한다. 팔꿈치를 사용하는 것은 의문의 여지 없이 야만의 표현이다."[127] 이처럼 아도르노에게 경쟁은 반인간적인 교육원리이고, 야만적인 인간을 길러 내는 교육 지침이다.

폭력성도 야만의 중요한 증표이다. 아도르노는 "인간이 교육체제를 통해서 모두가 물리적 폭력에 대한 혐오감을 체득하게 되기를 바란다".[129f] 그가 68혁명의 과격화, 폭력화 과정에서 마르쿠제와 이견을 갖게 된 것도 폭력에 대한 그의 민감성과 관련이 깊다.

아도르노는 권위주의가 야만을 지속시키는 중요한 요인이라고 생각한다. "교육 속에서의 야만의 영속화는 본질적으로 이 문화 자체 속에 있는 권위 원리에 의해 매개된다. (…) 그러기에 특히나 초기 유아기 교육에서 일체의 모호한 권위의 철폐는 탈야만화를 위한 가장 중요한 전제이다."[131] 반권위주의가 탈야만의 '가장 중요한 전제'라는 아도르노의 관점은 이후 1970년대 반권위주의 교육의 정착에 커다란 영향을 미친다.

강인함Härte을 이상화하는 교육에서도 아도르노는 야만의 징후를 본다. "강인함의 교육상은 철저히 전도된 것이다. 남성성은 최고의 인내심에 있다는 생각은 오래전부터 사디즘과 종이 한 장 차이인 마조히즘의 사본이 되었다. 강인함은 바로 고통에 대한 무심함을 의미할 뿐이다."[96f] 강인함의 교육은 전도된 교육이다. 인내심에 기초한 강인한 남성상은 마조히즘의 전형이고, 마조히즘은 사디즘의 이면이다. 강인함은 자신과 타인의 고통에 대한 공감 능력의 결여를 보여 줄 뿐이다. 따라서 교육은 인내 교육이어서는 안 된다.

아도르노는 공감 능력, 특히 '사랑 능력'의 복원에서 전면화된 야만의 현실에서 벗어날 일말의 가능성을 본다. 사랑 능력이 중시되는 이유는─에리히 프롬이 『사랑의 기술』에서 분석하고 있는 것과 마찬가지로─ 현대인이 사물화와 소외에 빠져 사랑 능력을 상실하고 있다고 보기 때문이다.

아도르노는 현대인이 공감 능력을 상실하고 있다고 지적하면서 "차가움을 생산하고 재생산하는 사회적 질서"를 비판한다. "재앙의 조건으로서의 차가움에 반대하기 위해서는 차가움의 고유한 조건에 대한 통찰이 필요하고, 개인적 영역에서 선제적으로 이러한 조건들과 맞서 싸우려는 시도가 요구된다."[102] '냉기'를 조성하는 자본주의라는 사회체제를 극복하고, 따스한 공감의 세계를 만들어 내기 위해서는 통찰력과 저항 능력이 필요하다는 것이다.

새로운 인간의 탄생: 성숙을 위한 교육

아도르노의 교육 담론은 결국은 '성숙을 위한 교육'으로 귀결된다. 여기서 성숙의 개념은 칸트가 『계몽이란 무엇인가』에서 제시한 고전적인 정의, 즉 '계몽이란 인간이 자기 스스로에게 책임이 있는 미성숙으로부터 벗어나는 것'이라는 명제에서 따온 것이다. 아도르노는 칸트의 이 정의가 "오늘날에도 지극히 시의성이 크다"[133]고 본다. 왜냐하면 성숙의 문제는 곧 현대 민주주의의 핵심적인 문제가 되었기 때문이다. "민주주의는, 대의적 선거라는 제도 속에서 결집되는바, 각 개인의 의사 형성에 근거한다. 이때 비이성이 결론으로 나오지 않으려면, 각 개인이 자신의 이성을 사용할 능력과 용기가 전제되어야 하는 것이다. 이 원칙을 지키지 않는다면, 칸트의 위대성에 대한 모든 언설은 헛소리나 립 서비스에 불과하다."133 여기서는 이성과 민주주의의 관계가 관건이 된다. 이성이 민주주의의 전제 조건인 것이다. 이런 의미에서 이성의 교육, 즉 성숙의 교육은 곧 민주주의 교육이다.

아도르노는 성숙한 인간이 민주주의의 전제라고 본다. 성숙한 인간 없이 민주주의는 불가능하다. 성숙한 인간이 갖춰야 할 자질은 무엇보다도 자율성과 민주성이다. 자율적인 인간만이 민주주의 사회를 견인할 수 있을 뿐만 아니라, 아우슈비츠의 비극이 재연되는 것도 막아 낼 수 있다. "아우슈비츠의 원리에 반대하는 유일하게 진정한 힘은, 칸트식 표현을 사용해도 된다면, 자율성이다. 즉 성찰하고, 자기 결정하고, 동조하지 않는 힘이다."93 민주주의는 결국 성숙한 사람들에 의해 유지되고, '자아가 강한' 사람들에 의해 지탱되는 사회이다.

아도르노는 '성숙'과 관련된 교육학 서적들을 둘러본 인상을 비판적으로 토로한다. "성숙 대신에 거기에서 발견한 것은 실존론적으로 위장된 '권위'와 '결속' 개념이거나, 성숙의 개념을 사보타주하고, 그럼으로써 민주주의의 전제를 은밀하게뿐만 아니라 내놓고 저지하려는 그런 혐오스러운 개념들이다."136 독일 교육은 1960년대 중반까지도 성숙한 인간, 즉 자율적이고 민주적인 인간보다는 권위에 굴종하는 신민, 결속을 중시하는 국민을 길러 내는 교육이었음을 신랄하게 비판하는 것이다.

아도르노는 성숙과 계몽의 필요성을 역설하면서도, 오늘날 그러한 이념이 처해 있는 절망적인 상황에 대해서도 깊이 통찰하고 있다. 이것이 아도르노를 소박한 계몽주의자와 구별 짓는 중요한 특성이다. "(성숙이 어려움에 처한) 이유는 물론 우리가 살고 있는 사회적 질서가 과거나 지금이나 여전히 타율적이라는 것, 즉 어떤 인간도 오늘날의 사회에서 정말로 자신의 고유한 성향에 따라 존재할 수 없다는 사회적 모순 때문이다. 그러한 한에 있어서 사회는 무수한 매개 심급과 통로를 통해서 인간을 만들어 내는 것이다. (…) 오늘날 성숙의 본원적 문제는 과연 (세상의 질서와) 맞장 뜰 수 있는지, 어떻게 맞장 뜰 것인지에 달린 것이다."[144] 아도르노는 성숙의 문제를 개인의 내적 발전의 문제로 보기보다는 사회를 대하는 개인의 관점과 태도의 문제로 본다. 그에게 성숙은 도덕적, 윤리적 문제라기보다는 사회적, 정치적 문제이다.

이처럼 성숙의 문제가 결국 실천의 문제로 귀결될 때 반드시 극복해야 하는 것은 무력감이다. "어떤 특수한 영역에서 우리의 세계를 정말로 개입하면서 변화시키려는 노력들은 즉시 압도적인 기존 권력의 힘 앞에 직면하고, 무력감에 빠질 운명에 처해 있는 것처럼 보인다. 변화시키려는 자는 이러한 무력감 자체와 자기 자신의 무력감을 그가 생각하고 또한 행하는 것의 계기로 삼을 때에만 변화를 가져올 수 있다."[147] 아도르노는 무력감 자체를 사유와 실천의 계기로 삼을 때 무력감을 극복하고, 변화를 가져올 수 있다고 격려한다. 이 책의 마지막 문장이 무력감의 극복을 권유한다는 점에서 볼 때, 아도르노는 순수이론에 대한 그의 강한 집착에도 불구하고 궁극적으로 '실천의 교육자'였다고 할 수 있다.

4. 아도르노의 교육학적 영향

아도르노의 교육 담론은 68혁명과 브란트 정부 탄생 이후 불어닥친 거대한 사회적 변혁의 소용돌이 속에서 1970년대 초부터 교육개혁에 커다란 영향을 미쳤다. 그것은 아도르노에게는 '교육학적 전환'의 결과물이었지만, 독일 교육학에게는 '사회학적 전환'의 출발점이었다. 이러한 전환을 거쳐 독일의 교육학은 비판 교육학으로 재탄생했고, 반권위주의 교육, 탈야만의 교육, 성숙의 교육을 기치로 내걸면서 '새로운 독일'을 만드는 데 중추적 역할을 떠맡게 되었다.

이런 역사적 맥락에서 보면 1999년 독일 건국 50주년 기념행사에서 볼프강 티어제 국회의장이 아도르노의 「아우슈비츠 이후의 교육」과 『계몽의 변증법』을 인용한 것은 단순한 우연이 아니다. 이는 아도르노가 독일의 '정신적 건국'에 결정적인 기여를 했음을 국가 차원에서 공식적으로 인정했다는 상징적 의미를 갖는 것이다.

아도르노로 대표되는 비판이론이 독일 교육학에 미친 영향을 교육학자 블랑케르츠는 감동적으로 묘사한다.

> 비판이론을 수용한 교육학자들은 명확한 실천적 요구를 가진 교육학을 발전시켰는데, 이를 '해방 교육학' 혹은 '비판 교육학'이라고 불렀다. 이러한 방향의 교육이 실천적으로 이루어져 교육개혁에 엄청난 영향을 미쳤다. '계몽의 변증법'은 학교 제도의 올바른 조직화와 해방적인 교과목 수정을 통해 저지될 수 있으며, 세계사의 도정을 다시 '신분도 특권도 없는'(아도르노) 사회로의 진보적인 길로 되돌릴 수 있다고 많은 해방적 교육학자들은 생각했다. '기회의 평등'에서 '도구적 이성'에 이르기까지 어떤 문제도 비판이론의 세례를 받은 교육학자들에 의해 해결되지 않고, 실천에 옮길 수 없는 문제는 없었고, 어떤 비판도 너무 급진적인 비판은 없었다.Blankertz, 1987: 40

여기서 1970년대 초기 아도르노의 교육사상이 수용되던 교육학계와 교육현장의 분위기가 생생하게 전달된다. 교육을 통한 급진적 사회개혁의 비전이 아도르노에 의해 제시된 것이다.

아도르노로 대표되는 비판이론이 1970년대 초부터 교육학계에 "밀물처럼 수용"Albrecht, 2000/5: 388되어 독일의 교육 공론장을 일거에 뒤덮었다.

교육학과 교육적 실천에 영향을 미친 여러 이론 중에서 비판이론은 특수한 위상을 지녔다. "1970년대에 다른 어떤 이론도 비판이론만큼 독일의 교육 공론장을 움직인 이론은 없었다." 비판이론에 기대어 '비판적 교육학'을 세우려는 시도도 광범위하게 이루어졌다. "무엇보다도 비판이론을 가지고 정당화된 '비판적 해방적 교육'에 대한 찬반"은 수많은 논쟁을 불러일으켰다.Behrmann, 2000: 452

아도르노의 교육사상은 교육학의 사회학적 전환에 결정적인 구실을 했다. "1970년대 교육학은 아도르노와 비판이론을 수용하면서 교육학의 토대를 새로이 규정하게 되었던"Wulf, 1987: 21) 것이다. 이러한 영향력은 물론 1970년대에 그친 게 아니다. 그 이후에도 "프랑크푸르트학파의 비판이론은 교육학의 논의와 교육 실천에 결정적인 영향을 미쳤다."Paffrath, 1987: 9

그렇다면 아도르노의 교육 담론은 구체적으로 교육개혁에 어떤 영향을 주었고, 어떤 방식으로 수용된 것인가. 우선 가장 먼저 주목해야 하는 것은 비판이론이 "대학과 학교에서 교육원리Bildungskanon로서 수용"되었다는 사실이다. 그 결과 비판이론은 "교육지식Bildungswissen"의 구성 부분이 될 수 있었다.Albrecht, 2000: 18 비판이론이 68혁명 이후 학교에서 하나의 교육원리로 수용되었다는 것은 참으로 놀라운 일이다. 독일의 교육개혁이 '비판 교육', '해방 교육', '반권위주의 교육'의 방향으로 전개될 수 있었던 것도 비판이론이 교육의 기본 원리로 받아들여졌기에 가능했다. 이처럼 비판이론이 1970년대 이후 일종의 '필수교양지식'이 됨으로써 독일은 세계에서 가장 비판적인 의식을 고취시키는 교육을 하는 나라가 되었고, 이런 교육을 받은 새로운 독일인들은 가장 비판적인 의식을 가진 시민이 될 수밖에 없었다.

비판 교육학의 핵심 개념인 계몽, 해방, 사물화, 소외, 비판, 권위주의적 성격 등의 개념이 모두 비판이론에서 온 개념들Wulf, 1987: 22이라는 사실은 독일 교육학에 미친 아도르노와 비판이론의 영향력을 가늠하게 한다. 나아가 비판 교육학의 공통된 문제의식인 "기존 질서 비판, 적응으로서의 교육 거부, 사회의 강압에 맞서 인간의 능력 강화, 성숙과 자유의 옹호"Pöggeler, 1987: 55 등도 아도르노의 문제의식을 고스란히 이어받고 있다. 이러한 문제의식은 비판 교육학이 비판이론의 교육학 버전이라는 사실을 여실히 보여 준다.

아도르노의 교육 담론 중에서도 특히 「아우슈비츠 이후의 교육」이 미친 영향은 컸다. 이 강연문은 "미래 교육의 기본 원칙이 정초되어 있다"Pöggeler, 1987: 54)는 평가를 받을 정도로 교육학의 새로운 패러다임으로 수용되었고, "프로이트의 가설보다 더 높은 의미지평에 정주하는 교육학적 예언서"Pöggeler, 1987: 58라고 극찬을 받았다. 이 텍스트는 교육학이 비판이론에 접근하는 단초가 되었고, 비판이론이 교육학에 미친 영향력을 단적으로 보여 주는 중요한 사례로 간주되었다.

아도르노의 교육 담론이 교사들에게 미친 영향도 간과해서는 안 된다. 아도르노는 정치교육을 통해 교사들을 비판이론의 '대리인'으로 만들었다. 그는 주로 방송 강연과 독일사회학회 교육사회학 분과 위원회에서의 활동 등을 통해 교사들에게 절대적인 영향을 미쳤다. 1960년대 초 비판이론의 영향하에 교육사회학이 발전시킨 교사상이 1970년대 교사들의 자화상을 상당 부분 지배했다. "비판이론이 교육학에서 지배적인 이론이 되었을 때, 교사들은 비판이론의 대리인이 되었다."Albrecht, 2000/5: 404f

비판이론이 발전시킨 교육사상이 지배적인 것이 됨에 따라 독일의 교육은 비판이론의 이념에 따라 개혁되었다. 독일 교육의 진보성은 바로 비판이론의 진보성에서 유래한 것이다. 오늘날의 관점에서 돌아보면, 독일의 반권위주의 교육과 과거청산 교육의 성공에는 아도르노와 비판이론의 기여가 결정적이었다.

5. '성숙한 인간'을 기르는 교육으로의 대전환을 위하여

2015년에 정점으로 치달은 유럽의 난민 위기는 흥미롭게도 주요 국가들의 대응 방식의 차이로 인해 그 나라의 '정치적 성숙성'을 잴 수 있는 시금석 구실을 했다. 영국의 브렉시트나 프랑스의 극'우 열풍과 대비되는 독일의 '백만 난민 수용'을 보고 세계는 독일인의 성숙한 정치의식에 경외감을 느꼈다.

필자도 프랑크푸르트대학교 사회연구소에 체류하면서 독일인들의 높은 정치의식에 다시 한번 큰 감동을 받았다. 프랑크푸르트대학교 캠퍼스에도 시리아 난민을 위한 임시수용소가 설치되어 있었으나 누구 하나 이에 불만을 표출하는 사람을 본 적이 없다. 오히려 대다수 학생이 수용소의 '불편한 시설'에 대해 난민들에게 미안해했다. 베를린에서는 '걸림돌 Stolpersteine'로 상징되는 새로운 기억문화에 충격을 받았다. 바로 집 앞에 놓여 있는 유대인 학살을 상기시키는 황동판을 보면서 많은 독일인이 불편해하거나 부담스러워하지 않고 "과거와 만나는 새로운 방식을 배우는 과정"으로 받아들이는 모습은 경이로웠다. '난민'과 '나치 과거'를 대하는 대다수 독일인의 성숙한 의식을 보면서 이것이 어디서 기원하는지 궁금해졌다. 이 글은 독일인들의 이런 놀라운 정치적 성숙성의 기원을 추적하려는 기획의 첫 번째 시도에 해당한다. 이런 현재적 관점을 유지하면서 아도르노 교육 담론의 의미를 짚어 보자.

먼저 독일이 성공적인 과거청산의 나라가 될 수 있었던 데에는 아도르노의 교육 담론이 결정적인 기여를 했다는 사실에 주목해야 한다. 특히 그의 강연 「아우슈비츠 이후의 교육」은 새로운 독일의 교육강령이자 교육원리로 격상되어, '청산되지 않은 과거'의 나라를 '과거청산의 모범국'으로 변화시킨 교육개혁의 방향타 구실을 하였다. 아도르노는 "아우슈비츠 이후에 서정시를 쓰는 것은 야만적이다"라는 경구가 보여 주듯이, 과거청산의 문제를 인적, 제도적 차원을 넘어 '내적' 차원으로 심화시켰다. 그 결과 독일은 심도 깊은 과거청산을 이룬 나라가 된 것이다. "아도르노에 의해 서독에서 과거청산은 도덕의 명령에 따른 의식의 내재화라는 장기적인 과제로 변했다. 그것은 '비판적 지식인'으로서 형성된 새로운 서독의 엘리트들에 의해 수행되었다." 이처럼 아도르노는 "내재화된 과거청산을 교육기관에 제도화시키는 데 결정적인 기여를 했다."Albrecht, 2000/5: 447

아도르노의 비판이론은 신자유주의가 퍼뜨리는 '긍정 이데올로기'와 '낙관주의'가 현존하는 위기와 갈등을 은폐하는 오늘날의 현실을 돌아볼 때 더욱 중요한 의미를 지닌다. 비판이론의 비판성과 사회비판적 비판주의는 더욱 농밀해진 지배 이데올로기를 통찰하고 과장된 현실주의를 극복하는 정신적 무기를 제공해 주기 때문이다. 거짓 긍정과 값싼 낙관론에 맞서 비판과 목적론적 비판주의Zweckpessimismus를 견지해야 현실의 위기를 타개할 공간이 열린다. 오늘의 세계를 규정하는 것은 거짓된 긍정과 참된 비판의 대립이다.

아도르노를 통해 독일의 교육학은 '계몽 교육학'에서 '비판 교육학'으로 전환했다. 그의 계몽 비판, 문명 비판은 교육학의 많은 분야에서 "시야의 확대와 사고의 전환"Wulf, 1987: 31을 낳았다. 아도르노의 영향으로 독일 교육은 단순한 계몽사상의 확산이 아니라 이데올로기 비판적인 차원으로 심화되었다. 바로 이 지점이 독일 교육의 특수성을 보여 주는 가장 중요한 자리다. 독일처럼 교육의 '비판성'이 중시되는 나라가 어디에 있는가. 독일 교육의 특수성은 그 비판성에 존재하고, 그것은 바로 프랑크푸르트학파, 특히 아도르노 사상의 급진적 비판정신에 뿌리를 두고 있다.

아도르노의 교육 담론은 그가 숨은 실천가였다는 사실을 드러내 준다. 아도르노가 실천하지 않는다고 비판받던 바로 그 시절에 교육학은 아도르노의 영향으로 "역사상 유례가 없는 실천으로의 전환"Blankertz, 1987: 40을 감행하는 역설적 상황이 벌어졌다. 이런 맥락에서 돌아보면, 아도르노는 이론을, 마르쿠제는 실천을 대표한다는 도식적 이분법은 틀렸다. 아도르노의 교육 담론과 교육활동은 그가 자기 나름의 방식으로 실천을 수행했음을 보여 준다. 마르쿠제가 "비판이론의 정치화"를 실천했다면, 아도르노는 "비판이론의 교육화"Albrecht, 2000/2: 102를 실천한 것이다.

아도르노의 교육사상이 한국 교육에 던지는 의미는 매우 크다. 그의 관점에서 보면 한국 교육은 야만의 극치를 보여 주는 교육이다. 아도르노가 '야만의 표식'이라고 한 바로 그 경쟁이 한국 교육의 핵심 원리이기 때문이다. 또한 교육의 목표는 '올바른 의식의 형성'이라는 아도르노의 관점에 따르면 한국 교육은 영락없이 반교육이다. 한국의 학교는 의식 대신 지식만을 쌓는 곳이고, 비인간적인 교육환경으로 인해 정상적인 의식조차 오히려 왜곡시키는 공간이기 때문이다. 마지막으로 한국 교육에는 아도르노가 중시했던 교육적 가치들이 거의 존재하지 않는다. 반권위주의 교육, 저항권 교육, 정치교육, 강한 자아를 기르는 교육, 공감 교육 등은 한국에서는 상상도 할 수 없는 가치들이다. 아도르노의 교육사상이 교육개혁의 원리가 됨으로써 오늘날 성숙한 독일인들이 성장할 수 있었던 것처럼, 우리도 혁명적인 교육개혁을 통해 '영악한 헛똑똑이'가 아니라 '성숙한 인간'을 기르는 교육으로의 대전환을 감행할 때가 되었다.

참고문헌

Adorno, Theodor W.(2015). *Erziehung zur Mündigkeit. Vorträge und Gespräche mit Helmut Becker 1959-1969*, hrg. von Gerd Kadelbach. Frankfurt a. M.

Ders.(1982). *Studien zum autoritären Charakter*. Frankfurt a. M.

Albrecht, Clemens u. a.(2000). *Die intellektuelle Gründung der Bundesrepublik: Eine Wirkungsgeschichte der Frankfurter Schule* (GB). Frankfurt a. M.

Ders.(2001/1). Die Erfindung der Frankfurter Schule aus dem Geist der Eloge, in: GB, 21-35.

Ders.(2000/2). Die kultur-und bildungspolitischen Pläne des Horkheimer-Kreises bei der Remigration, in: GB, 97-131.

Ders.(2000/3). Vom Konsens der 50er zur Lagerbildung der 60er Jahre. Horkheimers Institutspolitik, in: GB, 132-168.

Ders.(2000/4). Die Massenmedien und die Frankfurter Schule, in: GB, 203-246.

Ders.(2000/5). Im Schatten des Nationalismus. Die politische Pädagogik der Frankfurter Schule, in: GB, 387-447.

Behrmann, Günter C.(2000). Die Erziehung kritischer Kritiker als Staatsziel, in: GB, 448-496.

Blankertz, Stefan(1987). Die affirmative Dialektik der negativen Pädagogik, in: Paffrath, F. Hartmut(Hg.)(1987). a.a.O., 40-53.

Habermas, Jürgen(1988). *Der philosophische Diskurs der Moderne*. Frankfurt a. M.

Paffrath, F. Hartmut(Hg.)(1987). *Kritische Theorie und Pädagogik der Gegenwart. Aspekte und Perspektiven der Auseinandersetzung*. Weinheim.

Pöggeler, Franz(1987). Erziehung nach Auschwitz als Fundamentalprinzip jeder zukünftigen Pädagogik, in: Paffrath, F. Hartmut(Hg.). a.a.O., 54-68.

Wulf, Christoph/Wagner, Hans-Josef(1987). Lebendige Erfahrung und Nicht-Identität, in: Paffrath, F. Hartmut(Hg.). a.a.O., 21-39.

삶의 행복을 꿈꾸는 교육은
어디에서 오는가?

● **교육혁명을 앞당기는 배움책 이야기** 혁신교육의 철학과 잉걸진 미래를 만나다!

| 혁신학교 | 성열관·이순철 지음 | 224쪽 | 값 12,000원 |

혁신학교   성열관·이순철 지음 | 224쪽 | 값 12,000원

행복한 혁신학교 만들기   초등교육과정연구모임 지음 | 264쪽 | 값 13,000원

서울형 혁신학교 이야기   이부영 지음 | 320쪽 | 값 15,000원

혁신교육, 철학을 만나다   브렌트 데이비스·데니스 수마라 지음 | 현인철·서용선 옮김 | 304쪽 | 값 15,000원

대한민국 교사, 어떻게 가르칠 것인가?   윤성관 지음 | 320쪽 | 값 15,000원

아이들을 어떻게 가르칠 것인가   사토 마나부 지음 | 박찬영 옮김 | 232쪽 | 값 13,000원

모두를 위한 국제이해교육   한국국제이해교육학회 지음 | 364쪽 | 값 16,000원

경쟁을 넘어 발달 교육으로   현광일 지음 | 288쪽 | 값 14,000원

혁신교육 존 듀이에게 묻다   서용선 지음 | 292쪽 | 값 16,000원

다시 읽는 조선교육사   이만규 지음 | 750쪽 | 값 37,000원

교실 속으로 간 이해중심 교육과정   온정덕 외 지음 | 224쪽 | 값 13,000원

대한민국 교육혁명   교육혁명공동행동 연구위원회 지음 | 224쪽 | 값 12,000원

포스트 코로나 시대의 교육   성열관 외 지음 | 224쪽 | 값 15,000원

내일 수업 어떻게 하지?   아이함께 지음 | 300쪽 | 값 15,000원

핀란드 교육의 기적   한넬레 니에미 외 엮음 | 장수명 외 옮김 | 456쪽 | 값 23,000원

한국 교육의 현실과 전망   심성보 지음 | 724쪽 | 값 35,000원

독일의 학교교육   정기섭 지음 | 536쪽 | 값 29,000원

교실 속으로 간 이해중심 통합교육과정   온정덕 외 지음 | 224쪽 | 값 15,000원

초등 백워드 교육과정 설계와 실천 이야기   김병일 외 지음 | 352쪽 | 값 19,000원

학습격차 해소를 위한 새로운 도전
보편적 학습설계 수업   조윤정 외 지음 | 240쪽 | 값 15,000원

● **경쟁과 차별을 넘어 평등과 협력으로 미래를 열어가는 교육 대전환!** 혁신교육 현장 필독서

학교의 미래, 전문적 학습공동체로 열다   새로운학교네트워크·오윤주 외 지음 | 276쪽 | 값 16,000원

마을교육공동체 생태적 의미와 실천   김용련 지음 | 256쪽 | 값 15,000원

학교폭력, 멈춰!   문재현 외 지음 | 348쪽 | 값 15,000원

학교를 살리는 회복적 생활교육   김민자·이순영·정선영 지음 | 256쪽 | 값 15,000원

삶의 시간을 잇는 문화예술교육   고영직 지음 | 292쪽 | 값 16,000원

미래교육을 디자인하는 학교교육과정   박승열 외 지음 | 348쪽 | 값 18,000원

코로나 시대, 마을교육공동체운동과 생태적 교육학   심성보 지음 | 280쪽 | 값 17,000원

참된 삶과 교육에 관한
생각 줍기